影响清帝国命运的十张面孔

孔令堃 著

浙江人民出版社

图书在版编目（CIP）数据

影响清帝国命运的十张面孔 / 孔令堃著. -- 杭州：浙江人民出版社, 2025. 9. -- ISBN 978-7-213-12033-6

Ⅰ. K249；K820. 49

中国国家版本馆CIP数据核字第20253LK347号

影响清帝国命运的十张面孔
YINGXIANG QING DIGUO MINGYUN DE SHIZHANG MIANKONG

孔令堃　著

出版发行：	浙江人民出版社（杭州市环城北路177号　邮编　310006）

　　　　　　市场部电话：（0571）85061682　85176516

责任编辑：齐桃丽　魏　力

策划编辑：魏　力

责任校对：姚建国

责任印务：幸天骄

封面设计：琥珀视觉

电脑制版：北京之江文化传媒有限公司

印　　刷：杭州丰源印刷有限公司

开　　本：710毫米×1000毫米　1/16　　印　张：25

字　　数：401千字　　　　　　　　　　　插　页：2

版　　次：2025年9月第1版　　　　　　　印　次：2025年9月第1次印刷

书　　号：ISBN 978-7-213-12033-6

定　　价：78.00元

如发现印装质量问题，影响阅读，请与市场部联系调换。

目录
CONTENTS

前 言 / 001

002 /
第 一 章
獾·洪承畴

字为亨九，官运亨通 / 002
西北的"复仇者联盟" / 003
学学尼克·弗瑞 / 005
起义军眼中的魔鬼洪承畴 / 007
临事方知一死难 / 008
改造大清 / 011
洪承畴的儒家文化保卫战 / 017
洪承畴进入《贰臣传》的秘密 / 022

028 /
第 二 章
熊·多尔衮

太子之谜 / 028

争位之谜	/ 032
多尔衮骄傲自满的起点	/ 036
多尔衮一生的宿敌	/ 040
盖棺论定多尔衮	/ 044

053 / 第三章
鹗·吴三桂

吴三桂开关降清之谜	/ 053
吴三桂镇守云南之谜	/ 059
吴三桂和他的邻居们	/ 064
三藩之乱中的康熙帝真的英明神武吗？	/ 068
吴三桂的战略进攻	/ 069
三藩之乱的转折点	/ 071
康熙帝的重大用人失误	/ 072
吴三桂集团的覆灭	/ 075
三藩之乱的影响	/ 077

079 / 第四章
猪·年羹尧

文官出身的年羹尧为什么非要转型当武官？	/ 079
到底是谁在惯着年羹尧膨胀？	/ 082
年羹尧在青海之战中扮演了什么角色？	/ 086
年羹尧到底有没有机会善终？	/ 090

098 / 第五章
驴·海兰察

海兰察成名之战	/ 098
清缅战争最终胜利的是谁？	/ 101
大小金川的前世今生	/ 108
海兰察或许代表了冷兵器时代的最后荣光	/ 112

118 / 第六章
狼·和珅

五年从侍卫升到了九门提督，和珅到底靠了什么？	/ 118
和珅是怎么走上贪官之路的？	/ 123
和珅是怎么钳制文官集团的？	/ 126
和珅与武将集团的恩怨	/ 128
和珅与御史言官的对抗	/ 130
从刘全案来看乾隆帝有多宠和珅	/ 133
和珅对阿桂的绝地反击	/ 138
从下江南到千叟宴，和珅证明了自己的不可替代	/ 141
福康安才是和珅的硬核对手	/ 145
福康安实力碾压和珅	/ 151
平定越南，福康安却被停发了十年工资	/ 154
戳了乾隆帝心窝子的尹壮图案	/ 158
马戛尔尼的尴尬旅程	/ 166
英国怎么被列入大清"藩属国"行列的？	/ 171

乾隆帝与和珅真的狂妄到对英国不屑一顾吗？　　　/ 178

和珅巅峰后的谢幕　　　/ 181

188 / 　第 七 章
　　　狐 · 慈禧

慈禧的人生大奖　　　/ 188

儒法道之争，重现同治年间的权力江湖　　　/ 192

光绪帝亲政道路上的投机者　　　/ 197

慈禧并没有阻止维新变法，只是阻止了维新政变　　　/ 204

家事国事天下事，慈禧是怎么定义的？　　　/ 209

国家、政府、皇族，慈禧是怎么认识的？　　　/ 213

220 / 　第 八 章
　　　蟒 · 曾国藩

敢跟皇帝叫板的年轻人　　　/ 220

当曾国藩看见民间疾苦　　　/ 226

书生带兵　　　/ 230

命　运　　　/ 233

扬州教案　　　/ 240

天津教案　　　/ 244

第九章 猴·张之洞 / 254

- 张之洞的发迹之路 / 254
- 翻车后迅速上车 / 258
- 与李鸿章分庭抗礼 / 262
- 汉阳铁厂的尴尬 / 266
- 张之洞的《劝学篇》 / 270
- 怎么中体西用？ / 283
- 张之洞为什么突然跟朝廷唱反调？ / 289
- 维新派也闹过革命 / 293
- 回归中枢 / 297

第十章 蟾·袁世凯 / 302

- 袁世凯也曾投笔从戎 / 302
- 李朝旧事 / 307
- 梦回天朝 / 314
- 甲申之变 / 319
- 回国 / 325
- 紧急求助 / 328
- 小站练兵 / 331
- 袁世凯有没有出卖维新派？ / 334
- 治世能臣 / 338
- 抱上庆亲王的粗腿 / 341

反袁联盟成立 / 344
丁未政潮 / 348
袁世凯的危局 / 353
窃国大盗出山记 / 358
不是长着八字胡就能当总统 / 364
袁世凯的最大对手 / 369
把"临时"去掉 / 371
就职演说 / 372
肆无忌惮 / 377
袁世凯与"二十一条" / 379
洪宪帝制始末 / 382
袁世凯的谢幕 / 387

前　言

清朝灭亡之后，民间有个传说，说北京西山曾经有十个妖精下山，成为清代十位重要的人物，这十个妖精就被称为"西山十戾"。这"西山十戾"并不是一起下山的，而是像动画片《葫芦兄弟》里的葫芦娃一样，一个个按顺序下山，正好贯穿了整部清史。这"西山十戾"是谁呢？它们分别是獾、熊、鹗、猪、驴、狼、狐、蟒、猴、蟾，下山后变成了洪承畴、多尔衮、吴三桂、年羹尧、海兰察、和珅、慈禧、曾国藩、张之洞、袁世凯。

很明显，这些人物可以说是家喻户晓，只不过我们对这十个人的传统认识难免脸谱化。我写这十个人，不求翻案，不求哗众，只是试图通过对这十个人的命运解读，还原一些历史真相，表达一下我个人的思想。

闲言少叙，正文走起。

第一章

獾·洪承畴

字为亨九，官运亨通

提起獾这种动物，我的第一印象是少年闰土拿着钢叉要去刺的那个猹。獾，在鲁迅先生家乡的方言中叫作猹，在北方被称为狗獾。果真是状如小狗，皮毛油滑，昼伏夜出，群居杂食。

獾的特点是聪明、油滑、灵活，这三个特点用来形容人的话，这个人就不简单了。一般来说，聪明油滑的人，并不可爱。

为什么用獾来形容洪承畴？原因不得而知，但是这个比喻还是惊人的准确。只不过洪承畴的聪明、油滑、灵活表现得比较高端，跟那些贪图小利的市井之徒不可相提并论。

洪承畴，字亨九，福建南安人，生于明万历二十一年（1593年）。据说洪承畴年幼时家境贫寒，但他读书十分刻苦。

洪承畴"亨九"这个字很有学问。"亨"为通达顺利之意，是《周易》中出镜率很高的一个字。比如"元亨利贞""品物咸亨"等，都是这个意思。"九"也是《周易》常用字，属于大之极的意思。那么"亨九"大概就是非常顺利的意思。

不可否认，洪承畴上学那些年，当真是非常的顺利。在万历四十四年（1616年），二十四岁的洪承畴就中了进士。

在那个年代，科举考八股文，状元的文章和落榜生的文章没有本质区别，只要不是学问太次，谁能考上全凭运气。这也就是为什么明清的状元一般不怎么有作为，而落榜生里，老是能冒出混世魔王来。

有一点要明确，考上的未必有真本事，但考不上的也不一定就没本事。

历史上也有一些名人屡试不第，原因亦并非运气不好，从他们的一些文学作品中可以看出，他们确实是学问不行。因为八股文可以说是一种文字游戏，能玩好这种文字游戏的，至少是聪明人。

洪承畴显然是聪明人。他在天启年间担任过浙江提学道。提学道这个官，往大了说是一省的教育厅厅长；往小了说，那就不算个官。因为在明朝，提学道没有品级，只是布政司衙门下的从属人员。

洪承畴在这个位置上工作做得不错，后来被升为布政使参议。从此洪承畴就算有了品级，这从四品的官，也算不小了。再后来洪承畴又升官，担任陕西参政，从三品，专管粮食储存和运送。

如果按照这个趋势发展下去，洪承畴当布政使是早晚的事。在明朝，巡抚还不是定员官吏，布政使相当于省长。再往下发展，洪承畴大概能升到中央，熬个侍郎、尚书，最终在大学士的位置上退休。

无论怎样，洪承畴想要掌兵几乎不可能。

要不怎么说时势造英雄呢？天启皇帝驾崩，崇祯皇帝继位。在崇祯皇帝的领导下，大明朝遍地狼烟。按照明清两朝执政者的说法，这叫"流寇作乱"，从史学的视角来看，我们认为这叫农民起义。

而正是明末的农民起义，让洪承畴的人生发生了改变。他一个文官，也有机会成了统御一方的大将。

那为什么朝廷会起用洪承畴来带兵呢？要说清这个问题，我们得先来看看洪承畴带兵之前，明朝发生了什么。

西北的"复仇者联盟"

崇祯皇帝登基，接手的是一个充满问题的国家。主要问题有三：其一是自从万历四十七年（1619年）的萨尔浒之战惨败后，明朝元气大伤；其二是经过长期的党争，明朝吏治极其腐败，大多数官员人浮于事，只敢唯皇命是从；其三是明朝出现了严重的财政问题，无力解决当时不断出现的天灾。

崇祯帝是个激进的皇帝，恨不得马上解决这些问题。大臣们投其所好，也走激进风格的路线。皇上说什么是什么，反正皇上不会有错。只有杨鹤玩了一出脱颖而出的戏码，他曾进言，说大明的军队在东北的萨尔浒之战中败于后金，已经伤了元气，现在应该休养生息。

崇祯对杨鹤的言论很满意，因为敢发言的官不多了。皇上既然满意，那百官就都推崇杨鹤，谁不推崇谁就是跟皇上过不去，杨鹤因此成了官场新星。

不过，新星也没能遏制局势的恶化。萨尔浒之战惨败后，明朝的逃兵不敢归队，于是形成了一股股流寇，四处抢劫。而在西北，由于天灾频发，当地官员还不赈灾，导致白水人王二揭竿而起，攻占澄城，杀了知县张斗耀。

在王二的鼓舞下，西北的府谷王嘉胤、汉南王大梁、阶州周大旺，以及被欠薪的明军，纷纷揭竿而起，拉开了明末农民起义的序幕。

西北出了那么大的事，各地告急文书自然纷纷投向自己的上司。但在专制体制下的官场文化中，告急文书给上司，那是给上司找麻烦。赶上那些想要青史留名的上司，他们可能会想要有所作为。但是在明末那个烂透的官场，官员们都成了精，个个多搂钱少说话。收到告急文书，就得想办法解决。自己又不想解决，那就只能当作什么都没发生。因此，面对下级的告急，上级的答复是："此饥氓，徐自定耳。"

很明显，这是自欺欺人。西北官员眼中的"饥氓"没有"自定"，反而愈演愈烈。当时西北最大的官是个著名医学家，叫武之望，官拜陕西三边总督。我们看明末历史，"陕西三边总督"这个官出镜率很高。陕西三边总督全称是"总督陕西三边军务"，是明孝宗时蒙古火筛部入寇西北大同时所设，辖陕西、甘肃、延绥、宁夏四巡抚，及延绥、宁夏、甘肃三边镇。

武之望这个陕西三边总督，写医书是一把好手，论医术也是妇科圣手，但对于西北的民变，他就毫无办法了。作为西北最高长官，武之望进不能平叛，退无法甩锅，绝望之际，自尽而亡。

武之望死了，一了百了，但西北的事得有人做。陕西三边总督的官是不小，满朝文武虽然嘴里喊着忠君爱国，但谁也不想担任陕西三边总督。这活不好干，去了基本就是送死，还是京城安全。

赶上崇祯这个领导又没准主意，天下颓势越来越不可收拾。且不说关外八旗兵的威胁，单是西北的起义军头领组成的"复仇者联盟"就够崇祯喝一壶的。

在西北起义的这些"超级英雄"，个个身怀绝技，他们的名号也很响亮，比如黑煞神、紫金梁、破甲锥、邢红娘、映山红,比美国电影"复仇者联盟"里的名号唬人多了。

这么严肃的历史话题,我实在不想提丫头子、扫地王、点灯子、蝎子块、白九儿、一阵风、油里滑等英雄名号了。这么看来,八大王张献忠和闯王李自成都算是正常的名号了。

总之,当时西北遍地"超级英雄",崇祯急得上火,朝廷里的大臣三缄其口,一到解决问题的时候都喊"皇上圣明"。可是群臣怎么才能保证自己的安全呢?那就需要找个能说大话的人赶紧上任陕西三边总督,这样自己才安全。很明显,杨鹤就是这样的人。

于是,群臣上奏,共推杨鹤去西北走一遭。

崇祯帝罕见地从善如流,立刻召见杨鹤问询方略。杨鹤能有什么办法?他一天军营没去过,也没读过兵书。但是,杨鹤有杨鹤的优势,他能讲没用的废话。面对崇祯帝的问询,杨鹤答道:"清慎自持,抚恤将卒而已。"

翻译一下,就是"没辙"。没辙不能说没辙,只能说没用的废话。哪个官敢说自己不是"清慎自持"?哪个官敢说自己不去"抚恤将卒"?但是,崇祯帝好不容易盼来了一个愿意出主意的,便封杨鹤为陕西三边总督。等杨鹤到了西北的时候,起义者先驱们如王二等人,早已覆灭。但杨鹤别指望可以"躺赢",因为一个王二倒下了,千百个"王二"站了起来。

杨鹤面对的局面真的无解吗?

学学尼克·弗瑞

西北的"超级英雄"们异常活跃,陕西三边总督杨鹤虽然没辙,但是不代表西北的局面无解。因为自从御史吴牲到西北赈灾以来,竟有七千多名所谓的流寇投降。

这是不是个办法?杨鹤认为是。但是,崇祯帝能给杨鹤的,就是"陕西三边总督"的官号,而真正有用的一样没给。

杨鹤这个陕西三边总督,一没有多少兵,二没有多少钱。这不尴尬吗?不过没关系,杨鹤出道以来,最厉害的就是一张嘴。既然如此,不如在吴牲的基础上，打着招抚的旗号，搞"以寇制寇"。

杨鹤搞招抚，像什么孙继业、神一魁、满天星、上天龙纷纷投降。杨鹤选择其中的佼佼者编入麾下，其余的遣散。但杨鹤实在拿不出银子来搞点实际的，全凭一张嘴忽悠。

咱们想想，"超级英雄"们能上这当？没钱谁陪你玩？杨鹤也懂这个道理，这就出现了一道数学题。假设说，所有的起义军头领都接受了杨鹤的招抚，那么就意味着这些人都是杨鹤的债主，不管是要官还是要钱，杨鹤都无法兑现。因为皇上给的那点私房钱和王爷们被迫捐助的那点银子，根本就是杯水车薪。

假如这些"债主"的数量减少，这个问题则还有可能解决。

所以，这道数学题告诉杨鹤，起义军的头领数量必须减少。于是，杨鹤迫切希望起义军们自相残杀，这是个好主意。但是，人家又不傻，《水浒传》的故事谁没听过？又玩让宋江攻打方腊的老把戏？

很快，在杨鹤的操作下，出现了托塔王王左挂率领叛军攻打宜川的恶性事件。然而王左挂不敌宜川知县，转而进攻韩城。

也正是这个事件，让洪承畴一显身手的机会来了。

杨鹤总督想了想，自己手下没什么像样的助手，也就参政洪承畴是个人物，于是让洪承畴去韩城退敌。一般人接到这命令就骂街了，你没钱没兵，让我去退敌？但是洪承畴是正经的不以考试为目的读过兵书的人，他一看叛军的队形就知道这些人像是来要债的，不像是来攻城的。从军事的角度看，洪承畴认为叛军的行动太外行了。

于是洪承畴空降韩城，首次担任军事指挥官的角色。王左挂是来抢劫的，不是来拼命的，所以一看韩城有抵抗就撤了。洪承畴出击，俘斩三百余人，解了韩城之围，名声大噪。

对于洪承畴来说，这是升官的开始，而对于杨鹤来说，这是噩梦的序幕。王左挂不敌洪承畴，转而攻打清涧。西北地域广阔，起义军想打哪儿就打哪儿。但杨鹤手下只有一个洪承畴，杨鹤面对西北局势一步步恶化的现实，终于意识到混官场靠喊口号是没用的，早晚得翻车。

那怎么办？杨鹤也只能重新融入大明官场的熔炉，成为一个正经的王八蛋。过去他看不上的什么隐匿军情，他做了。他不能让皇上觉得他来了西北之后，西北更乱了。而且，既然没有足够的资本招抚起义军，杨鹤就私下给他们颁发免死牌，希望他们能够团结在自己的周围。没想到，这样做的结果就是起义军们可以拿着免死牌攻城略地，地方官见到杨总督的牌子，问都不敢问。

杨鹤为了招抚起义者，给出了无法兑现的诱人条件。果然是口号喊得越漂亮，做事就越龌龊。而在杨鹤焦头烂额之时，洪承畴则与巡按李应期合作，设计在绥德斩杀了王左挂。

杨鹤这活儿干得实在不怎么样，他以空头支票招抚的起义军，比没招抚的还难对付。地方官遇到一般的起义军可以杀，遇到杨总督招抚过的起义军，杀都不敢杀。而杨鹤还厚着脸皮上奏请功，营造局面一片大好的假象，终于被同僚弹劾。

崇祯帝震怒，将杨鹤革职下狱，发配边疆。按说杨鹤欺君到这个地步了，要依着崇祯帝的脾气，早把他给剐了，但考虑到还得起用杨鹤之子杨嗣昌，也就没杀他。不过，杨鹤被革职，陕西三边总督的位置可就空出来了。

而陕西三边总督这个位置，简直是为洪承畴量身定制的。

起义军眼中的魔鬼洪承畴

相比杨鹤的境遇，洪承畴可谓官运亨通，从参政干到了延绥巡抚，后又接手了杨鹤的陕西三边总督。洪承畴作为一个职业军事爱好者，打业余的起义军当然得心应手，连战连捷。

诸位"超级英雄"在西北混不下去了，就撤往四川、河南、湖广地区，而洪承畴一路升为兵部尚书，加太子太保衔，督河南、山西、陕西、四川、湖广等处军务。

在洪承畴的调度下，明军各部配合默契，镇压了关中起义。

> 当是时，关中五镇，大帅曹文诏、杨嘉谟、王承恩、杨麟、贺虎臣各督边军协讨，总督洪承畴尤善调度。贼魁多歼，余尽走山西，关中稍靖。
>
> ——《明史》

这还不是洪承畴的巅峰,后来洪承畴与卢象升合作,把"超级英雄"联盟中最强的闯王高迎祥驱赶到了关中。洪承畴活捉高迎祥,又派曹变蛟在潼关伏击李自成,李自成大溃,率十八骑躲入深山。史书上说这次这战斗之后,洪承畴所辖的关中防区的起义军几乎彻底清除了。

洪承畴这人,对于崇祯帝来说,算是个可依靠的大臣;对于起义者来说,就是魔鬼。

起义军跟他死磕的话,实在是打不过。跟洪承畴的职业军队死磕,准是觉得对方个个不讲武德。

那么不打认输行不行?那也不行,洪承畴这人懂心理学。当初起义军向杨鹤投降,那是当大爷;向洪承畴投降,那就会被洪承畴玩弄于股掌之中。

向洪承畴投降,前提肯定是打不过。那么只要投降,洪承畴就得要投名状。

比如,西北有位起义军头领外号"不沾泥",听这外号就知道,这是个滑头的人。这种人出门不捡东西就算丢,绝对是难缠的角色。但他到了洪承畴手里,彻底没辙了。

要说打,不沾泥被洪承畴派兵追到四川,斩首的士兵三百人,赶到河里淹死的不计其数,骑兵全部被歼灭。

要说降,那就得有投名状。不沾泥为了讨好洪承畴,杀了双翅虎,绑了紫金龙,然而即便是这样的诚意,不沾泥也难逃一死。

潼关之战以后,洪承畴的"剿匪游戏"算是通关了。

实话实说,明末农民军没有什么战斗力。所以明朝但凡派出一个稍微职业一点的军人带兵镇压,都能以少胜多,甚至几千人追着十几万人跑。那为什么朝廷屡战屡胜,农民军却越闹越凶呢?因为自从朝廷加"三饷",农民军就有了兵源的保障。当明军领不到军饷的时候,便开始羡慕能得到温饱的农民军。

因此,起初洪承畴能打败这样的队伍,也不能把他算作名将之列。你不能说他能镇压农民军就是军事家了,是不是军事家,得放到辽东检验一下。

临事方知一死难

很不幸,背负名将之名的洪承畴,真就被派往辽东了。崇祯十二年(1639

年），崇祯帝命洪承畴督师蓟辽。

崇祯对洪承畴寄予厚望，给了他仅存的十三万兵马。到了前线，除了祖大寿不归洪承畴管之外，宁远总兵吴三桂、山海关总兵马科、东协总兵曹变蛟、辽东总兵王廷臣、援剿总兵白广恩、宣府总兵杨国柱、大同总兵王朴、密云总兵唐通均归洪承畴统辖。

这队伍可不好带，让只会对付农民军的洪承畴指挥这些人去打兵威正盛的清军，洪承畴自己也没把握。

况且，洪承畴这次刚来辽东，就遇到了大事件。

往前倒叙一年，祖大寿偷袭清军勇将豫亲王多铎成功，多铎因此被降为贝勒。为了报复明军，清军大举出动，皇太极亲自带队指挥，把祖大寿围困在锦州。城外还有松山、杏山、塔山三个明军据点。那怎么办呢？洪承畴打算步步为营，一点点靠近锦州。

所谓步步为营，就是没招了，求个稳妥。但是崇祯要求速胜，兵部尚书陈新甲派"嘴炮先生"张若麒到前线为监军，要求洪承畴速速解锦州之围。

他要能解围，不早就去了吗？这是没招才步步为营啊。要是不出战也不行，张若麒会骂街，回京就得说洪承畴是汉奸。没办法，虽然清军正部署切断锦州和各据点的联系，但洪承畴仍强行进驻松山，杨国柱战死，洪承畴最终被清军围在了松山。

这一次奉旨出战，战略大失策。洪承畴进驻松山之后，清太宗皇太极从容地切断了洪承畴的退路，并断了明军的粮道。清军在锦州城外三大据点间为所欲为，洪承畴也不是没有派兵阻止，但每次都战败。

眼睁睁看着来救援祖大寿的洪承畴被围得比祖大寿还惨，洪承畴手下的总兵们开始抱怨，嫌洪承畴战略失策，表示这回走不了喽。

洪承畴很郁闷，进驻松山是皇上的主意，我不能不听，出了事你们赖我，估计当年的袁督师就是这么死的吧。这个时候，洪承畴大唱高调，说要与清军决一死战，为国家捐躯。他的下属们可不想死，以吴三桂、王朴为首的总兵们打算趁夜突围。这时候，连嘴炮哥张若麒都跑了，但主帅洪承畴居然不跑。

吴三桂、王朴、唐通、马科、白广恩、李辅明六大总兵都突围了，虽然这一次突围付出了巨大的代价，但是这六大总兵总算是突围成功。然而，主帅洪承畴一没像他之前说的那样和敌人决一死战，二没自杀殉国，而是坐等清军来抓。

其实洪承畴此时也很无奈。六大总兵可以突围，而且大概率不会被降罪，毕竟他们可以甩锅给自己这个主帅。洪承畴就算能突围，也会被朝廷降罪。那么能不能自杀呢？洪承畴也不是没想过，但要怎么死才最悲壮？这得好好合计合计。

可反过来想想，如果这样死了岂不是很冤？洪承畴虽然是前线主帅，但大军的指挥权显然并不在自己手里。所以能不能投降呢？这个事吧，仿佛又在气节上有损。怎么才是最优解？洪承畴得盘算盘算。

就这样，洪承畴被俘，关在了三官庙。

被关在三官庙的洪承畴姿态还是要做足的，他不降不死，任谁看都是在等劝降。皇太极倒是没少派人去劝降，洪承畴都是一顿怒骂，誓死不降。

为了好沟通，皇太极派范文程前去劝降。两个汉族的读书人相遇，那对话自然有玄机。范文程只要劝降，洪承畴就骂街，但范文程要是聊别的，洪承畴就与其相谈甚欢。

这要是外人看，洪承畴似乎真的宁死不降。但其中的深意只有范文程知道，洪承畴很明显不想死，想投降。范文程跟皇太极讲，洪承畴连衣服落灰都要赶紧拂去，一个连衣服都爱惜的人，怎么会不爱惜自己的命呢？

但实际上，我认为所谓的"落灰说"，只是范文程方便描述洪承畴不想死的一种简单说辞。很可能两人在聊古今之事的时候，已经把话聊透了。文人之间对话，用典故完全可以聊透自己的意思，但在外人看来大概是一段"摩斯电码"。

对于洪承畴来说，投降是门学问。陈佩斯在小品中都说了："没条件谁投降啊？"再说了，洪承畴是读圣贤书长大的，战败投敌，那是奇耻大辱。更何况，洪承畴这么大身份，向谁投降？济尔哈朗？多尔衮？这些人他看不上，要投降的对象也得是一个首脑人物。所以起初洪承畴大演宁死不降的戏码，气节堪比文天祥，声称要自杀殉国。

那你早干吗了？好吧，现在自杀也不晚，您老是撞墙还是上吊？除了摸电门做不到之外，想死很简单的。洪承畴选的自杀方式是：绝食而亡。

绝食那得多久才能死啊？可是马上就死，能引来对方的首脑人物吗？所以范文程奏请皇太极亲自去劝降。

皇太极亲自去探望洪承畴，说几句好话后，就把自己的貂皮大衣给洪承畴披上了。明摆着，这准是范文程出的主意。这叫什么？这叫"解衣衣之"，是中国古代君王礼贤下士的最高境界，也是叛臣的最高尚借口。

楚汉之争时，项羽的谋士武涉去策反齐王韩信，韩信拒绝的理由就是刘邦对他"解衣衣之"，这份恩情比天大，所以不能背叛刘邦。

洪承畴是读书人啊，他懂这个典故。有了皇太极对他"解衣衣之"的台阶，那洪承畴就能毫无心理压力地投降了。至于坊间传闻的庄妃色诱洪承畴投降，是不符合逻辑的。

不管怎么说，洪承畴漂亮地投降了。他没有过多的选择。镇压农民兵这些年，他看了太多官逼民反。假如他突围，回北京也得被斩首。降清也降出了最高境界，得到了皇太极亲赠皮草，这在明朝的降臣中是独一份。

但是很奇怪，皇太极亲自招降的洪承畴，居然没有得到皇太极的重用，甚至连小用都没有。洪承畴投降后，没有得到一官半职的册封。连祖大寿都被封了汉军正黄旗总兵，洪承畴却成了闲人。除了皇太极没事找洪承畴聊聊天之外，洪承畴完全无事可做。

獾这种动物的生存之道就是灵活，而不是脾气火暴。所以这次并不是洪承畴政治生涯的结束，洪承畴自有重出江湖之道。

改造大清

洪承畴降清的消息并没有第一时间传回北京，崇祯帝以为洪承畴必然会为大明死节，因此准备在北京为洪承畴举办大型追悼活动，还下令修建洪承畴祠堂，想要嘉奖这位久经考验的大明"忠臣"，号召臣民学习洪承畴，都要有随时为大明献出生命的气节。

崇祯帝命令设祭坛十六座，并亲自去祭祀锦州战败死节的两个高级官员，一个是洪承畴，一个是辽东巡抚丘民仰。结果这时候消息传来，丘民仰确实牺牲在前线，洪承畴却降清了。这个消息令崇祯很尴尬，祭祀活动只好作罢。

投降的洪承畴除了和皇太极偶尔聊聊天之外，并无一官半职，混得连反反复复的祖大寿都不如。这事搁一般人身上，早就愤怒了。这不就等于投降计划落空了吗？只换了件貂皮大衣？

想当初楚汉相争，刘邦策反项羽帐下的得力干将九江王英布。英布抛弃一切投奔刘邦后与其第一次会面，就见到刘邦边洗脚边接见自己。这搞得英布深以为耻，差点自杀。

洪承畴要是英布那个脾气，估计真得羞愧自杀了。但他不是英布，他是獾，不仅不会自杀，还会找机会办大事。

因此，没有一官半职的洪承畴，每次面见皇太极不仅面无怨色，还净给皇太极讲干货。怎么灭清洪承畴不擅长，但是怎么灭明他门儿清。

也正因为如此，洪承畴在清廷中的声望甚高，很快超越了范文程。那么，皇太极为什么不重用洪承畴呢？一方面是皇太极并不确定洪承畴真的会死心塌地跟着清廷，万一他像祖大寿那样降而复叛呢？另一方面，皇太极是真比崇祯帝会识人，也比崇祯帝会用人。眼下，战争是清廷的主题，而洪承畴并不是一个货真价实的合格将领。搞内政他可以，搞军事他不行。因此，皇太极并不重用洪承畴。

洪承畴降清没多久，皇太极心爱的宸妃去世了。皇太极深受打击，身患疾病，第二年就驾崩了。皇太极驾崩后，九皇子福临继位，睿亲王多尔衮升为摄政王，郑亲王济尔哈朗升为辅政王，清廷总决策人为多尔衮。此时，洪承畴迎来了职业生涯的转折点。

多尔衮和洪承畴是好搭档，这一文一武的组合，不比皇太极和范文程的组合差。赶上李自成攻破北京，崇祯帝于煤山自杀殉国，明朝灭亡。吴三桂和李自成翻脸，开山海关迎多尔衮进关攻打李自成，多尔衮决定进军中原。此番多尔衮进关，就把洪承畴带在了身边。

洪承畴帮多尔衮出谋划策，辅佐顺治帝进了北京。此时的北京在战乱中损坏得不成样子，顺治帝只能暂住武英殿，等着重修紫禁城。而进入北京的洪承畴，立马被多尔衮封为兵部尚书兼都察院右副都御史，加封太子太保。这样等于原本布衣的洪承畴，一下子升到了当朝一品。

当然，清代的兵部尚书没有明代兵部尚书含金量高，只管后勤，没有军权；太子太保就是个荣誉职衔，没有实际权力；都察院右副都御史还有点监察职权。所以洪承畴这个一品大员，还是没有多少实权。

但是，这对洪承畴来说足够了。别看权不大，接下来洪承畴办的事可不小。在那个还没有军机处的时代，洪承畴开始参与机要政务。也就从这时候开始，洪承畴着手把清廷改造成了明朝那样。

过去清廷类似于家族企业，天大的事也得亲贵大臣坐一块开会。皇太极刚接任汗位的时候，代善、莽古尔泰、阿敏三大贝勒会和皇太极一起坐在皇宫的大殿上接受百官朝拜。后来皇太极不断打压阿敏和莽古尔泰，等到改国号为清，皇太极自称皇帝并任用范文程改革制度，才算逐渐确立了君主专制。

范文程没在明朝当过官，不了解明朝体制的运作原理。他们家族上次出现大官还得追溯到宋朝范仲淹时代，指望他建立一套完备的为君主服务的专制体系不太可能。

洪承畴不一样，他是正经的明朝一品大员，封疆大吏，他什么都懂，不懂也就不会投降了。那么问题来了，洪承畴该怎么定位自己？

他到底该忠于皇太极、大清还是多尔衮？按理说，洪承畴的伯乐是多尔衮，而多尔衮也希望自己有个范文程式的人物来辅佐他。但是，洪承畴要玩就玩个大的，辅佐区区一个权臣有什么意思？

因此，洪承畴参与机要之后，主持的第一件大事就是中央改制。多尔衮虽然聪明，他手下的谋臣何洛会更是人精，但是这两位在玩政治上，就要逊洪承畴一筹。

洪承畴的第一步，就是设立内阁。内阁是皇帝的私人谋臣、秘书集团。既然现在是摄政王说了算，那就摄政王先用。有了内阁，摄政王要压制辅政王、肃亲王就简单多了。回王府商量，远不如在内阁商量更有法律依据。

多尔衮觉得好，就让洪承畴去办。他可没想到，内阁是为皇帝服务的，现在只不过是借给摄政王用用罢了。有了内阁，就得有内阁大学士。洪承畴、范文程自然位列大学士，洪承畴也是清军入关后第一位汉族大学士。

要不要从明朝的士大夫集团中选取新的大学士呢？洪承畴的意见是不要，得选满洲亲贵进入内阁。为什么呢？元朝就有这样的例子。忽必烈时代，太子真金身边围绕着诸多儒生，结果真金遭人陷害，不仅太子完蛋了，连儒生集团也完蛋了。自此在元朝，儒家学说败给了八思巴带来的藏传佛教。

多尔衮这位文化水平只到能读懂绣像版《三国演义》的王爷，对史书上的典故都不熟悉，更别提史书背后的历史教训和政治运作原理了。他还以为洪承畴是死心塌地为满洲人服务，于是就这么愉快地答应了。

于是，洪承畴的计谋得逞了。我管你是哪个民族的，来内阁了是吧？先学汉语，写汉字，再用毛笔，读"四书五经"。清廷自上而下的汉化运动，从中央官制开始了。

还有一个问题，洪承畴没当过有实权的中央大官。虽然他在明朝当过兵部尚书和太子太保，但是这两个职位都是对洪承畴的加衔，并非实授。也就是说，明朝中央官制的大概框架他知道，但要说这里面有什么机密，他也没见过。这得找个明白人问问吧。问谁？学问大了。

明朝的大官被李自成、刘宗敏杀了不少。但民间有一个人被洪承畴看中了，此人名叫冯铨，在明朝是阉党成员，官至礼部尚书、东阁大学士、少保兼太子太保。结果呢，冯铨得罪了阉党"五虎"之首崔呈秀，被罢官夺爵。好不容易等到崇祯登基，干掉阉党，冯铨觉得熬出头来了，结果因为冯铨以前也是阉党，所以崇祯帝依然不用他。

接到多尔衮的招揽，冯铨唱着歌就加入了多尔衮的阵营，官复原职。冯铨和洪承畴确认了一下眼神，马上明白了对方的想法。两人奏请多尔衮在内阁的基础上设置六部，后又联合明朝被崇祯罢了官的吏部尚书、武英殿大学士谢升一起奏请恢复明朝的祭祀、礼乐制度。

这套制度的确立，要求多尔衮选派满洲亲贵组成新的领导班子填充各部门。这就意味着，满洲亲贵们的仕途有两种选择：要么继续南下打仗，要么老老实实接受汉文化教育，留在北京当官享福。即便是选择打仗，如果不战死，回来也得学汉语。

比起领兵打仗这么危险的事，不如留在北京学汉语吧。你也可以不学，就满语的承载量，光翻译中央机构的名称、官位、加衔就是个浩大工程。满洲人会说满洲话，但并非都会写满洲文字，就像汉族人未必都会写汉字一样。反正都得学，还是学汉语比较方便。

顺治都叫皇帝而不称大汗了，谁还敢搞特殊？所以，过去满洲的核心制度——八旗制度，也改成了汉名。其实在此之前，八旗叫八固山，固山下设甲喇，甲喇下设牛录。

进了北京之后，这些称呼改了。牛录改佐领，甲喇改参领，固山改旗，这才有了八旗的称呼。

正当洪承畴、冯铨、谢升玩汉化正爽的时候，遇到了一个强大的对手。说起来，此人在明朝还是冯铨的盟友，名叫孙之獬，山东淄川人，明朝翰林出身。

孙之獬本是平民，他想在明朝官场上站稳脚跟，于是学会了抛弃节操，附庸权贵。天启年间阉党势大，孙之獬攀附阉党大佬崔呈秀，并利用职务之便，帮崔呈秀的半文盲儿子崔铎中举。

好景不长，天启帝驾崩，崇祯帝继位，阉党遭难，其成员个个遭到清算。阉党成员无论是划清界限、击鼓鸣冤，还是痛哭流涕、认真悔过，都不能赦免。

崇祯帝就是这个性格，要搞你不问理由。其实很多人攀附阉党就是为了混口饭吃，也不是死心塌地效忠魏忠贤这个阉人。但是崇祯不管，他不是曹操，没有那种火烧群臣私通袁绍书信的胸怀，所以一时间阉党成员人人自危。

铲除阉党的重要步骤就是销毁阉党成员编写的《三朝要典》，该书里面记载了"明末三大案"（梃击案、红丸案、移宫案）的始末。《三朝要典》的总裁之一，就是冯铨。

这本书算不得客观，成书的目的就是把三大案描绘成东林党的阴谋。崇祯帝清算阉党的时候，要毁掉《三朝要典》。

孙之獬看到了一丝曙光，认罪、求饶都没用的话，装成一个迂腐的傻子，能不能避祸呢？于是孙之獬上书力陈不可禁毁《三朝要典》，并放声痛哭。孙之獬的理由是《三朝要典》最起码澄清了这三大案不是宫廷残酷内斗，历代皇帝还都是英明的，只有东林党的人是坏人。如果毁了此书，那先帝们就说不清了。

根据史书记载，孙之獬此举导致"天下笑"，大家都觉得这是个迂腐的傻子。结果就是这位崔呈秀的死党，居然没有被杀，而是被解职放回原籍。

孙之獬回山东淄川老家之后，成了一名朝廷好政策的义务宣讲员。没事呢，孙之獬就以老师的身份在乡教书。遇到官府有事，无论是拆迁、筑城，还是宣讲"一条鞭法"，孙之獬都身先士卒，该捐款捐款，该帮忙帮忙，该宣传宣传，成了当地名流。

明朝灭亡，孙之獬组织义军抵抗农民军，保城守池。多尔衮到北京后，孙之獬被推荐到北京，当了礼部侍郎。

当时朝中官员，满汉各用旧俗。孙之獬为了表示自己的忠心，剃发垂辫向多尔衮投诚，结果只当了礼部侍郎。最惨的是，他这种谄媚的行为，被汉族大臣排挤，也为满洲大臣所不容。

孙之獬又回到了之前的思路，就要出其不意，就要一鸣惊人。所以他又拿出哭《三朝要典》的路数，上奏多尔衮不能上某些大臣的当，如果汉人不剃发垂辫，就是多尔衮降了大明，而不是大明降了多尔衮。

多尔衮一琢磨，有道理，于是搞了臭名昭著的暴力强制剃发令，并禁止女人裹脚，要求所有人在服饰上全面满化。

这一下子，使原本几乎平定的江南再起风波。豫亲王多铎搞不定，多尔衮紧急派洪承畴去救急，赐洪承畴"招抚南方总督军务大学士"印，许便宜行事。

其实呢，多尔衮也是为亲弟弟多铎遮羞。洪承畴这次南下招抚地方，确实是大权在握。洪承畴南下，以抚为主，以"剿"为辅。虽然客观上稳定了江南，却被忠于明朝的臣民唾骂。

很快，同僚也容不下洪承畴了。在南京，洪承畴说了算，导致清朝在南京的满汉大臣都对他嫉恨。

当年广东有个才子叫韩日缵，曾任明朝礼部尚书，是洪承畴的老师。韩日缵的儿子赶上了明末乱世，剃发为僧，法号函可。函可高僧精通儒释两家学问，又受父亲影响，精研史学，曾把清灭南明弘光政权的事件写成了一部《再变纪》。

清军占领南京，函可去见洪承畴，想要洪承畴开个路条，让函可返回广东老家。洪承畴对这位师弟非常照顾，给发了腰牌。结果函可出城的时候，还是遭到盘查，被搜出以南明为正统写的《再变纪》。南京管八旗兵的瓜尔佳·巴山和管绿营兵的江南提督张大猷可算是逮到机会了，捉了函可，上书弹劾洪承畴。

洪承畴一看这情况，赶紧上折子请罪。北京亲贵大臣们开会议论，觉得应该将洪承畴革职。但是，多尔衮还是以顺治帝的名义下旨，赦免洪承畴的罪责。而函可高僧被迁往辽阳慈恩寺，后迁往沈阳金塔寺。

经此一事，洪承畴虚惊一场。赶上洪承畴父亲去世，他便上书回家丁忧守制，暂时离开了清初官场。

这是洪承畴仕途的第二阶段，虽然他离开了权力中心，但是他设立的典章制度和清廷的发展方向不可逆转地进行了下去。作为一个像獬一样的人，洪承畴总是进退有度。跟降清一样，此番洪承畴的丁忧也是以退为进。对他来说，未来还有更重要的事情要做。

洪承畴的儒家文化保卫战

洪承畴辞官丁忧守制，一年后，感觉天下大势不可收拾的多尔衮召回了洪承畴。第二年，加封少傅兼太子太傅，令其参与机密政务，并对洪承畴言听计从。

多尔衮这么着急请回洪承畴是为了什么呢？那当然有大事了。大清版图越来越大，人口越来越多，该怎么管呢？

学大辽搞南北面官？不太合适。学元朝放任？也不太行。多尔衮当然不希望大清不足百年就回东北去，还得请教洪承畴。

洪承畴一看，这是你主动问我的啊，不是我设计你。洪承畴是当过大明封疆大吏的人，地方上怎么玩，他是专家。于是，洪承畴制定了地方省府县制度，在明朝的基础上，稍加改动。

督师这种职务就不设立了，原本明朝省一级设三司，到清朝改两司，巡抚之下只有布政使司和按察使司。明朝的指挥使司没有存在的必要了，清朝地方军政分开，军队由提督、总兵分驻地方。重要的地区设总督，总管军政。县以下实行保甲制度自治，用保甲连坐法约束他们。

洪承畴再度出山，把清朝的统治机器完善了。官民有了分立之后，在统一的制度下，从法律上杜绝了元朝四等人出现的可能性。这一套体系确定了，那么维持这套体系的关键就是科举制度。那个时候，科举是中华正统的体现。满族人想当官，也得通过科举才行。

在洪承畴制定各种制度之余，大批前明士大夫开始填补到各级衙门中。这一手防的是什么呢？防的是出现蒙古人占据要职的情况。

问题来了，为什么防蒙古人？要不怎么说洪承畴读过书就是不一样呢？清朝新立，汉人属于满洲人的手下败将，蒙古人是满洲人的盟友。很明显，蒙古人将受到大肆封赏。倘若如此，清朝将会是元朝的翻版。在元朝，打算同化蒙古人的汉族士大夫第一步就输给了蒙古人的盟友色目人，等到忽必烈的太子真金倒台，汉族士大夫及儒家文明就在朝中立不起来了。

洪承畴不能让这种事情重演，在他制定的制度中，只能任用汉族士大夫，蒙古人靠边站。想加入也可以，请先回去读书。

在洪承畴眼中，反对清朝的人可以放过，但是反对清朝汉化的人都是敌人。

所以在选人、用人、拉盟友、打政敌的活动中,洪承畴只任用能帮他汉化清朝的人。至于此人节操如何,那不在考虑范围内。

很快,又出事了。随着多尔衮在顺治七年(1650年)暴毙,顺治帝开始亲政。过去汉族士大夫集团顺着前明党争的思路,多攀附多尔衮。多尔衮死了,这些人要划清界限,要打击同僚表忠心,洪承畴这个多尔衮倚重的人,当然难以独善其身。

顺治八年(1651年),太常寺卿张煊发扬了前明党争的传统,上书弹劾洪承畴用人不公,而且谋反。谋反这个罪名大了,其实张煊就是不服洪承畴的人事安排。说他谋反,总不能只有他一个人参与吧。张煊举报说都察院左都御史洪承畴、吏部尚书陈名夏、礼部尚书陈之遴齐聚火神庙密议叛逃南明。而且,张煊指出,洪承畴曾开路条送自己的母亲回福建老家,这就是叛乱的前兆。

当时顺治帝不在北京,而是在外打猎,在朝理事的是礼亲王代善的儿子——巽亲王满达海。满达海见这事太大,牵扯到三位一品大员,于是马上召集大臣研究案情。最终,满达海认为吏部尚书陈名夏用人确实有问题,于是把陈名夏下狱,并快马把奏章送给顺治亲裁。

没想到,多尔衮的死党谭泰先一步去面见顺治帝,说张煊诬告。谭泰是个满人,也是个粗人,官拜吏部满尚书。他跟陈名夏这个汉尚书不仅是同事,还是死党。所以谭泰自认老资格,亲自为陈名夏辩护。谭泰也是心眼直,多尔衮都倒台了,他还这么高调。甚至在顺治帝回京召集大臣议事时候,谭泰还在用满族的老习惯,在朝堂上大声喧哗,振臂高呼。后来鳌拜也是这个德行,才被康熙帝给办了。

这要是在东北,倒也不算什么,但这是在北京,顺治帝是洪承畴等人精心汉化出来的皇帝,他能受这个气?这叫僭越,毫无人臣之礼!

谭泰的僭越,吓傻了在场所有大臣。大臣们静静地看谭泰表演,一言不发。只有洪承畴上奏,说他们火神庙集会是为了商议都察院御史的人选,送母回乡确实是没有请旨,但完全没有造反的事情。陈名夏也上书为自己辩护。顺治帝刚亲政,还不习惯亲自裁决,见其他大臣不说话,便误以为大臣们已经有了公论,派谭泰为代表讲述张煊的诬告事实。

因此顺治下旨,论张煊诬告,处死。

顺治是糊涂吗？那可不是。没多久，顺治再亲自为张煊翻案，说自己受了谭泰的蒙蔽。再加上鳌拜弹劾谭泰是多尔衮死党，顺治帝便给谭泰安了个构陷张煊的罪名处死，多尔衮一党再无实权人物。

那么问题来了，如果张煊是冤枉的，那洪承畴、陈名夏、陈之遴该怎么治罪？顺治帝聪明极了，他下诏说，火神庙集会虽然可疑，但没有实据，姑且勿论。洪承畴虽然送母回乡没请示上级，但是孝心可嘉，所以，下不为例喽。但是，任用官员舞弊的事情是有的，提出建议的洪承畴、陈之遴没罪，完全是有人事任免权的吏部两尚书谭泰、陈名夏滥用职权。谭泰负主要责任，已经被处死；陈名夏负次要责任，革职。

洪承畴又躲过了一劫。

第二年，洪承畴的母亲亡故，洪承畴打算再次回家丁忧守制，顺治帝不许，夺情让他继续在朝为官。

这个时候，又出了件大事，洪承畴以一己之力，为儒家文化扳回一局，雪了四百年前的耻辱。

故事得从元朝说起，元世祖忽必烈在位，开始倾心汉化。但是随着他接触到伊斯兰文化、基督教文化、藏传佛教文化，开始对儒家文化不感兴趣了。随着吐蕃国师八思巴的洗脑，忽必烈开始醉心于藏化，而不再加深汉化。忽必烈不仅全面接受藏传佛教的洗礼，还把蒙古文字改用藏文拼写，发明了八思巴字。

儒家士大夫集团以为靠着太子真金就能稳坐钓鱼台，但是儒家受到藏传佛教和西域色目人的双重挤压，太子倒台后，儒生们在元朝失势，再也没站起来。

之后藏传佛教厉害了，在明朝几乎红遍整个蒙古，和硕特、喀尔喀、准噶尔等部都受藏传佛教的洗礼。到了清初，藏区的和硕特蒙古玩不下去了，五世达赖完成了藏区的统一，形成了政教合一的地方政权。

蒙古各部大汗也得对五世达赖顶礼膜拜。早在顺治元年（1644年），多尔衮就请五世达赖到大清一叙。但是人家不去，五世达赖自认为高于蒙古各部大汗，与大清皇帝平起平坐。你让我去我就去，那我岂不是很没面子？大清皇帝也得入我教，成为我的弟子。

一直到了顺治九年（1652年），五世达赖才勉为其难地答应大清皇帝的邀请，将与大清皇帝在喀尔喀蒙古的驻地，也就是今天内蒙古一带与顺治帝会盟。

满洲亲贵大臣们接到消息，欢欣鼓舞。那感觉就是我们邀请了五世达赖这么多年，人家终于答应了，皇上你得去见他。为什么呢？蒙古各部都听五世达赖的，如果咱们和五世达赖搞好关系，那么蒙古各部还能不臣服我们大清？去，一定得去。

可万一去，中国就可能多了一个"教皇"。五世达赖能容得下孔子吗？那不可能。所以，一向"佛系"的洪承畴，收起了他的油滑，力陈顺治帝不可以去见五世达赖。

为什么呢？洪承畴说皇帝是天下之主，皇权要大于教权，去见他太掉身份，绝对不能去。

说是这么说，实际上呢，洪承畴真的没把握打败这个五世达赖，也很害怕儒家文化再次被佛教文化打败。

那怎么处理呢？洪承畴上奏，派一个大臣去宣旨，让五世达赖进京朝见大清皇帝。至于他的随从，不可入京，朝廷给予恩赏。

顺治帝当时更加倾向于满洲亲贵的说法，认为还是该亲自去见五世达赖，这样或许能利用五世达赖收服喀尔喀蒙古。顺治令大臣拟旨，宣告五世达赖会盟的时间。

洪承畴大惊，于是联合前明榜眼出身的礼部尚书陈之遴，要不惜一切代价阻止顺治帝出边会见五世达赖。

陈之遴见洪承畴急了，便劝他淡定。你总不能死谏吧？死了也没用啊。那怎么办？皇帝不是不听咱劝吗？他得听天劝啊。他号称天子，得听老天爷的话。

于是，洪承畴再次展现了獾的油滑，与陈之遴操纵钦天监吓唬顺治帝，说"太白星与日争光，流星入紫微宫"，国家将有大灾，皇上不可轻动，留在北京为妙。至于五世达赖，派个大臣去怎么就不能体现皇恩浩荡？怎么就不能震慑喀尔喀蒙古？

顺治帝大为感动，这就是传说中的忠臣、直臣、诤臣啊。算了，朕不去见那位五世达赖了。顺治帝命索尼拟旨表彰洪承畴、陈之遴，斥责满洲亲贵大臣们乱出主意。

那五世达赖怎么办？顺治帝派出自己的亲哥哥铁帽子王庄亲王硕塞去迎接五世达赖，说服五世达赖到了京城，顺治帝出城迎接，给了丰厚的赏赐。

顺治十年（1653年），顺治帝派亲王硕塞等人护送五世达赖回喀尔喀。狠的在后面，抵达代噶时，觉罗朗球带着金册、金印赶到，宣读了顺治帝的圣旨，册封五世达赖为"西天大善自在佛所领天下释教普通瓦赤喇怛喇达赖喇嘛"。

这一回在众目睽睽下，名分定了，五世达赖是大清皇帝册封的，膜拜五世达赖的蒙古诸王自然也是大清皇帝的臣子。

五世达赖也不含糊，也给了顺治皇帝一个尊号，叫"文殊皇帝"，也就是说，五世达赖宣布大清皇帝是文殊菩萨转世。此外，大清皇帝还有一个身份，是藏传佛教的转轮王。

那菩萨地位高，还是佛地位高？当然是佛地位高。大清皇帝能忍这个？能忍，因为皇帝还是转轮王。转轮王是当年阿育王的尊号，在佛教意味着统一世界，哦不，是统一宇宙的圣王。

也就是说，五世达赖承认大清皇帝是他们教派的二把手，却也是蒙藏地区的统治者。

此事对日后的影响是巨大的，藏传佛教虽然地位上成了清朝的正统宗教，但并不是统治思想。代表中国文化的儒家思想稳坐钓鱼台，洪承畴的汉化政策没有因此而中断，反而使西藏从法理上归附了清廷。这就是为什么在清朝设置驻藏大臣之前，西藏出现问题，康熙帝称之为叛军，道理就在这儿。

在后来的历史发展中，藏传佛教在清代的地位不断升高。到了乾隆年间，甚至乾隆帝都说"满洲"这个词源自"文殊"的音译"曼殊"。这当然是瞎扯，只不过是乾隆帝表示对藏传佛教的尊崇。当初有"满洲"这个词的时候，满洲人还信萨满教呢，都未必知道有文殊菩萨这尊神明。

不过这都不重要，重要的是当时信佛得永生，信孔圣人才能换顶戴花翎。可以说洪承畴对明朝的贡献不如他的同僚卢象升、孙传庭，但是洪承畴对儒家文化的贡献，则远远高于他们。

没多久，南明桂王势大，清朝西南不稳。原本正在主持编修《太宗实录》的洪承畴再度成为清朝的救火队员，被要求解决南明桂王政权的问题。面对桂王政权，洪承畴将何去何从呢？

洪承畴进入《贰臣传》的秘密

要说清这段历史,得先把南明史做个简单的梳理。

之前有读者问过我:为什么南宋能固守半壁江山,而南明却不可以呢?

首先我们要明确,南宋是个统一的政权,而南明只是个统称,指的是顺治元年(1644年)后,中国境内尚未被清军占领的地区。这个地区内,有张献忠、李自成的余部,有明朝军阀,有福、鲁、唐、桂四个明王族大派系,而非一个统一的政权。南明内部这些政权不仅不统一,甚至还互相残杀。这就是南明跟南宋的根本区别。

崇祯帝自杀之后,严格来讲并不代表着明朝的灭亡。因为在永乐年间,明成祖朱棣迁都北京后,在南京留下了一套完整的国家行政机构。南京作为陪都,属于北京的后备。当崇祯帝自杀,南京的国家机器就正式启动,取代北京成为明朝的政治中心。

南京官场上,大臣和国家机关都是完整的,就差一个皇帝了。在当时的明朝藩王中,以福王朱由崧最有资格继承皇位。

当年老福王朱常洵就是万历年间的太子备选人员之一。讲道理的话,北方蒙难,福王朱由崧在南京继位最合理、合法、合适。

但是,熟悉明史的朋友都知道,万历年间福王朱常洵之所以没能当太子,就是因为东林党的极力反对。南京的东林党人害怕福王朱由崧继位为帝后,自己会遭到清洗。所以,南京方面认为神宗皇帝的侄子潞王朱常淓更适合当皇帝。

但是,放着神宗皇帝的孙子不立,立神宗皇帝的侄子,多少有点说不过去。为了争取各方支持,兵部尚书史可法四处奔走,探口风、讲道理,忙得不可开交。

史可法四面联络的同时,凤阳总督马士英简单粗暴地宣布福王朱由崧监国,后拥立福王称帝,年号弘光。马士英拥立有功,被封为东阁大学士兼兵部尚书、都察院右副都御史,一跃成为南京朝廷的最高官员,马士英的党羽也都鸡犬升天,优柔寡断的史可法等原南京官员失势。

接下来,弘光朝廷阉党抬头,打压东林党人,搞得离心离德。忙着贪污和内斗的弘光朝廷既无北伐的决心,也无安定江南的仁心,给清军留足了时间打败李自成,迁都北京。

东林党人不满马士英怎么办？那就搞他。马士英算什么，不就是有拥立之功吗？如果弘光帝不合法，那么马士英也可以回家抱孩子了。因此，崇祯帝的"太子"朱慈烺出现在了浙江，引起轩然大波。本来就不服马士英，且手握重兵的宁南侯左良玉接到消息，马上屠灭武昌，打着太子的旗号，带兵就去南京"清君侧"，结果不幸病死在了路上。

南京政局动荡之际，清豫亲王多铎南下攻打南京，弘光帝出逃，留守南京的大臣投降。顺治二年（1645年），弘光帝被俘，但皇统还在。

弘光帝被俘后，南明进入第二个阶段，杭州的潞王朱常淓、应天的威宗太子王之明、抚州的益王朱慈炲、福州的唐王朱聿键、绍兴的鲁王朱以海、桂林的靖江王朱亨嘉在同一年先后宣布监国。

这些监国中，以郑芝龙支持的唐王朱聿键实力最强。在郑芝龙的支持下，唐王称帝，改元隆武。但是严格来讲，隆武帝不算是明朝正统，因为他作为一个被海盗头子拥立的傀儡，合法性显然不如弘光帝。在当时，鲁王朱以海在张煌言的辅佐下，就不认同隆武帝。而这导致了鲁王和隆武帝之间不仅不能合作，而且还互相攻击。弘光帝被俘后的六大监国，也就称帝的唐王和鲁王坚持了一年，其余的当年就被灭了。

随着郑芝龙降清，隆武政权也随即灭亡。鲁王战败后逃往厦门，由于得不到郑成功的支持，只好自己取消监国称号，从此不问政事。

六大监国覆灭后，南明进入第三个阶段。顺治三年（1646年），隆武帝的旧臣逃到广州，拥立隆武帝的弟弟继位，改元绍武。桂王朱由榔在广东肇庆登基，改元永历。一省出两帝，那没法不打仗。绍武帝和永历帝大动干戈，随着清军的到来，绍武帝继位四十天后就被攻灭，永历帝逃往广西。

永历帝也不被南明地区的其他势力承认。顺治四年（1647年），揭阳的益王朱由榛在郑成功的支持下宣布监国，两个月后迫于清军的压力，郑成功派来的部将吴元开城投降，益王政权覆灭。

顺治五年（1648年），郑成功又拥立淮王朱常清在南澳监国，改元东武。随着郑成功和永历帝的关系改善，淮王取消监国称号。顺治六年，楚王远支亲戚朱容藩诈称楚王世子，在夔州宣称监国，与永历帝争位。这哥们实在是人缘太差，后被自己人弄死，政权灭亡。

至此，江南有了四大势力，分别是郑成功、大顺军余部、大西军余部、永历帝。其实到这个时候，永历帝隐隐有江南共主的感觉，有资格代表南明。

这段时间，大顺军加入永历帝阵营，连败清军于湖南。根据王治心所著《中国基督教史纲》和杨森富所著《中国基督教史》的说法，此时永历帝全家皈依天主教，借葡萄牙兵马枪炮助阵，也获得了不小帮助。永历朝廷还曾向罗马教廷写信，许以打败清军后，允许天主教在华自由传教。但在这样的大好局面下，永历朝廷的内斗又成了主流，大顺军遭到了疯狂排挤。大好局面自然就丧失了，清军顺势占领了湖南。

而在四川，张献忠战死后，他的义子孙可望、李定国率领大西军退到了云贵，联合永历帝占据西南。实际上到了这时候，永历帝已经成了孙可望手里的傀儡。

李定国指挥有方，连败清定南王孔有德、敬谨亲王尼堪，收复湖南。黄宗羲赞曰："两蹶名王，天下震动！"

在这种情况下，清廷不敢轻视永历政权，这才引出洪承畴充当"救火队长"一事来。

这时候，洪承畴的伯乐多尔衮已经不在人世了。掌权的顺治帝对洪承畴可谓信任到了极致，敕封其为太保兼太子太师，经略湖广、广东、广西、云南、贵州五省，总督军务兼理粮饷。另外，朝廷严旨吏、兵两部不得掣肘，户部不得稽迟，准许洪承畴便宜行事，事后报闻。

这是洪承畴人生中权力最大的一次任命。上一次类似的任命还是在明朝，当时洪承畴充当崇祯帝的"救火队员"，任蓟辽总督。

但这一次，洪承畴面对的是南明唯一的合法政权。虽然这个政权暂时被孙可望把持，但是洪承畴接了这个任务后，心情仍旧是非常复杂的。

那么，洪承畴该怎么办？

大方向上，洪承畴有两个选择。一个是联合永历帝反清。显然这并不现实，联合永历帝的不少，但没几个有好下场的。从大顺军余部，到背清从明的将领，跟了南明都会在倾轧中饱受排挤，也只有孙可望、李定国这样排挤别人的，日子过得还不错。没人排挤了，孙可望就开始排挤李定国。

洪承畴要是降永历帝，还不如自杀来得痛快。而且，洪承畴的反戈与否，并不能改变双方的实力对比。

还有一个选择，就是一条道走到黑，残酷地灭掉永历政权，向清朝表决心。在感情上，洪承畴不会这么干。

六十一岁的洪承畴其实宁愿做些文职的文化工作，也不愿接这个烫手的山芋。但是既然他处在了这个风口浪尖上，还是得硬着头皮往前冲。至少，洪承畴带兵能避免不少杀戮。

洪承畴出马，在岳州败孙可望，重新占领湖南。洪承畴到了长沙，释放了这里关押的"反清复明"的政治犯。在军事上，洪承畴还是尽量能招抚就招抚，尽可能不派大军讨伐。因此，虽然洪承畴捷报频传，但总体进度并不快。

一直到顺治十四年（1657年），在永历政权内部，孙可望和李定国正式翻脸。在这场内斗中，孙可望失败了，但他可是张献忠带出来的兵，最擅长的就是投降。孙可望在南明混不下去的时候，就投降了洪承畴。

孙可望被送到北京，献上了云贵地区的地图，被清廷封为义亲王，风头都盖过了平西郡王吴三桂。此后朝廷严旨洪承畴迅速进兵，又派来平西将军吴三桂和征南将军卓布泰配合洪承畴进兵。

顺治十五年（1658年），清廷又派出信郡王多尼统兵南下。次年，清军占据云南。永历帝在李定国的保护下，逃到了腾越。

到这个时候了，南明还在内斗。不学无术的锦衣卫指挥使马吉翔在不知会李定国的前提下，挟持永历帝逃到缅甸。一路上，马吉翔把兵力都用在保护自己的财产上，连永历帝的后妃都丢了，马吉翔的财产却没丢。

到了缅甸境内，缅甸王要求南明军队放下武器入境。马吉翔又不顾沐天波的反对，下令让军队放下武器，永历帝就这样成了缅甸王的阶下囚。

在缅甸，永历帝也就是勉强不挨饿，但是马吉翔不仅花天酒地，还能重金去广州请戏子来唱戏。

这时候，李定国和部将白文选关于是否要去缅甸又产生了分歧，但事实果然不出李定国所料，缅甸王扣押了永历帝，因此李定国又发动了对缅甸的战争。等于说，南明最后处于腹背受敌的局面。

在这种情况下，洪承畴的招抚政策显得特别奏效。李定国的部下有不少都选择了投降，还有一些蠢蠢欲动。白文选也在这时候，半推半就地被部下劝走降清了。

顺治十六年（1659年），随着清军攻下云南全境，洪承畴第一时间上书朝廷留大军镇守云南，拨款赈济云南各族百姓，停止向永历帝追击。

之后，自认为任务完成的洪承畴，上书请求回北京养老。顺治帝准奏后，西南的军政大权，交给了吴三桂。

就在云贵地区逐渐恢复生产的时候，缅甸发生政变。新任缅甸王莽白在康熙元年（1662年）把永历帝送给了攻入缅甸的吴三桂，永历帝被吴三桂用弓弦勒死在昆明，南明皇统断绝。

相比于吴三桂，洪承畴事情做不到这么绝。论功劳，无论关里关外，洪承畴都远高于吴三桂，但是在处理对明关系上，洪承畴显然没法像吴三桂那样决绝地表忠心。

有的时候，人都会做些无可奈何的事。但是当你不得不开枪的时候，把枪口稍微抬高一厘米，就是伟大的救赎。洪承畴做到了，他连续招抚十三府的时候所避免的杀戮，是他能为百姓做的最大尺度的事情。

无论多少人骂他汉奸，洪承畴都没有破罐子破摔。也正是因为如此，吴三桂在云南晋封亲王，而洪承畴退休的时候，爵位仅仅是三等轻车都尉，世袭四代。这个爵位，在清代爵位中排倒数第四。

康熙四年（1665年），七十三岁的洪承畴走完了自己传奇的一生，朝廷给上谥号"文襄"，还算是个不错的评价，与后来的左宗棠、张之洞相同。

然而，在一百多年后，乾隆帝把洪承畴编入了《贰臣传》。很多人为洪承畴惋惜，也感慨乾隆帝的"超时空"卸磨杀驴。

实际上事情还真不能这么理解，乾隆帝命国史馆修编的这部《贰臣传》全称是《钦定国史贰臣表传》，所谓"贰臣"，也是针对明朝而言的。洪承畴背叛明朝是客观事实，将其编入《贰臣传》不算对他的污蔑，总不能说他是明朝的忠臣吧？

《贰臣传》分为上下两部。上部曰甲等，讲的是对清朝的有功之臣，洪承畴、孔有德、耿仲明、尚可喜、祖大寿、吴六奇等名人悉数在列。编入甲等"贰臣"，其实是一种表彰，说他们有功，但是背叛明朝始终是个污点，只能说人无完人。

下部曰乙等，编入乙等"贰臣"，就有嘲讽的意味了。比如乙等的钱谦益、吴伟业、孙可望、白文选等，乾隆帝认为他们既背叛明朝，又对清朝无贡献，甚至反复，实在是令人不齿。

像吴三桂这样的，在乾隆帝眼中连进入《贰臣传》乙等的资格都没有。

所以说，被编入《贰臣传》的甲等，是对洪承畴的一个客观评价。在那个时代，忠心不过王承恩，硬汉莫过史可法。临事一死特别简单，难的是活着干些有意义的事。

李鸿章有句诗写得好："劳劳车马未离鞍，临事方知一死难。"民族危亡之时，自杀很简单，难的是活着与这个世界周旋。洪承畴也如是，在松山自杀很简单，能让他万古流芳，名声绝对比极具争议的袁崇焕好得多，不敢说比得上岳武穆，最起码不输韩世忠。

但是洪承畴没有死，活下来的他也没有在自己的利益上多做争取，却在改造清朝、稳固儒家文化地位方面寸步不让。

骂他是汉奸，非常简单。但是谁会在那个时代比洪承畴做得更好？这要打个问号。顾炎武先生说过："易姓改号，谓之亡国。仁义充塞，而至于率兽食人，人将相食，谓之亡天下。……是故知保天下，然后知保其国。保国者，其君其臣肉食者谋之；保天下者，匹夫之贱与有责焉耳矣。"

洪承畴没能保其国，但在保天下这方面，他不输于同时代的任何人！

第二章

熊·多尔衮

太子之谜

  熊是一种强壮的动物，尤其是在东北地区，很多部族以熊为图腾。在清末民初"西山十戾"的传说中，清初铁帽子王多尔衮被称为熊的转世。

  多尔衮是大家既熟悉又陌生的一个历史人物。很多电视剧都演绎过多尔衮的故事，把多尔衮各种传奇故事都演得差不多了。但目前还没有符合历史原貌的演绎，所以很少有人知道历史上的多尔衮到底是什么样的。即便知道他是什么样的，也未必知道他的历史作用有多大。

  历史上很少有人像多尔衮这样，从出生到死亡都伴随着谜团。比如，在他幼年的时候，很多传说都表示多尔衮是努尔哈赤最爱的儿子，甚至是努尔哈赤心目中接班人的人选。

  实际上呢，情况并非如此。努尔哈赤有十六个儿子，他对排在第十四位的多尔衮，更多的是一种心疼，而非器重。原因是多尔衮并没有像熊那样有强健的体魄，他身材瘦小，体弱多病，空有一身熊胆，却不如他的哥哥们那样个个身材伟岸，甚至不如他弟弟多铎强壮。

  因此，努尔哈赤虽然给了多尔衮很多赏赐，但很少让多尔衮参与重大事件。多尔衮的同母哥哥阿济格和同母弟弟多铎显然更受努尔哈赤看重，经常参与机要军务和重大典礼。要说器重的话，十几岁的多铎显然远比多尔衮更受努尔哈赤器重。所以，江湖传言说努尔哈赤有意让多尔衮接班，那是无稽之谈。

  不过，多尔衮的实力也不容小觑。再怎么说，他的母亲阿巴亥也是大福晋，所以在努尔哈赤时代，除了代善、阿敏、莽古尔泰、皇太极四大贝勒，以及阿济格、多铎两个小贝勒之外，多尔衮是兵马最多的领主。

努尔哈赤是马背勇士，他的儿子们，除了多尔衮，都是弓马娴熟之士。所以在努尔哈赤时代，多尔衮是比较郁闷的。虽然他很努力，但这样一个游牧民族家庭只需要战士，不需要谋士。

伴随着多尔衮的不得志，又一桩悬案兼噩耗袭来，改变了多尔衮的命运。

天启六年（1626年），努尔哈赤攻打袁崇焕镇守的宁远城失败。努尔哈赤被炮火所伤，数月后病死。而在这个时候，又有消息传来，据多尔衮的二哥代善、堂哥阿敏、五哥莽古尔泰、八哥皇太极所言，努尔哈赤的遗命是让多尔衮的母亲大福晋阿巴亥以及两个小福晋殉葬。那一年，阿巴亥只有三十七岁。

这一年多尔衮十五岁，同时失去了双亲。据传说，努尔哈赤有意传位给多尔衮，但是皇太极为了争位，矫诏害死阿巴亥，夺走了原本属于多尔衮的汗位。

这个说法很有故事性，因此被很多文学、影视作品所采纳。但是，这个说法有几个疑点。

我们之前说了，多尔衮并不是努尔哈赤特别器重的儿子，因此传位给他的可能性很小。再一个，四大贝勒如果矫诏杀阿巴亥，多尔衮和多铎两个小孩或许没法阻止，但不能忽略他们的哥哥阿济格。

阿济格当时二十二岁，广有军功，还是八旗中最尊贵的镶黄旗旗主。而且阿济格自视甚高，脾气暴躁，可以说整个家族没有他能看上的人。如果四大贝勒敢矫诏杀他的母亲，他不可能无动于衷。

另外，还有一点不能忽略。当年阿巴亥与代善有着说不清道不明的关系，阿巴亥还曾被努尔哈赤处罚过。努尔哈赤这都要死了，未必放心自己不会被儿子继续"染绿辫子"，因此留下遗诏带走阿巴亥以及两个受宠的小福晋，也是正常的。

不管怎么说，努尔哈赤死了，阿巴亥殉葬了。在议政王大臣会议的推举下，皇太极接任汗位，与代善、阿敏、莽古尔泰一同执政。

虽然多尔衮失去了母亲的庇护，但总被忽视的他，还是遇到了伯乐。新继位的大汗皇太极非常器重多尔衮，刚继位两年就带着多尔衮征讨漠南蒙古的察哈尔部。而刚刚十七岁的多尔衮表现得根本不像个新手，他指挥得当，大破察哈尔部，一战成名。

此后，皇太极给足了多尔衮表现的机会，而多尔衮也展现了自己非凡的军事才能。无论是对明作战、对李朝作战还是对漠南蒙古作战，皇太极总是要跟多尔衮商议军机，并派多尔衮在前线指挥。

当时，多尔衮给人的感觉就是与四大贝勒并驾齐驱，声望超越了他的亲哥哥阿济格和亲弟弟多铎。当然了，阿济格本人不这么认为。

随着多尔衮功劳日甚，尤其是在察哈尔夺得元朝传国玉玺后，成名已久的阿济格再也无法和这个昔日体弱多病的弟弟同为一个档次的将军了。

崇德元年（1636年），皇太极称帝改号之后，册封多尔衮为和硕睿亲王，而阿济格仅仅被封为多罗武英郡王，差了多尔衮一个档次。

阿济格是个连皇太极都不放在眼里的人，怎么会服气多尔衮？这一对同父同母的亲兄弟之间，隔阂越来越深。

实际上，皇太极并非有意提拔多尔衮，打压阿济格，实在是在那个阶段，只有多尔衮在战略上可以跟得上皇太极的思路。要说论带兵打仗，阿济格哪方面都不输给多尔衮，可在战略上，皇太极的兄弟们大都还停留在抢劫一把就走的程度。只有多尔衮能理解皇太极的天下观，对怎么对付明、蒙古、李朝有着清晰的思路。皇太极自然更加重用多尔衮，其他战将负责执行就好了。在执行这个层面，大家都做得不错，连多铎都能认真完成任务，所以早早地被册封为和硕豫亲王。阿济格却一向我行我素，他虽然勇猛，也能打硬仗，却始终按照自己的思路走。如果恰好他跟皇太极思路一致，这仗他就能打得很漂亮；如果他想的跟皇太极不一样，那就将在外君命有所不受。皇太极不喜欢他，也就在所难免了。

在内政方面，皇太极任用多尔衮管六部之首的吏部，而没有阿济格的份。官员升迁任免这些人事大权，皇太极也放手让多尔衮操办。也就是在多尔衮掌管吏部期间，范文程等谋士得到了重用。

多尔衮的脱颖而出，也跟他执掌吏部、推进汉化有着直接关系。多尔衮重用汉族谋士，虽然让皇太极非常满意，却让满洲贵族非常反感。

皇太极总说明朝这不好那不好，为什么还要让多尔衮重用汉族谋士，学习明朝的制度呢？这事还真是说来话长。

在此之前，当这个东北政权还叫"金"的时候，整个政权更像是个家族企业。努尔哈赤是这个家族企业的家长兼老板，他要对整个家族负责。家长嘛，既当哥哥，也当爸爸，还当大爷，什么事都得照顾亲情，毕竟全靠自己家这些亲戚打仗呢。

当初，努尔哈赤的长子兼接班人叫褚英。褚英有战功，但为人张狂，性格上跟阿济格差不多。褚英对家族企业不满，他想建立一个国家政权。也就是说，他接班之后，决不会允许满洲亲贵们以亲情和辈分干预他的行政。

也正因如此，褚英遭到了满洲亲贵们的集体攻击。为了避免这个刚建立的家族企业完蛋，努尔哈赤不得不将褚英圈禁。但亲贵们不依不饶，努尔哈赤为了整个家族的利益，最终处死了褚英。

褚英死后，他的同母弟弟代善就是个准接班人。但是代善被褚英的事吓坏了，所以并不敢以"大贝勒"自居，非常注重自己的人缘，谁也不得罪。

代善位高权重，爵封和硕礼亲王，手握两红旗兵马，但是代善从不以王爷自居，而是以老大哥的身份团结整个家族。

努尔哈赤对代善非常器重，虽然代善和努尔哈赤的大福晋阿巴亥有着说不清道不明的关系，但努尔哈赤处罚了大福晋，没舍得处罚代善。

按说努尔哈赤死后，代善是第一继承人。但是代善绝不当这个大汗，还带头推举了皇太极，这才让皇太极继位。

皇太极这个人，看上去像代善一样和蔼可亲。他团结哥哥们，爱护弟弟们，虽然是正白旗旗主，但平时也不张扬。不过，皇太极虽然看上去像代善，但是骨子里是褚英。在大家长努尔哈赤死后，皇太极这个大汗显得比较尴尬。

他是大汗不假，但他是大贝勒们的弟弟。所以皇太极在继位之初，上朝的时候是和代善、阿敏、莽古尔泰共同坐在主席台上接受朝拜。也就是说，在那时候，后金政权是四大贝勒联合执政。

皇太极当然不爽，他想办成褚英想办的事，但也不敢得罪满洲亲贵，所以他羡慕明朝皇帝说一不二。进行汉化的第一好处就是能够让他得到至高无上的皇权。

在"金"变成"清"、大汗变成皇帝的这个过程中，皇太极往往不太主动，而这些工作都是由多尔衮完成的。

大凌河之战后，皇太极借故训斥莽古尔泰，削了他的权，把正蓝旗给了自己的长子豪格。平李朝之后，皇太极借故废了阿敏，把镶蓝旗给了阿敏的弟弟济尔哈朗。代善又不会跟皇太极争权，所以四大贝勒联合执政结束。

多尔衮拿到了所谓的元朝"传国玉玺"，才让皇太极当了清朝皇帝；多尔衮重用汉族谋士，才把满洲亲贵的行政权逐渐剥离。尤其是在活捉洪承畴之后，多尔衮对洪承畴的信赖远远超过了皇太极。

传说中的皇太极与多尔衮不合，那是不存在的。其实这两人不仅是兄弟，更是好搭档，甚至可以说是知己。

满洲亲贵虽然对清朝逐渐的变化不满，但是上有皇太极笑里藏刀，中有代善和稀泥，下有多尔衮强势崛起，亲贵们也就渐渐地被瓦解了。

在努尔哈赤刚死的时候，八旗当中代善掌握两红旗，阿敏掌握镶蓝旗，莽古尔泰掌握正蓝旗，皇太极掌握正白旗，阿济格掌握正黄旗，多铎掌握镶黄旗，褚英的长子杜度掌握镶白旗。在皇太极和多尔衮的联手下，阿敏和莽古尔泰被废，再加上杜度战死，于是皇太极打乱了八旗的人员，重新编旗。

调整之后，皇太极自己统领两黄旗，代善掌握正红旗，代善的长子岳托掌握镶红旗，阿济格掌握镶白旗，多铎掌握正白旗，皇太极的长子豪格掌握正蓝旗，阿敏的弟弟济尔哈朗掌握镶蓝旗。

这次调整之后，多尔衮并没有成为旗主。但是在阿济格自作主张被皇太极处罚后，多尔衮荣升镶白旗旗主。

由于正白旗的地位比镶白旗高，但多尔衮又是多铎的哥哥，所以后来这两人互换，多尔衮掌握正白旗，多铎掌握镶白旗。

这样的话，皇太极爷俩掌握三旗兵马，代善父子掌握两旗兵马，多尔衮兄弟掌握两旗兵马。这三组势力联合搞汉化，谁也挡不住了。

同时，了解八旗旗主的力量分配，我们就能弄明白下一个历史悬案：皇太极之死。

传说中，皇太极死后，多尔衮最有能力继位，但由于他和庄妃说不清道不明的关系，才使他把皇位让给了顺治，使之再一次和皇位擦肩而过。那么情况真的是这样吗？

争位之谜

传说多尔衮与蒙古科尔沁部的格格大玉儿有着一段刻骨铭心的恋情，后来皇太极横刀夺爱，强娶大玉儿，并封之为庄妃。皇太极驾崩后，多尔衮看在庄妃的面子上没有篡位,而是拥立庄妃的儿子福临继位。而当了太后的大玉儿,又下嫁给多尔衮,造成了福临对多尔衮的切齿仇恨。

真实的历史是这样吗?实际上,蒙古格格不会有"大玉儿"这样的名字,这位格格叫布木布泰,是皇太极的庄妃。若非皇太极驾崩后留下了皇位之争,庄妃和多尔衮不会有任何的交集。

由于皇太极暴毙,其生前又未立太子,因此出现了权力真空。

如果根据满洲旧法,这时候应该由议政王大臣会议推举新的皇帝;如果按照皇太极时期汉化改革后的制度,应该由皇太极的嫡长子继承皇位。

问题来了,皇太极这个倾心汉化的皇帝,为什么不预立太子?他不知道这样才能保证他的皇权永固吗?

皇太极心里清楚立储的好处,但是皇后哲哲无子,皇太极没有嫡长子。他的儿子中,最接近储君的只有庶长子豪格。豪格要身份有身份,要军功有军功,而且皇太极驾崩的时候,豪格三十五岁,正适合当皇帝。那么皇太极生前为什么没有立豪格当太子呢?

因为,豪格虽然勇猛,也不能算无谋,但关键是他在思路上跟不上皇太极的意图,还停留在抢一把就走的程度。他没有进取中原一统天下的雄心和规划,皇太极对他并不是特别满意。

在皇太极其他儿子中,除了皇八子受到皇太极的特别青睐之外,也就皇五子硕塞比较勇武,其余的要么年纪太小,要么看着就无能。皇八子还没满月就夭折了,所以太子的人选,皇太极一直定不下来。

这皇太极一死,皇位就成了大问题。两黄旗和正蓝旗支持豪格,两白旗支持多尔衮,两红旗和镶蓝旗观望。

看上去豪格掌握三旗兵马,而多尔衮只有两旗,豪格有绝对优势。其实不然,旗有大有小,多尔衮和多铎的两白旗有65个牛录,每个牛录是300人。两黄旗只有40个牛录,算上豪格自己正蓝旗的21个牛录,加一块也只有61个牛录,所以在实力上稍差。

他们两个剑拔弩张的时候,掌握两红旗的大家长礼亲王代善的态度,就显得非常重要了。此外,掌握镶蓝旗的郑亲王济尔哈朗,也不能当他不存在。

眼看清朝就要在这场内讧中完蛋,礼亲王代善和皇后哲哲起到了决定性的作用。代善是与世无争，但他也不忍心看着清朝内讧。豪格是他侄子，多尔衮是他弟弟，可以说是手心手背都是肉，帮谁都会引发内讧。

那就平衡一下吧，两人都退一步，另选皇子继位，由多尔衮辅政，万事大吉。皇后哲哲背后是实力不小的科尔沁蒙古，所以她的态度也不能不考虑。只要是皇子继位，她就是太后；多尔衮继位，她就尴尬了。

于是，在代善的主持下，另选皇子继位并让多尔衮辅政的计划，得到了多尔衮的支持。也就是说，不管怎么样，多尔衮大权在握是肯定的了。

这么干，豪格能答应吗？豪格不答应也得答应。支持他的三旗人马中，也就正蓝旗真心拥护他，两黄旗其实拥护的是皇太极的皇子，至于皇子是不是豪格，就不那么重要了。

经过多方面的考虑，豪格宣布自己退出皇位争夺，支持另立皇子。那就要进入下一个议题了，另立皇子立谁？

坊间关于这方面的故事都特别精彩，但实际上这个阶段并没有那么多的斗争。皇九子福临继位，可以说是顺理成章的事。

当时皇太极活着的儿子中，除了豪格之外，还有编号四、五、六、七共四位年纪大一点的皇子，另有九、十、十一共三位小皇子。

四、五、六、七、十这五位的母亲出身太低，低到什么程度呢？比如皇五子硕塞的母亲叶赫那拉氏，就被皇太极赏赐给大臣了。

皇九子福临的母亲是妃，皇十一子博穆博果尔的母亲是贵妃，按理该是博穆博果尔继位。

但是，众所周知，福临的母亲庄妃，是皇后哲哲的侄女，背后是蒙古科尔沁部。大家可能不知道，那位贵妃当年是察哈尔蒙古林丹汗的福晋，察哈尔已经被清朝消灭，所以那位贵妃娘娘背后就没什么大势力了。

皇后哲哲当然支持自己的家族利益，支持立福临。代善、多尔衮也没理由得罪科尔沁，于是大家都拥立福临登基，福临就是顺治皇帝。

随后，多尔衮被封为摄政王，济尔哈朗被封为辅政王，两人共同辅佐顺治帝。不过朝中大事，肯定都是由多尔衮说了算。

这个过程，皇后哲哲、代善、济尔哈朗都起到了至关重要的作用。至于庄妃做了什么，从现有史料看，似乎也只有在顺治帝登基后，和哲哲一起被封为皇太后并接受朝拜。

多尔衮自此揽军政大权于一身,他与庄太后也没什么交集。宫里边还有一个母后皇太后哲哲呢,多尔衮不可能在她的眼皮子底下和庄太后有什么猫腻。所谓爱情,真的看不出来。

多尔衮摄政期间,清国的发展遇到了一个小瓶颈。和清朝接壤的蒙古诸部都已臣服,如果要进军中原的话,山海关是过不去的,还得绕道攻打北京。

到了顺治元年(1644年),李自成攻破北京,崇祯皇帝在煤山上吊。李自成招降明朝山海关将领吴三桂,说要保护吴三桂在北京的家小。

吴三桂正愁没人出军饷,就点齐人马去北京,准备接受李自成的册封。结果在路上,吴三桂得到消息,李自成没能保护他的家小。李自成的大将刘宗敏拷打吴三桂的亲爹吴襄要钱,还抢走了他的爱妾陈圆圆。

吴三桂调转马头回到山海关,派人去见多尔衮,要借兵为崇祯帝报仇。借兵可以,拿什么当报酬呢?吴三桂答应多尔衮,给他黄河以北的土地。

于是,这场交易就这么愉快地决定了。

李自成怪吴三桂反复,吴三桂怪李自成食言。两人就在一片石展开了激战,各自胸有成竹。

李自成人多,吴三桂有后援。所以这场大战,那是谁也不怵谁。但是,前提是吴三桂的后援来了,他才能和李自成有一拼。后援不来的话,吴三桂的实力还是够呛。根据不同资料的记载,双方兵力的差异也不尽相同,李自成大顺军有五万至三十万人不等的记录,吴军有七千至两万人不等的记录。总之,双方力量悬殊。

吴三桂眼看要完,赶紧去找按兵不动的多尔衮,问他什么时候履行诺言。这时候,多尔衮变卦了,要和吴三桂重新谈条件。这回的条件不谈借兵了,而是直接让吴三桂剃发易服投降,如果吴三桂不答应,那自己的事情自己处理。

吴三桂一看被阴了,但也没法了,只能投降了清朝。多尔衮派出自己的哥哥武英郡王阿济格、弟弟豫亲王多铎带两万八旗骑兵入关。

那个年头,八旗骑兵野战基本上是无敌的。李自成的大顺军没见过这么打仗的,两白旗的骑兵来去如风,箭如飞蝗。李自成惊异地发现这是满洲兵,大顺军溃败。

多尔衮见作战顺利，就封吴三桂为平西郡王，让他当前部向导，带着八旗兵直捣北京。

李自成杀了吴三桂全家三十多口，在武英殿匆匆登基称帝，然后撤离跑路。

八旗兵进入北京后，多尔衮一面出榜安民，一面救火，同时重修紫禁城，上书请顺治帝迁都北京。

清军占据北京后，开始实行和关外一样的剃发令。而多尔衮本人进入北京之后，则下令暂缓执行，得到了北京士大夫集团的称赞。但实际上，最开始北京城的剃发令也是多尔衮下达的，只不过考虑到要笼络人心、占据中原，才暂停一段时间罢了。

你还别说，这段时间北方原来明朝的官员，对清朝的感觉还不错。他们原本怕极了李自成，都知道刘宗敏对明朝官员砍脑袋要银子。所以在顺治元年（1644年）清军刚进北京的时候，山西、陕西一带原本降了李自成的明朝官员纷纷反水，因此多尔衮派出阿济格继续追击李自成余部，在晋、陕一带非常顺利。

当时的多尔衮不知道有张献忠这号大神，但他知道明朝余部并没有灭亡，南明依然存在。于是，多尔衮与南明弘光政权商议，仿宋金议和，让南明称臣。弘光帝对此也没有什么异议，可是看似没有异议的谈判还是引发了战火。

多尔衮骄傲自满的起点

曾经有那么一段不长的时间，多尔衮领导的大清国在北方非常顺应民意。为什么呢？因为北方多年战乱，百姓期盼正常的社会秩序。明末的时候，西北地区就没了秩序。崇祯帝死后，李自成的大顺政权更没能稳定秩序。

因此清军入关初期，北方曾经被大顺政权控制的地区，望风而降。多尔衮在顺治元年（1644年）九月把顺治帝接到了北京，当时就控制了河北、山东一带。到了年底，豫亲王多铎在潼关击溃大顺军主力，清军控制陕西。英亲王阿济格继续追击大顺军，豫亲王多铎则南下到长江北岸，与南明政权隔江相望。

清军占据北方，南明弘光政权控制东南，张献忠的大西政权控制西南。可能在当时的很多人眼中，宋金对峙的故事又要重演了。

因为多尔衮采用了一个特别正确的战略，对大顺军坚决消灭，对南明则用招抚来麻痹。其结果就是清军追击、消灭大顺军的过程异常顺利，差不多半年时间就消灭了大顺军，这期间没受到任何干扰。

别管李自成是死在了九宫山，还是出家当了和尚，总之李自成和大顺政权在顺治二年（1645年）五月退出了历史舞台。

虽然大顺军这支把崇祯帝都能逼死的军队好像很厉害似的，但在清军面前毫无战斗力。要说大顺军干不过八旗兵还有情可原，可是他们也打不过降清的明军。

由于大顺军的不堪一击，多尔衮对南明的态度发生了改变。目测南明军还不如大顺军，那还有必要对南明进行招抚吗？

因此，多尔衮不再坚持让南明称臣，而是要彻底消灭这个政权。原本弘光帝都准备好学习南宋当年的做法，对清称臣了。但是多尔衮这边变卦，可没事先通知南明。

直到有一天，清豫亲王多铎的军队逼近扬州，驻守扬州的南明兵部尚书史可法才发现情况不妙。

这个时候，我们得回顾下之前在讲洪承畴的时候，说过的弘光朝的那些事。弘光帝是凤阳都督马世英拥立的，而反对者的核心人物就是史可法。史可法不仅反对，还说弘光帝有"贪、淫、酗酒、不孝、虐下、不读书和干预有司"这"七不可立"的理由。但是，马世英还是拥立了弘光帝，原本南明最大的官史可法，就被一竿子支到了扬州前线。要不是非常时期，你说弘光帝想不想砍了史可法？马世英想不想弄死史可法？

因此，让史可法坐镇前线，就是让史可法去死，这可以说都没什么掩饰。在南明与清军对峙的最前线，总指挥史可法并没有军队。名义上归史可法指挥的"四镇"，那可厉害了，他们不仅不服史可法的管束，甚至还想杀进扬州，抢夺这个绝佳的驻兵地点。比如高杰，还曾经纵兵攻打扬州，烧杀抢掠一番，为"扬州十日"做了次预热。想想看，史可法的工作该怎么开展？

更何况，史可法不会打仗。别看他是兵部尚书，但要知道他是南京兵部尚书。过去明朝南京的六部尚书，基本上都是养老的职衔。

史可法到任之后，最有成效的工作就是劝这四镇别自相残杀，想指挥他们抗清是不可能的。由此可见，史可法到了扬州后，心情是绝望的。人固有一死，史可法也做好了死的准备，只不过要考虑下怎么死更悲壮而已。

另外一方，多尔衮也失去了谈判的耐心。他认为南明战斗力不如大顺军，于是命令他的亲弟弟多铎进攻扬州。扬州无险可守，又无重兵把守，是最佳的进攻地点。果然，清军到了之后，顺利包围了扬州。史可法拒绝了部下提出的趁清军立足未稳先行出击的建议，干坐着等死。史可法还给妻子写了一封信，说他过几天就要殉国，让妻子与他一起殉国。

多铎围城之后，写信给史可法，让他投降。史可法一个一心要死的人，当然不投降，就要留下这个气节。哪怕是清军以屠城相威胁，他也坚决不投降。

于是，在史可法既不投降又不谈判，还不组织有效抵抗的前提下，清军攻破了扬州。史可法见时机成熟，试图挥剑自刎。但很不幸，史可法设计的这个人生光辉时刻并没有成功。根据史可法义子史德威的自述，"参将许谨双手抱住，血溅衣袂，未绝，复令得威刃之，得威不忍加"，于是史德威同许谨数十人把史可法救了出去，但史可法出城后躺在地上不走，静待清军来抓。

《南疆逸史》的记载与史德威的自述基本相同，也讲了史可法出城后自称大明史阁部，欢迎清军来抓。史可法被俘后要见清军负责人，清军不敢怠慢这个级别的战俘，于是带他去见了豫亲王多铎。

多铎大喜过望，对史可法以礼相待。因为根据多尔衮的政策，史可法有可能变成另一个洪承畴，为大清效力。洪承畴降清，还先玩了一段宁死不降。史可法主动要见多铎，这让多铎觉得办成这个事有望，还能在多尔衮面前露一手。但是两人一见面，场面尴尬了。史可法说了，来此只为一死。

多铎一琢磨，可能是史可法得矜持一下。于是多铎劝史可法，过去清军屡屡劝降史可法，史可法一直不从，现在城破，史可法的忠义之名已成，是时候为大清效力了。

史可法坚持只求一死，绝不投降。多铎接着劝，让他参考下洪承畴，洪投降后，官居一品，被摄政王委以重任，多好。

但史可法说了，洪承畴不忠，不学他。

就这样，多铎劝了史可法三天未果，这让多铎实在无法理解史可法非要见他干什么。于是，多铎下令处死史可法，成就了史可法的忠义之名。跟随史可法一起要气节的，就是扬州百姓。

清军将扬州屠城，但这个屠城跟大家印象中的"扬州十日"并不一样。

"扬州十日"是清末开始流传的说法，源头是同盟会为了宣传反清革命，从日本带回一篇叫《扬州十日记》的文章。这篇文章是当时经历了扬州屠杀的文人王秀楚所写，记载了清军在扬州进行了五天屠杀的事。之所以名叫《扬州十日记》，是因为这篇文章记载了作者十天的见闻，包括五天屠杀后清军放赈的事。最后作者认为，这场屠杀，史可法有不可推卸的责任。

史书《明季南略》记载，高杰屠扬州两次，清军屠扬州一次，三次一共杀人八十万口。

清初诗人吴嘉纪在他的诗歌《李家娘》里描述，清军在扬州屠城杀人一百四十万口。

那么实际上是这样吗？

首先我们得清楚，清军在扬州屠城是毋庸置疑的事情。清代的扬州地方志，也记载了清军破城后"屠杀甚惨"。

但是，屠杀的人数并没有八十万人那么多。扬州城不会有八十万居民，更不会有难民涌入的情况。因为扬州是无险可守、无兵可驻的前线城市，正常情况下应该是扬州人往外跑，而不是外地人往扬州跑。

按照《扬州十日记》的说法，清军放赈后，米"数千石，片时荡然一空"，可见活着的人也不少。

另外也有人计算过，火化一具遗体需要大概一百斤木材。八十万具遗体就需要八千万斤木材，扬州周边显然不具备这么多的木材储备。

所以说这场屠杀带来的思考，绝不是聚焦在数字上。多铎的这场屠城，让多尔衮看清了南明的孱弱，以及民众的软弱。

根据《扬州十日记》的说法，一个清兵喊一声"蛮子来"，五十多个人就齐刷刷跪好等着被杀。

看似比南宋强大的南明，多尔衮已然不再放在眼里。所以多尔衮入关之时的种种克制荡然无存，屠城、剃发等政策，他也毫无心理压力地施展开来。

多铎屠城的罪孽，多尔衮不会放在心上。但是他亲弟弟的灭国之功，自然而然地成了他的功绩。

有了这样的"灭国之功""统一之功"，多尔衮开始骄傲起来。而他在朝中，也越来越骄横跋扈。多尔衮的反对派也越来越多，但一个个敢怒不敢言。

正当多尔衮骄傲自满的时候，他的宿敌豪格也有了不亚于多铎的功劳——镇压了四川的张献忠。

很自然，"王者归来"的豪格，要与多尔衮一较高下。

多尔衮一生的宿敌

多尔衮的人生中一直有个阴影，每当他春风得意的时候，这个阴影总会出现，并让他如鲠在喉。这个阴影，就是清初八大铁帽子王之一、皇太极的长子肃亲王豪格。

之前我们讲过，多尔衮的伯乐是皇太极。是皇太极给了这个瘦弱青年机会，多尔衮才在军事道路上崭露头角，逐渐位处名将之列，甚至压过了努尔哈赤时代的名将。

但是在皇太极时代，多尔衮每次要一枝独秀的时候，豪格也会立下大功加官晋爵。两人同为铁帽子王，多尔衮管六部之首的吏部，豪格就管位列第二的户部。多尔衮总有被豪格紧紧追赶的紧迫感，而豪格也不止一次表达出对多尔衮的不满。

皇太极驾崩，在争夺皇位的事件上，多尔衮唯一的对手就是豪格。可以说皇族里面，多尔衮最烦的就是豪格。

由于豪格的存在，多尔衮没能登上皇位。虽然顺治帝登基后，多尔衮是摄政王，豪格什么也没捞着，但多尔衮对豪格的恨却久久不能平息。顺治元年（1644年），多尔衮买通了豪格的手下何洛会，让何洛会搜集豪格的黑料，诬告豪格谋反。多尔衮由此将豪格罢官夺爵。

迁都北京后，多尔衮大封群臣，豪格被恢复爵位。但这并非多尔衮有意与豪格讲和，而是在给豪格挖坑。当时这些够分量的亲王当中，代善岁数大了，不出征了。济尔哈朗是辅政王，得忙内政。多铎和阿济格都在前线拼杀，三十八岁的豪格有什么理由闲着？

别说不给你机会，四川张献忠留给你打了。

就这样，在阿济格、多铎狂虐被吴三桂打残的李自成时，豪格要向张献忠开战。协助多铎的是吴三桂和洪承畴，但协助豪格的，最大牌的就是鳌拜。多尔衮也恨疯了鳌拜，要不是顺治皇帝亲自求情，鳌拜有十个脑袋也被多尔衮砍光了。

那么，四川当时是个什么形势呢？那是一团糟。要不然，这光荣的"美差"，也轮不到肃亲王豪格。

简单了解下四川的张献忠。张献忠初随王自用起义，人称"黄虎"。不过张献忠对这个称号并不感冒，而是自称"八大王"。后来张献忠觉得混得可以了，就自己出来单干。结果混不下去了，又跟了高迎祥。这时候没什么"八大王"了，而是高迎祥手下的闯将。

可能有人会问，李自成不是闯将吗？没错，但闯将不止一个，高迎祥手下的高级将领都叫闯将，张献忠曾经也是闯将。不过后来洪承畴来讨伐了，闯将张献忠便投降了洪承畴。然而一年后，张献忠又反了。这回反叛，张献忠闹得挺大，但左良玉、刘良佐等人来讨伐后，张献忠又降了熊文灿。后来张献忠再次反叛，一路杀到了四川。

顺治元年（1644年），李自成攻破北京称帝。张献忠也在当年年底称帝，国号大西，改元大顺，定都成都。这位大西皇帝张献忠，在四川没少大开杀戒。传说张献忠立下七杀碑，上面写道："天以万物与人，人无一物与天。"后面还有七个"杀"字。

当然了，这只是传说。其实张献忠还真立过一块碑，但不叫七杀碑，而叫圣谕碑。碑文写的是："天生万物与人，人无一物与天；鬼神明明，自思自量。"

这就是豪格要面对的局面，另外还有那"蜀道难"。而且陕西南部，还有李自成的余部贺珍、孙守法等人盘踞。

豪格也是憋得久了，这一放出来，那厉害了。大军一到西安，很快便扫清李自成余部，李自成部将马科投降。接着，豪格以鳌拜为先锋，开始攻打四川。马科引本部兵马，从汉中攻打四川。

此时张献忠的大将刘进忠想去对付马科，张献忠不让。刘进忠脑子一热，私自去战马科，结果大败而归。张献忠大怒，马上下旨怒斥刘进忠。

刘进忠接旨，马上跑路投奔了马科。张献忠派张可旺、刘文秀、王尚礼、狄三品、王复臣等将与清军交战，皆败。张献忠料定成都守不住，于是带着亲信部队从成都逃到西充。

之后，张献忠的脑回路中出现了非常神奇的新想法。他觉得当皇帝太难了，不好玩，不如去南京做个绒货客商。他算了算自己的家底，还有银子数万两，上等驴马百余头，另有好的绒货数十挑，没必要跟清军死磕，还是跑路吧。

可这个时候，豪格的大军也已逼近张献忠的大营了。有兵来报敌情，张献忠不想听自己不愿意相信的事情。清军离大营更近了，又有士兵来报军情，张献忠还是不愿意听到自己不想听到的事。清军越来越近，当张献忠第三次听到险情时，便持枪上马出去看个究竟。谁知迎面遇到的就是刘进忠和马科的部队，刘进忠指着他称此人就是张献忠。马科下令放箭，张献忠喉部中了一箭，倒地身亡。

不到一年时间，豪格就结束了四川全境的动荡。然后，豪格见好就收，留下原明朝降将镇守四川，自己班师回朝。豪格班师的原因，就是张献忠此前管理不善，尤其是川北地区，社会生产荒废，无力支撑大军的日常消耗。

不过，消灭张献忠的这场大战传着传着就变味了，江湖上盛传张献忠是被豪格在凤凰山一箭射中胸膛而死的。

现在连上我们前面的内容，多尔衮正在庆祝多铎灭掉南明弘光政权的时候，豪格也携灭国之功回来了。而且当时有这么一个传说，说的是张献忠在四川破坏文物的时候，曾经拆过一个塔。塔里有块碑，碑文曰："修塔余一龙，拆塔张献忠。岁逢甲乙丙，此地血流红。妖运终川北，毒气播川东。吹箫不用竹，一箭贯当胸。汉元兴元年，丞相诸葛孔明记。"

什么意思呢？前两句好理解，说这座塔是万历年间的四川布政使余一龙造的，后来是张献忠拆的。"岁逢甲乙丙，此地血流红。"说的是甲申年、乙酉年、丙戌年这三年，四川有大屠杀。后边就好理解了，张献忠死于川北，余部去了川东。"吹箫不用竹"是个"肃"字，"一箭贯当胸"正预示了肃亲王豪格一箭射死张献忠的事。最后怕人不信，愣说这是诸葛亮测算的。

这个诸葛亮预测以及张献忠发现石碑的事肯定是假的，何况张献忠也不是豪格亲手杀的，他是死于乱箭之下。但当时有这个谣言是真的，这个谣言还被记录在《明史》当中。

至于这个谣言是不是豪格编的，或者说编这个谣言有什么目的，都不重要，重要的是这个故事有着传奇色彩，让肃亲王豪格压了豫亲王多铎一头。实际上，这也让豪格压了多尔衮一头。

这个事，让多尔衮如鲠在喉，难受得紧。原本多尔衮计划让豪格战死在四川，或者战败后回北京，再治他的罪。结果豪格不死不败，光荣地回到了北京，还得到了小皇帝的热情接待。

多铎班师回朝，顺治帝在南苑接待，但豪格班师回朝，顺治帝在太和殿设宴接待。这差距可就大了。但是，朝廷是多尔衮说了算，顺治帝的权力都不如戊戌政变前的光绪。

多尔衮可不管什么灭国之功，趁着豪格还沉浸在自己立大功的喜悦里，迅速派兵逮捕了豪格。就算多尔衮权势熏天，逮捕豪格也得给个理由啊。但多尔衮不管，先抓人，至于罪名，再商量吧。豪格的人不敢跟多尔衮对抗，但有个性情耿直的人不服，而且不止一次站在多尔衮的对立面上，此人就是大名鼎鼎的鳌拜，也是平四川的大功臣。要按《清史稿》的说法，是鳌拜攻破了大西军的大营，怒斩张献忠。但《清史稿》也记录了豪格射死张献忠的说法。咱不知道张献忠是不是跟幻视一样，得死好几次。在这里，我个人还是更相信《明季南略》中张献忠死于乱箭之下的记载。

多尔衮想杀鳌拜那不是一天两天了，趁这个机会，多尔衮愣说豪格谎报战功，并任用罪人扬善的弟弟吉赛，于是将豪格投入大狱。而豪格的爱将鳌拜也因此受到牵连，被革职。不久又有"知情人士"贝子屯齐举报，说鳌拜密谋立豪格为帝。这回行了，鳌拜犯了死罪。

这个事，多尔衮就是在赤裸裸地按照不讲理的方式办，愣抓豪格和鳌拜，看谁有异议？历史上类似的事，恐怕只有秦朝的赵高赤裸裸地指鹿为马这一件了。

这时候，顺治帝坐不住了，他要干预这件事。他就不怕得罪了多尔衮，被废黜皇位吗？不怕，顺治帝背后是孝庄太后。孝庄太后的手段，可以说比慈禧有过之而无不及。

在这件事上，孝庄太后看得很清楚，鳌拜就是张飞、李逵式的人物，忠心耿耿、不畏强权，得保。豪格另当别论，因为豪格是皇位的候选人之一，他要是得势，那就是另一场"靖难之役"。因此，豪格必须死。

对于多尔衮来说，鳌拜这种愣头青其实就是让他觉得恶心，谈不上威胁，但豪格是他的宿敌，必须得弄死他。

这样一来，多尔衮的利益和顺治帝的利益就有了交集。十一岁的小皇帝亲自为鳌拜说情，多尔衮同意不杀鳌拜，准许鳌拜戴罪立功。

这事算是皇帝集团和多尔衮集团皆大欢喜，万一皇帝哭着闹着给豪格求情，虽然不影响多尔衮暴力处决豪格，但也会让有野心的将领有机会打出"清君侧"的大旗。既然小皇帝对搞死豪格无异议，也不为豪格鸣冤，那多尔衮就做个顺水人情给皇帝，饶了鳌拜。

没多久，立有大功的豪格猝死狱中，成为清初悬案。其实也不怎么悬，大家心里基本上都有数，四十岁的豪格就是被多尔衮搞死的。不过多尔衮可不想就这么便宜了豪格，豪格的夫人也被多尔衮抢走了。

豪格一死，多尔衮一生的宿敌也就没了。或者说，再无可以与多尔衮匹敌的对手了。多尔衮与豪格的争斗当中，并非是豪格太差，实在是多尔衮太厉害。

对于多尔衮来说，干掉豪格让他有些飘飘然。其实他并不知道，他真正的对手并非只能逞匹夫之勇的豪格，而是另有其人。这个人，多尔衮本想趁着豪格大案，顺势将其除掉的。然而，随着山东地面上出了大事，多尔衮对这个人手软了。而将来埋葬多尔衮一切的，就是这个人。

盖棺论定多尔衮

豪格镇压了张献忠，结果多尔衮连"莫须有"的罪名都懒得定，直接就将其圈禁至死。借着这个由头，多尔衮顺便革去了鳌拜的功劳。难得掀起一次大狱，一定要"物尽其用"。所以多尔衮不仅打掉了两黄旗中的反对派，还顺带着接受了"知情人士"屯齐的举报，认定郑亲王济尔哈朗当初对"奸臣"谋立豪格的行为知情不报。于是，多尔衮将郑亲王济尔哈朗罢官夺爵，押入死牢。

这也不是多尔衮第一次打击济尔哈朗了，往前一年，也就是顺治四年（1647年），多尔衮借口济尔哈朗建造的府邸有僭越之处，革去了济尔哈朗的辅政王头衔。济尔哈朗虽然不是辅政王，但还是铁帽子郑亲王，并掌握着镶蓝旗人马。

这一次，多尔衮趁机把济尔哈朗打入死牢，剥夺了他所有的权力。

济尔哈朗哪里得罪多尔衮了？其实济尔哈朗并没有得罪多尔衮，也不曾给多尔衮找过麻烦，更不曾反对过多尔衮，那多尔衮为什么要办他呢？

往回叙一下，当初多尔衮与豪格矛盾最激烈的时候，就是皇太极驾崩后两人争夺皇位之时，在各方势力的综合作用下，多尔衮退了一步，成了摄政王。而豪格退了不知道多少步，什么也没捞着，还是当他的肃亲王。

不过，郑亲王济尔哈朗却成了地位仅次于摄政王的辅政王，名义上与多尔衮一起辅佐顺治皇帝理政。

当初推出郑亲王来，是因为他是顺治皇帝的堂叔，不是多尔衮的死党，也不是豪格的死党，由他辅政，显得多尔衮并非独揽大权。实际上这位辅政王，从来不干涉多尔衮摄政，只想静静地当个铁帽子王。多尔衮当时也需要这样一个温顺的辅政王。

我们再来看看豪格案后的八旗格局。名义上，两黄旗是皇帝的亲兵，所以两黄旗并没有王爷当旗主。豪格案后，两黄旗中像鳌拜那样不服多尔衮的将领都没了权力，剩下的就是谭泰那样依附于多尔衮的将领。

豪格被圈禁后，他的亲兵正蓝旗自然就被多尔衮吞并整编，之后交给多尔衮的亲弟弟豫亲王多铎带领。而多尔衮自己，则亲自带领两白旗。

与世无争的礼亲王代善父子掌握两红旗，他们不会与多尔衮为敌。

而掌握镶蓝旗的郑亲王济尔哈朗，自然被多尔衮当成眼中钉。他是没有得罪多尔衮，但他是镶蓝旗旗主，这就是多尔衮办他的理由。这叫怀璧其罪。

于是多尔衮趁着豪格大案，扳倒了济尔哈朗，目的是吞并他的镶蓝旗人马，想把济尔哈朗的一切都给豫亲王多铎。

倘若如此，多尔衮和多铎兄弟能直接控制两白旗、两蓝旗人马，间接控制两黄旗人马，笼络两红旗人马。礼亲王代善死后，多尔衮干预了正红旗这一系王爵的继承，让两红旗也不敢反对多尔衮。

这幅蓝图是不错，但事情没朝着多尔衮想象的方向发展。多尔衮的亲弟弟，年仅三十四岁的多铎身体一天不如一天，难以为多尔衮征战天下。多尔衮的亲哥哥英亲王阿济格对多尔衮一直很不满，他觉得自己才应该当这个摄政王。阿济格要不是多尔衮的亲哥哥，就算有十个脑袋也被砍光了。

好在天下平定得差不多了，或许多尔衮也不需要那么多的战将了。更何况豪格案已经把多尔衮的死对头豪格打入万劫不复之地，顺便把两黄旗的反对派将领纷纷拉下了马。正因如此，多尔衮对一向胸无大志的济尔哈朗网开一面，免了他的死罪，降为郑郡王。

等于说，这场大案对济尔哈朗的影响，是被革去铁帽子王、亲王、旗主的权力,只剩下一个光杆郡王爵位。

当初的满人性格上一般都还比较张扬,跟清末的那帮不太一样。结果呢,遭了大难的济尔哈朗不仅没有怨恨多尔衮对他的陷害,还强烈表示对多尔衮的支持,这让多尔衮大为受用。

看在济尔哈朗这么"识大体""懂得顾全大局"的份上,没几个月,多尔衮又擢升济尔哈朗为郑亲王。虽然不是铁帽子王,但也算是给了济尔哈朗一笔不菲的退休金。

就在这个时候,出事了。我们在第一章讲过,顺治五年(1648年)南明永历政权结合了李自成与张献忠的余部,一度把势力发展到湖广地区,震动了清廷。

多尔衮这时候就尴尬了,突然觉得无人可用。洪承畴毕竟是外人,满洲亲贵里边按说应该让豫亲王多铎出征,但是豫亲王的身体条件不符合出征要求。鉴于京城周围局势不稳,还需要英亲王阿济格坐镇,那么远征湖广,只好起用郑亲王济尔哈朗。

多尔衮封济尔哈朗为定远大将军,让他带兵南下。按说平定湖广地区,从北京出兵,走河北、河南到湖北这一路是最近的,但是济尔哈朗的任务要更复杂一些,因为在山东曹县出现了大规模的反清起义,需要济尔哈朗去镇压。

当初弘光朝四镇大将之一的刘泽清降清,但因为待遇未达预期,所以他与李化鲸等农民起义首领联合,在菏泽地区反清。

济尔哈朗此番绕道山东,就是为了镇压刘泽清的起义。

这一幕,熟悉否?

当初多尔衮起用"罪臣"豪格征四川,现在又起用"罪臣"济尔哈朗征湖广。那么是不是意味着,只要济尔哈朗不战死在前线,也会像豪格那样班师回朝后被圈禁至死呢?

我相信济尔哈朗不会把前景看得太乐观。抛开豪格案不说,他的亲哥哥阿敏当年是四大贝勒之一,还是镶蓝旗的旗主,阿敏不仅建国有功,还曾平定李朝,不也被圈禁至死吗?

但济尔哈朗还是勇敢地出征了,因为这也是他唯一的机会。一旦自己失去了镶蓝旗,那就会重蹈阿敏的覆辙。而多尔衮也没想到,自己真正的对手,居然正是恨不得对他喊"万岁"的济尔哈朗。

济尔哈朗出征之后，迅速镇压了山东地区的起义。接着，济尔哈朗兵进湖南击败总督何腾蛟和总兵马进忠、陶养用等。

而此时，山西姜瓖等前明降将复叛。当时天下狼烟四起，仿佛这个入关五年的政权，又要退回关外。多尔衮并不在意，虽然这一年他最得力的助手多铎去世，但他从容地起用自己的亲哥哥英亲王阿济格，让阿济格去平定西北的叛乱。无论朝内朝外，谁也奈何不了多尔衮。

多尔衮觉得自己已经天下无敌了，于是给自己加封"皇叔父摄政王"。济尔哈朗出征后，多尔衮又自封"皇父摄政王"。他见帝不拜，用天子仪仗。摄政王的政令，也称"诏书、圣旨"。国家大事，都在摄政王府决断。顺治五年（1648年）后的多尔衮，其实就是大清国的皇帝，而顺治皇帝更像是太子。

其实这个时候，多尔衮完全可以自己当皇帝，不会有人提出有分量的反对意见。但多尔衮并没有这样做，因为他没有儿子，当了皇帝也不知道该传位给谁。很难想象一个光正式妻子就有十一位的男人，竟然没有儿子，女儿也只有一个。这大概像我在本章第一节中分析的那样，是多尔衮自幼体弱多病，身体一直不好导致的。

因此，多尔衮没有篡位，引出另一桩清初悬案：太后下嫁之谜。

传说多尔衮没有篡位是因为孝庄太后嫁给了多尔衮，他也因此才有了"皇父摄政王"的称号。

我个人倾向于没有太后下嫁这件事，因为这么大的事，操作难度与篡位其实是差不多的。如果太后下嫁，要么太后住进摄政王府当大福晋，要么摄政王进皇宫当太上皇。显然太后没住王府，王爷也没住皇宫。

至于"皇父摄政王"的称号，跟太后下嫁其实没有必然联系。姜太公、吕不韦、诸葛亮等大臣都曾被称为君主的"父"，这是一种尊敬，并不代表这些大臣娶了太后。至于孝庄太后死后数十年不下葬，更多是因为她一生主要在关内辅佐顺治、康熙两代皇帝，而且她也不是皇太极的皇后，可以不随皇太极葬在沈阳。如果和儿孙葬在一起，她孙子康熙还没死，史上也没先例，所以位置不好选。因此拖到康熙帝驾崩，雍正帝才给孝庄太后确定下葬位置。

这些都不是最重要的，最重要的是清朝这个千疮百孔的盘面，被多尔衮握在手心翻云覆雨。从努尔哈赤那代算起，太祖、太宗两代君王都要受制于清初的议政王大臣会议，而到了多尔衮这里，他直接废了议政王大臣会议对朝政的掌控。他乾纲独断，可以说是清初第一个高度集权的国家元首。

那时候的摄政王府，跟后来的军机处性质差不多。亲王、贝勒、文武大臣每天去王府领旨，然后按照摄政王的旨意办事，不得有任何反对意见和讨论。

努尔哈赤、皇太极怎样？无非是亲领两旗人马。皇太极把手段用到极致，也无非是与豪格一起控制三旗人马。当初所谓的上三旗，就是两黄旗和正蓝旗。

可多尔衮说把正蓝旗降下去就降下去，自己的正白旗说升上三旗就升上三旗。多尔衮兄弟能控制五旗兵马，这实力远超当年的皇太极。

这样一来，多尔衮自然逃不过历史的宿命，"万岁"听多了，他真觉得自己英明神武、天下无双了，也就逐渐在权势中失去了往日的睿智。除了大兴苛政、暴政之外，也忽略了自己还有对手。

多尔衮就没想过他不是皇帝，但除了名号不是皇帝外，他享受着皇帝的一切。连藩属国李朝都纳闷，这天朝上邦的诏书下来，为什么皇帝前面还有个摄政王？那么多尔衮跟皇帝的关系是什么样的？他是没篡位，但篡了皇帝的仪仗和权力，顺治帝会感谢他为大清打下江山吗？顺治帝本来就是皇帝，会感激多尔衮将来死后再把权力还给他吗？万一有一天，多尔衮不在了，他的党羽能保证他死后也有好的名声吗？

多尔衮不会去想这些，因为他才三十七岁，正处于人生最好的年华。他拥有至高无上的权力，一种不用做局就可以直接消灭政敌的权力。可以预料那些为他打江山的亲王、贝勒们，回朝之后都是兔死狗烹的结局。

多尔衮没有去想，围着他喊"万岁"的人，就真的是效忠于他吗？叫他皇父的侄子皇帝，就真的顺服于他吗？

显然不是。多尔衮大概忘了，温顺如羊的济尔哈朗，真的是一般人吗？

济尔哈朗的父亲是努尔哈赤的弟弟舒尔哈齐，在努尔哈赤时代，济尔哈朗就位列四小贝勒之一，排名在多尔衮之前。

皇太极建立清朝后，收揽大权，废除了四大贝勒执政，搞垮了二贝勒阿敏和三贝勒莽古尔泰，但济尔哈朗奇迹般地补了阿敏的缺，成了镶蓝旗旗主。多尔衮与豪格争皇位，结果济尔哈朗白捡了一个辅政王的名号。

这位辅政王上位不辅政，被革去辅政王头衔还谢恩，被剥夺一切后口无怨言，被委派出征还用心办事，这样的人是超级可怕的。

顺治七年（1650年），济尔哈朗从湖广一路打到两广，灭掉了南明，稳定了南疆，班师回朝。他没有像豪格那样编故事，给自己搞出一段传奇让多尔衮嫉恨，也没耀武扬威地自夸自满，只是低调地回京，然后迅速交出兵权。

也就在这一年，弓马娴熟的多尔衮在打猎的时候意外坠马，摔伤了膝盖。

因为多尔衮伤得不重，回到行宫之后，御医给多尔衮涂了药膏。结果，当天多尔衮就死在了行宫。虽然多尔衮身体一直不好，但也没有摔伤膝盖就暴毙的道理。显然，这里面有猫腻。但在当时，人们可能更愿意相信这是命数。当初顺治帝继位，多尔衮和济尔哈朗一同辅政时，曾一起盟誓："有不秉公辅理、妄自尊大者，天地谴之！"

很显然，多尔衮最后几年确实不秉公，且妄自尊大。

但多尔衮这么死了，还是震惊朝野的大事。多尔衮的亲信带着多尔衮的遗体回京，并联名上了一道折子，请顺治帝追封多尔衮为"成宗义皇帝"。这个行为，其实就有点清末北洋将领联名上书清帝退位的味道了，所以顺治帝恩准，以皇帝的礼仪安葬了多尔衮，并追认了他皇帝的地位。

这时候谁最开心？还真不是顺治皇帝，而是多尔衮的亲哥哥英亲王阿济格。当时清廷已经习惯了皇帝是个摆设，阿济格从来都没把顺治帝放在眼里，一直称之为"孺子"。这回多尔衮暴毙，阿济格不揣冒昧，要接班摄政王。也就是说，他想当清朝的一把手。

阿济格甚至嚣张到进京见帝的时候，腰上还挎着刀，但阿济格一直在济尔哈朗的监视之下。安葬完多尔衮之后，济尔哈朗就直接逮捕了阿济格，又上书弹劾阿济格大逆不道。顺治帝下旨，将阿济格罢官夺爵，押进了大牢。没多久，阿济格死在狱中。

因为阿济格素来与多尔衮对着干，所以这次济尔哈朗办了阿济格，两白旗的将领没人站出来为阿济格求情，甚至也出来举报阿济格的种种狂悖。但是，两白旗那些多尔衮的党羽忘了件事，一旦囚禁了阿济格，这个级别的王爷就剩下济尔哈朗一个了。

很多电视剧中，都管多尔衮叫"十四爷"，那是大错特错的。多尔衮是排行十四不假，但得叫他"九爷"才对。清初子以母贵，身份低贱的女子所生的皇子也身份低贱。所以在努尔哈赤时代,轮得着排序的就是十个贝勒。当时没有王爷,贝勒是最高爵位。多尔衮排第九,所以他是九爷。阿敏和济尔哈朗虽然不是努尔哈赤的儿子,但地位尊崇,也排在十贝勒之中。阿敏排第二,济尔哈朗排第八。

阿济格入狱之后,当年的十大贝勒中,只剩下郑亲王济尔哈朗一棵独苗了。所谓第一代铁帽子王,也只剩下济尔哈朗一个了。两白旗没保阿济格,那也没人保两白旗了。

理论上,多尔衮死后留下的权力真空,要么由郑亲王济尔哈朗填补,要么由多铎过继给多尔衮的儿子、新任睿亲王多尔博填补。

此时,多尔博才七岁,肯定干不过济尔哈朗。但是,济尔哈朗并不专权,而是建议恢复议政王大臣会议。顺治帝提拔了郑亲王济尔哈朗、正红旗的巽亲王满达海、之前备受打压的端重亲王博洛、努尔哈赤废太子褚英的儿子敬谨亲王尼堪,以及亲信大臣苏克萨哈、詹岱为议政大臣,用这个集团填补了多尔衮留下的权力真空。

苏克萨哈是正白旗的人,在这个节骨眼他看清了眉眼高低,于是揭发了多尔衮死时,其侍女吴尔库尼为他准备了龙袍陪葬。这事是真的吗?假的呀。多尔衮又不知道自己要死,怎么会提前准备随葬的龙袍呢?何况这么大的事,怎么会落在一个小小的侍女身上?

但这是一个信号,皇帝要办多尔衮的党羽。因此,多尔衮的铁杆亲信谭泰也马上投诚,弹劾当初协助多尔衮诬告豪格的何洛会。这些都是小打小闹,真正有分量的是济尔哈朗联合巽亲王满达海、端重亲王博洛、敬谨亲王尼堪这三个侄子一起上书,弹劾多尔衮僭越使用皇帝仪仗、诬告害死肃亲王、违规使其生母阿巴亥享太庙等诸多大逆不道之罪。

顺治帝下旨,将多尔衮撤出太庙,削去爵位,废除其宗室地位,开棺戮尸。多尔博再归豫亲王之门,睿亲王一系绝嗣。

主持将多尔衮彻底毁灭、撤销他所有功绩的人,正是郑亲王济尔哈朗。多年的仇怨,在这一刻彻底爆发。而多尔衮从被追尊为皇帝到变成大逆不道的逆贼,也仅仅用了两个月。

我们不敢说多尔衮之死是济尔哈朗设计的,但清算多尔衮却实实在在是由济尔哈朗一力承办的。当时也有人指出，多尔衮并不适合全面否定。毕竟这么多年来，大清朝野只知有摄政王，不知有皇帝。大家喊了那么多年的摄政王英明伟大，现在他又成了王八蛋，实在不合适。大清朝廷自己捧起来的角色，再自己否定，容易影响朝廷的合法性。那今天说顺治皇帝天纵英才，济尔哈朗老成谋国，未来会不会也出现反转呢？所以啊，鉴于皇帝也是继承了多尔衮打下的天下，不如肯定多尔衮功大于过，撤销对他皇帝头衔的追认就好。

结果济尔哈朗决绝地反对这个方案，就是要把多尔衮彻底妖魔化，甚至不承认多尔衮是爱新觉罗氏的子孙。谁敢替多尔衮求情，就自觉去大狱蹲着吧。就这样，"睿亲王多尔衮"在清朝当了一百多年的敏感词。

一直到了乾隆年间，乾隆帝客观评价多尔衮对建立清朝厥功至伟，因此恢复了他睿亲王的爵位，承认他是爱新觉罗氏的子孙，并将多尔博一系重归睿亲王门下，封其后代为睿亲王，世袭罔替。也就是说，乾隆帝还恢复了睿亲王铁帽子王的殊荣。这也算是清朝对多尔衮最客观的评价，这个评价也对得起多尔衮一生对清朝的功绩。

回想当时清朝遍地狼烟，一个闪失就会满盘皆输、退回关外，但是多尔衮总能在合适的时候用合适的人。哪怕这人是当年他的手下败将，比如洪承畴；哪怕这人是摸不清底细的降将，比如吴三桂；哪怕这人是他的死对头，比如豪格。至于济尔哈朗、阿济格这些人，多尔衮都不在乎能否委以重任，但他让他们在合适的时间，出现在了合适的战场上。明末清初的这潭浑水，逐渐让多尔衮摆平了。

假如没有多尔衮坚决贯彻皇太极的入关政策，清朝只能是东北亚的清国。多尔衮敏锐地利用吴三桂入关，利用了原明朝大臣稳定局势，对边关拉的拉，打的打，奠定了一个北起外兴安岭、南到海南岛、东至大海、西抵嘉峪关与四川边陲的大帝国。因此，清廷应该承认他的功绩，将睿亲王的爵位还给他。

但是老百姓跟风吹捧多尔衮于国有功，那就扯了。多尔衮是对大清有功，于国就难讲了。剃发令、投充法、圈地法等苛政都是他实施的。扬州的屠杀，也是他默许的。一开始，多尔衮还真是一个礼贤下士、民族政策开明的政治家，但是随着他权势暴涨，其周围马屁精一多，他也就变成了一个昏庸、残忍、腐败的人物。满朝文武都是多尔衮的人，个个都表示要对其万死不辞地效忠。但真出事的时候，越是他的亲信就越着急反水。被处决的那些也不是因为对多尔衮忠心，而是因为揭发多尔衮的罪状时，动作慢了。

从秦始皇到宣统帝这漫长的两千多年来，对主子喊口号说效忠最响亮的那个，往往就是一出事就反咬主子最狠的那个。从赵高到庆亲王奕劻，哪个不是如此？

多尔衮对清政权有功，但对百姓却是万死难赎其罪。清朝皇室是真该念他的好，但清朝的百姓就没这个必要了。

在多尔衮的职业生涯中，吴三桂是极为重要的一环。吴三桂对多尔衮的影响，甚至超过了洪承畴。所以在下一章，我们就来讲讲这"西山十戾"中的第三位：鹦精吴三桂。

第三章

鹗·吴三桂

吴三桂开关降清之谜

鹗，就是我们所说的鱼鹰。在"西山十戾"的传说中，鹗精下山，化身为吴三桂，并成为清朝历史上重要的十位人物之一。

提起吴三桂，那基本上没有好词留给他。一般来说，吴三桂是汉奸投降派的代名词，是权谋诈术的代名词，是贪心不足的代名词。

总之，这是个坏人。尤其是在《鹿鼎记》流行后，吴三桂和鳌拜分别成了内外奸臣的典型人物。那么历史上，吴三桂这只传说中的鹗，跟小说中有哪些不同呢？

我们从明末的辽东说起。

明末最大的特点，就是官场"厚黑学"发展到了极致。历朝历代的党争，都没有明末的官场那么热闹，那么有技术含量。

入朝为官，不怕没才干，就怕没手段。而吴三桂生来就是一个"官二代"，和那些走科举正途当官的人相比，注定赢在了起跑线上。

吴三桂的父亲吴襄是武举出身，因跟总兵祖大寿关系极好，还成了祖大寿的妹夫，因此本无才干的吴襄，也一步步当上了总兵。

可惜，他这个总兵在辽东，不得不面对明朝最强的对手：满洲八旗。

明军一直打不过八旗兵，明朝的国境线也一步步从"大城市"铁岭退到辽阳，后来退到宁远，最后退到了山海关。

那明军为什么打不过八旗兵呢？爱好研究军事的，认为后金的八旗兵太厉害；爱好研究政治的，一般认为是明朝政治腐朽，用人不当；给明朝找理由的，甚至会赖天太冷。

其实呢，明朝打不过后金，其原因跟清朝在甲午战争中打不过日本在根上是一样的。明朝的相关官员，谁敢跟皇帝说对方怎么强，己方哪里不足吗？不敢呀。就算东北局势一天天恶化，没有人敢分析其中的原因，还得说"大明必赢，后金早晚搬起石头砸自己的脚"。

因此自从努尔哈赤造反以来，明朝皇帝就没听到过客观的局势分析，见到的都是在喊口号的。比如袁崇焕，张嘴就说"五年还辽"，有具体计划和步骤吗？并没有。

有人敢说监军制度影响战斗力吗？有人敢说其实可以跟后金打消耗战吗？肯定没有。想当这个官，就必须挑皇上喜欢听的讲，万历皇帝就爱听省钱的法，天启皇帝什么也不爱听，崇祯皇帝就爱听快捷取胜的法。

其实这个活要干下来，既不能省，又不能快。但是官员们不敢说实话，只好编瞎话。辽东的官员，一般都是不求有功，但求无过。

比如吴三桂的舅舅祖大寿，他的生存之道就是在辽东靠着后金当个军阀。因为有后金在，所以朝廷还得用他。要没了后金，祖大寿十个脑袋都不够朝廷砍的。所以我们看明末的历史，辽东这个地方就是铁打的祖大寿，流水的总指挥。

祖大寿手把手教出来的吴襄，也就是在辽东混碗饭吃。吴襄明白，他个人出身很一般，想靠着朝廷升官发财，自己还不够分量，在辽东靠着地头蛇祖大寿，比什么都强。

也正是这层关系，吴三桂生下来就被他爹往战士的道路上培养。吴三桂十八岁当将领，二十岁中武举，成为辽东的一员骁将。

不过，由于绕过了明末官场的基层洗礼，吴三桂被官场浸染得就比较少。他跟很多打了鸡血的娃一样，天真烂漫地认为明朝战士就是要保家卫国，辽东的军队就是要消灭后金。

年轻的吴三桂不会懂祖大寿的战略意图，不会懂吴襄的生存之道。渐渐地，吴三桂连这个世界都看不懂了。

吴襄带兵巡视边境被敌军包围，明明一轮冲锋就能解围，但他舅舅祖大寿愣是不救。吴三桂看着亲爹被围，哪还坐得下去？于是吴三桂亲自带骑兵出战，救出了吴襄。

他不会理解，祖大寿其实是为了保存实力，绝不轻易出战。

皇太极攻打北京，袁崇焕率军回援。吴三桂也不理解，辽东军明明是勤王之师，怎么朝廷防他们跟防敌人一样？袁崇焕解了北京之围，为什么被判了死刑？祖大寿抗旨不遵，为什么朝廷不予治罪？

对于吴三桂来说，这个世界太疯狂了，理解起来有难度。

实际上，吴三桂并不像大家想象的那么老谋深算，更多时候吴三桂单纯得像个李逵。战场上最拼命的永远只有他，吴三桂几次与号称天下无敌的八旗兵短兵相接，都给敌人留下了深刻印象。

吴三桂不懂什么叫养寇自重，不懂什么叫明哲保身，完全是一个实在人，是辽东官场上的另类。

自从辽东总督熊廷弼被杀，而且传首九边之后，辽东军心已寒。毛文龙也好，祖大寿也罢，都在经营自己的势力。但一直到祖大寿投降，吴三桂都在本分地做自己的本职工作，没有经营私人武装。

敌人来了，吴三桂兢兢业业地固守宁远。哪怕宁远成了一座孤城，吴三桂还在拒绝祖大寿的招降。

敌人打北京了，吴三桂战战兢兢地去救援。不去救吧，道义上讲不过去；去救吧，害怕被皇帝干掉。

反正吴三桂的工作不好做，他也玩不出什么权谋。

直到有一天，李自成攻破大同，逼近北京，崇祯皇帝下旨给吴三桂，这位仁兄才知道宁远不必守了，分兵守住山海关，主力入京勤王就好。

吴三桂遵旨照办，但大军刚到唐山一带，李自成就攻破了京城，崇祯帝走投无路，在煤山自杀殉国。

吴三桂惊呆了，皇帝没了，这日子该怎么过？

倘若此时遇到这事的是毛文龙，毛总兵肯定不着急，他可以带兵回皮岛当岛主。若是祖大寿遇到这事，他也不着急。他有一支忠于自己的祖家军，投降清廷也好，回辽东落草也罢，总之是有出路的。

吴三桂怎么办？他不是祖大寿，他没想投降清廷。杀向北京？也没把握打败李自成。再说了，他的家人都在北京，这会儿估计是人质了。回宁远？这会儿宁远丢了。走投无路的吴三桂，只能先回山海关。

那么，吴三桂可以割据山海关当个军阀吗？完全不可以。首先，他兵力不足，连后厨都算上，最多只能凑出四五万人。其次，山海关腹背受敌，不适合割据。最后，吴三桂之前没按军阀的路子发展，手里没有粮饷，拿什么养兵？

所以退回山海关的吴三桂只有一条路：等李自成招安。

你看，这会儿吴三桂的后路，比宋江还少一条。宋江不接受招安，还能继续落草。吴三桂没有选择的余地，只能等李自成招安。

其实吴三桂要想投降清廷的话，这会儿完全可以投降。但是吴三桂没这么干，对他来说，保障自己在北京的家人安全最重要。

李自成占了北京之后，果然向吴三桂抛出了橄榄枝。吴三桂一看，既然有人愿意发工资，那就入职。所以吴三桂把山海关交给李自成的人，点齐人马，去北京城见新老板。

结果吴三桂没想到，李自成手下这帮人，跟他平时认识的那些官油子、兵油子完全不一样。京城大小官员都被刘宗敏抓了，挨个打板子、夹脑袋要钱。

实话实说，李自成倒是觉得这么干不大好，于是劝刘宗敏别这么干，收敛点儿，但刘宗敏一意孤行。

由此可见，李自成部队的纪律都不如水泊梁山。

李自成是招降了吴三桂，但是刘宗敏抓了吴家满门，给吴襄也上了刑。刘宗敏很单纯，他不知道吴三桂的身份有什么意义，他就知道只要是明朝的官，都得给他钱，不给就上刑。

吴家人跑出来把事情报告给吴三桂，吴三桂勃然大怒。很明显，吴三桂肯定认为李自成是假装招降他，这要是到了北京，自己不得被弄死啊？于是，吴三桂调转方向，回到山海关消灭了李自成的人马。

一般坊间都说吴三桂回山海关是因为李自成夺了他的爱妾陈圆圆，吴三桂冲冠一怒为红颜。

其实这个说法不太公允，事实上是刘宗敏抓了吴三桂全家，怎么不说吴三桂冲冠一怒为父仇呢？而且，吴三桂的姬妾也不止陈圆圆一人。据说吴府有两个绝色，一个是陈圆圆，一个是顾寿，两人都被刘宗敏抓了。那为什么不是冲冠一怒为顾寿呢？

其实，这只不过是因为明代遗民和清人都痛恨吴三桂，且痛恨吴三桂在明末清初属于政治正确,所以吴三桂为了陈圆圆而献关的事被着重宣传了而已。

反正不管为了什么吧,吴三桂最终是回了山海关。但回到山海关也不是长久之计啊,这内有李自成,外有多尔衮,吴三桂两头都得罪不起。

于是,吴三桂亲自出关,去见多尔衮,请求借兵十万人,杀向北京报仇雪恨。对于吴三桂来说,这会儿他跟李自成是国仇家恨双全。借兵报仇,可说是合情合理。

根据计六奇《明季北略》收录的未经证实的史料记载,吴三桂号称为国报仇去找多尔衮借兵的时候,多尔衮明确表示:不借。

吴三桂一看,这多尔衮太抠了,只借十万兵马而已,肯定不白借,这都不给,还摄政王呢,呸!

但是如果借不到兵,吴三桂估计就悬了。所以吴三桂没办法,继续恳求多尔衮借兵。

吴三桂这种耿直之人,哪是多尔衮这种人精的对手。经过几次恳求后,多尔衮对吴三桂说:不是本王不借兵,本王也是为了你好。你们大明君臣都无信义,你是想立这个大功,但是如果你成功了,明朝君臣能容得下你吗?

结果吴三桂慷慨陈言,说忠臣不考虑后果,只想为君父报仇!

多尔衮一看,这是忠臣啊,那忠臣先生,你先回去吧。

吴三桂这出忠臣大戏没能借来兵,于是他又改一个风格,跑到多尔衮那里痛哭流涕装可怜。

多尔衮一看吴三桂这么可怜,于是约定出兵帮助吴三桂报仇雪恨。

这个时候李自成也让吴襄写信招降吴三桂。吴三桂当时大笔一挥,写信与亲爹绝交。

李自成不死心,又派唐通来劝降吴三桂,许给吴三桂的官位在诸臣之上。

这场交易,就这么愉快地决定了。

吴三桂称已经从大清借来了兵,眼下只能内外夹击,先败清兵再降李自成。唐通大喜,先带兵攻打清军,结果一败涂地。接着,吴三桂抄了唐通的后路,发檄文称李自成是戎主之贼,大清朝念在和大明朝旧日的恩情,特命摄政王前来找李自成问罪。

李自成见吴三桂这个表现,才怒杀吴襄全家。

这个故事虽然不太合理，但也说明一个实际情况。吴三桂找多尔衮借兵，其实并没有什么筹码。

多尔衮可不可以打下山海关？当然可以，而且不会有什么难度。多尔衮可不可以绕道打北京？完全可以，而且也不会有什么难度。

对于多尔衮来说，吴三桂镇守的山海关既没有那么重要，也不是打不进来。早在崇祯十二年（1639年），清军就曾绕开山海关，攻破过济南府。山海关不是中原的唯一屏障，清军征服察哈尔之后，山海关的战略意义就更加大打折扣了。

那么，多尔衮何必答应吴三桂借兵呢？其实，当时的多尔衮正求贤若渴。在满人心中，明将中最能打的就是吴三桂。多尔衮对洪承畴、祖大寿都礼遇有加，何况对这个满人心中的明朝第一猛将吴三桂呢？

可是，清廷数次招降吴三桂，都得不到回信。祖大寿亲自招降这个外甥，吴三桂也不同意。明朝都亡了，吴三桂这货居然不揣冒昧来借兵，死活不提投降的事。

要想让吴三桂为清廷出力，那多尔衮就得玩点手段了。

接下来故事的发展，就按照多尔衮的剧本往下演了。自以为借到兵的吴三桂正式跟李自成翻脸，双方在一片石大战，吴三桂寡不敌众。

这时候多尔衮按兵不动，被放了鸽子的吴三桂在生死存亡之际再求多尔衮，这时候已经容不得吴三桂提条件了，多尔衮让吴三桂剃发易服投降，否则就放他鸽子。

吴三桂没得选，只好投降了多尔衮。多尔衮迅速出兵，击溃了李自成，占据北京，并册封吴三桂为平西郡王。

吴三桂就是这样，被多尔衮玩弄于股掌之中，坐实了自己"大卖国贼"的名号。

这就是吴三桂人生的第一个阶段。

缺乏政治经验的吴三桂，终于见识到了官场险恶。他看到了官场的规则绝不以国家利益为转移，他看到了帝王之术绝不以事实论忠奸，他看到了满人的摄政王绝不像传说中的那样好勇斗狠且耿直……

耿直的吴三桂感觉自己不适合这个乱世。明明是自己主导的借兵活动，他却被多尔衮玩弄于股掌之间。明知道被套路，他却没有其他的选择。

这一切并没有让吴三桂成长。他认为跟着多尔衮一条道走到黑，或许能是一条出路。但事情的发展，完全不在吴三桂的预料当中。

吴三桂镇守云南之谜

清朝定都北京之后，平西郡王吴三桂的地位就显得比较特殊。

此时的吴三桂是一对矛盾的结合体。一方面，他以明朝遗臣自居，还在喊为君父报仇；另一方面，他在多尔衮全面推行剃发令之前，就已经剃发易服成了清臣。一方面，他在为清朝效力；另一方面，他只接受追杀李自成余部的任务，并表示对南明弘光政权"不忍一矢相加遗"。

多尔衮心里清楚，吴三桂跟其他降将不一样，必须区别对待。

清初的降将可以归纳为三种类型。第一种是以耿仲明、尚可喜、孔有德为首的"三顺王"，他们基本上是主动投降的，而且属于技术人才，并没有多少嫡系部队。

第二种是洪承畴、祖大寿这些投降的俘虏，虽然有嫡系部队，但也都被打散了。

第三种就是吴三桂、姜瓖这些迫于形势投降的明朝军官，有自己的嫡系部队。

吴三桂的特别之处，就是他太会打仗了，不是姜瓖这类地头蛇能比的。姜瓖只能在大同称雄，吴三桂可以征战天下。因此，多尔衮封吴三桂为郡王，但不逼迫吴三桂打南明。吴三桂没有承受太大的压力，日子就这么混着。

当然，多尔衮也不放心让吴三桂单独行动，一定得给吴三桂找个搭档。像吴三桂这样的猛人，一般的搭档可看不住他。所以，多尔衮早期给吴三桂配备的搭档，是清初亲贵王爷当中性子最火爆的英亲王阿济格。

这两位爷配合默契，几个月就把李自成带领的这支纵横中国十多年的强悍队伍给镇压了。这时候，多尔衮的玩人艺术展现出来了，他召回吴三桂，调吴三桂镇守锦州。这一手，就是未来康熙帝所不具备的手段。这招的奥妙之处在哪呢？

锦州，那是清朝的大后方。多尔衮的调度，意味着吴三桂被"刀枪入库"了。

这就让吴三桂很难受。天下未靖，他这个武将就被赋闲了，这是不是意味着自己会被清洗掉呢？如果是这样，要不要考虑反清呢？

吴三桂这个决心还是下不了，为什么呢？因为多尔衮保持着吴三桂的高官厚禄，没有收缴吴三桂的兵权，也没有打散并调度吴三桂的嫡系部队，且照样给军饷。

这是不是意味着多尔衮对吴三桂还特别信任呢？

这种感觉能纠结死吴三桂，要真是多尔衮对吴三桂特别不好，他也就反了。可偏偏就这样界于好和不好之间，让吴三桂进退失据。吴三桂真的猜不透多尔衮，猜不透就难免会惧怕，惧怕则不敢轻举妄动。

因此，多尔衮把一个手握重兵的吴三桂放在大后方，也是非常放心的。

但是，吴三桂就这么纠结了两年，两年后弘光政权没了，张献忠也死了。西北地区叛乱迭起，多尔衮开始调吴三桂去西北镇压起义。

吴三桂这次复出，真有点猛虎下山的意思了。而且在他心目中，南明跟他再无瓜葛，他是死心塌地效忠多尔衮，愿为大清竭尽全力。

那多尔衮呢？他又给吴三桂配了个搭档，只不过这回不是满洲亲贵了，而是一个汉人，叫李国翰。

大家对这个名字可能不太熟悉，李国翰是老东北人，家在铁岭。他虽然是汉人，但对明朝没什么感情，而且他还是镶蓝旗的旗人，当过皇太极的侍卫。

无论是跟随阿济格破李自成，还是跟着豪格灭张献忠，李国翰都有过战功。多尔衮封李国翰为定西将军，会同平西郡王吴三桂进军汉中。这步棋的妙处就在于李国翰可以促使吴三桂发挥更大的作用。

跟阿济格相比，李国翰的身份没那么尊贵，但性格上却有着不输于阿济格的强悍。大家都是汉人，但到了陕西之后，每逢战事李国翰都身先士卒，勇猛作战。吴三桂的爵位比李国翰高，好意思在功劳簿上排在李国翰后面吗？

因此，在李国翰的刺激下，吴三桂得表现出更强悍的一面。而且，吴三桂对李国翰也非常忌惮。如果说吴三桂是孙悟空的话，那李国翰就是紧箍咒。这两人搭档征西北，作战特点就是作风强悍。能杀就杀，决不受降。宁可屠城，也不谈判。所以他们不仅可以用悍勇的作风迅速肃清陕西的反清势力，还杜绝了吴三桂沿途受降而加强自己实力的可能。

吴三桂能参透这点吗？现在的吴三桂应该是可以的。因此他表现得比李国翰更心狠手辣，一旦遇上姓朱的，下手比李国翰还要黑。

多尔衮则绝不放过任何一个表彰吴三桂的机会，总是把他的"功劳"大书特书，从而让吴三桂与明朝再无瓜葛，让他死心塌地为清朝效力。而吴三桂的"汉奸"故事，也在南明文人笔下越发生动。比如吴伟业的《圆圆曲》写的那句"恸哭六军俱缟素，冲冠一怒为红颜"，到今天还是脍炙人口。

吴三桂除了横下心来效忠清朝外，再无其他选择。也就是这次复出之后，吴三桂再也不提什么"君父大仇"，也不提自己跟南明还有感情。

驻守汉中的吴三桂，在顺治五年（1648年）遇到了一个人生拐点。回忆下在讲多尔衮时写过的内容：

顺治五年（1648年），多尔衮掀起了豪格案大狱，清洗了很多能征善战之士。一年后，多尔衮最得力的助手豫亲王多铎病故，南明永历政权坐大，山东曹县出现叛乱。此时，清廷遇到了有可能退回关外的危机。

一直跟英亲王阿济格有仇的大同总兵姜瓖反清，自称归属南明永历政权。多尔衮原本调阿济格去山东平叛，这下又不得不急调阿济格去大同。从而让郑亲王济尔哈朗获得机遇，带兵南征。

那么吴三桂这个时候可以反清吗？按说是可以的，他的实力可比姜瓖强多了。但是吴三桂没这么干，因为他在汉中，这里是东西南北各路信息汇集之处。永历政权虽然坐大，过去什么明朝的降将、李自成余部、张献忠余部都自称归属永历帝，甚至远在大同的姜瓖都自称忠于永历帝，但是实际情况是，永历帝不过是个傀儡，各路反清人马不过是打着永历帝的旗号而已。

当时吴三桂的名声已经很臭了，所以他自己竖起大旗并没有什么号召力。如果要打永历帝的旗号，那他得排队。再一个，吴三桂在朝中害怕多尔衮，在地方上又忌惮李国翰，因此吴三桂在这个时候只好选择安静地当个美男子，坐等摄政王召令。

很快，吴三桂长出了一口气。顺治七年（1650年），平定广西的郑亲王济尔哈朗班师回朝。同年，摄政王多尔衮暴毙。在汉中的吴三桂，大概会生出一种鸟脱樊笼、龙归大海的感觉，他之前就是多尔衮手里的提线木偶，现在多尔衮死了，他就没了被操控的感觉。济尔哈朗控制不了吴三桂，顺治小皇帝更不行。虽然李国翰还在死死盯着吴三桂，但没有多尔衮这样的高人给李国翰下旨，李国翰也就是看着吴三桂让他没法造反而已。

济尔哈朗回朝辅政，平南的军中就又少了一员悍将。鉴于反清小高潮掀起，张献忠余部再犯成都，豪格当年留下镇守四川的明朝降将也叛变了，因此朝廷调吴三桂、李国翰征四川。不到两年时间，吴三桂和李国翰平定四川全境，大军返回汉中。

但是只要永历政权还在，四川的降将随时都有可能被策反，所以几年后四川局势又不稳定了。而且随着李定国追随永历帝，南方又掀起了反清小高潮。朝廷急调洪承畴督办南方军务，又调吴三桂与李国翰再度出兵四川。这次他们的目标不仅仅是稳住四川局势，还要把永历政权连根拔除。

这个故事到这就很有意思了。同样是降将，洪承畴基本上一路招抚过来，南明的人骂他是汉奸，清廷的人骂他里通南明。洪承畴无所谓，谁爱骂谁骂，他就按照自己的思路进兵，成了清军队伍中杀戮最少的一路。吴三桂就不行，他不敢这么干。身边有李国翰对比着，吴三桂必须一路血腥地杀过来，不受降，不留情。

洪承畴虽然是各路清军的总指挥，但是他年纪大了，又没有嫡系部队，所以不怕人骂。说他造反，皇帝也不信。但吴三桂就不行，谁要说他有二心，那么朝廷一定会宁可信其有。洪承畴敢大大方方地上书朝廷，要求停止追击永历帝，吴三桂却得表示自己跟永历帝势不两立。

清军进兵顺利，永历政权土崩瓦解。各路清军在昆明会师，永历帝逃往缅甸。在攻破昆明前夕，吴三桂人生中极为重要的一件事发生了。东北人李国翰在云南水土不服，病逝军中。吴三桂接管了李国翰的部队，爽得无法用语言形容。那感觉就像孙猴子摘了紧箍圈，他还怕谁？

怎么理解呢？如果说吴三桂是个提线木偶，那多尔衮就是耍木偶的艺术家。艺术家死后，吴三桂这个木偶虽然自由了，但李国翰就好比木偶身上的线，如果再来个耍木偶戏的，吴三桂还得随线而舞。现在李国翰死了，就等于木偶身上的线断了，再来个艺术家也不好使喽。

吴三桂几乎是唱着歌欢乐地攻入昆明的。在昆明，吴三桂再次见到了他的老上级洪承畴。当然，现在他虽然是平西郡王，但在这场军事行动中，洪承畴依然是他领导，他还是得听洪承畴指挥。

我们不知道洪承畴和吴三桂说过什么，这种机密的谈话不会留在史书中，但我相信洪承畴一定会劝吴三桂不要回北京，因为北京太凶险，以吴三桂的智商，在电视剧里都活不过第一集。

洪承畴对北京是有失望情绪的，这倒不是因为清廷对他有什么不好，而是因为自从清廷迁都北京以来，朝廷上下在启用明朝官员制定的制度之后，也让明末阉党与东林党的党争复活，洪承畴还曾卷入其中。

渐渐地，清初就有了几十年的"南北党争"，一直争到康熙帝驾崩。

因此，在打败永历政权之后，洪承畴称病还朝，请求退休，并上书朝廷说云南局势复杂，必须派大将镇守，强烈推荐吴三桂负责云南军务，同时推荐自己的亲信林天擎为云南巡抚。

如果李国翰活着的话，朝廷可能更愿意让李国翰镇守云南，或者让李国翰和吴三桂一起镇守云南。但是李国翰死了，只能让吴三桂镇守云南，并许他可以开府治事、自选官吏、兼管贵州。

实际上，吴三桂就是顶着平西大将军的头衔，享受着平西郡王的爵位，而干的是云贵总督的活。正赶上顺治帝驾崩，八岁的康熙帝继位，四位辅政大臣辅政。北京还不稳定呢，云贵边陲的事也就没人管了。所以朝廷下旨，云贵的相关事宜，吴三桂一力操办就好。

这个时候，吴三桂又向朝廷表达了一把忠心。他挥师向南，攻打缅甸。恰逢缅甸内乱，新王莽白对大清抛出了橄榄枝，斩杀了永历帝的亲信大臣、护卫等人，把永历帝一家送给了吴三桂。

据说云南的八旗兵对永历帝非常尊重，但吴三桂直接亲手把永历帝勒死，表达了他将一生效忠大清的决心，又把永历帝一家老小送往京城。朝廷对吴三桂的忠心感到欣慰，加封吴三桂为平西亲王，招吴三桂长子吴应熊为额驸，并封之为太子太保。

吴三桂认为，自己可以快乐地在昆明养老，子子孙孙都镇守云贵。他为什么有这种乐观的想法呢？那是因为历朝历代的中原王朝从来没直接统治过云贵地区。自汉武帝打下云贵以来，云贵地区基本上都由各路土司自己治理，朝廷不管具体事务。比如明朝，云南巡抚都不是常设官员。但在军事上，黔国公沐英的子孙世袭镇守云南，直到末代黔国公沐天波死在缅甸为止，沐家一直是云南地区的最高军事长官。

吴三桂觉得他就是大清的沐英，而且清廷不可能在云南大规模驻扎八旗兵，肯定得依靠他来维持西南边陲的稳定。吴三桂在昆明的平西王府甚至也设在了永历帝的皇宫旧址上，他还夺了前明黔国公府的田产。

这就是吴三桂人生的第二阶段，也是他人生的巅峰阶段。

吴三桂的工作信条就是干一行爱一行。顺治元年（1644年）之前，他是大明的忠臣。辽东地区的明朝军官中，敢于和八旗兵硬碰硬的短兵相接者，唯有吴三桂。

顺治四年（1647年）之后，他是大清的忠臣。吴三桂既不像满洲军官那样居功自傲，也不像其他降将那样反复无常，而是一门心思替大清卖命，在多尔衮打下的基础上把大清的版图扩展到了云贵地区。

那么，是什么让吴三桂最终还是反了呢？他人生的第三阶段到底发生了什么？

吴三桂和他的邻居们

吴三桂在云贵当上藩王后，清初的局势基本上就稳定了下来。康熙初年，朝廷四大辅臣联合执政，但实际上，索尼、苏克萨哈、遏必隆三人都当了甩手掌柜，只有性格与吴三桂颇为类似的耿直大臣鳌拜负责具体的事务。

鳌拜对吴三桂非常放心，不仅没有遏制吴三桂的势力，反而让吴三桂放开手脚，独立处理云贵事务。除了因战事结束，吴三桂的平西大将军印信被收缴之外，吴三桂在云贵基本上可以为所欲为，当然这也不排除鳌拜懒得去管山高皇帝远的西南边陲的可能。

当时在清朝的南疆，除了吴三桂外，还有两个半藩王。其中一个是镇守福建的靖南王耿仲明，一个是镇守广东的平南王尚可喜，还有半个是镇守广西的广西将军孙延龄。

这四位都掌握着一省或两省兵马，并不受掣肘。除了孙延龄外，另外三位还都是铁帽子王，可以世袭罔替。

大家都熟悉清初三藩和三藩之乱，实际上三藩并非同盟，甚至不是朋友，有的藩王之间还互相看不惯。

那么三藩后来为什么造反了呢？大家的主要印象可能还是来自《鹿鼎记》，

一般认为是吴三桂心怀不轨，耗费国家粮饷，康熙帝英明神武，将之平定。

实际上三藩的叛乱原因各有不同，绝不像大家印象中的那么简单。

吴三桂早期一定是不想反的，他为了保证自己在云贵的王位，上了双保险。一方面，吴三桂竭尽全力向清廷表忠心，跨国追杀永历帝，还把儿子吴应熊送到北京当人质，这还不是忠臣，什么叫忠臣？另一方面，吴三桂盖了奢华的王府，过上了奢靡的生活，在云贵也有横征暴敛的行为。很多人说，康熙帝最恨吴三桂浪费钱财、欺压百姓，因此要干掉这个坏人。

实际上呢，这不叫贪污，这叫自污。秦朝老将军王翦、汉朝老相国萧何都干过类似的事。位高权重的大臣这么干不仅不会让皇帝反感，反而会让皇帝放心。

另外，请大家想想鸿门宴的故事，为什么范增要劝项羽摆下鸿门宴杀刘邦？不就是因为刘邦进了咸阳不贪污、不受贿，赢得了民心吗？

帝制时代，正面形象要给君王，带兵的大臣不配拥有好名声。正因如此，吴三桂在云贵横征暴敛，听见老百姓骂他，他也就放心了。

不过历史上兔死狗烹的事不少，所以吴三桂又额外加了一道保险，就是笼络大臣，加强自己的实力，时不时挑起云贵土司之间的矛盾，显得云贵离了他不行。

鳌拜执政的时候，对云贵边陲懒得管，将之放手交给吴三桂。但是康熙八年（1669年），康熙帝废了鳌拜。当康熙帝亲自执掌大权后，情况就不一样了。

其实历史上比较忌讳年轻和年老的皇帝：太年轻的皇帝往往容易凭着血气之勇干出冲动的事，而且有的是精力瞎折腾。岁数大的老皇帝心态多多少少会有些扭曲，手握那么大权力却濒临死亡，多强大的心理素质才能顶得住？这是皇帝制度造成的，任谁都不能免俗。

就说康熙吧，他一辈子都在折腾。他折腾完鳌拜后，就决定折腾吴三桂。我倒是理解康熙帝废藩置县的想法，因为和平年代留着藩镇确实像留着定时炸弹。但是怎么撤藩？这就应该玩点手段了。汉朝推恩令，宋朝杯酒释兵权，都是历史上现成的成功案例，完全可以拿来改造利用。但是康熙不这么想，他还年轻，正是不服就干的年纪，因此对他来说，暴力撤藩是最见效的。

康熙帝一点面子也不留，不断地加强云贵地区地方官的权力，并逐渐让吴三桂军政分离。吴三桂面对康熙帝此举，虽然感到不舒服，但也忍了，万一这是朝廷的试探呢？

有时候，吴三桂也亲自上书请求减少自己的权限，再让部将上书恳求康熙帝不要减少吴三桂的权限。但老吴又不是袁世凯，搞这一手就不高明了，而且也没什么效果。康熙帝每每以照顾吴三桂身体、尊重吴三桂意见为理由，同意削减吴三桂的权限。老吴吃了哑巴亏，也无能为力。

不过，真正引起吴三桂恐慌的不是康熙帝削减他的权力，而是广东的平南王尚可喜出现了家庭纠纷。

那么，老尚家的纠纷，怎么刺激到吴三桂了？

首先我们得知道，尚可喜和吴三桂没什么交情。尚可喜、耿仲明、孔有德这三个原毛文龙部将是一起降清的技术兵种将领，给八旗兵带来了大炮。这三位也都被封王，成了旗人身份，属于清初的既得利益者，也是最早的三藩。后来定南王孔有德被李定国偷袭，兵败自杀。于是，尚可喜、耿仲明和吴三桂成了南方三藩。我前边说的那半个藩王孙延龄，其实就是孔有德的女婿，统领的正是孔有德的部将。

藩王之中，耿仲明早逝，他的靖南王王位先后传给了儿子耿继茂和孙子耿精忠。这也为其他藩王树立了榜样：朝廷是不会亏待藩王的。实际上呢，台湾郑经未灭，朝廷需要耿家镇守福建。

广东的平南王尚可喜对朝廷忠心耿耿，其实朝廷也最看重尚可喜。但是这个位极人臣的平南王有个很大的烦恼，他的长子尚之信是个忤逆不孝的畜生，尚之信在亲爹面前都敢拔刀比画。尚可喜打算上奏朝廷，把王位传给次子尚之孝。结果奏章还没发出去，尚之信又闹了起来。军中有很多尚之信的党羽，所以尚之孝不敢接任王位，尚可喜也只好作罢。

这样一来，老尚家的家庭矛盾越来越深，尚可喜一看尚之信连亲爹都不孝顺，能忠君吗？早晚得惹祸。因此尚可喜上书朝廷，说自己年老体衰，想要退休回辽东定居，广东交给尚之信镇守，他带全家走人。

其实呢，尚可喜就是打算离尚之信远远的，也不排除最后一句让尚之信镇守广东是尚之信逼迫老尚加上的可能性。

这道奏折可谓一石激起千层浪，康熙帝下旨准许尚可喜退休去辽东，但不用尚之信镇守广东。

这下尚可喜没意见，但耿精忠和吴三桂可吐血了。在康熙年间，四大辅臣中有一个提出不再辅政之后，另外三个都得争先恐后地上书辞职，否则就有擅权的嫌疑。所以三藩中有一个要撤藩，另外两个也必须上书要求撤藩。就算你不愿意，也得在上书撤藩后再商量。

康熙帝的作风一贯雷厉风行，马上准许了各位王爷的撤藩请求，这事就这么定了。这里先不提吴三桂，耿精忠这位靖南王是真想造反。不知道是他自己编的还是他部将编的，福建当时流传一个谣言：天子分身火耳。

火耳，不就是"耿"吗？

耿精忠做起了皇帝梦，他早就想造反了。但是他不敢，因此保持观望。

吴三桂记吃不记打，还是寄希望于康熙帝能跟他客气客气。因此他一方面上书要求撤藩，另一方面再发动部下、朝中熟悉的大臣上书康熙不要撤藩。

实际上，对于是否撤藩，朝廷的意见并不统一。传统说法上，一般认为反对撤藩的大臣是奸臣，支持撤藩的大臣是忠臣。但忠奸并不能以此区分，我们也不应该完全站在康熙帝的角度看问题。

在议政王大臣会议上，绝大多数大臣反对撤藩，至少他们反对随便一道诏书就撤藩。最起码得跟人家吴三桂聊聊撤藩后怎么优待，爵位怎么传承之类的。但是康熙帝不管这些，基本政策就是先撤藩再说。朝中耿直的大臣和收了吴三桂钱的大臣都劝康熙帝再想想，这可不是件小事。就算吴三桂老老实实撤藩，那么老吴走后，靠巡抚、提督能稳定偏远的云贵地区吗？这些都是现实问题。后来雍正帝派鄂尔泰去云贵改土归流，也是先有了成熟的方案再去执行的。大臣们共议反对撤藩，也不仅仅是收了老吴钱那么简单。

当时支持撤藩的大臣有三个。第一个是明珠。他支持撤藩的主要动机是皇帝要撤藩，那就坚决支持撤藩。明珠的后台是岳父阿济格，但这位英亲王我们说过很多了，努尔哈赤死了以后，阿济格就没受待见过，所以明珠想要混起来，就一定要跟岳父的桀骜不驯反过来。

第二个是莫洛。莫洛是个官场不倒翁，无论是鳌拜还是康熙帝说了算，莫洛都能受到重用，你说这哥们得多厉害。

第三个是米思翰。这是个冷门人物，他的特点就是无条件忠君。所以他支持康熙帝的一切决定，当然也包括撤藩。米思翰虽然不太有名，但他的儿子马齐是康熙末年举足轻重的马中堂，对雍正帝的继位也起到了重要作用。

我们不能说满朝文武就这三个人是忠臣吧？他们不仅对撤藩的危害没有预判，而且对即将发生的严重后果也没有相应的应对措施，只是一味迎合康熙帝的喜好罢了，这其实就是奸臣。像什么蔡京、严嵩之类的著名奸臣，干的就是这样的事。

康熙帝大喜，有这三位支持就够了。自从鳌拜倒台，议政王大臣会议对皇帝的约束也就那样了。于是，康熙帝下旨，同意吴三桂、耿精忠的撤藩请求，不解释。

耿精忠接旨后就盘算造反了，但是考虑到不能当这个出头鸟，因此保持了一定的克制。耿精忠想的是让吴三桂先反，自己坐收渔利。

而吴三桂突然没主意了，他哪知道康熙帝这么大的事居然都不客气一下，直接成交了。吴三桂一面坐等朝廷撤藩，一面联系他侄子辈的耿精忠问情况。得知耿精忠也想造反后，吴三桂分析的情况是这样：撤藩不得人心，得以战迫使朝廷收回成命。

能不能反？难啊。子曰："名不正则言不顺，言不顺则事不成。"老吴要以什么名义造反？凭那个年代老吴身边的智囊，冠冕堂皇的理由是编不出来的。

然而在老吴犹犹豫豫的时候，又有位关键人物推了吴三桂一把。

三藩之乱中的康熙帝真的英明神武吗？

康熙十二年（1673年），尚可喜上书奏请撤藩，吴三桂得按照套路也上书客气一下，要求撤藩。那朝廷就也得根据套路，勉励吴三桂不许撤藩，还得继续为百姓服务。谁知道二十岁的康熙帝不按套路出牌啊，当场就说"好的"。吴三桂的撤藩，在法理上已成定局，无法更改了。

这就是康熙帝的作风，想干什么事就立马干，效率特别高。

不过真正让吴三桂下定决心造反的最后一根稻草，还真不是康熙帝下令撤藩，而是云南巡抚朱国治。

很多人知道朱国治可能是因为一部电视剧，那里面把朱国治演绎成一个公忠体国的大忠臣。实际上呢，历史上的朱国治不是什么好人。按照汉唐的标准，朱国治就是个酷吏。他曾一手炮制哭庙冤案，害死了大才子金圣叹。

朱国治善于搜刮民财，如果按宋朝的标准，他属于王安石最爱用的那种掊克吏。朱国治有个外号，叫"朱白地"，凡是朱国治当官的地方，必然被搜刮成一片白地。

在撤藩的前两年，朱国治当上了云南巡抚，和吴三桂交接过一些云南的政务。朱国治当掊克吏上瘾，居然克扣云南的军粮，导致军中怨声载道，纷纷找老吴告状。

但是呢，云南巡抚朱国治一点都不给平西亲王吴三桂面子。为什么呢？人家朱巡抚是朝廷派来的，而且是旗人，就欺负你吴三桂。朱国治不怕吴三桂造反先杀他吗？不怕。因为朱国治知道，吴三桂不敢造反，他儿子吴应熊还在北京当人质呢。

从吴三桂的角度讲，这还没撤藩呢，工资就不如数发放，未免使人寒心。这时候吴三桂可没造反，而且还有一本厚厚的功劳簿。那可想而知，今后没了权力，不得让人欺负死啊？

撤藩的政令加上朱国治的耀武扬威，让吴三桂最终决定让朝廷看看，自己不是好欺负的。

于是，吴三桂决定起兵。

正因为如此，吴三桂先去问朱国治要不要共襄盛举。但朱国治觉得吴三桂疯了，儿子还在北京呢，造什么反？吓唬谁啊！因此朱国治严词拒绝了吴三桂的邀请，估计他都盘算好怎么上书朝廷告吴三桂的刁状了。

谁能想到，吴三桂这回玩的是真的。朱国治的不配合，给了早就忍不了他的云南官兵一个借口。官兵不仅杀了朱国治，还破坏了朱国治的遗体。

从这里就可以想象朱国治在云南期间的工作做得怎么样了。吴三桂造反杀的官员是不少，但这些人中能引起如此大公愤的，仅有朱国治一人而已。

撤藩这事，原本还能有更委婉的方式，但康熙帝显然是过于直接了。

吴三桂的战略进攻

康熙十二年（1673年），吴三桂正式造反。你别看康熙帝撤藩时一副慷慨激昂的样子，吴三桂造反的消息一传回北京，康熙帝也吓了一跳。这回吴三桂也不按套路出牌了，如果按套路的话，吴三桂得顾及儿子的性命，不能干这么激进的事。结果老吴一不按套路玩，康熙帝就晕了。

索额图当即上书，请杀明珠、莫洛等主张撤藩的大臣，再下旨安抚吴三桂，以求平息事态。

康熙自幼受过良好的教育，他读过史书，知道汉朝七国之乱时，朝廷真把藩王逼反了，并不是杀个晁错就能平息事端的。所谓高风险要有高回报，吴三桂都反了，不拿到高回报估计不会收兵，但是康熙帝又舍不得给他高回报。既然事到如今了，康熙帝干脆一不做二不休，坚决平叛。为了遏制吴三桂的势头，康熙帝急命西安将军瓦尔喀进四川，遏制吴三桂的西路军，然后任命顺承郡王勒尔锦为宁南靖寇大将军，统率满汉各路兵马，指挥平叛。同时下诏停止裁撤尚、耿二藩以孤立吴三桂，抓吴应熊，调副都统玛哈达领兵驻兖州，命科尔昆领兵驻太原，任命都统赫业为安西将军，与将军瓦尔喀等由汉中入蜀，调前锋统领硕岱率前锋兵先赴荆州。

由于这些都是应激反应，所以并不能遏制住吴军初期的势如破竹。

别看吴三桂造反了，其实他也很难受，因为造反得有个理由吧。要说是为了建设一个王道乐土，肯定没人信啊，毕竟这哥们都没把云南建设得人人奔小康。所以，李自成、洪秀全那种类型的口号，他用不了。

要说清君侧呢，那也轮不到他来清。而且吴三桂也读过书，万一他喊"清君侧"，康熙直接杀了明珠，他还有什么咒念？最后，吴三桂只能打"民族革命"这张牌，还显得有些煽动力。

吴三桂造反后，就号召反清复明，自称原镇守山海关总兵官，今奉旨总统天下水陆大元帅、兴明讨虏大将军。

那他奉的是谁的旨呢？吴三桂说了，他发现了前明朱三太子，自己要效忠朱三太子。我也不理解，崇祯帝又不是托塔李天王，怎么每个儿子都是太子呢？

也难为老吴了，看得出他实在没辙了，才想到这样一个口号。

其实当时北京还真出了个山寨的朱三太子，真名叫作杨起隆，聚众筹备一年多，打算在京城起义。结果此事还没开始就被举报，杨起隆独自逃命，起义胎死腹中。七年后，杨起隆被图海抓获，送入京城凌迟。

吴三桂对这样的朱三太子自然是不认可的，但即便他拿不出另一个朱三太子,也不影响他的大军出动。云南提督张国柱、贵州巡抚曹申吉、贵州提督李本深马上响应。云贵总督甘文焜手下无兵,紧急组织了一支队伍,迅速被打败,甘文焜自杀。吴三桂的大军占领云贵,然后兵分两路,一路杀向湖南,一路进攻四川。

三藩之乱的转折点

很多人分析过三藩之乱的转折点,有人认为是岳州之战,也有人认为是王辅臣态度的转变,但我觉得战争的转折其实在于吴三桂心态的变化。

吴三桂起兵打了朝廷一个措手不及,取得了相当大的战果。康熙十三年（1674年）,吴三桂自号周王,他手下的大将相继攻占常德、澧州、衡州、岳州。偏沅巡抚［雍正二年（1724年）改称湖南巡抚］卢震撤出长沙,副将黄正卿、参将陈武衡开城投降。襄阳总兵杨来嘉、郧阳副将洪福不光投降,还带兵反击清军。此时吴三桂的势力控制了云南、贵州、湖南三省。

吴三桂收编当地少数民族,与藏区互市,建造大型战舰,发行新货币。

本身朝中对撤藩就是反对声占绝大多数,这种情况一出,虽然大臣们不敢明说,但康熙帝自己会觉得面子上过不去,也担心军心不稳。不过皇帝嘛,一般情况下是不会认错的。因此康熙帝下旨诛杀吴应熊和吴应熊的长子吴世霖,并将吴应熊的幼子们下狱,封贝勒尚善为安远靖寇大将军,与勒尔锦分道进兵。顺带说一句,大家通过《鹿鼎记》而熟知的吴应熊的夫人建宁公主并不是康熙帝的妹妹,而是皇太极的女儿。也就是说,论辈分,吴应熊是康熙帝的姑父。

在清军的行动中,勒尔锦在湖北荆州、彝陵遏制住了吴三桂的攻势,尚善进驻武昌招降吴三桂,但是吴三桂的表现开始变得暧昧,既不说行,也不说不行。与此同时,吴三桂的攻势也没停,他成功策反了四川提督郑蛟麟、广西以孙延龄为首的孔有德旧部、福建耿精忠加入反清队伍,他甚至策反了驻防直隶彰德的河北总兵蔡禄。

而在这种大好形势下,吴三桂居然停止了攻势,委托五世达赖修书一封给康熙帝,表达了求和的意愿。

实际上呢,吴三桂就是想让朝廷知道他吴三桂不想谋反,一旦反了,威力也是巨大的，所以希望朝廷下旨招抚，并给他一块封地了事。

康熙帝岂能答应这种事？他坚决要跟吴三桂玩命，于是派出主战派三巨头之一的大学士莫洛进驻汉中，指挥四川军务。康亲王杰书则奉旨攻打福建的耿精忠，将军阿密达攻打河北总兵蔡禄，催促尚善收复岳州。

康亲王和阿密达的行军非常顺利，而莫洛的行动却留下了巨大隐患，这个之后再说。

总之，朝廷和吴三桂彻底没法和谈了。而正是吴三桂的不坚决，让他在战场上的大好局面开始出现转折。哪怕康熙帝在用人方面出现了重大失误，也没让吴三桂占了便宜。

康熙帝的重大用人失误

当得知无法和谈之后，吴三桂非常生气和失望，于是他把战火引向江西，一举攻陷南康、袁州、萍乡、安福、上高、新昌等地。

康熙帝担心战火继续蔓延，如果从江西烧到江浙，就会威胁朝廷的钱粮重地。于是康熙帝封安亲王岳乐为定远平寇大将军，驰援江西；封简亲王喇布为扬威大将军，镇守江南。

看上去康熙帝和吴三桂插招换式打得有来有回，但是康熙帝没想到，他最信任的主战三巨头之一的莫洛那边却出了问题。

莫洛是来主持陕西军务的，其目的是遏制吴三桂大军在四川的攻势。而在莫洛来之前，陕西的军务总负责人是陕甘提督王辅臣。据说王辅臣和吴三桂有交情，即便王辅臣一再表达自己的忠诚，但莫洛的到来，还是给王辅臣一种康熙帝不信任他的感觉。那为什么会这样呢？我先来聊聊王辅臣其人。

其实，王辅臣跟吴三桂谈不上交情，甚至还有过节。王辅臣不想反清，他响应吴三桂的反叛，其实是个误会。

讲多尔衮的时候，我提过大同总兵姜瓖。想当年王辅臣就是姜瓖的部下，后来姜瓖与英亲王阿济格闹翻，姜瓖反清。多尔衮派阿济格平叛，姜瓖被杀，王辅臣则被俘，后罚入辛者库做苦工。姜瓖反清给清廷留下最深的印象就是王辅臣很能打，此人外号活吕布，又叫马鹞子。虽然在北京被罚劳动改造，但是京城有很多满人愿意结交王辅臣，敬重他勇武非凡。

多尔衮倒台，顺治帝亲政。多尔衮的党羽多遭清算，多尔衮的敌人多遭重用。因此，顺治帝把劳动改造中的王辅臣提拔为一等侍卫，后让他跟随洪承畴平南。

有洪承畴保着，王辅臣平步青云，后来又被拨入吴三桂麾下，一直打到了缅甸。

然而，王辅臣从不以吴三桂的部下自居，而是觉得自己跟吴三桂平起平坐，大家都是哥们儿。

王辅臣为人有厚道的一面。根据《广阳杂记》的记载，有一次他和吴三桂之子吴应麒等人到总兵马宝营中吃饭。马宝外号马一棍，下人犯错被他知道了，那就得被一棍子打死。他们吃饭的时候，王辅臣发现饭碗里有一只死苍蝇。他知道这要是说出去，做饭的厨子恐怕小命难保。王辅臣动了恻隐之心，不动声色地把碗放下了。自己没吃饱不要紧，人命重要。

结果，另外一个军官王总兵看到了王辅臣碗里的苍蝇，就声张了起来。王辅臣赶紧圆场说，我等都是久经沙场之辈，什么苦没吃过？吃个苍蝇也不算什么。

结果这货不依不饶，非要跟王辅臣打赌，看王辅臣能不能吃苍蝇。要是王辅臣吃下这只苍蝇，他就把自己的战马给王辅臣。王辅臣很为难，这怎么办？总不能眼睁睁看着厨子被打死吧，而且自己大话也说了，于是忍着气把苍蝇吃了。

这时，吴应麒开始笑话王辅臣，说老王你为了一匹马连苍蝇都吃，那要是他跟你打赌吃屎，你老王是不是也吃？

王辅臣本来就有气，自己做了件好事，却被吴应麒羞辱一番。于是王辅臣趁着酒劲对吴应麒说，你小子别仗着是王爷的儿子就羞辱我，我可不怕你们吴家子孙，惹急了我，连你的脑髓、心肝、眼睛我都能吃。说完，王辅臣重重地用拳头打了一下桌子，桌子腿应声而断，吴应麒吓得赶紧跑路。

虽然说第二天王辅臣和吴应麒和解了，但是这个闲话传到吴三桂的耳朵里就变了，成了王辅臣扬言要吃吴三桂。

吴三桂觉得很没面子，恰逢王辅臣的部下去领工资，于是他就让这人给王辅臣带个话，大意是说你们小辈之间开玩笑、骂街、打架都没事，但你骂街不该带上我，这要让别人知道，得说我平日爱你如珍宝，而你却要吃我脑髓，多让人寒心。

王辅臣也觉得很委屈，他当时根本没说吴三桂，此时也没法去找吴三桂辩解。他觉得这是吴三桂护短，故意找碴，所以一怒之下花重金疏通关系，调离云南，当了陕西提督，驻平凉。

吴三桂起兵后，西北最重要的两个军官就是甘肃提督张勇和陕西提督王辅臣。这个张勇，就是《鹿鼎记》中韦小宝的结拜兄弟。张勇和王辅臣非但没有精诚合作，反而有了矛盾。他们最大的矛盾，就是来自吴三桂的招降。

当时，吴三桂给王辅臣和张勇分别发了招降的书信，而送信人正是王辅臣的亲信汪士荣，两封信都到了王辅臣手里。王辅臣为了避嫌，第一时间绑了汪士荣，然后把吴三桂给张勇的信转给张勇，把自己收到的信和汪士荣让儿子王吉贞星夜送往朝廷。

从这几个细节其实可以看出，这就是吴三桂的反间计。他策反张勇，为什么要让王辅臣送这个信呢？

康熙帝接到信大喜，杀汪士荣，封赏王吉贞，嘉奖王辅臣。

张勇就郁闷了，这什么情况？他们两人都收到了吴三桂的招降信，结果王辅臣表了忠心，显得自己首鼠两端，于是张勇便斩了王辅臣的送信人。从此，两人结下了梁子。

那么，张勇怎么敢跟王辅臣叫板呢？这是因为张勇不仅被顺治帝接见过，加封太子太保，还有三等轻车都尉的爵位，更重要的是张勇有后台，他的后台就是莫洛。

莫洛到了陕西之后，最担心的不是叛军势大，而是担心陕西兵少、缺钱。于是，莫洛奏请朝廷增调一万大军进驻陕西。可问题是康熙帝把精锐调往了湖北、江西、浙江一带，哪有兵给莫洛？况且就算有，国库也没钱多养西北的一万士兵，便让莫洛自己想办法。

莫洛也很郁闷，因为已经开始有士兵为缺粮饷而逃散。因此，莫洛的战略就是速速击败四川叛军，这是最省钱的办法。

而康熙帝朝令夕改，先调王辅臣去荆州前线，又诏令王辅臣固守西北，让王辅臣有些摸不着头脑。

在西北，前有张勇，后有莫洛，这俩都看王辅臣不爽，王辅臣的日子可想而知有多难过。

康熙十三年（1674年）末，莫洛把王辅臣挤对急了，王辅臣一怒之下杀了莫洛。这一下闯了大祸，所以他不得不反。

清代官方文献，无论是《清实录》还是《平定三逆方略》，基本上都给王辅臣盖棺论定为谋反。当时参与过《明史》修订的刘献廷所著的私家笔记史料《广阳杂记》中记载，秦州兵变的情况大家都知道，就不具体说了，但是这并不是王辅臣的本意，其实是王辅臣的部下哗变谋定的。王辅臣一再强调"杀了我也别背叛朝廷"，然而面对莫洛被杀的变局，王辅臣也没办法了。

和王辅臣同时代的刘献廷在私家笔记中的记述可信吗？其实这个说法是很可信的。即便是在清代的官方文献中，也记录了王辅臣叛变后，康熙帝连发三道圣旨一事。第一道让王辅臣的儿子王吉贞传旨给王辅臣，称出现这种事，是莫洛处置不当。当初王辅臣让儿子王吉贞去朝廷汇报吴三桂招抚他，是用儿子当人质，向康熙帝表达忠心。如今康熙帝用王吉贞给王辅臣传旨，也是把人质归还，向王辅臣表达诚心。

康熙帝的第二道圣旨给了陕西总督哈占、陕西巡抚杭爱，称秦州之变事出有因，要招抚那些被打散的莫洛部下。

而第三道圣旨，康熙帝给了大将军尚善，称不必担心陕西，全力攻打岳州。

因此基本可以判断，康熙帝心里是有数的，秦州兵变不能全怪王辅臣。但是，这事还不能公开说莫洛不对，因为当初康熙帝决议撤藩的时候，满朝文武中只有三个大臣支持撤藩，其中官阶最高的就是莫洛。这样的主战派早就被康熙帝树立成了忠臣的典范，不能因为这事说莫洛不好。再说了，在皇帝心里，大臣纵然冤死，也不能造反啊，所以我们看到清代官方文献中，将秦州兵变直接定性为王辅臣叛变，包括《清史稿》也延续了这样的史观。

但让莫洛经略西北，也确实是康熙帝用人的一大失误，导致原本进军四川的战略不得不推迟，还要把原本可以调往湖南、湖北的兵力调往西北。

吴三桂集团的覆灭

虽然康熙帝心里有数，但事情出了，应急措施还是得有。他一方面派豫亲王多铎的儿子董额前往陕西平叛，一方面下旨赦免王辅臣的罪过。奈何西北缺粮饷，董额只得退回西安。

面对这样的情形，吴三桂便把进攻的重点放在川北。他想占领四川全境，到陕西与王辅臣会师，然后东进京城。然而，这时候时机就不太好了。从吴三桂想要求和开始，攻势就放缓了，而康熙帝却调兵遣将，不断增兵。等到吴三桂求和的希望破灭，加紧攻打江西和四川的时候，清军已经缓过了这口气，面对吴军的进攻越来越从容了。

从康熙十四年（1675年）开始，主攻岳州的将军尚善就大搞政治攻势，一方面宣称吴军将领只要投降，既往不咎，另一方面派水师阻截吴军北上，遏制住了吴军在湖南的势头。

尚善不打算与吴军硬碰硬，而是打算拖死吴三桂。因为别看吴三桂现在闹得欢，但是吴三桂可没有朝廷有钱，他根本耗不起。

这个战略虽然遭到康熙帝的严厉斥责，但确实非常有效。

同时，吴军刚从川北打到陕西，就被清将张勇、王进宝击败，不得不退守汉中。

再看吴三桂的外援们，明郑集团的部队最多搞搞海上骚扰，无法对清廷造成实质性伤害。耿精忠的部队被康亲王杰书全面压制，节节败退。尚可喜忠于清廷，绝不帮助吴三桂叛乱。尚之信虽有反心，但在王辅臣反叛的时候还不能完全掌握广东的兵权。察哈尔部首领布尔尼被信郡王鄂扎打败，其部众被编入蒙古八旗。王辅臣虽然骁勇，但是西有张勇，东有哈占、董额的大军，所以他其实处于一个很尴尬的位置。而由于董额进军不利，康熙帝不得不调图海为抚远大将军进军陕西，又调蒙古骑兵协助。随着图海的大军到来，王辅臣投降，得到了康熙帝的宽恕。

王辅臣的归顺，让吴三桂知道大势已去。此时他攻打川北、汉中的战略没了意义，只能重点押宝湖南。

虽然在湖南战场上，康熙帝一遍遍严旨要求前线大将速战速决，但是前线官兵倒是一直不着急决战，而是避实就虚，专打吴三桂防御薄弱的地方，留下那些军事重镇就是不打，还不断宣传朝廷的"好政策"，希望吴军赶紧投降，结果吴军中一些将领真的投降了。

广西的孙延龄原本归顺了吴三桂，结果朝廷安插在吴三桂内部的"特工"傅弘烈忽悠孙延龄降清，孙延龄犹豫的时候，傅弘烈就策反了孙延龄的夫人孔四贞。最终，孙延龄派傅弘烈去江西迎接清军，于是吴三桂派人刺杀了孙延龄，傅弘烈在广西招募部队对付吴三桂。

耿精忠彻底被康亲王杰书击败，降清。

此时的吴三桂，只有尚之信一个外援。他分析了一下形势，认为一定是自己的口号出了问题，军中没有了凝聚力。而且，吴三桂也死了心了，朝廷绝不会招安了。

于是在康熙十七年（1678年），吴三桂决定称帝，改国号为大周，不再提反清复明。随后，在吴军占领区开科取士，这反而让即将瓦解的军心凝聚了起来，军中大将开始想着当开国功臣，吴军的攻势又起来了。

不过，不到半年，吴三桂就病死了，享年六十七岁。

吴三桂死后，其孙吴世璠继位。吴世璠坚持了三年，从湖南退到了云南。定远平寇大将军赵良栋、彰泰、赖塔等从蜀、黔、桂三路入滇，吴世璠拼死抵抗，最终粮草不济，兵败自杀，三藩之乱到此结束。

三藩之乱的影响

所谓三藩之乱，其实一乱到底的只有吴三桂一藩而已。这都不重要，重要的是这场历时八年的战争，是一场不折不扣的历史悲剧。要说影响的话，三藩之乱主要有四方面的影响。

第一，这场战争是清初的一场政治洗牌，清朝开国功臣的后裔从此开始退出政治舞台。除了吴三桂一系之外，尚之信因反叛情节较轻，还曾帮清军平息过一些叛乱，赐自尽。而尚之孝一脉不仅得以保全，而且依然是清廷贵族，只不过没了权力。耿精忠狼子野心，首鼠两端，被凌迟，其弟未参与叛乱，没有权力，但爵位如旧。祖大寿之子祖泽清反清被招安，结果见风向不对又造反，被尚之信活捉送往朝廷，被车裂。王辅臣严重焦虑，曾多次自杀。康熙帝严旨图海对王辅臣严加看护，保护王辅臣的安全。但王辅臣还是自杀了，图海报告康熙帝说王辅臣病死。范文程之子福建总督范承谟，被耿精忠杀死。清初这些开国大功臣的后裔都退出了政治舞台。从此康熙朝的大臣就专心致志地玩党争，玩到九子夺嫡，算是玩到了极致。

第二，清朝从此裁撤藩镇。另外，更重要的察哈尔部的特殊地位也被裁撤，改为盟旗制度，让清朝中央集权更加彻底。

第三，一场无准备的仗。其实康熙帝如果想裁撤藩镇，一定有更委婉的方式。即便是想要暴力撤藩，也应该有成熟的方案，在吴三桂刚反的时候就将其灭掉。可康熙帝只喊撤藩，以为拿住了吴应熊就抓住了吴三桂的命脉，没想到真把吴三桂惹毛了，他又措手不及，导致战争迁延八年，造成了巨大损失。这血气之勇，可没少害人。而吴三桂为了一个藩王的虚名，不懂急流勇退，拿万千生命当赌注，最终一败涂地，让万千生灵跟他一起陪葬。此等匹夫，竟得善终！

第四，老百姓无端被卷入。无论是朝廷还是吴三桂，都要逼老百姓站队。剃发就要被吴军杀，蓄发就要被清军杀。两股势力斗争，还都要裹挟老百姓。康熙为什么撤藩？他的想法没告诉老百姓，就非让老百姓无条件支持他。吴三桂为什么不愿撤藩？他的想法也没告诉老百姓，也非让老百姓无条件支持他。这就跟刘备撤出襄阳还忽悠老百姓跟着他，实际上用老百姓殿后挡曹操的追兵一样。在这些人眼中，老百姓不过是炮灰而已。

因此，我们没必要歌颂康熙帝英明神武平三藩之乱，也没必要替吴三桂叫屈。要记住这一场历史悲剧，是一场双方都没准备好的战争。无论谁取胜，又有谁会去祭奠在战争中惨遭屠戮的平民呢？

第四章
猪·年羹尧

文官出身的年羹尧为什么非要转型当武官？

在清末的民间传说中，"西山十戾"排名第四的是猪精年羹尧。猪有两种特性：如果是野猪，那么攻击性强；如果是家猪，那么贪婪。但无论是家猪还是野猪，都有一个人们普遍认知的特点：笨！

年羹尧是个传奇人物，看上去并不笨。人们最津津乐道的是他和雍正帝的爱恨情仇。作为雍正的心腹，年羹尧曾经权倾朝野，但是他仕途的结局却像是失控的电梯，从顶点高速下降，直至坠地。

那么雍正帝为什么要杀年羹尧？坊间传闻，说年羹尧掌握着雍正的篡位证据，因此雍正杀人灭口。很明显，这是无稽之谈。

也有专家、教授分析，说年羹尧贪污、擅权、结党，所以被杀。但这明显是表面现象。任何一个被皇帝处决的大臣，都能套用这三个原因，聊这个根本没意义。

既然传说年羹尧是野猪成精，那么他是笨死的吗？这个说法倒是值得研究一下。

可能大多数人对年羹尧的印象，来自电视剧《雍正王朝》。事实上年羹尧的出身，远比电视剧中显赫得多。年羹尧出身于职业官僚家庭，其祖上在明清两朝均出任过地方大员。年羹尧的父亲年遐龄，四次担任工部侍郎，后出任湖广巡抚。

年羹尧是家里最小的男孩子，在他的哥哥中，年希尧是著名数学家、医学家，著有《集验良方》《测算刀圭》《视学》《面体比例便览》《对数广运》。

年羹尧自己也曾写过两本兵书，分别是《治平胜算全书》和《年将军兵法》。

说起年羹尧的职业生涯，他在二十多岁的时候，就中了进士，从此开启了他的仕途旅程。

年羹尧是个文人，早年间你很难想象他日后能当一个威名赫赫的武将。步入仕途的年羹尧，跟大多数进士们一样，从翰林院庶吉士开始"货与帝王家"。跟大多数官员不一样的是，其他人都眼巴巴地等着朝廷重用，立志要报效大清，年羹尧没明白这个道理，他在那个年头是个少有的保持个性的官员。其他人都在揣测皇上需要什么官的时候，年羹尧考虑的是我要当个什么官。

这样的人一般不会有什么出头之日，专制社会中，皇帝的旨意放之四海而皆准。做官，无非是赈灾、打仗、理财、治水、喊口号、混日子，只要根据皇帝陛下的最高指示办事，就不会有错。

本来，朝廷对年羹尧的期许是在文教方面多做贡献。所以早期年羹尧活跃在各地学政的职位上，后来一路做到了内阁学士。几年的时间，年羹尧从学政做到了从二品的内阁学士，这升迁的速度，令人惊叹。当然，这不是年羹尧多优秀，关键是他的家族关系网庞大，跟康熙帝都说得上话。

年羹尧的伯乐，其实是康熙皇帝。康熙四十八年（1709 年），康熙帝决定让年羹尧发挥更大的作用，封之为四川巡抚，让三十一岁的年羹尧成了封疆大吏。

四川在康熙年间的战略位置非常重要。那时候西藏、青海都不归清朝直接管，即便是四川，川边地区也是由一个个拥有地方自治权的土司管理。所以，康熙帝派年羹尧当四川巡抚，不仅仅是让他镀金那么简单。对于年羹尧来说，年纪轻轻就当了四川巡抚，肯定会被同僚眼热。上有川陕总督，下有少数民族土司，年羹尧夹在中间，活并不好干。

果然，在年羹尧当四川巡抚的第二年，四川就出现了土司叛变事件，甚至还有军官被杀害。对于年羹尧来说，这是好事啊。有闹事的，才能平叛；能平叛，才能立功。而且，土司造反不出村，平叛成功率是百分之百。

但是，康熙年间的清朝仅有山东、河南的巡抚兼管军事，其他巡抚头上还有总督管着。当时四川巡抚上边还有川陕总督，在四川省内也有专管军事的四川提督，所以四川巡抚没有兵权。在朝廷的安排下，此次小规模平叛活动由四川提督岳升龙指挥，四川巡抚年羹尧负责后勤和接应，全力配合岳提督行动。

岳升龙可能不太有名，但是他的儿子岳钟琪可是相当有名。此番平叛异常顺利,虽然岳升龙制订了两路包抄的计划,但是真打起来的时候,岳升龙发现叛军的战斗力最多就是上街踹老百姓的小混混的程度。清军根本不用什么作战计划,直接杀将过去,一战而胜,擒匪首罗都,交付年羹尧审理。仗都打完了,年羹尧也没必要继续进兵,便打道回府了。而岳升龙则与建昌总兵郝宏勋去招抚其他番邦。番邦各部畏惧岳升龙的威名,纷纷表示愿意效忠大清,可为大清提供十万兵丁,并愿意提供粮饷马匹。

年羹尧这回郁闷了,好不容易等来用兵的机会,结果还没开始就结束了。在这次平叛中,年羹尧别说立功了,甚至还有罪过。为什么呢?其实年羹尧也没做错什么,但是前文咱讲了,这么年轻的四川巡抚,在官场上会遭人嫉恨。年羹尧的上司川陕总督音泰,就看年羹尧横竖都不爽。

音泰是康熙朝军方的老资格,从平三藩到征准噶尔,都有音泰立功的身影。尤其是征讨王辅臣的时候,音泰曾三箭射死三人,吓跑了王辅臣的部队。

这样一个真刀真枪拼出来的总督,当然看不上年羹尧这样寸功未立就当上巡抚的年轻人。音泰作为川陕总督,接到奏报后上奏朝廷建议把番邦各个酋长分化,土司化处理。说白了,就是古代"众建诸侯而少其力"的思路。顺带着,音泰还弹劾了年羹尧不配合岳升龙工作,违旨先回。

这个事搞得岳升龙也很郁闷,就仿佛岳升龙背后阴了年羹尧一样。因此岳升龙上书康熙帝为年羹尧辩解,称自己捉了罗都等人交给年羹尧审理,自己是因为罗都余部藏匿在别处生番的领地,才去招抚其他生番的。

而年羹尧自己也上折子自辩,称自己是押解罗都等人回府衙,并非抗旨不前。但对于没有和岳升龙一起招抚其他生番的事,自己也认罪。

康熙帝把这件事交部议处,音泰这个级别的封疆大吏弹劾年羹尧,吏部多少得给音泰一个面子。所以,吏部的意见是把年羹尧革职。

西部边陲形势复杂,长官没有权威不行。康熙帝决定给音泰这个面子,但同时下旨,把年羹尧革职留任。

不过年羹尧吃这么一个亏后,深恨音泰。别看音泰是川陕总督,年羹尧一样憋着找机会报复。没多久,提督岳升龙因病退休,让年羹尧找到了机会。

岳升龙退休简单,但年羹尧查了档案,发现岳升龙曾经向前任四川巡抚能泰、布政使卞永式借了藩库一万两银子没还,而且目测岳升龙还不起。

于是年羹尧给音泰写了一份公文，说岳提督退休，欠国库的钱还不起，年羹尧愿意率四川官僚捐出工资为岳提督还钱。

音泰觉得年羹尧简直有毛病，你想帮岳升龙，那就把钱给岳升龙，让岳升龙还钱，写这封公文是什么意思？是显得就你讲义气，还是鼓励官员欠钱不还？而且，这里边往外借钱的是能泰、卞永式，欠钱的是岳升龙，年羹尧一没责任，二装好人。就音泰那个直脾气，他绝对不会答应。

年羹尧就知道音泰不准，于是他马上给康熙帝上折子，说岳提督为国操劳，欠下了银子还不起，臣愿意帮岳提督还钱，总督音泰却说不行，他这就是要逼死岳提督。

折子送到北京，大臣们看折子，还是会倾向于音泰。音泰在官场的口碑甚好，而且音泰这么大官员，曾经因为穷而惊动康熙帝。为了康熙的霸业，音泰那是一身的伤，甚至牙齿都被吴三桂的人用火枪崩飞过。

但康熙帝多聪明，他一看就明白了，这是督抚不和啊。康熙帝处理这个事也绝，他首先让年羹尧好人当到底，下旨让年羹尧替岳升龙还钱。至于音泰，康熙帝在朝公开表彰他是个廉洁、公正、实心办事的好官，而私下里，康熙帝给音泰下旨，让他与年羹尧讲和，不要搞斗争。

从此音泰和年羹尧各办各事，井水不犯河水。年羹尧保证了自己在四川官场的安全，但也从此改变了为官思路。

年羹尧和音泰的摩擦让他决定转型。总的来说，在川边这个连接西藏、青海的战略要地，康熙帝还是更看重武将。于是，年羹尧疯狂地希望掌握兵权，在战场立功，弃文从武的念头在年羹尧心中不断出现。

到底是谁在惯着年羹尧膨胀？

做了一段时间的四川巡抚，让年轻的年羹尧成长了很多。从他自己的角度来看，如果以康熙帝的需求为标准，那么自己是个合格的四川巡抚。他没有像那些官场老油条一样混日子，也没有像其他新人一样畏首畏尾，而是兢兢业业地完成自己的工作，还一直想着上进。

康熙朝著名廉吏、吏部尚书张鹏翮巡视四川的时候曾评价年羹尧实心理事，不结交京官。由此可见，年羹尧在四川任巡抚时的操守还是不错的。

然而，从年羹尧和川陕总督音泰的官场斗争来看，年羹尧其实很委屈。音泰弹劾年羹尧不配合岳升龙平叛，纯属无中生有。但是康熙帝还是对年羹尧做出了革职留任的处罚，给足了音泰面子。而年羹尧弹劾音泰不体恤下属，企图逼死岳升龙也是无中生有，但康熙帝还是给了音泰面子，劝他少招惹年羹尧，没有处罚音泰。

这就是政治，没有什么道理可讲。说来说去，根子就在康熙帝认为音泰比年羹尧重要得多。

为什么音泰会比年羹尧重要？因为音泰是军官。因此，年羹尧对军旅生涯更加向往，他迫切地希望转型当个军官，也用厚厚的功劳簿对同僚不讲道理。

也就是从那时候起，士大夫出身的年羹尧开始刻苦钻研军事。每当有川边土司叛变，年羹尧就用他们练手。不过，打几个土司不足以让年羹尧成为名将。年羹尧迫切地希望能有比土司分量重的组织叛乱，才好让他一展才华。

身处康熙年间的四川，机会还是可以期待的。因为当时与四川相邻的青藏地区由地方政权和硕特部统辖，其由蒙古拉藏汗和藏区的达赖、班禅一起执政。

和硕特部早在顺治年间就成了清帝国的一部分，康熙四十年（1701年），拉藏汗继续接受清廷册封。由于和硕特部的蒙藏矛盾尖锐，所以拉藏汗请求康熙帝介入和硕特部的行政。在小说《鹿鼎记》中，大家有个很熟悉的人物，即韦小宝的结拜兄弟桑结。在历史上，桑结嘉措曾在西藏发动过与拉藏汗的战争，战败后自杀。为了处理西藏的蒙藏矛盾，康熙帝在康熙四十八年派出钦差大臣赫寿进驻拉萨，赫寿成了地位在拉藏汗之上的和硕特部最高长官。

但当时的驻藏钦差并非常驻官员，所以到了康熙五十六年（1717年），蒙古准噶尔部攻打和硕特部，准噶尔部首领策妄阿拉布坦派兵攻入拉萨，杀拉藏汗，囚禁达赖，灭了和硕特部。

准噶尔部的这个行为，自然不能被康熙帝容忍，四川也就理所当然地成了前线。而四川的官兵，就是要随时准备出战的部队。

年羹尧虽然等来了机会，但是作为四川巡抚的他，主要任务还是后勤工作。在康熙帝的战略部署中，他的十四皇子胤禵是西征总指挥，具体到四川，能到前线作战的也得是四川提督。

岳升龙退休后，继任四川提督的是老将康泰。

在《鹿鼎记》中，韦小宝有个义兄孙思克。在历史上，孙思克曾带出来一员猛将，这员猛将正是康泰，他在征讨噶尔丹的战斗中也立有军功。康泰此番的任务是出兵黄胜关，配合西征大军行动。

但是，奇怪的一幕发生了。原本就是一场配合的军事行动，也不会有太激烈的交战，但是康泰到了黄胜关时遇到军队哗变，由于控制不住局面，康泰只好打道回府。

年羹尧抓住了这个机会，一面派参将杨尽信招抚乱兵，一面上书弹劾康泰有失军心，决不可用，并请旨亲自去办理军务。康熙帝回帖嘉奖年羹尧悉心办事，但依然不许年羹尧独自带兵出征。康熙帝派曾经征讨过噶尔丹的镶白旗蒙古都统法喇赶赴四川，与年羹尧一起平定叛乱，调查士兵哗变的真相。

年羹尧领兵的计划再度落空，不过这次也并不是完全没有收获。鉴于四川是前线第一省，战略地位非常重要，康熙帝设四川总督职位，让年羹尧担任此职。从此，年羹尧成了四川的军政一把手，再也不怕上司管辖了。

按说一般人混到这一步，就应该相当满足了。四十岁能官居一品的并不多，然而年羹尧并不满足。一天不能带兵出征，他就一天也不罢休。

西征青藏的荣耀属于康熙的十四子胤禵，属于延信，甚至属于初出茅庐的岳钟琪，但不属于年羹尧。

年羹尧坐在四川总督的宝座上，却没有用总督的视角看问题。这就是年羹尧的过人之处，也是他未来的悲剧根源。年羹尧完全把自己当成了西部的战略总指挥，什么十四皇子、大将军，不过都是年羹尧战略地图上的棋子。

年羹尧知道西部边陲的战争并不会随着十四皇子打了胜仗而结束，准噶尔部背后有沙俄支持，他们不会这么轻易地放弃对青藏地区的觊觎。

年羹尧不断上书康熙帝，讲述哪里该增兵，哪里该设驿站，何处部落可招抚，何处该埋伏。

这样一来，年羹尧刚好搔到了康熙帝的痒处。但他远在北京，肯定不如年羹尧熟悉前线的情况。年羹尧的奏章，正好解决了康熙帝的需求。康熙帝看到了年羹尧的军事才能，并在康熙五十九年（1720年）的入藏军事行动中，授予年羹尧定西将军印，让他与平逆将军延信兵分两路进入藏区。

正当年羹尧首次指挥大军即将出征的时候，圣旨又来了。康熙帝询问年羹尧，如果他带兵入藏，谁能坐镇四川代理总督？

年羹尧想了一圈，还是依依不舍地把定西将军印放下了。康熙帝的这个问题问到关键了，康熙朝不缺能带兵的将领，就缺能搞后勤的人才。倘若后勤搞不好，谁带兵也打不赢。无奈之下，年羹尧把帅印给了护军统领噶尔弼，自己再次坐镇后方。

不过，这时候的年羹尧跟以前不一样了。在他给康熙帝的奏章中，上至皇亲国戚延信，中至云贵总督蒋陈锡，下至小将岳钟琪，都在年羹尧的计划内。或者说整个大西南地区，都在年羹尧的俯视之下。年羹尧完全没拿自己当四川总督，而是把自己当作西部抚远大将军王的角色，或者说他就是站在皇帝视角部署西南军政的。康熙帝按照年羹尧的部署，很快便平定了藏区，并在拉萨驻军，把藏区彻底纳入清帝国版图之内。

其实我们看年羹尧的职业生涯中，他真正的伯乐就是康熙帝。在中国漫长的历史中，年羹尧这样的大臣往往是不被君王喜欢的，比如韩信，他只会当将领，还只会当大将。刘邦只有在实在没辙的情况下，才会用韩信，一般情况下能不用韩信就不用。年羹尧也是如此，他一个四川总督老想着指挥大将军延信和云贵总督，这在官场上本身就很犯忌讳。而且在年羹尧眼中，就没他看得上的同僚。

康熙帝用人取其大者，没跟年羹尧计较这些细节问题，大胆地让年羹尧放飞自我。比如云南丽江府的巴塘、里塘土司反叛，云贵总督蒋陈锡迅速平叛。当丽江知府木兴来接管巴塘、里塘时，年羹尧直接带兵提前接管了这两地，理由是巴塘、里塘是入藏要道，该由四川控制。

按道理，这个理由是不成立的，在木兴看来，年羹尧这是造反。于是木兴本着自己的职业操守，派兵强行接管巴塘、里塘，然后打算上书弹劾年羹尧。

结果年羹尧率先弹劾了木兴，康熙帝毫无原则地支持了年羹尧，逮捕了木兴。这让年羹尧很得意，仿佛看到了当年他和音泰官场斗争时的缩影，恐怕心中不免会感慨，康熙帝还是更爱军职官员啊。

到了康熙六十年（1721年），暮年的康熙帝亲自召见年羹尧，升之为川陕总督。年羹尧也不负众望，回去没多久就迅速平定了青海地区出现的叛乱。

正是康熙帝的一再纵容，年羹尧才有机会展现自己的才华，从而也为自己埋下了杀身之祸。年羹尧不是曾国藩，他不会韬光养晦。他不是王翦，不懂自污的奥义。他是个真性情的人，骄傲起来能把尾巴翘到天上去。

这样的人注定不会在帝制时代得以善终，我个人简单揣测，如果康熙帝多活几年，也一样会处决年羹尧。因为年羹尧虽然才华横溢，但他身上具有白起、李广等人的所有缺点。当然，这些"缺点"指的就是皇帝最不愿意看到的特点。

到这儿就有个疑问了，年羹尧和雍正帝到底是什么样的关系呢？答案肯定跟电视剧演的完全不一样。这种特殊的君臣关系，对我们解读年羹尧非常关键，对我们自己的生活也有很强的警示作用。

年羹尧在青海之战中扮演了什么角色？

受一部著名电视剧的影响，很多人会认为年羹尧是雍正帝包衣奴才出身。其实不然，年氏一族是官宦世家，并非靠着雍正帝才起家的。

年羹尧职业转型期，正好遇到康熙朝党争的最高潮：诸子夺嫡时期。位高权重的年羹尧想要不卷入这个政治旋涡，根本没有可能。

年羹尧自身不善于结交权贵，在那个特殊的历史时期，他不是哪个王爷的人，他就是康熙帝的人，只忠于康熙帝一人。当别的大臣绞尽脑汁钻研该投奔哪位王爷的时候，年羹尧并没有主动参与这事，反而等来了皇四子雍亲王胤禛来巴结他。没错，早年间是雍亲王巴结年羹尧。

因为在诸子夺嫡时期，抛开太子不谈，诸皇子当中，论学问，皇三子诚亲王胤祉最高；论人缘，皇八子贝勒胤禩最好；论功劳，皇十四子贝子胤禵最大。雍亲王虽然颇受康熙帝器重，但长期的韬光养晦，导致并没有很强的大臣来支持他。而且他很明白，十四贝子手握雄兵，八贝勒在朝中有强大的关系网，就算康熙帝把皇位传给自己，只要搞不定这俩连王爵都没混上的皇子，龙椅也坐不稳。

因此，雍亲王把所有精力都用在结交两个人身上，一个是身份高贵的国舅爷隆科多，另一个就是官场新星年羹尧。

这个很好理解，隆科多家世代出任高官，他自己更是京城的九门提督，掌握着京城的卫戍部队，这肯定是要结交的。而外省的封疆大吏中，十四贝子手握重兵，他还琢磨当皇帝呢，结交他肯定不行。其次是延信，但延信很明显是十四贝子的人，结交他肯定会弄巧成拙。所以，雍亲王结交外省第三有实力的年羹尧则顺理成章。

可问题是，这么明显的事，不会只有雍亲王看得懂。别的皇子就不结交隆科多和年羹尧吗？年羹尧还好，但皇子总归都要结交隆科多的。

那为什么隆科多和年羹尧坚决支持雍亲王呢？这是因为雍亲王结交的范围小，只要雍亲王上位，分蛋糕的时候就分得大。像八贝勒那样结交满朝文武，到分蛋糕的时候每人还能有多少？

不过，年羹尧有可能不是这么考虑的，他感受到的是雍亲王对他尊重、信任，完全是一个好哥哥。最起码在康熙朝，雍亲王表现出了跟康熙帝一样的博大胸怀，年羹尧错误地认为雍亲王也是一个可以惯着他的好主子。

大家都讨厌年羹尧，嫉妒年羹尧，只有康熙帝和雍亲王这爷儿俩看好年羹尧，这才让年羹尧对形势有了盲目乐观的错误估计。更何况年羹尧还是雍亲王的大舅哥，这关系总归是不一般。靠着妹妹嫁给雍亲王这层关系，年羹尧也成了旗人。

康熙六十一年（1722年），康熙帝病逝，雍亲王继位。果然在这个关键时刻，隆科多果断戒严京城，有效防止了雍亲王的政敌发动政变。

八贝勒结交的满朝文武，关键时刻啥用没有，多大官都没九门提督好使。搞定八贝勒之后，怎么对付手握重兵的十四贝子，就是雍正帝的政治艺术了。雍正帝使了一个连环计，至于年羹尧，则是这套连环计中的第三环。

雍正帝的第一环，是一道圣旨下给十四贝子胤禵，让他回京奔丧，限定二十四日必须到京。

雍正帝的第二环，是一道圣旨下给胤禵的老搭档延信，加封延信为贝子，命延信接掌抚远大将军印信，与川陕总督年羹尧同掌军务，并且严令延信把胤禵的所有文件封存，秘密带回京城。

雍正帝的第三环，是明发上谕，下旨西部地区调兵和调粮都要请示年羹尧办理，川陕、云贵的督抚，都要听命于年羹尧。

这看上去是雍正帝和年羹尧联手对付十四贝子，实际上并不是那么回事。十四贝子接到上谕，根本没时间考虑就得马上动身进京。为父奔丧这是无可厚非的事情，但上谕要求二十四天到京是非常苛刻的，这就要求十四贝子一行人每天要赶路一百二三十里地。这个速度放今天不算什么，放在当时得算是超级急行军的速度，而且狂奔二十四天，对身体的消耗也会很大。

十四贝子有底气，他在京城有八贝勒为内应，在甘肃西宁有抚远大将军延信为外援，所以十四贝子放心地赶往京城，进了雍正帝的第一个圈套。

十四贝子一走，抚远大将军延信就犯难了。雍正帝让他和年羹尧同掌军务，更要求他把十四贝子的所有文件封存后秘密送到京城。那么延信要不要奉诏？如果不奉诏，会不会全家都遭殃？自己真要带兵造反，能不能突破年羹尧的川陕防区？就算自己可以造反，那么十四贝子有没有下达这样的命令？什么都没有，延信就不敢造次。

再说，谁当皇帝跟延信有什么关系？延信祖上的肃亲王豪格，不也被多尔衮玩成狗？所有这一切，雍正帝都替延信盘算好了，延信没有别的路可走，只能奉诏。

于是，延信收拾好东西，把帅印交给年羹尧，进了雍正帝的第二个圈套。

而年羹尧成了大清西部最高长官，权力之大，远超康熙朝的藩王吴三桂。年羹尧看上去是雍正帝的战友，成了雍正帝登基后的最大既得利益者，但是年羹尧自己也是雍正帝这套连环计中被利用的一员。朝廷需不需要西部有这么一个可以控制五个省的大总督？不需要。这只不过是雍正帝临时需要这样一个人防止十四贝子和延信造反而已。

原本随着十四贝子和延信进京，年羹尧这个临时工也该谢幕了。倘若如此，可能年羹尧还有机会得以善终。没想到在雍正元年（1723 年），青海罗卜藏丹津跟朝廷翻脸。危急时刻，雍正帝果断封年羹尧为抚远大将军，让他节制西部诸军进驻西宁，目标是全歼罗卜藏丹津。

在年羹尧眼中，罗卜藏丹津的叛乱最多算是放大版的土司叛乱。对这种事，年羹尧见多了，处理起来也是轻车熟路。首先，年羹尧调兵驻守甘肃永昌、西宁，防止叛军进入甘肃。然后，年羹尧指挥四川、云南的军队进驻他一手打造的巴塘、里塘、黄胜关一带，防止叛军入藏。而富宁安将军则按照年羹尧的部署，进驻吐鲁番，切断了叛军和准噶尔部的勾结。

就这样，年羹尧完成了对青海的合围，让罗卜藏丹津孤立无援，只能在青海内讧。不过，你以为雍正帝就这么放心年羹尧？肯定不可能。有一点要注意，当时真正掌握西征大军主力的人，是岳钟琪。年羹尧乖乖的，岳钟琪就听命于年羹尧的调遣；如果年羹尧不乖，你看岳钟琪抽不抽他？

在年羹尧完成对青海的合围之后，岳钟琪才带着主力军登场，杀向青海罗卜藏丹津的各个据点。罗卜藏丹津知道这回肯定不是对手，于是他决定去西宁偷袭。别看西宁是年大将军行辕所在地，但那里没有清军主力。所以罗卜藏丹津唯一的希望，就是偷袭西宁成功，只有这样才有机会扭转战局。

主意是不错，但比较尴尬的情况是年大将军兵虽然不多，可是大炮不少。在经过热兵器的洗礼之后，罗卜藏丹津恨不得向全世界宣布他们其实不好斗，只不过是能歌善舞而已。

这回轮到罗卜藏丹津给雍正帝写信了，他在信中表达了自己期望和平的愿望。雍正帝才不管这个，早干什么了？灭了他！

岳钟琪得令，直捣罗卜藏丹津的主力据点郭隆寺。郭隆寺之战也是这场战争中最激烈的一次战斗。

虽然那是以冷兵器为主的时代，他们的武器与清军也几乎没有代差，但是受过军事训练和没受过军事训练的差距还是很大的。战后年羹尧感慨，自平定三藩之乱以来，朝廷还没打过如此激烈的战斗。

这场战斗其实也从侧面说明了一个问题，没受过任何军事训练就想干掉装备精良的正规军，根本不可能。

郭隆寺之战以后，罗卜藏丹津逃脱。岳钟琪带五千骑兵奇袭罗卜藏丹津大营，十五天奔袭千里，大破罗卜藏丹津。但是这次并没有抓到罗卜藏丹津，他男扮女装逃跑，投奔了准噶尔部。

不过，这场青海之战，也就以清朝的胜利宣布结束了。

这场战争仅用半年的时间就结束了。在这场战争中，年羹尧战略部署得当，岳钟琪作战果敢勇武，威震藏区和准噶尔部，就连朝廷都没想到战争会这么快结束。雍正帝大喜过望，封年羹尧为一等公，加封其父一等公，其子一等子，封岳钟琪太子太保、三等公、甘肃提督。战后清朝在青海设立办事大臣，但青海办事大臣常驻甘肃西宁。此后青海官员一直常驻西宁，直到1949年，西宁才正式划归青海省，成为青海省会。

年羹尧其实跟三国时代的邓艾有着相似之处，他们都对西部地区太熟悉了。对于年羹尧来说，西部各省的战略地图就印在他脑子里，这个地区的战争该怎么打，年羹尧如数家珍。

青海之战的胜利是年羹尧的人生巅峰，既然是巅峰，也就意味着年羹尧的人生开始走下坡路了。不过年羹尧完全没意识到这一点，他觉得一切才刚开始。

年羹尧到底有没有机会善终？

关于年羹尧的悲剧，一般认为是雍正帝对年羹尧捧杀，而年羹尧过于膨胀才会被杀。

那么，真的是这样吗？

其实雍正帝对年羹尧并没有捧杀，而是多次提醒无果。年羹尧跟雍正帝相处时，完全不按一般套路行事，这才引来了杀身之祸。

青海之战的胜利，是年羹尧人生的分水岭。要不怎么说年羹尧是"西山十戾"中的猪呢？在应该急流勇退的时候，年羹尧竟然不揣冒昧地顺竿就爬。

雍正帝为了显示自己是个从善如流的明君，每次跟年羹尧客气客气，问他点问题，加封他一点本不该他享受的荣誉。这其实并不是雍正帝在对年羹尧施以恩宠，更多的是皇帝在标榜自己，他希望看到的局面是年羹尧谦虚谨慎、戒骄戒躁。

可是雍正帝没想到，年羹尧混了这么多年的官场，居然还是不谙世事，对雍正帝的恩宠照单全收，还煞有介事地给雍正帝执政、用人等提意见。

这玩笑就开大了，雍正初年，内阁和议政王大臣会议才是朝廷最高决策机构，年羹尧一不是王爷，二不是内阁大学士，根本没资格对政务指手画脚。就算年羹尧懂政治，雍正帝询问他意见的时候，他也应该推辞不答。

哪有年羹尧这样的，只要雍正帝敢问，他就敢答。而且年羹尧在回答雍正帝问题时，跟在康熙朝答康熙帝问题的方式一样。当初年羹尧以康熙帝的视角对西部战区僭越指挥，现在他也以雍正帝的视角对朝廷政务、用人僭越指挥。那还能有个好？有时候雍正帝也故意问年羹尧，在某个职位上用什么人有点拿不准，不知道年爱卿有什么看法。在帝制时代，这种问题有个标准答案，叫"皇上圣明，臣尊圣意"。

但是年羹尧不懂这个，而是认真地回答该用谁不该用谁，这不是作死吗？

战时，年羹尧节制西部陕、甘、川、云、贵五省的兵马钱粮。战争结束，如果年羹尧懂官场玩法的话，就应该及时上书朝廷，请求减少自己的权力。比如未来的风云人物曾国藩，大功告成后的第一件事就是解除自己的兵权。

但是年羹尧不仅没有这样做，反而还多节制了青海地区。

年羹尧进京述职，雍正帝让他和马齐、张廷玉、隆科多等人一同议政。按说，这时候年羹尧该推辞，但年羹尧不仅不推辞，还要凌驾于这些大臣之上，指挥他们做事。

有时候雍正帝跟年羹尧客气客气：爱卿，你最懂朕，这次圣旨由你来写。

按说该推辞吧，人家年羹尧马上认认真真写圣旨，就问你服不服？

雍正帝说，多几个年羹尧这样的人，那国家就好治理了。

年羹尧如果懂事，就应该在这时候一面请辞兼任的职务，一面上书劝雍正帝重用岳钟琪。不过，年羹尧依然不懂得官场的规矩，完全无视雍正帝的善意提醒。

所以，雍正帝只好自己培养能制衡年羹尧的人。于是，雍正帝培养了隆科多，一口一个"舅舅"地叫着。雍正帝对隆科多言听计从，封之为一等公，给他和年羹尧一样的人事权。

就连雍正帝最恨的政敌八贝勒胤禩，也被雍正帝封为廉亲王，当上了议政王。

雍正二年（1724年），雍正帝赏赐隆科多与年羹尧双眼花翎、四团龙补服、黄带、紫辔。这是王爷的装备，但是，这套衣服平时是不许穿的，四团龙补服比黄马褂可神圣多了。有清一代，除了王爷之外，大臣能受赏且能在重大场合被准许穿四团龙补服的，可能只有乾隆时期的阿桂与傅恒。

但是，年羹尧不管这些，他不仅随意穿，甚至还借给他儿子穿。这玩笑开大了，在当时可以归入欺君之罪的范畴内。

雍正帝传谕，皇子、臣工都要记住年羹尧的丰功伟绩，记不住就不是大清的子民。

这是什么意思？雍正帝这是放大招了，也算是对年羹尧最大限度的提醒了。什么样的功劳，需要爱新觉罗的子孙世代记住呢？有清一代，开国八大铁帽子王够狠了吧，功劳比年羹尧大吧，会被世代记住吗？并不会。铁帽子王的后裔倒是会被皇帝有事没事整治一下。

就说康熙朝，图海、施琅、孙思克、彭春、萨布素等，不比年羹尧功劳大吗？不说这些，单说年羹尧认识的，大将军延信刚刚把藏区纳入版图，这不比年羹尧拿下青海的功劳更大？人家延信还是皇族，也不像年羹尧那样有如此殊荣。

那么，年羹尧不觉得雍正帝对他的赞誉太过了吗？可惜的是，并没有。

雍正帝很纳闷，年羹尧是头猪吗？怎么就不知道朕的苦心？雍正帝告诫年羹尧，说他们俩要做千古君臣的榜样。朕对得起你，你也要对得起朕。潜台词是：朕不想让你有这么大的权力，但朕要有个贤明君主的名声，你能不能自觉点？

年羹尧单纯啊，他又领会错了。他觉得皇上真是知心大哥哥，皇上对我太好了，不拿我当外人。那这大清，不就是我们哥俩的了吗？

这样一来，整个大清朝两亿多人，除了皇帝、太后之外，其他人在年羹尧眼中都不算个人了。只要是皇帝的臣子和奴才，那就是年羹尧的臣子和奴才。

因此，年羹尧已经自认为是"副皇帝"了。他在与大臣交往时，根本不管对方的职位品级，一律视之为奴才。年羹尧接见蒙古王公，一定会要求对方下跪。雍正帝的女婿见年羹尧，年大人也觉得是自家孩子来了，快跪下让叔叔看看。

年羹尧给各省督抚写信，一律称"尔等"或对方的姓名，比皇帝还不客气。他走到哪儿，各省督抚必须跪迎。

年羹尧老这么干的话，雍正帝实在是没法再对年羹尧进行暗示了。所以在雍正二年（1724年），雍正帝在给年羹尧的圣旨上，直接把话挑明了："凡人臣图功易，成功难；成功易，守功难；守功易，终功难。"

年羹尧没有看懂，而是觉得这跟我有什么关系？于是他继续我行我素。

雍正三年（1725年）正月，刚过完年，年羹尧的亲信、陕西巡抚胡期恒参奏陕西驿道金南瑛。别管因为什么，搁过去年羹尧想整谁，雍正帝问都不问就准奏。但这次，雍正帝没有支持胡期恒的参奏。

按说，年羹尧是不是该嗅到危险了？并没有。年羹尧琢磨着，皇帝不聪明，不是我亲自参奏，皇上都不知道这是我的意思。

没过多久，年羹尧亲自参奏四川巡抚蔡珽逼死了知府蒋兴仁。雍正纳闷了，这头猪怎么还不懂事？于是这次雍正帝做得更明显了。

按说蔡珽逼死下属该是死罪，但雍正帝却说，要是杀了蔡珽，会让人觉得是朕听年羹尧的话。岳周本也是死罪，但因为是年羹尧参奏，所以朕判了监候。生杀予夺的大权应掌握在朝廷，而不是掌握在大臣手中。

雍正帝在圣旨中写到这里，觉得可能太直接了，于是又补了一段，说朕也不是跟年羹尧过不去，他推荐的王景灏朕也用了，那是因为朕一片公心。

没多久，雍正帝升蔡珽任都察院左都御史。蔡珽这回厉害了，这不是专治年羹尧嘛。

蔡珽上奏，说年羹尧在西北有着种种不法，严重违纪。雍正帝不满意，蔡珽也是个废物，有具体罪状上奏吗？蔡珽说，那不是要多少有多少吗？贪污、腐败、僭越、渎职、滥用职权等，这些都是现成的，套谁身上都行。

雍正帝非常痛苦，怎么世界上有这么多猪。那些通用罪名是必备的，但不是致命的。历史上，皇帝治大臣，这些通用版的罪名都是起辅助作用的，不能当主要罪名。比如多尔衮，先有了伪造龙袍的罪名，才能搭配上那些贪污腐败相关的罪名。再比如鳌拜，先有了君前失礼，才能配上其他通用罪名。

还有没有比较刺激惊悚、让人难以忘怀的罪名？这可难倒蔡珽了。老蔡是科举正途出身，在出任四川巡抚之前，不是在翰林院就是在礼部。他是个学究式的人物，哪懂得政治斗争的猫腻。他连自己怎么当的左都御史都不知道。这种人认为贪污就是了不得的大罪了，指望他想出个要人命的罪名，他真做不到。

这可把雍正帝愁坏了，要不是蔡珽来自年羹尧防区，也算个知情人士，雍正帝真想弄死他。那么，谁能解决雍正帝的问题？有事情找兄弟，有困难找羹尧。作为雍正帝的好兄弟，关键时刻解决问题的还得是年羹尧。

雍正三年（1725年）三月，天空出现了"日月合璧，五星连珠"的祥瑞。当然了，只要天象有变，官员都得争着告诉皇帝这是祥瑞，这样显得君权神授，皇帝伟大，连上天都来点赞。

这种事，年羹尧自然也要例行上表道贺。老年是进士出身，文采绝对没问题。年羹尧赞扬雍正帝励精图治、勤于政务。老年有文化啊，所以用了一个词来赞扬雍正帝，叫"夕惕朝乾"。

这个词出自《周易·乾》，原文是："君子终日乾乾，夕惕若厉，无咎。"

翻译一下就是君子白天总是光明正大，晚上非常警惕地反省自己，这样就不会有错误。

提取下句子主干，这句话的主体就是"乾乾，夕惕"，精练成成语就可以说是"乾乾夕惕"。由于两个"乾"意思不一样，为免歧义，可以把第一个"乾"换成意思相近的"朝"，那么这个成语就可以说是"朝乾夕惕"。

年羹尧为了押韵，写成"夕惕朝乾"，意思是一样的，这证明他懂格律，有文人底子。这在中文书写中，也不是特例。成语中前后是并列关系的，很多可以颠倒着写。比如"藏龙卧虎"与"卧虎藏龙"，"天崩地裂"与"地裂天崩"，"青梅竹马"与"竹马青梅"，等等。颠倒过来没有毛病，完全看书写时需要什么样的格律。

然而这个故事，还有两个不一样的版本。我上面说的，是《清史稿》的说法。

根据《清实录》的说法，年羹尧把"朝乾夕惕"写作"夕阳朝乾"，那意思就是说皇帝深夜不反省自己。这当然是大不敬。

根据《啸亭杂录》的说法，年羹尧把"夕惕朝乾"写作"朝惕夕乾"，那意思就成了皇帝白天深刻反省，晚上光明正大。

按我的理解，《啸亭杂录》这个说法要先排除，因为以年羹尧的学问，他断不至于犯这种低级错误。

而《清实录》和《清史稿》其实说的是一回事，因为"阳"是简体字，清代写作"陽"，"陽"和"惕"看上去差不多。再加上雍正帝批判年羹尧字迹潦草，他就是愣说"惕"是"陽"，年羹尧也得认。

雍正帝这人吧，说话有时候很诛心。他在上谕中称，年羹尧听到批评后，必然得说是自己病了，找别人代笔写的，是别人写得马虎了。

问题是这只是雍正帝的推断，并不是事实。再说了，堂堂一国之君，不能跟网上那些没文化的水军一样，总给人假设一个罪名再进行批判。

但雍正帝就这么做了，还在假设年羹尧狡辩别人代笔之后，对他进行了猛烈抨击，说什么有诚心就得自己写，就算别人代笔自己也得看一遍云云。总之，雍正帝把哀怨发挥到了极致。

雍正帝不管这些，整治大臣最好用的手段还得是文字狱。所以，雍正帝对年羹尧的奏章指出了两点大罪：其一是字迹潦草，这显然是对皇帝的大不敬；其二是颠倒成语，这显然是别有用心，认为皇帝配不上"朝乾夕惕"这个词。

接着，雍正帝下旨，把年羹尧在西北的亲信尽数调离，像胡期恒这样的，直接革职。年羹尧有反应吗？没有。他觉得，知心大哥哥雍正帝可能是误会他了。

雍正三年（1725年）四月，雍正帝调年羹尧任杭州将军，等于宣布了年羹尧官场生涯的结束。

杭州将军的含金量如何呢？清朝在太平天国运动之前，国防军分为八旗兵和绿营兵两大系统。在各大主要城市，都有八旗兵的驻军，旗人驻军的地方就叫满城。杭州将军就是杭州满城八旗兵的最高长官，可以节制浙江全省的八旗兵，可以看作浙江省军区司令。品级从一品，也是当时浙江省最高军衔。

但是，清代浙江归两江总督管，两江总督正二品，比杭州将军低一级，然而两江总督会挂上兵部尚书衔和都察院左都御史衔，这样品级就是从一品，但职权完全大过杭州将军。

换句话说，杭州将军这个职务，基本上是个闲职，地位高，然而权力单一。这就很明显了，雍正帝手下的官员又不都是猪，这会儿谁都看明白了，纷纷上书弹劾年羹尧。那是有罪名要告，没罪名编个罪名也要告。

年羹尧还没察觉到大难临头，而是上折子说，自己不敢待在陕西，也不敢去浙江，还是找个交通便利的地方候旨吧。

雍正帝大怒，严旨年羹尧速去杭州。但这一路上，地方大员们纷纷上书，弹劾年羹尧。

满朝文武群策群力，给年羹尧定了九十二条大罪。这是个什么概念？多尔衮当年被定了十四条大罪，鳌拜当年被定了三十条大罪，而后来的和珅才被定了二十条大罪。

雍正帝是个"从善如流"的皇帝，他只好俯察群臣的意思，解除年羹尧所有职务，将其押到北京会审。九十多条大罪，够得上极刑的就有三十多条。那在量刑的时候，最轻也得凌迟了。

这时候，雍正帝"法外开恩"，"不忍"对年羹尧如此苛刻，令其狱中自裁，斩其长子，其余儿子发配。两年后，雍正帝再次"法外开恩"，赦免了年羹尧其他的儿子。

这位名噪一时的年大将军，最终身败名裂。

年羹尧在"西山十戾"中被称为猪精，其实还是很有道理的。年羹尧个性强、本领大，但混官场却笨得像猪。他这头猪，和他认为的"知心哥哥"雍正帝完全无法交流。雍正帝每每加封他，其实都是给他一个台阶，让他顺着台阶下来，这样君臣两边都好看。但是年羹尧总是拿着客气当福气，不仅不下台阶，反而还要继续往上爬。

这种人混官场，绝对是花式作死的典范。从某种意义上讲，年羹尧或许没什么错，但他在当时那种制度下，真的相信了雍正帝慈祥的表情，就真的是一头笨猪了。

年羹尧有无数可以生还的机会，但他都没有把握住。到这里，我不妨跟大家讲一下另一个人，和年羹尧做一个对比。

雍正朝有三个人被赏赐四团龙补服这种至高无上的荣誉，分别是年羹尧、隆科多、岳钟琪。年羹尧死后，对皇帝而言，隆科多就没有存在的意义了，所以隆科多后来也就悲剧了，这段不在本篇的讨论范围内。我们来看下岳钟琪，他是个汉人，在年羹尧死后被赏赐四团龙补服，节制陕、甘、川三省兵力，接替年羹尧驻防西宁。

论成分，年羹尧是旗人，岳钟琪不如他成分好。

论亲疏，年羹尧是雍正帝大舅哥，岳钟琪更比不上。

论赏赐，岳钟琪却仅次于年羹尧，怎么说也是一个有四团龙补服的公爵，职位是川陕甘总督。

可以说，岳钟琪就是个"小年羹尧"。

岳钟琪虽然没有年羹尧高调，但想害他的人肯定不比想害年羹尧的少。有了年羹尧的例子在前，大臣们个个摩拳擦掌，准备弹劾岳钟琪，省得皇帝想找罪名的时候着急。

岳钟琪除了权力大之外，根本没有罪。有人就想主意，派人在成都"发帖"，说"岳钟琪准备造反，求转发"。

这么爆炸性的新闻，居然是由岳钟琪报告皇帝的。这种事如果放到年羹尧身上，他根本不会搭理这种谣言。但岳钟琪不行啊，他马上上表请罪，为自己各种辩护。

这两种表现在雍正帝那里就是两种答案。不搭理这事，潜台词就是"我谅你也不敢办我"；上表辩护，潜台词就是"皇上，我怕"。

大臣知道怕，皇帝就不怕了。你只要有一怕，朕就能治你，能治你就不必弄死你。所以雍正帝安抚岳钟琪，追查消息的源头，甚至称这可能是蔡珽、程如丝之流干的。最终查明此人是湖广人卢宗，因私事造谣，无主使，被雍正帝斩首。

其实岳钟琪原本是可以平安落地的，倒霉就倒霉在他是岳飞的后人。湖南秀才曾静以岳钟琪是岳飞后代为理由，劝说岳钟琪造反。岳钟琪虽然逮捕了曾静师徒送给雍正帝，但这事也让雍正帝对此有了忌讳。肯定还会有人拿岳钟琪的祖宗做文章，所以在后来岳钟琪击败准噶尔部的噶尔丹策零之后，被雍正帝下狱。这一幕多么的熟悉，群臣争先恐后，大力弹劾岳钟琪。尤其是岳钟琪的副将张广泗，更是坑害岳钟琪的急先锋。

但雍正帝还是犹豫了，岳钟琪的判决书，相关官员研究了两年，最后在量刑的时候，判处了斩立决。雍正帝拿到这份判决书之后就琢磨，岳钟琪真的是劳苦功高，从康熙朝平藏区，到雍正朝平青海、西域，他一直冲在最前线。

没有岳钟琪，当初雍正帝也不能轻松地挟制年羹尧。同样是位高权重，在雍正帝这里，年羹尧没有活的理由，而岳钟琪没有死的理由。

因此雍正帝最后的裁决中，对岳钟琪的判决改为斩监候，也就是死缓。三年后，乾隆帝释放了岳钟琪。

年羹尧和岳钟琪的人生算是非常相似了，两人都是公爵，都有四团龙补服，都曾是西北的军政一把手，都不太懂官场规矩，都曾深受雍正帝宠信，都有政治经验浅的一面，但结局截然不同。

深究这里面的原因，是岳钟琪始终以雍正帝的臣子自居，无论如何不敢有任何的僭越之举，而年羹尧却以雍正帝的好兄弟自居，忒不拿自己当外人。

在那个上下级等级森严的时代，上级用下级是为了巩固上级的利益，怎么会与下级同享利益呢？不过年羹尧也用自己的血警醒了后人，年羹尧之后，大清再无权臣。

比如我们后面要讲的和珅，那是首席军机大臣、首席内阁大学士、领侍卫内大臣、内务府总管、多部院尚书、九门提督、《四库全书》总裁、镶黄旗都统，爵位是一等公爵，跟乾隆帝还是儿女亲家。

他这一串含金量极高的官位，让他集军、政、财三权于一身，但和珅并没有成为一个敢对朝政指手画脚的权臣。大抵是因为年羹尧的血把官场真谛刻画得太清晰，让后来人知道了千万别把皇帝的客气当福气。天子无私，又怎么会有朋友呢？

第五章

驴·海兰察

海兰察成名之战

"西山十戾"的传说中，有这么一个很少在民俗小说中出现的妖精：驴精。

民间一提到驴，往往和蠢联系到一起。在咱们的传统神魔小说中，驴精也不是没有，但大多是跑龙套的，几乎没有台词。但是在传统的家畜中，驴是最能干活的。配上眼罩和小皮鞭，驴就能干活。摘了眼罩，只用小皮鞭，驴就是坐骑。套上车，驴就是老司机。再不济也能做驴肉火烧，熬驴皮阿胶。

乾隆朝名将海兰察已然被冠以驴之名，恰好跟海兰察的战场表现一样。相对于兆惠、阿桂、福康安等同时代名将，海兰察未必是最强的，但绝对是最全面的。

海兰察姓多拉尔氏，镶黄旗出身。但海兰察的这个镶黄旗，跟京城那些皇亲国戚不一样，这里面涉及一些满族的知识。

清代满洲族出自女真族，女真族在辽朝的时候分为生、熟两部分。辽宁地区汉化程度高的女真族被称为熟女真，而吉林、黑龙江地区保持原始风貌的女真族被称为生女真。这种生、熟女真的划分，并没有因为金朝入主中原而改变，东北女真依然笼统分为生、熟两部。到了明末，熟女真主要指后来努尔哈赤所在的建州女真，而生女真就是北方的野人女真和海西女真。

皇太极建立清朝后，改建州女真为满洲，编入八旗制度。后来清朝整编生女真，也改为满洲，编入新的八旗。为了区分这两个满洲，建州女真改的满洲被称为佛满洲，意思是旧满洲，而新满洲就被称为伊彻满洲。

自古少数民族入主中原都有个难题，那就是要不要汉化。如果不汉化，就无法统治中原；如果汉化，那么丧失游牧民族悍勇的特性后，会丧失战斗力。于是清朝采用了一个折中的办法，佛满洲进入中原随意汉化，但伊彻满洲就留在东北保持着八旗骑兵的强悍。东北绝不开荒，给伊彻满洲留足了游牧渔猎的地方。这一招确实好用，最起码在第二次鸦片战争之前，伊彻满洲的八旗劲旅一直是清朝压箱底的实力，也是清朝能保持一百多年开疆拓土的保障。

而海兰察，就是出自伊彻满洲的镶黄旗，属于索伦部。

在清朝的历史中，前一百年最大的敌人就是漠西蒙古的准噶尔部。准噶尔一度希望入主中原，恢复元朝的基业。所以清朝和准噶尔的战争，从康熙朝打到了乾隆朝。

乾隆二十年（1755 年），清朝决定对准噶尔进行最后一战。在这场战争中，清朝需要再次动用压箱底的伊彻满洲骑兵。这也是 18 世纪冷热兵器过渡期间，久负盛名的蒙古骑兵和八旗骑兵的一场大决战。海兰察就在这次战争前应征入伍，成了一名光荣的索伦骑兵。

这场战争，清军打得相对来说比较顺利，甚至在征讨达瓦齐部的战斗中，出现过二十二名骑兵击败达瓦齐两千多人的战绩。然而对于海兰察来说，这场战争让他改变了人生。

在那个年代，士兵如何实现人生的逆袭呢？就算肯卖命，能熬到千总或把总就很了不起了。而海兰察这个大头兵，未来不仅做到了武官正一品的领侍卫内大臣，还加封一等公，赏穿四团龙补服。一名士兵能逆袭到这个地步的，海兰察是整个清朝历史中的唯一一人。

对于海兰察来说，这次跟随大军攻打准噶尔部是他人生的分水岭。让他成名的一次战斗，就是围捕辉特台吉巴雅尔（辉特是部名，台吉是爵位，巴雅尔是名字）的行动。

很多读者被蒙古诸部复杂的名字搞得晕头转向，其实这几条线特别容易捋清楚，搞清楚这些关系，我们就能知道海兰察这个普通士兵是如何崛起的。

蒙古族是个不断融合的民族，成吉思汗征服西伯利亚时，收服了卫拉特人，这些人后来就演化成了卫拉特蒙古人。由于语言的差异，再加上蒙古文字是拼音文字，所以导致长久以来卫拉特文在蒙古文字中独树一帜。

明朝时，卫拉特被称为"瓦剌"。这个词大家应该熟悉，明朝时瓦剌部曾俘虏过明英宗，后被于谦打败。到了明末清初，瓦剌分为四部分，分别是准噶尔、和硕特、杜尔伯特、土尔扈特。康熙帝晚年派兵西征，收服的就是准噶尔部。

初中历史教科书中提及的土尔扈特部，曾西迁到伏尔加河流域。而补上土尔扈特这个名额的，是后崛起的辉特部。辉特部与准噶尔、和硕特、杜尔伯特合称卫拉特四部。

乾隆二十年（1755年），辉特部首鼠两端，看情况有时候降大清，有时候降准噶尔。尤其是辉特部的贵族巴雅尔降而复叛，于是他遭到清朝精锐的索伦骑兵猛烈进攻。巴雅尔战败后，仗着地头熟悉，玩命往山里跑。

然而，尽管巴雅尔也是马背上长大的，但是主场作战的他无论使出什么解数，也甩不脱海兰察。海兰察黝黑的脸庞上看不到任何表情，但眼神中充满了坚毅。巴雅尔特别不甘心，自己被这样一个无名小卒追得就差割须弃袍了，太丢人了。这要是换兆惠这个级别的来追，估计巴雅尔就不跑了。

不过巴雅尔还有一丝希望，他的马好，凭耐力也有机会甩开身后的这个小卒。但是海兰察不会再给他机会了，一箭射过去，巴雅尔应声落马，海兰察拍马赶上，生擒巴雅尔。

这是海兰察所有荣誉的起点，也是历史上少有的传奇。清军平定准噶尔后，乾隆帝对这个黝黑的小兵产生了浓厚的兴趣，封号额尔克巴图鲁，升一等侍卫，赐骑都尉、云骑尉双料爵位，绘像紫光阁。

士兵能得到如此多荣誉的，海兰察也是清朝唯一一人。

但此时的海兰察还是以勇武闻名，乾隆帝把他留在身边，当典韦、许褚来用。此后但有战事，乾隆帝就让海兰察带领索伦骑兵冲锋陷阵，海兰察带出来的索伦特种大队，有着行动迅速、吃苦耐劳等特点，为乾隆朝的开疆拓土立下了汗马功劳。

然而，海兰察依然担任着一等侍卫，长期没有升迁。在清朝，很少有人会因为武功高强而做到很大的官，更不会换来爵位和高级别荣誉。

来到京城的海兰察，仿佛进入了另一个世界。这里跟他认识的大清不一样，这里的旗人跟他认识的旗人也不一样。海兰察从小就认为旗人该以骑射为本，然而京城里的旗人跟他想象中的完全不一样。

海兰察原本以为京城里的旗人应该是从龙入关的精锐，没想到这帮大爷一个个大腹便便，不介绍都不知道这帮胖子也是旗人，这不得把马压成骆驼啊？

见识了这帮大爷，海兰察的"三观"就此被刷新了。自古以来，学好不容易，学坏一出溜儿。大批旗人在见识到京城的灯红酒绿之后，就会迅速腐化。然而海兰察竟然以此为戒，坚决杜绝自己变成这种人。海兰察要当一名光荣的旗人，在京城也要保持旗人的原始风貌。

京城的旗人也会给自己找辙，虽然大多数京城旗人武功不怎么样，但文化水平比关外的高多了。于是这帮人经常鼓吹自己饱读兵书，个个觉得自己谋略过人，最爱摇着扇子幻想自己是诸葛亮。

乍看之下，海兰察还真信了，然而聊几句之后，海兰察更失望了。这帮大爷所谓的"饱读兵书"其实是个简称，全称是"吃饱了没事干读过兵书的书名"。

从此海兰察的内心泛起了一种高傲，虽然他当时只被看作一介武夫，但是海兰察觉得自己在京城就是军事家。海兰察也知道，不是自己多优秀，而是京城的这帮旗人衬托的。

但是海兰察的高傲也是有限度的，他的目空一切，在认识一个人之后完全改变了。从此，海兰察一生追随此人，崇敬此人，这个人成了海兰察的精神导师。此人就是大名鼎鼎的阿桂。

那么海兰察是如何与阿桂邂逅的呢？这要从一场扑朔迷离的清缅战争说起。这场战争的奇特之处，在于战争双方都觉得自己赢了。

清缅战争最终胜利的是谁？

在乾隆十七年（1752年），缅甸的末代王朝贡榜王朝（又称"雍籍牙王朝"）建立。贡榜王朝盛极一时，甚至一度吞并暹罗。也因此，缅甸曾仗着实力入侵云南边境，要求云南境内的部分土司归顺缅甸。

乾隆帝不认为缅甸有多强的实力，于是让云贵总督刘藻负责对缅军务，不料刘藻打败，畏罪自杀。乾隆帝急调陕甘总督杨应琚接替刘藻，怎料杨应琚轻敌冒进，从而大败。杨应琚讳败为胜，被乾隆帝赐死。在刘藻和杨应琚接连失败的情况下，乾隆帝开始重视云南军务，改派骁勇善战的明瑞担任云贵总督，带八旗兵入缅作战。明瑞入缅后取得了一定的胜利，但是被胜利冲昏了头脑，从而落入缅军的埋伏，明瑞重伤自尽，清军又一次溃败。

清军三征缅甸，虽然是缅甸打赢了，但缅甸官军心理上也受到了重创。因为明瑞带来的八旗骑兵，还是展现出了远高于云南绿营兵的战斗力。缅甸方面不知道明瑞已经战死，也不想再跟明瑞过招。虽然到了18世纪，即便是清军的火器使用率也达到了百分之七十，但在阿姆斯特朗大炮发明之前，骑兵的战斗力仍然是很强悍的。

缅甸方面很清楚，他们跟清朝相比，不仅国力不足，人口不足，战略纵深也不足。于是缅甸方面通过战俘给清朝方面送信，说之前开战，是我们缅甸的老太后得罪天朝，跟我们国王孟驳没关系。现在能不能谋求和平，不再打仗？

这么大的事，阿里衮不敢自专，赶紧派人把信送到北京。乾隆帝接信后勃然大怒，就不给缅甸这个面子。乾隆帝召集群臣商议，在乾隆帝看来，前者明瑞带兵入缅作战失利，损失兵马不过十之一二。我方将帅战死在国外，缅甸方面居然不是遣使来求和，反而送来这样一封信，这是大不敬。为了一雪前耻，必须派大军剿灭缅甸，大将战死国外也不用报告。以后缅甸方面的书面求和不许理，杨重英被俘不自杀殉国，如果发现他跨入中国境内，立刻处死！

皇帝这么一怒，殿前一位大臣出班启奏，自告奋勇去南征缅甸。乾隆帝定睛一看，原来是大学士傅恒请战。乾隆帝下旨，让大学士傅恒带队远征，以阿里衮和阿桂为副将，以后勤专家舒赫德为参赞，鄂宁还是云南巡抚，以明德为云贵总督，以哈国兴为云南提督，出发。

除了这些人事安排之外，乾隆帝还得调拨兵马。先前明瑞的兵马已经疲惫，可以撤出战场了。那么另外派哪里的兵马呢？《清史稿》记录得比较简单，我采用乾隆朝礼亲王昭梿记录的数字，是调拨了荆州、成都两地的八旗兵各一千五百人，贵州绿营兵一万人，一同奔赴前线。另外，傅恒要从京城出发，带领八旗兵精锐的健锐营一千人，火器营两千人，前锋营两千人，一起前往云南。

火器营是驻京八旗的特种部队，从字面上看大家也能知道这是一支使用火器的部队，我们也可以理解成炮兵营，当然火器营也有很多士兵要训练火枪和抬枪。

前锋营属于皇帝的禁卫军，由八旗兵中的佼佼者组成。前锋营不仅负责京城的卫戍工作，也是皇帝出行时的开路先锋。前锋营装备也不错，他们配备火器和强弓。

健锐营也是特种部队，这支部队的士兵挑选更为严格。前锋营中的佼佼者才能进入健锐营,健锐营主要负责用云梯攻城,所以对士兵的突击能力要求极高。

这可是乾隆帝压箱底的实力,京城八旗兵也不是同时出发,而是分批行动。第一批要去前线的,是阿桂。

平时口号可以喊得慷慨,但是要动真格的了,有些话还得说到前头。在出发之前,阿桂先找到乾隆帝说清楚,他说缅甸人不怕死,所以臣到了云南,会审时度势,绝不鲁莽,要达到"以正天诛"的结果。

乾隆帝深以为然,同意阿桂的说法,表彰阿桂老成谋国。

但是,清朝君臣的对话一般看上去正儿八经的,其实他们都是在用潜台词对话。

当初乾隆帝义愤填膺地谴责缅甸的辱清行为,慷慨激昂地要给缅甸一点颜色看看。底下的大臣能说啥?只能说"好、支持、威武、有希望"了。

这回阿桂出征前说的话,真正要表达的意思是:臣到了云南,皇上的强攻策略使不来,臣得看情况来,仗要打得保守。

再说明白点,阿桂其实是说这仗并没有什么把握,到了前线打着看吧。

这就是君臣对话的正确打开方式。要是阿桂直接告诉乾隆帝万万不能打啊,咱打不过人家,就算乾隆帝知道阿桂说的是真的,也得砍了他。

君主制讲究的就是个面子,而不是利益。如果这点事都不明白,阿桂也"活不过一集"。以后我们讲到慈禧的时候会发现,许景澄和阿桂要表达的是一个意思,但许景澄被斩首了。

这就是大清帝国的为官秘籍,你要是不会说好听的话,那就干脆跪下别说话。假如你只会说实话,那肯定死得很惨。

阿桂的这番话,不仅保住了自己和同事,也让打了鸡血的乾隆帝冷静了下来。如果缅甸真这么难对付,那也没必要要求大军灭掉缅甸。

乾隆三十三年(1768年),阿桂先带大军出发。

这时候,前线又传来战败消息,大臣再谈联系一下暹罗国,两路夹击缅甸如何?

但这个事不太好,有损大清威严。于是,乾隆帝派人去追赶出征的阿桂。使者一直追到荆州才追上阿桂,问阿桂能不能联合暹罗一起夹攻缅甸。

要不怎么说大清国有病呢,好好的话不让人好好说。阿桂给乾隆帝上折子说:

如果从云南出发联合暹罗，需要取道缅甸，目测行不通；如果从广州出发从海上去暹罗，太远了容易贻误战机。

于是，乾隆帝就这么愉快地认可了阿桂的奏折。看，不是朕不联合暹罗，是阿桂不让。

八月，乾隆帝得到了消息，暹罗国不用指望了，已经被缅甸灭国了。

乾隆三十三年（1768年）底，阿桂到了前线。结果他发现之前阿里衮在云南疲于奔命，畏敌不前，情况非常被动。于是阿桂果断出击，进入缅甸境内，先打投附缅甸的土司，杀个几百人，烧几个寨子，一来稳定军心，二来坐等傅恒。反正这次出征的总指挥是傅恒，自己要做的就是不捅娄子就行。

实际上大清治下的土司才是最倒霉的，这招谁惹谁了，天天被逼站队。这要是其中一方有压倒性优势还好，结果两边轮流过来让表态，日子简直没法过了。

那么傅恒为什么迟迟不出京呢？因为他还要争取资源。傅恒的儿子福灵安早就到过前线，所以傅恒对前线的情况相对来说比较了解。之前清军的三连败，并非打不过缅甸，而是指挥、后勤、气候等多方面的原因。尤其是明瑞入缅的时候，其实算得上一直势如破竹，只不过战线拉得太长，被人逆袭了。

明瑞失败了，但傅恒决定要在明瑞的基础上取胜。首先，傅恒需要比明瑞更强的骑兵。普通的八旗兵不行，傅恒甚至连前锋营也看不上。傅恒这次争取的是大清国压箱底的武装：索伦骑兵。

乾隆帝倒也慷慨，给了傅恒三千索伦骑兵，又从吉林、盛京两地各调一千精锐八旗兵给傅恒指挥。这就意味着索伦骑兵的最强战士海兰察要随军征讨缅甸了。

傅恒是读书人，从历史的角度讲，他跟自己的智囊团讨论发现，元朝攻打缅甸的战略值得借鉴，那就是沿着水路南下攻打缅甸，于是傅恒又争取了福建水师两千余人前往云南。一切都准备好了，傅恒在乾隆三十四年（1769年）二月才出发，在路上，傅恒又争取了一千厄鲁特蒙古骑兵助阵。再加上各地绿营兵的调动，等傅恒来到前线之后，供他调动的兵马有五万多人，还都是精锐。其中骑兵一万多人，战马六万多匹。其余装备更是说明傅恒把大清国的家底都搬出来了，比如梅针箭、冲天炮、赞叭喇、鸟枪、火箭、九节炮等，甚至还请来了法师对缅甸进行诅咒。

一直到七月，傅恒才准备对缅甸发起总攻。

这次总攻的先头部队，就是海兰察的骑兵部队。海兰察师出虎踞关，突破罕塔，设伏攻下重镇老官屯。缅军企图偷袭清军，又被海兰察驰援击败。

主力军方面，傅恒、阿桂、阿里衮兵分三路，齐头并进，其中阿里衮沿着伊洛瓦底江走水路。

战争的过程，其实跟前三次没什么不同。清军所到之处，缅甸土司闻风而降，主动献上粮食、牛甚至大象。不给不行啊，等到清军去要的时候，那就晚了。

就这样，清军往缅甸境内推进，沿途兵不血刃拿下各个土司。阿桂的部队一直推进到新街，缅军实在坐不住了，决定偷袭一把。缅军也是水陆并进，但是他们选错了对手。阿桂不与之交战，任凭缅军接近，等到了射程范围内，阿桂一顿大炮轰鸣，缅军将军宾雅得诺被炸死，缅军大败。

但是新街位置重要，于是缅军集结主力部队，以玛哈·希哈修亚为将军，带上缅甸所有能打的，外带法国雇佣军，要在新街与清军决战。

不过一打起来，缅甸方面是真慌了。清军的火枪兵在前，弓箭手在后。清军仗着人多势众火力猛，缅军不能抵挡。缅军要是死磕到底，或许还有一线生机。但是耗不起的缅军一般遇到这种情况就得撤退，这一撤就更完了。海兰察等人就盼着缅军撤，因为缅军的撤退速度在海兰察等人率领的骑兵面前，就是骑射训练场上的活靶子。

海兰察在战场上非常兴奋，他带领满洲骑兵，总是轻骑出击，每每大获全胜。海兰察设伏，缅军中计必败。缅军设伏，海兰察就能反杀。这样一把清军尖刀，让缅军闻风丧胆。海兰察也因功升为镶黄旗蒙古副都统。

缅军一看，海兰察可比当年的明瑞厉害多了，这没法打，还是从水路做文章吧。但是，冷兵器时代为啥大清厉害呢？关键就在于大清幅员辽阔，有兵种的多样性。缅军拼人头不行，跑路又害怕骑兵，那么从水路进攻怎么样？清军船大，理论上速度不如缅军的小舟。但是，清军中不但有东北的骑兵，还有福建的水兵。福建水师精通水性，而且非常勇猛。如果是水上短兵相接，福建兵能够跳上缅军的船砍人；缅军如果跳水跑，福建兵就跳入水中以优良的水性追上缅军，在河里也能砍人；要是缅军驾船跑，那么清军就大炮伺候。缅军水陆皆不能迎战，于是只好固守营寨，死活不出战。

这个时候，缅军的援军来了。缅军的援军，就是当地的环境。由于瘴气出没，清军开始水土不服，患病者极多。副将阿里衮病死，士兵每天都有死亡，军中一片惶恐。这时候，缅甸开始求和了。

那么，同不同意求和呢？傅恒是不打算答应对方求和的。但是他也染上了瘴气，只好召集诸将开会，研讨是否继续进攻的问题。大家意见非常统一，不打了，见好就收吧。这话还得傅恒这个级别的将军才能说，明瑞当时若有这权力，也不至于吊死在树上。

可问题是，不打得有个说法。大清要的是面子。只要有了面子，往缅甸撒钱也是可以的。因此，傅恒认为孟驳求和不行，得称臣纳贡。哪怕大清回礼多一点，不让你在经济上吃亏，但这个称臣纳贡的姿态你得有。

所以，傅恒的回信是这么说的："汝国欲贷天讨，必缮表入贡，还所拘絷官兵，永不犯边境。如撤兵背约，明年复当深入，不汝贷也。"

简单说就是你们自己作死找打，想求和得先上表入贡，释放战俘，不再入侵我国。如果你敢违约，他日我军再来，必然要比这次打得狠，并且不接受投降。

缅甸方面一合计，干脆谈判吧，于是派来了十三个议和代表。傅恒这个级别的，肯定不会亲自去和缅甸代表谈判。那么派谁去呢？为了彰显大国雅量，傅恒让明亮、海兰察等人带队去谈判。

海兰察那黝黑的脸膛，让缅甸人看了就怕，大清不用谈先赢了三分。在当时，傅恒、阿桂这样的将军都是缅甸人听说过没见过的，但他们知道海兰察，就是这位黑大个将军打垮了缅军的心理防线。所以海兰察主持谈判，缅甸代表的压力极大。而且缅甸并没有多大谈判的空间，海兰察还是三个条件：称臣，释放战俘，永不犯界。

其他的条件海兰察根本不谈，就说答应不答应吧。缅甸这边也没辙，那就答应吧。海兰察表示，答应了也不行，你说答应就答应？得先培训。

缅甸谈判代表要疯了？啥玩意？培训？谁听说过来谈判还带培训的？

那必须培训啊，这是天朝的规矩。你既然要上表称臣，那得写好给大清皇帝的上表。

实际上以海兰察的文化水平，他也不会写。不过没关系，来谈判的清军将领中，哈国兴是进士出身，让他培训。

哈国兴没想到打了这么久的仗，忽然当老师了，顿时十分兴奋。他告诉缅甸使者，你们来自边陲，没文化，你们要和李朝、安南一样，上表得有固定的格式。比如，第一句要写：缅甸王臣某奉表大皇帝陛下……

缅甸使者认真记录，嘴上说着"受教了"，心里骂着娘就走了。

实际上这次谈判很勉强，因为傅恒还想接着打，但是以阿桂为首的将军们都不愿意再打，而且傅恒也已经病重，不得不谈判。而缅甸方面，其实缅甸王并没有特别想要和谈，只不过前线大将玛哈·希哈修亚想要和谈。玛哈·希哈修亚在内心深处被明瑞吓怕过，他琢磨着万一不和谈，就算干死傅恒，也无济于事。清军第五次报复，肯定会更猛烈。

就这样，缅甸的降表送到了北京，而且缅甸又进贡四头大象，乾隆帝考虑到傅恒的身体要紧，允许大军班师回朝。

那么这场仗谁赢了？缅甸说他们赢了，他们击退了清军的入侵，和清帝国建立了平等的交往。清朝说缅甸十年朝贡一次，缅甸说十年双方互换一次使节。缅甸说他们让清朝和他们平等贸易，实际上清朝依然拿贸易当恩赐。

所以，缅甸在战后没有派出贡使去北京朝贡，也没释放战俘，清军则继续占据缅甸的木邦和蛮暮，并关闭了边境贸易。

乾隆其实还想再打一次缅甸，但是傅恒的病逝让乾隆帝非常震惊，这缅甸的瘴气是有多厉害？再加上大小金川出事，征讨缅甸这个事也就放下了。直到二十多年后，暹罗复国后继续对清朝称臣纳贡，缅甸感到了压力，这才正式派出贡使称臣纳贡，这事才算完。

二十年后杨重英被放回中国，乾隆帝见他长袍、马褂、阴阳头很是顺眼，于是把他树立为忠君爱国的典型，称之为"大清苏武"。乾隆帝还亲自发表了文章《苏杨论》，高度赞扬了杨重英的忠君爱国，称他比汉代苏武有过之而无不及。

缅甸虽然说他们没败，但最终还是被纳入清朝的朝贡体系。若干年后，英国吞并缅甸时也是跟清朝谈判，条约都是中英文双语写的。

这就是清缅战争的结局，实际上这是清朝用极大代价换来的胜利。战前清朝逼迫缅甸称臣的愿望基本达成，缅甸自此也不再侵犯云南。而缅军割占云南边境、缅甸王与大清皇帝平起平坐的愿望并没有达成。

但是这一战让乾隆帝损失掉傅恒的同时，重新认识了海兰察。海兰察不是单纯的独夫之勇，其实他深谙谋略。而海兰察也收起了昔日的骄傲，他发现关内八旗并非一无是处，比如阿桂阿大人，值得他一生追随。

在海兰察的一生中，共事过的名将有很多，但能得到他如此评价的，只有阿桂一人。

但阿桂成了清缅战争的最大输家。

乾隆三十五年（1770年）八月，由于缅甸没有遣使入贡，乾隆帝遣使去缅甸催贡。都司苏尔相刚到缅甸，就被缅甸扣押。缅甸派人给清廷送信，说清朝还占领着缅甸的几个地方，必须归还。

这让乾隆帝非常愤怒，敢情之前的仗白打了？乾隆帝就想要个面子，但缅甸不给。这股邪火向谁发泄？乾隆帝想了想，这事都赖阿桂。傅恒死了，能背锅的就是副将阿桂。于是，乾隆帝把阿桂的尚书、都统都给革去，以观后效。

第二年，乾隆帝让阿桂带偏师骚扰缅甸。阿桂不服啊，自己千算万算，没算到乾隆帝喜怒无常的反攻倒算。于是，阿桂上了脾气，反将了乾隆帝一军。他奏请皇帝给他派大军进攻，这次跟缅甸玩命。

乾隆帝一听就怒了，打了四次缅甸，耗费钱粮无数，还大规模打？这不是找事吗？革职，下放军中效力。因此，海兰察最佩服的阿桂，就这样成了军中一个普通士兵。

随着缅甸战争的结束，大小金川再起战火。对于海兰察来说，又有了他表演的舞台。那么大小金川到底是怎么一回事呢？

大小金川的前世今生

在海兰察的职业生涯中，平定大小金川的战争是非常重要的一笔，也正是这一战，海兰察走上了人生的巅峰。很多人不太清楚，这个在乾隆帝"十全武功"中占了两个名额的大小金川到底是什么来头呢？

这就说来话长了。

大小金川，其实是两个川边土司的名字，即大金川和小金川。当然这不是它们的本名，大金川本名叫促浸土司或祁浸土司，位置在今天四川阿坝州的金川县。小金川本名叫攒拉土司，位置在今天四川阿坝州的小金县。

问题又来了，大小金川是什么民族？

一般来讲，现在都说大小金川是藏族。这个说法其实不准确，他们是吐蕃国后裔，血统上包含吐蕃、氐族、羌族等，语言说的是古羌语的一种，他们的族群叫嘉绒，现在他们被划入了藏族。

嘉绒人世代生活在川西，由多个土司管理。明清时期，嘉绒诸土司接受明、清两代的册封。清初，嘉绒诸土司中，小金川的实力最强。但是，小金川实力再强，也就是个地方武装。

我们在讲清缅之战的时候不止一次说过，当时清缅交界处的土司真倒霉，总在面临着如何站队的问题。那么在四川的土司就没这种烦恼了吗？哪有那好事啊。还是我们之前讲过的内容，康熙朝吴三桂被逼反，吴军进攻四川的时候，小金川投降了吴军。清军收复四川，小金川又只能归顺了大清，从此小金川跟随朝廷四处征战，从青海湖一直打到了尼泊尔。

小金川实力强悍，很早就引起了朝廷的忌惮。康熙末年因为要在西部用兵，所以没有对小金川下手。到了雍正统治时期，他改变了策略，一边高度赞扬小金川的功劳，一边把小金川的族人莎罗奔册封为促浸土司，也就是大金川。升级为土司的莎罗奔也主动和小金川土司泽旺搞好关系，甚至把女儿都送给了泽旺。

但这不代表莎罗奔的大金川就屈服于小金川。等到乾隆年间，莎罗奔不仅时常侵占小金川的土地，甚至还夺了泽旺的大印。随着大金川的坐大，他们不仅侵扰小金川，也侵扰其他邻居。嘉绒诸土司在朝廷的挑唆下，也矛盾重重。不得不说，雍正帝这招真是高。

时间到了乾隆十二年（1747 年），莎罗奔劫持了泽旺，让乾隆帝有了出兵平叛的理由。结果莎罗奔利用四川地形的优势，给了清军以巨大的打击。先有张广泗损兵折将，后有讷亲外行指挥内行而大败。最终，对付一个小小的土司，朝廷用了傅恒、岳钟琪两个国宝级的大将才平定。朝廷赦免了莎罗奔，但不许他当土司，让他传位给儿子。

正是在这个节骨眼上，大金川土司索诺木朋楚克和小金川土司僧格桑都在侵扰邻居土司的地盘。四川总督阿尔泰办事不力被罢免总督，乾隆帝紧急调派处理云南事务的大学士温福带兵赶赴前线，另派户部尚书桂林担任四川总督，协助温福处理四川军务。由于当时征讨缅甸的大军很多还留在云南，所以这次平大小金川的主力，就是清缅战争的军队。海兰察也是这时候奉命带骑兵驰援四川的。阿桂作为罪臣，也在出征之列。这一打，大小金川瞬间结为联盟。

各路清军没有统一指挥，所以作战很乱。尤其是四川总督桂林，只会硬碰硬，以极大的损失换来了极小的收益。

乾隆帝一看这不是办法，于是册封温福为主帅，调阿里衮的儿子丰升额为副帅。眼下正是用人之际，于是乾隆帝升阿桂为副帅，配合温福兵分三路，攻打小金川。

大小金川别看人不多，但是有地形优势，而且大量装备火枪，非常的难缠。乾隆三十七年（1772年），温福和阿桂进兵还算顺利，但是丰升额在攻打一个山寨时遇到了麻烦。这个山寨叫美美寨，丰升额久攻不下，损失惨重。就在这时候，海兰察的骑兵到了。海兰察经过观察，发现不是敌人太强，而是清军太弱。于是，海兰察亲自出马，不仅攻克美美寨，还顺带扫平了十三座营寨。

当年八月，海兰察设伏斩敌百余。十月，海兰察横扫敌寨三百余座。乾隆帝大喜，册封海兰察为正红旗蒙古都统。乾隆三十七年（1772年）底，海兰察就攻到了小金川的腹地美诺。次年年初，海兰察率六百敢死队从悬崖峭壁攀援而上，一夜时间就攻克了敌寨。这一下敌人惊呆了，没想到海兰察从悬崖上来了。紧接着海兰察往前推进了数十里，沿途叛军尽皆战败，小金川被平定。

看上去清军打得顺风顺水，主帅温福不开心了。海兰察这么打，那功劳全是他的。如果本帅也跟着学，本帅也没这个本事。怎么办呢？温福有主意了，他刚愎自用，下令改换战术。敌人不是能修营寨吗？我们也造。于是，清军改工程兵，大造关卡，围困小金川。

老这么干，不仅金川人觉得清军无能，连乾隆帝也觉得莫名其妙。于是，乾隆帝派出两个心腹赶往前线。福隆安负责调查用兵方略和桂林用兵不力的真相，十九岁的福康安以镶黄旗满洲副都统的身份到军前效力，编入阿桂的大营。

乾隆三十八年（1773年），温福不得不带兵去打大金川，另派四川提督董天弼去防御小金川。人家金川人又不傻，他们见温福这么愚蠢，于是不断派人投降温福。温福当然很开心，自以为是不战而屈人之兵。

实际上温福正漫步于作死的道路上，不仅一步步进入金川人的圈套，连大小金川的邻居们都看出来清军必败，纷纷站队大小金川。于是在一个月黑风高的晚上，各路土司联合先打董天弼的大营。董天弼堂堂一个提督，身边只有两百多人，而且武器只有腰刀。这回尴尬了，精神力量在武器代差面前毫无用处。虽然董天弼带着两百人抽刀冲了上去毫不退缩，但是一阵枪响之后，董天弼部全军阵亡。

董天弼部是温福的大后方，叛军夺了清军的粮库和大炮，断了温福的水源，四面攻打温福部。一阵乱枪之后，温福战死，清军大溃。

另一路清军主力丰升额部也望风而逃，三路主力只有阿桂一路稳住了阵脚。关键时刻，又是海兰察及时赶到，遏制了溃兵，稳定了局势。

就在海兰察与阿桂配合准备大规模用兵的时候，海兰察提出了意见。因为他平时带精兵带惯了，温福留下了这些弱兵，海兰察实在是用不惯。这些弱兵不能打也就算了，还感染能打的往后退缩。于是海兰察上奏，说把温福留下的兵全部调走，省得他们影响精兵的士气。

然而就在兵马调动的时候，小金川反击，美诺失守，小金川死灰复燃。

消息传到热河，正在避暑的乾隆帝也惊呆了。他连忙召见大学士刘统勋商议对策，经过研究，君臣两人决定还是让专业的人干专业的事，因此赶紧提拔阿桂做三军总指挥，以丰升额和傅恒的侄子明亮为副将。另外，乾隆帝认为海兰察用兵不力，下旨让阿桂治罪。

阿桂对乾隆帝这样的皇帝也是无语了，前线战败的第一责任人是温福，结果这货被追封为世袭一等伯爵，海兰察阻止了败兵溃散，居然还要治罪。

于是阿桂写奏章力陈海兰察无罪，用仗义执言感动乾隆帝。

很可惜，这样的桥段只能出现在童话故事里。阿桂我们也介绍多次了，他是个很会写奏折的人。所谓会写奏折，就是不能把话明说。乾隆帝的处理结果并不是因为他昏庸，而是讲政治：先树立战死就是英雄的典型，再让过海兰察背锅，给天下人一个交代。

所以，阿桂上奏的折子是这么写的：海兰察有罪，他的罪是什么呢？兵溃时，海兰察前后阻截，阻止了兵溃。但这不代表他没罪，他平时不能申明军纪，所以难辞其咎。

奏折送到乾隆帝手里，乾隆帝秒懂，然后对海兰察做出了如下处罚：停发工资一年，命其为左路军领队大臣。

这个处罚也是没谁了。海兰察独立带八千大军卷土重来，一举攻克美诺，再次平定小金川，乾隆帝嘉奖海兰察，下令发工资。

乾隆三十九年（1774年），阿桂指挥清军对大金川发动总攻。海兰察的五千人马作为主力，所战皆胜，海兰察因功加封内大臣。

乾隆四十年（1775年），清军对大金川逐渐形成绝对优势。海兰察也被乾隆帝塑造成了战神典型，赐号绰尔和罗科巴图鲁。乾隆四十一年初，清军平定大金川，废除两地土司。此战，海兰察功劳甚大，一步到位被提拔为正一品的领侍卫内大臣，爵位一等侯，赐双眼花翎、御用鞍辔、绘像紫光阁。

正是这一战，让海兰察进了清廷的核心权力层，也让他完成了从一名骑兵升到正一品的逆袭之旅。但如果有人拿海兰察的例子告诉你："只要努力，士兵都能当将军！"那这个人一定是个骗子，因为在整个清朝，能从士兵变成一品大员的，也只有海兰察一个而已。你再努力也变不成海兰察，你变不成海兰察未必是你不努力。

当然，官封一品并不是海兰察职业生涯的终点。乾隆五十二年（1787年），他作为福康安的副手，率军到台湾镇压林爽文起义。仅用了不到半年的时间，就基本清除了起义军，活捉了林爽文。也正是因这一战，海兰察获封二等超勇公，赐四团龙补服、紫缰、金黄辫穗、珊瑚朝珠，再次绘像紫光阁。

有清一代，本身能获得如此多殊荣的就少之又少。而从士兵开始，一步步如此位极人臣，仅有海兰察一人。

不过，这还不是海兰察的职业巅峰。下面的一场战争，让海兰察离王位仅有一步之遥。

海兰察或许代表了冷兵器时代的最后荣光

在冷兵器时代，骑兵一直在地球上扮演着最强兵种的角色。冷兵器时代的那些征服奇迹，都是由骑兵完成的。比如亚历山大从巴尔干半岛打到印度河流域，马其顿伙伴骑兵可谓厥功至伟。蒙古人横扫欧亚大陆，也是依靠了强大的蒙古骑兵。

在冷兵器时代的晚期，清朝能建立幅员辽阔的多民族国家，八旗骑兵可谓起到了决定性作用。清朝皇帝一直不许内地人去闯关东垦荒，就是为了保持东北八旗骑兵的原始战斗力。在我们之前的篇章中也能看出，以海兰察为首的索伦骑兵，一直在乾隆王朝充当救火队员的角色，打的都是硬仗。

一直到未来咸丰时期，即便英法联军打到八里桥，咸丰皇帝依然相信僧格林沁带领的骑兵部队是大清最后的屏障。

但作为一个时代的结束，骑兵的荣光在热兵器崛起和普及后逐渐丧失。而海兰察带着骑兵最后的荣光，在一场卫国战争中发挥了巨大的作用。

那是在清朝版图的西南部，于今天的尼泊尔境内，崛起了一个强悍的国家——廓尔喀。

廓尔喀地理条件恶劣，经济自然好不了。而廓尔喀还挨着印度，那就意味着他们与英国多有接触，甚至买下了很多英式装备，武装了一支极具战斗力的队伍。也因此，廓尔喀就把清朝当作抢劫的对象，悍然入侵西藏。

而当时藏区最高长官驻藏大臣巴忠腐败渎职，居然私下与廓尔喀媾和。而他在给乾隆帝的奏折中，却说是打了胜仗。这件事还得到了当时藏区最高军事长官鄂辉帮忙打掩护。但是，巴忠私下媾和并没有达到廓尔喀方面的要求，于是战端再开。提督成德担心事情暴露后难以收场，于是密奏乾隆帝前线发生的事情，而巴忠也因此畏罪自杀。

接到成德的密奏之后，乾隆帝大概知道了来龙去脉。乾隆帝怒不可遏，但巴忠已死。于是乾隆帝下旨，令福康安、海兰察、奎林组成新的三人组，带上精锐的索伦骑兵、达呼尔骑兵、吉林骑兵、御前侍卫、金川兵一起入藏，鄂辉、成德革职留任。

既然动真格的了，乾隆帝摆出最强攻击阵容还不够，又调惠龄为四川总督，和琳为驻藏大臣，共同处理清军的后勤问题。

然而三人组出发不久，就变成了福康安与海兰察的二人转。奎林这个非常传奇的人，坚持带病上前线，本以为靠着精神力量能打败一切，结果还是被疾病打败了，奎林来到江卡时病发身亡。剩下福康安从陕西过青海入藏，进攻日喀则。海兰察从四川入藏，进入拉萨。

乾隆五十七年（1792年）初，即便福康安和海兰察还没到前线，西藏官场都感受到了来自乾隆帝的强大压力。尤其是前驻藏大臣巴忠自杀后也被乾隆帝树立为典型大加批判，甚至巴忠被乾隆帝改名"俘习浑"，也就是"贱役"的意思。

在这强大的震慑力下,原来西藏官场上那些诸如鄂辉等人浮于事的官僚们,都开始变得很努力。

乾隆五十七年(1792年)四月,福康安、海兰察抵达前线。这次的军事行动是福康安指挥,海兰察执行。海兰察带领索伦骑兵在青藏高原上依然展现出强大的战斗力,至乾隆五十七年六月便收复了所有失地。于是,福康安与海兰察顺势攻入廓尔喀,廓尔喀以举国之兵抵御,也难抵清军的攻势。

海兰察一路击毙廓尔喀军官七人、兵二百余人,生擒三十余人。但是海兰察此战冲得太猛,被廓尔喀的火枪击中了马蹄子,险些丧命。

消息传回北京,把乾隆帝吓了一跳。老皇帝下旨告诫海兰察:"接仗时宜持重,毋轻冒险。"

在这种情况下,廓尔喀方面求和。但此时福康安骄傲至极,他坐着肩舆,摇着羽扇,以诸葛武侯自居。但不是摇着羽扇就能成为真正的诸葛亮,福康安因为大意,被廓尔喀偷袭,损失惨重。不过这并未导致清军溃败,因为海兰察的骑兵部队一路攻坚克难,连战连捷,与福康安会师。此后经过两日奋战,清军越过两座大山,攻克四个城寨和十一个关卡,杀敌将十三人,歼敌兵六百余人。廓尔喀人畏惧,再次请降。乾隆帝也是见好就收,接受了廓尔喀的投降。

此战,海兰察厥功至伟,进爵一等超勇公,而福康安因为战事不利,乾隆帝放下了原本打算封他为王的决定。

实际上在这场战争中,海兰察扮演了中流砥柱的角色,而乾隆帝为了面子,依然还要表彰福康安的功劳。虽然乾隆帝不封福康安为王,表面上说是因为福康安为外戚,封王不好,但满朝文武都知道,乾隆帝实际上对福康安的战场表现并不满意。

后来礼亲王昭梿在总结这场战争时说过,此战就是巴忠辱国在前,福康安丧师在后,幸好廓尔喀人畏惧大清威德,这才投降。在文字狱严重的清代,昭梿敢这么写,也说明这个结论更接近实情。而所谓廓尔喀人畏惧大清的威德,更大可能是畏惧海兰察的骑兵。事实上在海兰察来到前线之前,清军也没有展现出什么威德来。

可正是海兰察的骑兵部队大放异彩的时代,英国的东印度公司已经深入印度和孟加拉地区,英国政府也设立了印度总督。所以清朝与廓尔喀的战争,也让英国十分关切。

是帮廓尔喀还是帮中国？英军迟迟没有做出抉择。不过，廓尔喀的迅速崛起，与其装备了大量英式装备不无关系。但是随着福康安、海兰察兵分两路进藏，廓尔喀抵御不住向英国求援的时候，英军又在幕后默默跟廓尔喀划清了界限。

因为英国人也不傻，他们会算账。此时帮助廓尔喀并没有什么实际利益，反而会因此得罪清朝，影响英国商人在广州的贸易。因此英国选择作壁上观，这也是廓尔喀选择投降的原因之一。

我们不好揣测此时英军如果真的来了，海兰察的骑兵能否扛得住英军的枪炮。不知道如果乾隆五十七年（1792年）就发生了东西方的对撞，会与发生在道光二十年（1840年）有什么不同。或许海兰察的冲锋能力，要强于未来八里桥之战的僧格林沁，毕竟此时的英军并没有阿姆斯特朗大炮。

廓尔喀投降后，乾隆帝封其国王为王爵，摄政王为公爵，定五年朝贡一次。廓尔喀从此也成了清朝的亲密藩属。

廓尔喀刚消停，英国人来了，而且是打着援助廓尔喀的旗号来了。英国人表示：哎呀，真不巧，我们来晚了。为了防止类似的情况再发生，我们建议你们还是多买点枪炮为妙。

廓尔喀摄政王对于英国的"援助"表示热烈欢迎和礼貌接待，然后摄政王提出邀请英国使团游览廓尔喀，并派向导一路带着英国使团来到了与印度交界的地方。"滚"就不说了，还是热烈欢送英国使团回印度吧。

可能看到这里，大家会觉得英国东印度公司的这帮商人何其无耻。别忙着下结论，这才哪到哪，更无耻的还在后面。乾隆六十年（1795年），英国人给乾隆帝写了一封信。

当然这种事记录在中国史书中，就是英吉利入贡，上表启奏。别管是写信还是上表，关键是这内容有点意思。英国佬无耻地告诉乾隆帝，当年大清平廓尔喀之乱，他们也出兵帮忙了，并劝说廓尔喀投降。

乾隆帝高度赞扬英国人识大体的精神，看在礼仪之邦的分上，"滚"就不说了，哪凉快哪待着去吧，下次再有这事，你们不许去"劝"。

廓尔喀之战在一定程度上也是涉及中英两国在喜马拉雅山南麓话语权的问题。廓尔喀夹在大清和印度之间，最终还是选择对大清称臣纳贡，并且一度非常虔诚。在大清的藩属当中,廓尔喀的地位也算比较高。

大清国认为"溥天之下,莫非王土",没有近代国际关系的概念。在朝贡体系下,藩属的亲疏是有区别的。级别高的叫藩,归理藩院管;级别低的叫属,归礼部主客司管。

理藩院是正部级单位,院长是理藩院尚书,从一品;主客司司长那时候叫礼部郎中,正五品。

这么一看,理藩院和主客司级别差了很多。

不过廓尔喀在清朝的藩属国中,依然属于亲密藩属。在清朝眼中他们是藩,不是属,大家是一家人,不是外人。因此,廓尔喀音乐歌舞也被收录到理藩院,每到重大场合,廓尔喀使者来朝见,清廷赐宴时必然让歌舞团表演廓尔喀歌舞。而且在藩属当中,廓尔喀歌舞团的级别很高,乐队六人,主唱五人,伴舞两人,这个阵容几乎是藩属中最高的。

太平天国起义时期,廓尔喀人曾上表,表示可以帮忙出兵镇压,被咸丰帝婉拒。同治朝之后,清朝逐渐失去了在喜马拉雅山南麓的话语权,只能靠羁縻政策让廓尔喀成为保护西藏的第一道防线。也因此,在光绪年间,朝廷恩旨升廓尔喀进贡正使为二品,副使四品,这是大清开国以来从未有过的殊荣,也让廓尔喀在藩属中的地位成了最高。

从这个角度讲,乾隆帝虽然对福康安的表现不大满意,但此战的战略意义还是非常大的。至少因为这一战,清朝在捍卫西南地区领土完整方面的决心传达给了英国。而清军的实力,主要是海兰察所率骑兵的实力,也会让英国有所忌惮。

不过可惜的是,几个月后海兰察病逝了。出征廓尔喀成了海兰察的绝唱,对于整个乾隆朝来说,这是巨大的损失。

海兰察戎马一生,从平西域到平金川,从平甘肃到平缅甸,从平台湾到平廓尔喀,哪里都有海兰察奋战冲锋的身影。像福康安这样的将军虽然善于用兵,但他的原则是指挥别人"给我上"。而海兰察不同,他是坚决践行"跟我冲"。每每在战争结束后,海兰察都要唱黑脸给对方施压,让主将换取谈判的主动权。

海兰察位居极品,爵位一等公,身穿四团龙补服。翻遍清史很难找到第二个如此地位的人,还能保持着自己一贯的悍勇作风。不仅如此,海兰察还坚决反对自己的家人像京城八旗子弟那样堕落。

海兰察长子安禄，生而悍勇，可惜他只继承了海兰察的勇，缺少了谋。未来在镇压白莲教起义时，不幸阵亡。

次子安成，不仅悍勇，长得据说也很像小鲜肉。可惜没有受到重用，一直担任大内侍卫，在镇压天理教起义的时候，曾亲手杀敌数人。

但很可惜，世上再无海兰察。不过在那个时代，海兰察也是帝国的绝唱。试问，在八里桥战场上，海兰察会比僧格林沁表现得好吗？天津城外，海兰察会比聂士成表现得好吗？

海兰察或许代表了骑兵在冷兵器时代最后的荣光，但这荣光再灿烂也不过是夕阳的余晖。或许也正是因为这道余晖，廓尔喀人手中的英式火器才没有展现出压倒性优势，间接让乾隆帝对时代的变革感知不强。但清朝落后于世界的，又岂止是火器？

第六章

狼·和珅

五年从侍卫升到了九门提督，和珅到底靠了什么？

和珅是"西山十戾"中的狼，传说他是狼精幻化而来的。我们中国人一般认为狼是无情的，因此常以狼崽子、白眼狼来形容那些无情无义的人。狼性奸诈，因此我们以"狼狈为奸"形容那些奸诈的人。狼贪婪还机智，所以北斗第一星天枢被称为"贪狼"。

总之，狼性复杂，我国传统观念对狼的认识，绝不像今天这样一味追捧。

那么，和珅这匹来自北方的狼，到底体现了狼的哪种特性，才被称为狼精呢？让我来挖掘一下。

早年间单口相声大王刘宝瑞先生有套长篇单口相声《君臣斗》，就曾讲过和珅、刘墉、乾隆帝三个人的"幸福生活"。这套相声主要描述了和珅的蠢，有乾隆帝的圣光加持，还总被刘罗锅算计。

后来李保田、王刚、张国立又演过一部家喻户晓的电视剧，叫《宰相刘罗锅》，王刚老师饰演的和珅深入人心，成功地塑造了一个奸诈贪婪的和珅形象。

再后来又有四部《铁齿铜牙纪晓岚》，王刚老师再度出演和珅。这次，他又把和珅演绎成了一个萌宝宝的形象，让和珅所做的恶事也都变得"萌萌哒"。

不过这些形象跟历史上的和珅形象相去甚远，我们先从和珅的出身说起。

历史上的和珅，出身有些许黑色幽默意味。和珅姓钮祜禄氏，按说是有背景的。这个家族在清代十分显赫，堪称皇后专业户。清初开国五大臣之一的额亦都、康熙朝四大辅臣之一的遏必隆都出自这个家族。

和珅家属于钮祜禄氏家族的旁支，因此他们家没那么显赫，属于下五旗中的正红旗。可就是这么末流的钮祜禄氏，和珅的爹常保还做到了福州副都统的位置。这个官职相当于福建省军区的副司令，正二品的官员。

这样的出身，让和珅赢在了起跑线上。就算和珅不爱学习，参军也不会从大头兵开始。

然而天道无常，和珅五岁死了妈，十一岁死了爸，这让一个"官二代"情何以堪？这还不是最悲剧的，最悲剧的是和珅与弟弟和琳差点无家可归。

常保死后，家里谁说了算？且轮不到九岁的小少爷和珅。因为常保还有其他夫人，这会儿她们就成了和府的主人。这些人对和珅及其亲弟弟和琳可没感情，于是想方设法要把和珅兄弟赶出去。幸好府中管家百般庇护，和珅兄弟才没沦落街头。

大家看很多电视剧里都有刘全这么一个人物，据说是和珅的管家。这倒没错，但是历史上的刘全比和珅大十七岁。在和珅父亲死后，刘全一直保护和珅、和琳兄弟两个人。直到和珅十五岁时顶门立户，赶走所有庶母成为府里的主子后，刘全才当了管家。但由于府里贫穷，实际上就只有两个用人，所以和珅一般亲切地称刘全为"全儿"，注意这是北京话的儿化音，并不是占刘全的便宜。全儿的日常工作中，很大一部分是要帮和珅向世界借钱去，可谓患难主仆。

在传统中国，主仆之间的关系在今天很难描述清楚。这并不是简单的雇佣关系，也不完全是主仆关系，更多是像一种家人的关系。

因此老话讲，老奴半个爹。刘全在很长一段时间内，其实扮演着和珅父亲的角色。

就这样，和珅指望过上八旗子弟最常见的生活是不可能了。过早地经历了种种大悲剧，让和珅变得格外努力。和珅既然不能靠拼爹改变命运，就只能靠知识改变命运了。

小和珅发奋读书，学习成绩非常的优秀，最终以优异的成绩考上了八旗子弟内部高级学府咸安宫。

清朝的时候，八旗亲贵子弟开蒙上学一般是在景山的绮望楼。其中学习成绩特别优异的，可以进入宫里的咸安宫接受教育。

咸安宫一般是上三旗的子弟居多，而下五旗出身的和珅能进入咸安宫，只能说他是实打实靠成绩进去的。在这里，别的八旗子弟在混日子的时候，和珅学会了"四书五经",学过满、汉、蒙、藏四种语言,也接触了基础的武功训练。至于很多人说和珅精通多种语言,倒也未必。就像大家都学过英语,真能到达精通的地步吗?那也未必。

对于年轻的和珅来说,在咸安宫的经历让他发现了现实的残酷。那些上三旗子弟,不学习也有好工作。他这么努力,也没地方分配。这种事往往是一个天真的愤青认清现实的转折点。

和珅命运的转折发生在他十九岁时,这跟他学过什么、有什么天赋关系不大。十九岁的和珅结婚了,他的夫人叫冯霁雯,看名字就像个文艺女青年。当然文不文艺的不重要,重要的是冯霁雯的爷爷是冯英廉。

我看过一些文章,里面提到过冯英廉,说和珅是靠着冯英廉才上位的。这没错,和珅肯定是攀上冯英廉的高枝才发迹了。但冯英廉这个高枝有多高?有的文章说冯英廉是宰相,这就是信口胡说,清朝压根没有宰相一职。有的文章说冯英廉是直隶总督,这似乎也没错,可冯英廉晚年才混上了个代理直隶总督当当,三年后就去世了,所以和珅攀上的绝不是直隶总督冯英廉。

其实和珅与冯霁雯结婚的时候,正是冯英廉在官场上比较失意的时候。老冯原来的工作是在永定河管水利,可惜他上任不到两个月,永定河就决堤了。冯英廉受到了处罚,差点外放江宁织造。老冯以自己父亲年老为由,打着孝道的旗号留在了京城,乾隆帝让他担任内务府大臣、户部侍郎。

但这对于和珅来说,足够了。冯英廉官多大无所谓,关键老冯是正黄旗的,那可是上三旗的人物,享受种种特权。

冯家比和珅家显赫多了,和珅当时最大的资本就是颜值,当时的和珅是"高颜值小帅哥"。就这样,和珅算是跟着冯家,升到了上三旗。

结婚第二年,和珅就堂而皇之地参加了科举。然而当年的优秀学生和珅,由于荒废了学业而名落孙山。不过无所谓,考不上又怎么样?这一年清缅战争结束,就算是清朝打赢了吧,具体内容我们在海兰察篇已讲。冯英廉随军监察战况有功,升刑部尚书、正黄旗满洲都统,仍然兼任户部侍郎。

所以呢,落榜生和珅有机会在这一年继承了他父亲三等轻车都尉的爵位。有了爵位,加上是上三旗的人,这才让和珅有机会被安排了一个好工作,进入大内当三等侍卫。

可别小瞧了这个三等侍卫，那可是和珅不得了的起点。那年头一说中举可就了不得了吧，范进高兴得都疯了。但中举却不一定能当官，只是个朝廷选官的前提条件而已。就算考中了进士，也就是分到翰林院领个闲差而已，当个庶吉士等分配。我们之前讲的年羹尧，从庶吉士开始分配到的第一个工作是翰林院检讨，从七品。这还得说年羹尧是有背景的，其余人更没戏。

我们再看落榜生和珅担任的这个三等侍卫，官居正五品，比正七品的知县高四级。用功读书的和珅什么也没捞着，不用功的和珅起点就是正五品，上哪说理去？

这一年和珅二十三岁，乾隆皇帝六十二岁。这一老一少的相遇，注定是一种特殊的缘分。

由于和珅颜值高，身手敏捷，很快又被选入尚虞备用处担任侍卫。这个尚虞备用处，就是老百姓俗称的粘杆处。这个机构表面上是帮皇帝捉知了、蜻蜓，以防它们打扰皇帝为子民服务，实际上是一个特务机构，专门刺探情报，调查百官。

粘杆处的侍卫都是皇帝的亲随，有接收奏折和绕过司法部门直接逮捕官员的权力。所以和珅从这时候起，就成了皇帝身边的人。那这就厉害了。宰相门前七品官，皇帝的贴身侍卫就更了不得了。

仅仅过了一年，乾隆帝就让和珅担任銮仪卫侍卫，兼任内务府管库大臣。銮仪卫表面是皇帝的仪仗队，实际上是皇帝最贴身的警卫队，其长官为掌卫事大臣，正一品武官。也就是说，和珅成了乾隆帝的贴身警卫员，还当着乾隆帝私房钱的管理员。

难以想象的是，和珅这样一个几乎是贪官代名词的人，早年间也是个清廉的官员。乾隆帝发现和珅适合理财，因为和珅到任以来，账目清清楚楚，布库的布匹有了盈余。也就两年的工夫，和珅升为御前侍卫，兼任正蓝旗满洲都统，官居正二品。

又过了一年，和珅担任户部侍郎、内务府总管、镶黄旗满洲副都统、国史馆副总裁、军机大臣。这一串的官职中，虽然军机大臣的含金量最高，但品级最高的是正二品的副都统。乾隆帝为了表示对和珅的恩宠，破格赐给和珅一品顶戴。

这一年，和珅二十七岁，官居一品，进了军机处这个国家最高决策机关，可谓平步青云，坐着火箭升官。又过了一年，和珅兼任了实权派官职九门提督，负责整个北京的卫戍工作。

和珅跟其他的侍卫到底有什么不同，能让他得到如此殊遇？乾隆帝又不傻，为什么这么破格重用和珅呢？

很多人都不明白这个，所以坊间有传闻，说当年乾隆帝还是皇子弘历的时候，跟雍正帝的妃子马佳氏有暧昧关系。有一次两人玩得正在兴头上，马佳氏把弘历的眉角撞破了。皇后大怒，为了掩盖丑事，处决了马佳氏。弘历自觉对不起马佳氏，于是在马佳氏遗体的脖子上滴了一滴血，约定来生再见。

后来乾隆发现和珅长相酷似马佳氏，脖子上还有红色胎记，于是认为和珅是马佳氏转世，这才百般宠爱和珅。

很明显，这是有人故意曲解和珅，以此解释和珅平步青云的奥秘。当然，这都是瞎掰，真实的情况是和珅瞧准了乾隆的心思，充当了乾隆敛财的"白手套"。

乾隆朝有一项奇葩的制度，叫"议罪银"。顾名思义，官员犯罪之后，可以通过缴罚款来免罪。传说这是和珅发明的，其实这个说法并不对，议罪银制度在中国历史上可谓历史悠久。举个例子，汉武帝时期，李广、张骞打了败仗论死，缴了钱就可以免罪，什么事都没有。而司马迁犯罪就是因为凑不出钱来，才不幸挨了清心寡欲的一刀。

清朝的议罪银制度是乾隆朝的特色，但不是和珅发明的。因为早在乾隆中期，果亲王就曾用议罪银抵罪，那时候和珅才十四岁，正跟小妈们斗智斗勇，哪有空发明议罪银制度。

那么，和珅起到的作用是什么呢？和珅担任户部侍郎以来，开始制度化地把议罪银定为皇帝私产。过去议罪银要缴到国库，和珅上位后，议罪银进的是乾隆帝自己的腰包。

这样一来，乾隆帝的私人腰包就鼓起来了。而在大清国，这也成了一条产业链。因为有人犯罪之后想缴钱免罪，得把奏折递到皇帝那里求批准。那可不是谁都能上折子的，更别提直接给皇帝上折子。这叫专折奏事，京城得是六部九卿的堂官以上官员，地方最次也得是学政、织造以上官员才有资格奏事。级别不够的官员犯罪了怎么办？那就得花钱请一个有奏事权的大臣代奏，相关官员收钱办事，童叟无欺。

这就是和珅发迹的秘密，他把议罪银合法地送入乾隆帝的私人腰包。因此，他一个三等侍卫，仅仅用了五年的时间就当上了九门提督。

而和珅的转变，竟是从办理一件反复案件开始的。

和珅是怎么走上贪官之路的？

在和珅的职业生涯中，李侍尧是对他影响极大的一个人。从某种意义上讲，和珅是接过李侍尧的衣钵，才成了一个专业的贪官。不同的是，李侍尧仿佛有"免死牌"这样一个被动技能，两次躲过了死罪。

李侍尧与和珅到底是什么关系呢？我们从李侍尧是谁开始说。

李侍尧是镶黄旗出身，世袭二等伯爵。虽然他祖上是明朝大将李成梁，但因李氏家族投降得早，所以他们家成了清朝的开国贵族阶层。

你看和珅出道的时候，想当个官多难。人家李侍尧是上三旗之首镶黄旗的，不用考试，直接保送进了国子监。十二年后，李侍尧任工部侍郎，正经的三品高官。从此李侍尧算是混开了，不是在地方当总督，就是在京城当尚书。像什么大学士、太子太保、都统这样的头衔自然也少不了。

李侍尧善于理财，又有家传手艺——深通军务。尤其是在清征缅甸的战争中搞后勤有功，被乾隆帝留任云南当云贵总督。

乾隆四十五年（1780年），云南粮储道海宁实名举报总督李侍尧贪污。乾隆帝迅速反应，派出户部侍郎和珅、刑部侍郎喀宁阿去调查此案。你看这个组合多专业：和珅善于理财，可以查账；喀宁阿是司法口的，能查案。这两人去查李侍尧，看上去肯定会让李侍尧原形毕露。

但是，谁也没想到云南官场铁板一块，两位钦差什么也没查出来。那么，清朝的贪污案为什么难查？而这些巨贪到底为什么不能被扼杀在摇篮里呢？到这里，我得先简单介绍下清朝奇葩的监察制度。

清朝在法律上肯定是不允许贪污的。具体到地方，很多人认为巡抚相当于省长，其实明代相当于省长的职位是布政使，俗称藩台。朝廷为了防止省长贪污，就派出特派员巡视地方，这个特派员就是巡抚。清承明制，还干脆让巡抚常驻地方一直巡视，于是巡抚就不挪窝了。巡抚之所以能管一省纪律，那是因为巡抚要挂都察院右都御史的职衔。

这就尴尬了，省级都察院右都御史和巡抚是一个人，也就是说巡抚自己监督自己，既当裁判员又当运动员，监督的效果可想而知。清朝地方上还有个衙门有监察职责，这个衙门是提刑按察使司，长官是按察使，俗称臬台。

可问题是，巡抚算上加衔是正二品，臬台是正三品，下级监察上级，你琢磨吧。

因此，清朝在巡抚之上又设置了总督，总督的加衔是都察院左都御史。但问题来了，总督贪污谁来监督？不还是总督自己监督自己吗？

回到李侍尧的事件上，李侍尧是云贵总督，他就是云南、贵州监察机关的最高长官。云贵铁板一块，官场集体分配利益，所以上上下下的官都保着李侍尧，为钦差查案设下了重重阻挠。海宁之所以实名举报，更大的可能是分赃不均，并非他正义感爆棚。

李侍尧厉害着呢，《清史稿》上说他"见属僚，数语即辨其才否"。所以别看乾隆帝派了神仙阵容来查他，压根什么也查不出。而且李侍尧根本不把钦差放在眼里，算准了这两人得无功而返。

和珅一看李侍尧厉害，于是开始满世界旅游。云南地盘上的官都是李侍尧的人，兵也都归李侍尧管，还能查出什么啊。

李侍尧见和珅这样玩忽职守很满意，于是开心地笑了，但他笑着笑着就哭了，因为李侍尧发现家里丢了一口人——他的仆人丢了一个。而且李侍尧的担心完全正确，他的仆人确确实实落在了和珅手里。

原来，和珅表面上到处游览，暗中却在打探李侍尧身边的人。说实在的，很多情况下，老百姓是知道哪个官不是东西，而且也知道谁可能是知情人士。和珅就是这样找到的突破口，并派亲兵把李侍尧的仆人绑了票。

李侍尧无话可说，承认自己得到了道府以下的贿赂，乾隆帝震怒，判了李侍尧死刑。

乾隆帝见和珅能干，于是升他为户部尚书、领侍卫内大臣、《四库全书》正总裁、理藩院尚书、翰林院掌院学士。另外，乾隆帝又把十公主下嫁给和珅的长子丰绅殷德，和珅跟皇帝成了亲家。

和珅新担任的这五个职务都是掌握实权的机要官职，尤其是领侍卫内大臣，是清代皇帝侍从中的最高级武官。和珅从这一刻开始，正儿八经地成了权倾朝野的和中堂，也可能被下属尊一声相爷。

很快，和珅又怀疑人生了，这个世界跟他以前认识的又不一样了。

乾隆问和珅："李侍尧该当何罪？"

和珅不假思索地回答："斩立决。"

和珅的回答没毛病，按照《大清律》，李侍尧够得上斩立决。

乾隆问其他朝臣，结果也都说斩立决。

乾隆明发上谕，让各省督抚都来发表下意见。

各省督抚都不傻，这时候谁敢说李侍尧没罪？乾隆帝别是在钓鱼执法吧？这个节骨眼上，谁要为李侍尧开解，不就等于说自己也贪污吗？

因此，各省督抚纷纷上折子，说没想到当官居然还可以贪污，李侍尧罪大恶极，该斩立决。

全国上下，只有江苏巡抚闵鹗元富贵险中求，他考虑问题的角度就比较刁钻。乾隆帝如果真想杀李侍尧，还用一而再再而三地征求意见吗？肯定是大臣们的意见让皇上不满意啊。所以闵鹗元上奏，说李侍尧也是有功的，该网开一面。

乾隆帝马上下旨：疑罪从轻，改斩监候。

死刑改死缓，还有死的可能吗？这就叫欲减之罪，何患无辞。

然而仅仅过了一年，李侍尧便跳过了死缓改无期的步骤，直接升三品，去甘肃军前效力，随阿桂镇压苏四十三起义。又过了一年，李侍尧当了陕甘总督，加太子太保衔。

和珅明白了，要不说他当不了皇帝呢，原来皇帝的视角跟他有这么大的出入。皇帝用人，忠为先，能为次，德不考虑。李侍尧是镶黄旗的，忠没问题。而且这个人有一定的能力，能为乾隆办事。那么，贪点钱又算得了什么？大不了让他吐出来就是了。

也就是从乾隆四十五年（1780年）、乾隆四十六年前后开始，和珅放开手脚，要当一个贪官。其实也不用怎么改变，只要不再克制自己。在那个时候，正常当个官，就一定是贪官。

以前，和珅是乾隆的一条狗，乾隆让他咬谁他就咬谁。现在不一样了，和珅贪了钱，就得培养自己的小弟。有了自己的官僚集团，他就得主动去咬人。所以，只要有人可能威胁到和珅，和珅就一定要将对方置于死地。

从李侍尧案，和珅算是真的看懂了清朝官场。那绝对是"守法朝朝忧闷，强梁夜夜欢歌。……修桥补路瞎眼，杀人放火儿多"。

和珅不再拘束，他需要掌握大量的钱财。有了钱，才能有自己的官僚集团；有了钱和自己的官僚集团，才可以更好地为乾隆帝办事。

在和珅的行为逻辑的背后，我们也体会到一种报复社会的畸形心态。

和珅是怎么钳制文官集团的？

和珅出身寒微，处处受人挤对。根据咱们之前的篇章看，和珅首先就要恨文官集团。这些科举正途出身的官员在清朝未必能够有多少实权，但是没有科举功名的和珅在跟他们相处的时候，会自觉矮一头。这种深刻的自卑，让和珅掌握大权之后，就要报复知识分子阶层。好像历史上这种故事还不少，而报复程度的深浅，主要看这个人当的官有多大。

万幸，和珅不是皇帝。但他是翰林院掌院学士，天下士子算是首当其冲了。一个没有科举功名的人当翰林院掌院学士，和珅首先要改变的就是科举取士的规则。和珅判断不出文章的好坏，但他能判断钱的多少。所以从此以后，谁想中举、中进士，就得先成为和珅的门人。只要缴纳会员费，就可以是和珅的门人。和珅再根据会员缴纳会费的多少，定下士子们的考试排名。从此，天下士子出和门。

和珅控制翰林院，就等于控制了文官集团的未来。那么对于文官集团的现在，和珅就要换一种方式打击。当然，这种事很好办，在中国漫长的历史中，打击文人最好用的手段通常就是文字狱。

和珅是《四库全书》修撰工程的正总裁，他管着当时全国最著名的文人士大夫群体。肯定有人会问，《四库全书》不是纪晓岚负责的吗？然而修撰《四库全书》这么浩大的工程，并不是一两个人能负责的。

《四库全书》修撰工程的总负责人是正总裁，比较著名的正总裁有刘统勋、阿桂、大书法家成亲王永瑆等。

正总裁之下是副总裁，刘墉、曹文埴就曾担任过副总裁。

再往下是总阅官，像朱珪、尹壮图等就曾担任此职。

接下来才是纪晓岚担任的总纂官，后面是校对、提调等相关的官员。

所以在《四库全书》修撰工程上，纪晓岚跟和珅差着市呢。纪晓岚负责具体业务，但最终审核的是正副总裁。

在参与《四库全书》修撰工程的官员中，和珅基本上可以说是最没学问的一个。和这些全国顶尖的大学问家们一起工作，和珅能做的就是利用职务之便，对文人进行打击报复。和珅任正总裁的时候，副总裁之一的工部尚书彭元瑞负责校勘。彭元瑞是大学问家，才思敏捷，善于对对子。在当时目录学这个领域中，彭元瑞是绝对的专家。这次他负责编辑的《石经考》深受乾隆帝赞赏，乾隆帝对彭元瑞大加表彰。

这可气坏了和珅，可能在《四库全书》修撰工程中，只有他和珅官最大却最没成绩，而且目测将来也不会有成绩。那个年头虽然文化专制，但也不能把胡说当学术。

那和珅要报复彭元瑞，该用什么手段呢？很简单，很多招数就是那么的俗气，却有效。和珅上书弹劾彭元瑞编写《石经考》时夹带私货，居心不良。

其实批判文人写作"夹带私货"是一种病，但不知道能不能治。文人写作应该表达自己的情感和认识，阐明自己的思想和态度。但自从明代八股取士以来，官方开始要求知识分子阉割掉自己的思想，强调写文章要"代圣人立言"。日子久了以后，自然会有人觉得敢有自己的思想是大逆不道的。

和珅就依照这个思路，对彭元瑞大加攻击。但由于和珅学术水平太差，他的说辞连善于搞文字狱的乾隆帝都不能接受。和珅一琢磨，既然在业务上搞不定彭元瑞，那就在道德上做文章。

和珅再次上奏，说"非天子不能考文"。和珅自以为把调子定得很高，会让乾隆帝很爽。但问题是乾隆帝不是个文盲，他对和珅说：《四库全书》是钦定的国家项目，不是皇帝的私人著作，为什么只有天子才能考据？

和珅一计不成再生一计，便利用职务之便网罗了一群文人对彭元瑞的著作进行深度分析，并逐条扭曲攻击，把这些编成一篇论文。和珅在论文上署上自己的名字，再次提交给乾隆帝，弹劾彭元瑞大逆不道，请求销毁《石经考》。

乾隆帝最爱的就是金石学，他对和珅的请求再次予以拒绝。按说一般人到此就死心了吧，和珅经过缜密分析，发现这件事错就错在不该把黑锅甩给皇帝，让皇帝担这个千古骂名。于是和珅绕过乾隆帝，下令不许《石经考》发行，并把彭元瑞考证的那些古碑都毁掉，让彭元瑞的研究成果从人间蒸发。

如此一来，文人学士尽胆寒。堂堂翰林名士的学术文章都不能颁行，其他人还怎么办？

就这样，在文官集团，和珅确立了自己不可侵犯的权威。

和珅不光敢欺负文人，对于武将集团，他也不放在眼里。那么，武将们怎么得罪和珅了？

和珅与武将集团的恩怨

武将一直是皇帝们又爱又恨的阶层。一个好的武将能为皇帝开疆拓土、平定叛乱，不过，武将也能成为皇帝最大的威胁。

自古以来，一个成名武将能在功成名就时死掉，倒是可以彪炳千古；如若不然，功劳越大，越难以善终。

皇帝处理有功的武将也为难。要说杀了吧，史书得说皇帝刻薄寡恩杀功臣；要说不杀吧，那就看着武将一天天坐大？万一坐大到赵匡胤那样，江山就没了。因此，皇帝对武将就得时不时地小惩大诫一下。当然，这个事也得看皇帝自我营造的形象，像乾隆帝这样标榜自己宽仁的皇帝，实在是不好意思总找碴。

在这种情况下，和珅的作用就显现出来了。他不属于文官集团，也不属于武将集团，没有任何根基，还是粘杆处出身。

所以，到了乾隆朝后期，专业跟武将们作对的，就是和珅。曾经叱咤疆场的阿桂、福康安、海兰察等，和珅都曾站在他们的对立面。

作为粘杆处出身的专业人士，和珅在罗织罪名方面那可是有着得天独厚的优势。而且，武将跟文官还不一样。武将的把柄比较好拿捏，尤其是乾隆朝的武将，多少都有贪墨军饷、走私的机会和经历。就算没有，和珅编也能编出罪名来。

所以从这个角度讲，和珅就是清代的江充、来俊臣。也就是说，和珅就是个酷吏。

和珅整武将比在四库馆整文人干得出色，乾隆就想进一步树立和珅的权威，让和珅有点军功。这不，机会来了。

乾隆四十六年（1781年），甘肃撒拉族的苏四十三反清。这个事一出，声势浩大，反清势力最盛时多达十多万人。从某种意义上讲，这就是后来同治年间西北大事件的预演。

不过乾隆帝还是不把这种动乱放在眼里，毕竟这不是秦朝，不太可能以揭竿而起的方式就摧毁一个王朝的根基。在这个冷热兵器过渡的时期，朝廷和起义军之间存在着武器的代差。没有大炮的军队，不能攻城略地。

因此，乾隆帝下旨让甘肃布政使王廷赞固守兰州待援，另调大军平叛。王廷赞倒是凭城用炮不断激化矛盾，但陕甘总督勒尔谨处置失当，造成了起义军在甘肃指哪打哪，虽然打不下来，但曾一度兵围兰州。

从朝廷的角度看，这么一个小规模的动乱，居然渐渐形成了燎原之势，必须马上调集数倍于对方的军队围攻。而这次镇压的先头部队，就是钦差大臣和珅带着悍将海兰察调集的十几万大军。这其中，还有刚被罢官的原云贵总督李侍尧。海兰察、巴彦岱先到了兰州，撤了总督勒尔谨的职，然后部署作战。

历史不能假设，不过按道理讲，如果和珅人缘好，这次出征可以一鼓而平。而且在和珅本人到达前线时，海兰察部已经击败了起义军，剩下的就是合围追击了。和珅迅速下令，命四路清军齐出，打赢最后一仗。

但是别忘了，和珅与武将集团的大多数人都有仇。这要是打赢了，卖命出力的是底下的人，功劳却是和珅的。况且打赢之后，谁是立功的将领，得和珅说了算。和珅的标准一直没变，功劳大小要看银子多少。

因此在具体行动方面，海兰察和图钦保按照指令出兵，其余将领按兵不动，不执行和珅的命令。由于大军出动不协同，所以海兰察和图钦保遭到起义军的伏击而没有得到救援。海兰察业务精湛，反应迅速，歼灭了伏兵。图钦保措手不及，被围在山里待援。援军不至，图钦保奋力突围，结果坠马而亡。

和珅作为前线最高统帅，出现这样的大败，自然难辞其咎。乾隆帝紧急起用罪臣李侍尧任陕甘总督稳住局势，坐等其他援军。李侍尧以四万清兵击败十几万起义军，坐稳了总督的位置。这时候，另一位钦差阿桂带着十几万人到了兰州。

阿桂跟和珅的仇大了去了，这些年和珅总在找他碴，不过阿桂本人为官谨慎，和珅不能得手。在阿桂看来，和珅就是故意对他吹毛求疵。这回和珅吃了败仗，同为钦差的阿桂可算是逮着报仇的机会了。阿桂比较讲理，上来就先问和珅:"为何战败?"

和珅也很委屈,说:"诸将不听命令。"

阿桂说:"那该杀!"

那么,谁该杀?阿桂没明说。但话里话外的意思很明确,说的是不听命令的将军们该杀。对于这个结论,和珅当然是认同的。

那么阿桂就这么好说话?肯定不可能。阿桂下达军令,让诸军迅速集结,来钦差帐下听令。各路清军将领得到阿桂的将令,迅速前来报到。

这回阿桂又有话说了:"看来诸将并非不听命令,那么,谁该杀?"

和珅听明白了,阿桂这是想杀他,毕竟他俩的仇不是一天两天了。现在不在京城,和珅也不敢跟阿桂硬顶,所以只好乖乖交出大军的指挥权,坐看阿桂从容用兵,解决了动乱。

战事结束后,阿桂、海兰察等三十余将上书乾隆皇帝,大意是和珅带兵带得不错,但千万别再让他带兵了,他瞎指挥导致总兵图钦保战死。这回乾隆皇帝也不好再包庇和珅,于是下旨命和珅速速回京。

这么一来,和珅与武将集团彻底决裂,从此无时无刻不在搜集武将的黑材料,而且和珅专门瞄着福康安、阿桂这个级别的武将,因为只有对准这些人,整一个才能带出一片。并且和珅很有耐心,大有"和珅报仇,十年不晚"的决心和毅力。只不过,乾隆帝对这些武将多有保护,和珅倒也不能为所欲为。

和珅与御史言官的对抗

这是历史上很经典的一个案子,也是很多评书、故事甚至电视剧桥段的取材原型。要说起这个案子,就得先来了解一下这个案子的主人公:富察国泰。

国泰是镶白旗出身,陕甘总督文绶之子,那是地道的"官二代"。也因为这层关系,国泰虽然从小就不是个好东西,但不影响他仕途平顺,一路做到山东巡抚。在清代,山东巡抚没有总督管着,再加上国泰属于和珅一党,自然是有恃无恐,为所欲为。他要是看谁不顺眼,根本不顾自己的官体,就对人大声呵斥。布政使于易简向他汇报情况,也得长跪不起。我们前面写到这么嚣张的人,还是年羹尧。

就这样的货，阿桂觉得此人绝不可担任封疆大吏，应该调回北京。乾隆帝调国泰进京问话，布政使于易简玩命替国泰辩白。乾隆帝看在他爹的分上，让国泰再回山东任巡抚。

自此，国泰更加目无法纪，变本加厉地搜刮地方，百姓怨声载道。国泰归于和珅门下，有和珅保着，国泰把巡抚当买卖干。他肆无忌惮地搜刮，把国库的钱也往家里搬。

不过乾隆帝还是很信任国泰的，因为国泰在山东镇压过义和拳团体。看到这，肯定有人觉得我疯了，义和拳不是光绪年间的组织吗？其实在清朝首次出现义和拳团体，是在乾隆年间。

乾隆时期的义和拳，源自白莲教，在山东西北与直隶南部均有分布。

乾隆三十九年（1774年），山东出现了王伦起义，这王伦与义和拳出自一门。国泰奉旨镇压王伦起义，仅仅用了一个月的时间。这让乾隆帝非常高兴，从而更加信任国泰。

到了乾隆四十三年（1778年），乾隆帝曾让国泰取缔并灭了冠县义和拳。一直到乾隆四十八年（1783年），乾隆帝还让直隶总督刘峨调查南宫县的义和拳。

就因为这个事，国泰稳坐山东巡抚的位置。我们之前讲李侍尧案的时候说过，清朝的监察制度很奇葩，巡抚兼任都察院右都御使，自己监管自己，那还有个好？

其实在这个阶段，乾隆朝的吏治就很差了。比如罗暹春弹劾两广总督苏昌糊涂，不适合当两广总督，乾隆帝反而责怪罗暹春妄议，给他降职。所以御史言官们纷纷告诫同僚，做好御史的第一要务就是闭嘴。不过，乾隆朝当时的吏治还没败坏到只能歌颂，好歹是可以沉默的。

但这个世界上，总会有一些无法折节的人存在。比如御史钱沣，他认为御史的职责就是为朝廷检举阴暗，要是大家都尸位素餐的话，还不如把御史都裁撤掉。

于是，在乾隆四十七年（1782年），钱沣弹劾山东巡抚国泰、布政使于易简贪纵营私。

钱沣这么一弹劾，就是不给和珅面子。乾隆帝命和珅、刘墉、钱沣来办这个案子。

对于这个案子，和珅是最清楚的。国泰是个什么玩意，和珅自然知道，只要刘墉、钱沣那么一查，必然能查出来山东藩库比刚盖好时都干净，所以和珅必定会为国泰通风报信、暗中支招、打掩护。对于和珅来讲，他不怕刘墉。虽然刘墉当时官声极佳，素有"包龙图"之称，但纵观刘墉的一生，我们就会发现他人如其名，比较平庸。他正直有余，智慧不足，面对和珅也不敢像阿桂、钱沣那样硬顶。因此和珅只担心两个人：头一个是钱沣，此人刚烈，且非常聪明；另一个就是国泰，此人愚蠢，且非常愚蠢。

和珅分两步走，第一步指导国泰糊弄刘墉，第二步就是对钱沣进行利诱。然而刘墉好糊弄，钱沣却不为利诱，非要彻查这个案子。于是，在国泰进行过一系列操作之后，钱沣得以清查山东藩库。

在清查藩库这个环节，经过钦差带人核算，藩库存银的数量没毛病，一分不少，证明国泰没有贪污。

钱沣对这个结果不服，他说这里肯定有毛病，而且毛病大了。

如果按照当今某些电视剧的说法，清朝人动不动就摸出一锭五十两乃至一百两的银子来花，这其实是完全错误的。在清朝，民间流通的货币主要是铜钱。至于银子，即便是流通，也不会用银锭子，一般都是把银锭子切碎，花碎银子。除了缴税，民间流通白银的机会也不是很多。

官府收了白银之后，会铸造成五十两一锭的银子存在国库。在铸造银锭子的过程中，肯定会因为成色问题出现损耗。大家想那清廷多黑啊，肯定是一点损失都不能承担，这损失还得算在老百姓头上。因此官府还要在法定税务之上，把损耗的部分收回来。多收的部分，就是火耗。雍正改制之前，火耗归地方官收取；雍正改制之后，火耗归朝廷收取，叫作火耗归公。

说这些题外话，是因为这跟钱沣查的案子有关系。钱沣敏锐地发现，国库存银数量对，但成色不对。而且国库存银应该是官银，为什么还有这么多碎银子？钱沣眼里不揉沙子。很明显，国泰这家伙借了民间的银子糊弄钦差。于是钱沣贴出告示，是谁的钱，谁领走，否则就当是朝廷的钱没收。民间的商贾们害怕了，纷纷现身取回了自己的银子，国泰贪污的行迹由此暴露。

这个案子，后来演变为《刘公案》的故事。国泰糊弄钦差审查的桥段，也被文学作品广泛应用。

乾隆帝审问国泰，问藩库里的二百万两银子哪去了？国泰没得推脱，只好说当初镇压王伦起义，把钱花了。

乾隆帝暴怒，本来没想杀他，这次也不得不杀了。灭王伦仅仅用了一个月，哪能花得了二百万两银子？乾隆帝觉得自己的智商仿佛被国泰藐视了，下旨赐国泰、于易简自尽。

之后，乾隆帝表彰功臣，居然给和珅加了太子太保。

其实，这是清朝贪墨案的冰山一角，国泰的手法也并不高明，高明的是和珅，不仅在此案中全身而退，还成了反贪的清官。由此可见，乾隆朝的吏治已经败坏到无以复加的地步了。乾隆朝吏治为什么败坏？很大一个原因就是贪腐难度小而且风险低。国泰搞定了和珅，就可以肆无忌惮。

不过，这事还没完，钱沣作为御史的一面旗帜，还是激起了一些正义御史的斗志。这不，在国泰案发生的四年后，又有御史勇敢地站了出来。

从刘全案来看乾隆帝有多宠和珅

在我们熟悉的那些跟和珅有关的电视剧中，无论和珅的对手是刘墉还是纪晓岚，和珅的身边都有个得力助手，叫刘全。

在本章的第一节中，我说过刘全对于和珅的意义。在和珅落魄的时代，比和珅大十七岁的刘全对于和珅来说不仅仅是用人、管家，更是半个父亲。

随着和珅的得势，刘全也跟着鸡犬升天。这种事情很好理解，在古代，别说一品大员家里的管家，就算是车夫、轿夫、跟班，哪个不是权势熏天的人物？和大人不好明收的"孝敬"，不也得靠车夫来代收吗？

由于社会的巨变，我们今天很难理解管家与主人的关系。这种关系名义上是主仆，实际上更像亲人，而且是至亲。所以很多老爷子过世，如果家里孩子小，多数情况下是要把孩子与家业托付给管家，而不是自己的亲兄弟。

和珅与刘全是患难主仆，这个关系自然非同一般。因此，刘全白天在和珅家里上班，当他的大管家，下了班要回自己的刘府，当他的刘大老爷。

当然，在当时，如果刘全自称"刘老爷"，那是犯法的。在古代，有钱不一定有地位。没有功名的话，是不可以当"老爷"的。

但就凭刘全与和珅的关系，必然有不少官员会寡廉鲜耻地去巴结刘全，从而走和珅的门路干不法的勾当。

乾隆五十一年（1786年），老皇帝带着和珅等文武大臣北上承德避暑、围猎，笼络蒙古王公。朝中既没有乾隆皇帝，又没有和珅，因此和珅的政敌们开始蠢蠢欲动，打算给和珅一记绝杀。当年和珅查李侍尧案就是从李侍尧的仆人入手的，这次御史言官们也从和珅的管家入手，刘全自然是突破口。

要抓刘全的把柄，实在是太简单了。还是那个问题，刘全没有功名，有钱但没社会地位。他不仅不可以自称"老爷"，而且住房、坐轿、用车都有严格标准。

御史曹锡宝是个老上海人，老人家非常耿直，但也非常天真。他发现刘全出门完全是王爷的派头，回家也是王府的规格，私下收受巨额贿赂，非常逾制。而且，刘全还敢坐三匹马拉的车。三匹马拉的车？这在古代是有严格要求的。皇上的马车用六匹马，王爷、侯爷等有爵位的贵族用四匹马，大臣用三匹马，有功名的可以用两匹马，老百姓只能用一匹马。

刘全虽然是和府管家，但是他毕竟是普通百姓。普通百姓坐三匹马拉的车，就是僭越。曹锡宝特别想大胆地问刘全一句：你到底是仗了谁的势？

其实当时的和珅也无比僭越，早就是王爷的派头了。今天我们能看到的恭王府，其实就是和珅宅邸的冰山一角而已。但和珅是领班军机大臣，告和珅肯定没戏，于是曹锡宝就想通过告刘全来扳倒和珅。这是个好主意。

不过，接下来发生的事就搞笑了。曹锡宝写好了奏章，又怕哪里写得不对，于是想找个专业人士给奏章润润色。找谁呢？当时留京的都察院左都御史是吴省钦，他是都察院的头儿，那肯定专业。

但是，吴省钦这个御用文人，是乾隆朝著名的无耻败类。吴省钦当年是和珅的老师，但作为和珅的老师，吴省钦见和珅势大，反过来拜和珅为师。这种人，给他一个麦克风，他可什么都敢为主子说。

吴省钦接到曹锡宝的奏章之后，连夜派快马去承德避暑山庄把这边的消息传递给和珅，然后使出官场绝招"拖"字诀，先稳住曹锡宝。

和珅那头接到消息后，派快马去都城命令刘全火速来承德。在这期间，曹锡宝也从都城动身去承德，打算找乾隆皇帝告御状。

刘全从都城到承德后，被和珅训斥了一顿，又折回都城销毁罪证，而曹锡宝因为没有快马，速度极慢。等他到了承德，人家刘全在都城把一切都搞定了。

乾隆皇帝接了曹锡宝的奏章，马上让人去查刘全。很明显，派谁也查不出刘全的罪证。刘全没有罪，那么和珅也没罪；和珅没有罪，那么曹锡宝就有罪。作为一个御史，听谣、信谣、传谣都是大罪，所以乾隆皇帝先将曹锡宝革职，又看在他岁数大的分上，加恩留任。

表面上看，曹锡宝在刘全案中的失败，是曹锡宝天真、吴省钦无耻、和珅动作快这三大要素构成的，但实际上，如果我们再深挖一下历史的细节，翻一翻《清实录》，就会发现这三大因素根本起不到决定性作用。

乾隆帝接到曹锡宝弹劾刘全的奏折后，第一时间便召见和珅问话。曹锡宝的奏折写得很细，包括刘全的外号叫"刘秃子"都写了。

和珅表现出极高的语言艺术，他先否定刘全有外号，再讲述了刘全是他家包衣，有旗档可查。又说刘全过去替自己管过崇文门的税务，也不在府上居住，一直是很老实的一个人。但现在他不跟自己一起住，所以不清楚这人是不是变了，应该好好查查。且因为府上有事，刘全正在赶往热河的路上。

解读一下，和珅要表达的是三重意思：一、曹锡宝道听途说，压根没有"刘秃子"这回事。二、刘全老实本分，还帮我管过崇文门的税务，税务可没出过差错吧？三、我可不做刘全的保护伞，真有什么事跟我没关系，可以去查。

再补一句内心独白：这时候查已然没意义了，刘全都准备好应付检查了。

和珅这套说辞，跟他之前的行为是对得上的。那我们再看乾隆帝的反应，他压根不关心刘全是不是有罪，而是给自己武装上如同网络喷子一般的思维模式，不问事实、逻辑，只看态度。

乾隆帝晓谕军机处，说刘全久在崇文门办差，有点积蓄实属正常。曹锡宝所陈奏刘全的种种不法，也不见得有真凭实据，需要曹锡宝拿出证据来。刘全家里是否僭越，该派人看就派人去看。但更要注意的是，曹锡宝的亲戚朋友过崇文门的时候，是否夹带了应该缴税的物品？是不是有刘全秉公执法不肯给曹锡宝亲友免税的矛盾？

乾隆帝这么说，那等于是说曹锡宝弹劾刘全，有挟私报复的嫌疑。皇帝有这想法，底下人肯定得按照这个方向去查啊。

乾隆帝还跟今天的网络喷子一样，在一些匪夷所思的方面提出了质疑。比如，乾隆帝提出了问题，说曹锡宝怎么会跟刘全很熟？不熟的话，哪来那么多细节？所以留京大臣要细细查。如果是刘全不对，那就上奏；倘若是曹锡宝不对，那就是动机有问题。

所以说，乾隆帝打一开始就想包庇和珅，对曹锡宝这种破坏大清君臣稳定关系的做法非常厌恶。但能说出这样的话来，这位皇帝陛下已经很不体面了。

没多久，乾隆帝又下了一道圣旨，他这回干脆就把话挑明：曹锡宝弹劾刘全，本意就是弹劾和珅；他弹劾和珅，极有可能是纪晓岚唆使的，而且还是公报私仇。

那么这事跟纪晓岚有什么关系呢？军机章京海升打死了自己的夫人乌雅氏，海升上报乌雅氏自缢身亡。乌雅氏的弟弟贵宁不认可，左都御史纪晓岚前去验伤，依然上奏乌雅氏系自缢身亡。贵宁依旧不认可，称海升与阿桂关系密切，纪晓岚所验不实。乾隆帝命曹文埴和伊龄阿再验，发现乌雅氏果然是被殴打致死的。而在这个案子中，和珅坚决支持曹文埴和伊龄阿，不排除是想借这个案子去打击阿桂。

乾隆帝提起这个案子，就是说刘全案不简单，可能是耿直的和珅遭到了打击报复。更何况刘全都说了，他跟曹锡宝不认识，曹锡宝怎么会知道他家里很华丽呢？这要是查了刘全，在京大臣的奴仆岂不是人人自危？

没过多久，乾隆帝就开始公开批评曹锡宝。因为曹锡宝自称不认识刘全，也不知道刘全替和珅在崇文门管理税务，只是听说过刘全非常奢侈，路过兴化寺街时看到了他家宅院高大，必有猫腻。

平心而论，曹锡宝说得不算错。听说一个人涉嫌贪腐，是不是可以查？当然可以。看到他家的宅院规模超出了他正常的收入范围，是不是可以申请有关部门调查？当然也可以。

但是，乾隆帝不以为然，依然是以一个网络喷子的思维模式质问曹锡宝：你听说刘全贪腐，你听谁说的？街上那么多华丽的宅子，你为什么非去兴化寺街看刘全的宅子？这就是有成见。想必是想弹劾和珅，又不敢。人家刘全帮和珅管理崇文门税务那么多年，有点积蓄，盖十几间房子怎么了？

除此之外，乾隆帝还让人去查阿桂的家人，如果阿桂家管家的房子比刘全的华丽，那就得去找曹锡宝问罪。

然而这不是乾隆帝最不讲理的，他最不体面的一句话就是人家扬州盐商、山西富户的宅子也很华丽，难道都要调查治罪？

乾隆帝这就有点偷换概念了，刘全是当朝一品官员的管家，不是扬州盐商，也不是山西富户，不能放在一起类比。人家晋商徽商大佬有钱，谁也别嫉妒，但当官的要是突然成了富豪，那还真得查查。

总之，乾隆帝就是铁了心包庇和珅。曹锡宝栽这样一个大跟头，心里窝囊。曹锡宝受到了极大的打击，后来就活活郁闷死了。若干年后，和珅倒台，嘉庆帝才给曹锡宝追封了一个都察院左都副御史。清代的都察院左都御史被称为总宪，所以在很多清代的史书上，会把曹锡宝称为副宪大人。

再看和珅，哄着乾隆帝在承德避暑山庄玩乐有功，又升了。和珅开始同时担任文臣最高级别的文华殿大学士。

这让和珅有种"无敌最寂寞"的感觉。按道理来说，都察院是监察百官的衙门，但都察院的左都御史都恨不得拜和珅为干爹，谁还敢去都察院告和珅？

不过，乾隆帝心里真的一点数都没有吗？肯定不是。他虽然怪罪曹锡宝，但没有实质性治罪。他虽然包庇了和珅，但也解除了和珅崇文门税务监督的职务。

因此这个案子就非常典型：对于曹锡宝，那是欲加之罪何患无辞；对于和珅，那是欲减之罪何患无辞。

不过我们要明白一点，看历史不能极端化。和珅虽然是坏人，但不代表站在和珅对立面的就是好人。

和珅家的刘全摆的是王公大臣的谱，阿桂的人也都有各自的派头。

坊间有个传闻，说是阿桂有个儿子叫阿迪斯。阿迪斯收了人家八箱黄金，被和珅抓了现行。然后和珅弹劾阿迪斯，乾隆帝将阿迪斯发配伊犁，阿桂因此而被连坐降级。

这个事，我是没查到出处，却被国内某权威百科收录了，不过他们也没给出处。我认为这个事是不存在的。阿迪斯在《清史稿》的记载中确实有被发配新疆的记录，但并不是因为什么八箱黄金，而是因为阿迪斯担任成都将军期间，出现了川西盗贼大规模作案，阿迪斯处置不当，被发配伊犁。

其实和珅整阿桂最著名的一个案子，还是发生在乾隆五十一年（1786年）的黄梅案。

和珅对阿桂的绝地反击

黄梅案的主人公，就是当时的平阳知县黄梅。听这人名可能大家不熟悉，不过说起来，大家对黄梅这个人的逸事肯定不陌生。

宋代赵师秀有首诗叫《约客》，其中有两句家喻户晓的诗句是"黄梅时节家家雨，青草池塘处处蛙"。

黄梅在担任平阳知县的时候，百姓们流传"黄梅时节家家苦，青草池塘处处冤"的谚语，大家可以想到这位黄大老爷是什么人了。

还有一句俗语，叫"虎落平阳被犬欺"，其实最早说的就是这位平阳知县黄梅。那么，黄大老爷到底多厉害呢？他能把一个平阳县的银子吃空，再让平阳县留下十万两白银的亏空。

问题来了，他把司库的钱全拿走也就算了，怎么还能留下十万两的亏空呢？黄大老爷厉害啊，他跟百姓们商量，借点钱行不行？百姓们问，可以说不吗？黄大老爷说，你试试？

所以黄大老爷为官一任，百姓们的腰包就这么鼓起来了，但全是借条。可问题是，谁敢找黄大老爷要账？

既然如此，百姓可不可以越级上告呢？早在乾隆四十九年（1784年），就有人这样做过。黄大老爷都懒得做样子，知府方林见黄梅也太放肆，直接将他撤职。但是，之后两任平阳知县金仁、汪诚若都不敢来上任，所以没多久，黄梅接着当平阳知县，知府大老爷也不敢惹他。

黄梅到底有什么能力，让知府都怕他呢？那自然是黄梅的保护伞强大。至于他的保护伞是谁，暂时不着急揭秘。不过，还真有人不惧他的保护伞，此人就是乾隆朝第一怪诞之臣：窦光鼐。

窦光鼐的怪诞，放在一个自由社会也不怎么奇怪，但在清代，这个人就显得有些另类。对于黄梅这样的人，窦光鼐写了正气凛然的奏章，弹劾黄梅治下的平阳县亏空超过十万两白银。

乾隆帝非常重视这件事，马上派出钦差去调查。

朝廷派来的查案钦差是户部尚书曹文埴和阿桂。曹文埴有背景，他祖宗是曹操。当然，这背景在清朝没什么用。可曹文埴祖上连续三代当过一品大员，这就有用了吧？而且曹文埴家里是盐商出身，有的是钱。乾隆帝六次下江南，曹文埴承办了五次。曹文埴的儿子更厉害，那是清史上赫赫有名的领班军机大臣曹振镛，一辈子没跟皇上唱过反调。在清史上，连续五代做一品的，只有曹家。

而黄梅，正是曹文埴的外孙女婿。曹文埴能查出黄梅的罪过吗？肯定不能。况且，黄梅的干爹是阿桂，谁敢惹阿桂？

因此，这个案子的结果，就是黄梅是个清官。阿桂和曹文埴一合计，干脆反咬一口，让浙江巡抚伊龄阿弹劾窦光鼐诬告黄梅，罪大恶极。

窦光鼐也不是吃素的，他亲自去平阳县查案，搜集百姓口供，拿到百姓手里的借条。结果浙江巡抚伊龄阿扣押窦光鼐的奏章，弹劾窦光鼐，乾隆帝大怒，下旨将窦光鼐革职，押入刑部大牢。

没想窦光鼐宁死不屈，在刑部也陈奏自己无罪。

乾隆帝觉得不简单，阿桂的奏章恐有不实之处。于是，乾隆帝让江苏巡抚闵鹗元会同阿桂一起调查黄梅。闵鹗元是出了名的耿直，跟谁都不是一派，与和珅也是矛盾重重。

有这么一个谁也不惧的闵鹗元，阿桂就不敢偏私。黄梅上侵吞国库，下勒索百姓，乾隆帝不想看见他，下旨斩立决。

窦光鼐官复原职，阿桂、曹文埴等相关大臣受到处分。

这一下，阿桂栽了，窦光鼐名扬天下，被誉为"第一耿直"。

等会儿，这案子仿佛跟和珅没有什么关系，对吧？翻烂了《清史稿》，你也找不出这件事跟和珅有什么关系。而且从表面上看，和珅与窦光鼐这个耿直的人也不和。

不过，和他们同时期的礼亲王昭梿曾经记录过这样一件事。礼亲王小时候问过当时的名士韩是升：当代谁最耿直？韩是升说：窦光鼐。

后来礼亲王有机会看到窦光鼐弹劾黄梅的奏章，一股正气扑面而来，让礼亲王对窦光鼐一直心怀敬意。所以当年礼亲王一直觉得，范仲淹也不过是这样的嘛。

后来礼亲王入朝为官，真正接触到这些大臣在书本以外的样子，发现不是那么一回事。尤其是乾隆的书法家儿子成亲王曾对礼亲王讲过，说窦光鼐曾经给和珅送礼，还拜和珅为师。这个人也没什么修身养性的样子，就爱研究个风水，非说自己算出来山东诸城会出两个辅臣，当朝一品刘墉算一个，另一个自然是他窦光鼐。他后来听说刘墉犯错被处分，高兴地在家喝了一天酒，感觉自己要马上取代刘墉一样。而且窦光鼐的价值观有问题，没事就骂宋朝理学宗师程颢、朱熹。还骂明朝方孝孺，说是方孝孺导致了靖难之役。窦光鼐一直希望被赐紫禁城骑马这个清朝至高荣誉，所以回家之后就骑在马扎上练习骑马，连他们家车夫都忍不住笑场。

后来，礼亲王求证知情人士蒋棠，蒋棠说的跟成亲王差不多。

童年偶像就此崩塌，礼亲王非常郁闷。

如果从这个角度看，我们且不提窦光鼐骂程颢、朱熹、方孝孺的事，单说他与和珅的关系，我们就能明白谁都动不了的黄梅，怎么就被窦光鼐拿下了。这很可能是和珅下的一盘大棋，窦光鼐只是在前面吸引火力，暗地里其实是和珅布置了一切，这样才能连续打击阿桂、曹文埴两个实力派大员，还显得不是和珅打击报复，这招着实很高。

这就是历史，这样就能解释为什么窦光鼐只能以四品退休，死了连个谥号都没混上。

这帮人到底有多龌龊，也只有真的接触这个圈子的人才能知道。

山东其实也有很多窦光鼐的传说，目测也都是窦光鼐自我炒作的文案。比如去城隍庙告状，跟狐仙喝酒，不让青蛙打扰他读书，等等。

事实证明，炒作这个事绝对不在于文案多好、人设多棒，而在于谁去炒。就曹文埴这种人，乾隆帝随便炒炒就是官员楷模，正直得令人发指。这一点，窦光鼐一辈子都没参透。

而对于和珅而言，窦光鼐也就是个一次性产品，不具备一直培养的价值。

同时，我们也看到了历史最理性的一面。和珅不是好人，反对和珅的也不见得就是好人，以耿直著称的阿桂和曹文埴也有徇私枉法的一面。

不过话说回来了，阿桂和和珅有仇我们都知道，那么曹文埴与和珅到底是怎么结怨的呢？之前我也写了，乾隆帝六次南巡，曹文埴承办了五次。而这项大型活动的承办权，就是和珅从曹文埴手里夺走的。那么，和珅在承办这种大型活动时有什么过人之处呢？

从下江南到千叟宴，和珅证明了自己的不可替代

清末民初的时候，正是中国小说热的一个高潮。那时候虽然不怎么出精品，但是主题都很有意思。像什么济公的故事、四霸天的故事、康熙私访的故事、刘罗锅的故事、彭公案、施公案、孔子大战耶稣等等题材，都是清末民初成书的。这些也跟很多评书、相声、戏剧相互影响，说不清谁取材于谁。我曾经看过一部章回体的小说，也搞不清作者是谁，书名叫《乾隆皇帝游江南》，大概是很多乾隆私访故事的原型。

乾隆下江南一直是文艺圈的一个"大IP"，基本上大多数涉及乾隆的艺术作品都跟乾隆微服下江南有关系。就像我小时候看的《戏说乾隆》，感觉郑少秋饰演的乾隆皇帝就没怎么在宫里待着。

其实乾隆帝下江南有着明确的历史原型，但不存在微服私访的环节。皇帝微服私访惩恶扬善的故事，只不过是老百姓一个美好的愿望罢了。由于本章的重点是和珅，我们就说说乾隆皇帝第六次下江南的故事。

乾隆四十九年（1784年），乾隆皇帝在北京待烦了，于是打算再次下江南。

清朝皇帝下江南很有意思，当年康熙帝下江南，差点搞得财政危机。乾隆帝处处学康熙帝，对下江南也是情有独钟。那么，皇帝下江南干吗？我们如果用最大的善意去揣测，那就是皇帝要看看江南的吏治。不过这要是能看得出来真相，就好比警察抓小偷时喊"站住"，小偷就乖乖站住了。也有可能是乾隆皇帝想看看民风，不过这么高规格的安保警卫之下，乾隆皇帝是看不到民风的。历史上，皇帝登基后正儿八经能看到社会真相的，我想也就是当年的秦始皇。他老人家在咸阳周围微服出巡，还遇上了劫道的。

所以啊，还得从人性出发，乾隆皇帝就是想旅游了。他那个职业注定了他不能也不敢来一场说走就走的旅行，只能摆出架势，仿佛要为江南百姓清查吏治一样，大规模旅行一次。不过，他老人家一辈子六次南巡，怎么就不去西北、云贵、青藏看看呢？

弄明白这点，大家就能搞清楚乾隆皇帝下江南为什么那么烧钱了。他这一路，等于带着移动的紫禁城，吃喝用度都比平时花费得多。民间很多小吃都传说和乾隆皇帝有关，比如河北的驴肉火烧、山东的糁汤、江苏的奥灶面等。这些故

事大同小异，都说是乾隆帝错过了路程，没得吃了，当地人用这些小吃供奉，乾隆帝赞不绝口云云。

我个人倒不怀疑乾隆帝吃过这些小吃，但是错过了路程没饭吃这种事只有老百姓能碰上。乾隆皇帝每天走多少路，要住哪座行宫，随行谁安排，地方官谁接待，这些都是有规矩的。他不可能找个村一住，随便吃个小吃就满意地睡了。咱们出门要预订酒店，但乾隆出门是要提前现盖庄园等着，哪怕是多盖庄园闲着，也不会让乾隆帝错过住宿。

所以下江南这个事，乾隆皇帝爱干，但他也顾虑烧钱的问题。第五次南巡时，刚出道的和珅随王伴驾，用心地记录行程，分析皇帝的心理，心里有了新的方案。乾隆帝第六次南巡，和珅作为策划人，他给乾隆帝安排了一生中最舒服的一次南巡。这为将来和珅跟武将集团斗争，攒下了足够的资本。

这个活，整个乾隆王朝也就和珅能办好。首先，南巡队伍沿途经过的直隶、山东、江苏、浙江四省官员几乎都是和珅的门人。这些地方官提前接到和珅的命令，沿途高接远迎，给乾隆帝打点一切，进献宝物，还不花国库的钱。

这一手高了，当年康熙帝南巡，一般由苏州织造府接待。结果康熙吃光了苏州织造府的曹家，曹家只能去国库借银子，后来还不上被抄家，搞得大家脸上都不好看。

和珅这个活干得多漂亮，场面上比以往更体面，还不花国库的钱。那么，钱从哪来？只能由乾隆盛世的百姓平摊了。你要赶上嘉庆、道光这样不那么圣明的皇帝，这笔开销就省了，要是赶上乾隆盛世，那就得为自己生在这样伟大的盛世而买单。

地方官搜刮之后，百姓还没法说乾隆帝不好，因为账面上，乾隆帝还免了所到之处钱粮的30%，这多伟大！到了地方官不是和珅的人的地方，随便找个罪过罚一罚，就是皇帝英明的故事。

皇上给你减税，那皇上还不万岁吗？至于你缴的税比以前少，但其他开销比以前多，一般情况下，这些账目老百姓是算不过和珅的。即便是有人发现了情况不对，那能赖皇上吗？还得是说道、府、县都是王八蛋。

此外，乾隆皇帝还是个文艺皇帝、学者皇帝。当然，他自己是这么认为的。乾隆帝水平不算差，但绝不拔尖。所以这场南巡在和珅的组织下，又有了学术考证、文化之旅、历史寻踪等各项主题。乾隆帝甚至在这次南巡时写下了学术专著《济水考》，就问你服不服？

吃喝玩乐的事肯定不提，南巡的最后一站，乾隆帝视察水利工程，视察完大概就可以完美收官了。当然，搁以前这就真的可以完美收官了，但这次有和珅主持，那就不一样。真正为乾隆帝这次南巡画上句号的，是和珅组织御用文人们写了一篇《南巡记》，歌颂了乾隆皇帝六次南巡的高远目的、深刻原因、精彩过程以及伟大成效，就差把《南巡记》定为科举考试的教材了。

如果看一些比较专业的研究资料，会显示乾隆帝南巡花费巨大，而且在此期间，乾隆帝不断减税，免掉地方债务，还对南方士人予以赏赐。但是，南巡的花费并未超过国库的可承受范围。你琢磨琢磨，我得花钱，我还不挣钱，出去旅游一圈，钱包没怎么瘪，那钱哪来的？

所以，乾隆帝能不喜欢和珅吗？和珅干的这个活别人干不了，这就是和珅作为乾隆朝不倒翁的决定性因素。乾隆朝不存在不可替代的文臣，也不存在不可替代的武将，更没有不可替代的御史，甚至没有不可替代的太子，但对于乾隆帝来说，和珅的确是不可替代的。有这一次南巡，和珅就把曹文埴过去主持五次南巡的光芒都给掩盖了。

不过，老百姓如果因此而歌颂和珅，那就脑子"进水"了。

乾隆帝下江南舒服了，紧接着，和珅又办了一件让他舒服的事。

乾隆五十年（1785年），刚过完年的乾隆帝喜得玄孙。乾隆帝七十五岁了，老爷子五世同堂，那叫一个高兴。那么，该怎么庆祝呢？乾隆帝打算举办一场盛况空前的千叟宴。

这个活自然又落在了和珅肩膀上。

这事有前例可循吗？当然有。康熙帝当年办过两次千叟宴。其实乾隆帝内心的偶像一直是康熙帝，他所做的一切都是在努力地模仿康熙帝。所以，乾隆帝那是有条件要学康熙帝，没条件创造条件，凑数也要学康熙帝。

既然是和珅主持这个事，就一定要在康熙帝当年千叟宴的基础上，总结经验，办得更漂亮。而且，办宴会并不是请客吃饭那么简单，这里边还有深刻的政治意义。什么叫千叟宴？就是请老人赴宴。为什么请老人不请小孩？这里边是深刻的中国传统文化：尊老敬老。所以这场庆典，还有笼络人心的目的在其中。而且,老人吃完喝完回家就是朝廷好政策的宣讲员,他的话后辈儿孙得听。

因此,这场宴会得让老人们吃爽了,才能回去添油加醋地宣传。

当年康熙帝六十岁时办千叟宴,请六十五岁以上的老人来京赴宴,大概有六七千人吃饭。康熙帝六十九岁时再办千叟宴,请了一千来人。

那为什么第二次人少呢?因为第一次千叟宴是在农历三月举行的,天气暖和。第二次是在正月举行的,天太冷,露天宴会不好举办。而且这种宴席不是上菜就吃的,它有各种礼仪,等完事开吃的时候,菜基本上都凉了。因此,康熙帝第二次办千叟宴,只请了退休的大臣,大家是自己人,不吃也会歌颂千叟宴的意义。

这回乾隆帝要办千叟宴的时间,正好是乾隆五十年(1785年)的正月初六。请的是六十岁以上的老人,人数大概三千人,预计开八百席。

皇家的席面,不能太寒酸,吃的也得是老百姓吃不到的东西。和珅的压力比较大,但这里边的油水也不少。顺便说一句,其实清朝并不存在"满汉全席"这样的席面,所以江湖盛传的千叟宴吃满汉全席是讹传。

根据今天我们能看到的千叟宴菜单,上有四干果、四蜜饯、四酱菜、十饽饽、二十二道正菜、一道汤、两道烧烤、一道火锅、一道粥,外加一个果盘。席前喝的茶是君山银针,吃完喝的茶是杨河春绿。

这里边的菜,其实最撑场面的就是和珅改良的火锅。我们今天常见的那种中间烟囱放木炭的老北京火锅,就是和珅改良的。汤底跟今天东来顺的不一样,采用的是满式酸菜汤底,而且不涮羊肉,涮的是鹿肉、飞龙(东北的一种野鸡)肉、狍子肉、山鸡肉、野猪肉、野鸭肉、鱿鱼卷、鱼片、刺龙牙(东北野菜)等。

和珅改的这个玩意儿多露脸,最起码人们第一次见到这样的火锅就觉得神奇,而且还能加热保温,适合大正月在院子里吃。前边的菜全凉了都没事,反正刀工好,留着看也不错。

大家白吃白喝,完事还有礼物拿,岁数越大,赏赐越多。据说还有一位一百四十一岁高龄的老人赴宴,乾隆帝一高兴,赐了一个上联:"花甲重开,外加三七岁月。"六十为花甲,重开就是两个六十,三七二十一,加一块是一百四十一。

紧接着,纪晓岚对出了下联:"古稀双庆,内多一个春秋。"两个古稀就是两个七十，一个春秋是一年，加一块也是一百四十一。

然后御用文人和宫廷画师都笔走龙蛇，记录下这个空前盛况，为乾隆盛世再添浓墨重彩的一笔。乾隆帝一开心，那就得写诗。乾隆的诗是不怎样，但肯定比我写得好。老皇帝深刻回忆当年跟着康熙帝参加千叟宴的盛况，强调虽然自己也举办了千叟宴，但史书千万别拿他跟康熙帝并列。

总之，千叟宴办得很成功，没出什么娄子。而且大家想一想今天中国人爱火锅的劲儿，就可以想象千叟宴上老人们初次见到那种火锅时的震惊。乾隆帝一开心，就觉得这是和珅的功劳，愈发觉得和珅了不起，是个不可多得的人才。

从乾隆四十六年（1781年）和珅西北战败，到乾隆四十七年的国泰案，所有笼罩在和珅头顶的阴霾，都随着和珅主持乾隆帝第六次下江南和举办千叟宴一扫而光了。

这个时候，和珅的政敌们都恨得牙根痒，却也无可奈何。很多跟和珅不同阶层的同僚，并不打算与和珅为敌。比如我们说过的刘墉，他是御史的头，却从不正面与和珅冲突，见面总客客气气的。文人阶层的吴省钦和吴省兰原本是和珅的老师，见和珅势大，居然反拜和珅为师。就这些个御用文人，都是典型的读书读到狗肚子里了。而武将的领袖阿桂、福康安等人也难以撼动和珅，所以和珅并无对手。顺便说下纪晓岚，他那个地位，说白了都不如汉武帝身边的东方朔。乾隆帝觉得纪晓岚书读得多，讲话幽默，留着当个艺人，并不太允许纪晓岚过多参与政务。

那么，就没人敢与和珅斗争吗？有，在京的大臣中，敢与和珅硬顶的，除了我们之前说过的御史钱沣，还有文人的领袖兵部尚书王杰。除此之外，还有探花郎监察御史范衷。

王杰位高权重，影响力大，所以和珅虽然恨他，但扳不倒他。范衷人微言轻，被和珅整得罢官丢命。

除了这些人之外，真正能成为和珅硬核对手的，也就是福康安。

福康安才是和珅的硬核对手

在金庸先生的小说中，天地会的名气那是相当的大。天地会的切口"地震高岗一排溪山千古秀,门朝大海三合河水万年流"也是家喻户晓。

实际上,这个切口是洪门三合会的,天地会一般情况下的切口是"明大复心一",即"一心复大明"反过来念。

我们今天要说的这段历史,就跟天地会有莫大的关系。

乾隆年间,福建、台湾地区的天地会发展迅速,天地会的起源是多源头的,一般认为由陈近南创立,但福建这边的天地会,更有可能是乾隆二十六年(1761年)由万云龙所创。所以在江湖黑话中,天地会的人见面,一般要报个"万",就是为了纪念万云龙。

我们今天要讲的台湾天地会传奇人物,就是当时台湾最大的"古惑仔"林爽文。据说,林爽文训练鸭子,都能让鸭子排好队列整齐划一地向前走。因此,林爽文在民间就是个传奇,他从福建漳州东渡台湾加入天地会,很快就做到了天地会彰化地区话事人的位置。

当然,这些都不是重点,重点是清朝台湾地区天高皇帝远,而且岛内富庶,所以是大清吏治腐败的重灾区。哪怕天地会在地方官的眼皮子底下渐渐坐大,他们也不管。为什么呢?他们捞几年钱就调走了,管这事干什么?到了乾隆五十一年(1786年),谁也想不到一场家庭纠纷,居然引发了乾隆朝的大事件。

这个事的开始像一出家庭伦理剧。台湾诸罗县有个富户叫杨文麟,有可能是杨文麟早年间没儿子,所以后来收养了一个儿子,取名杨光励。很多人自从有了养子,又生了亲儿子,这好像也是比较常见的一种情况。杨文麟也是如此。这在大户人家来说,会不可避免地出现家庭矛盾。亲兄弟之间因为分家产还打架呢,何况不是亲兄弟。也正因如此,杨光励和养母之间的矛盾就不可调和了,并且双方反目成仇。杨光励在血缘上是外人,为了加强自己的实力,他加入了天地会。杨光励的养母一看,吓唬谁啊?不就是黑社会吗?老娘有的是钱,还怕没小弟?于是这位强悍女性创建了一个帮会,叫雷公会。

乾隆五十一年(1786年)底,杨家的家庭纠纷引发了天地会与雷公会的大规模械斗。这种事官府再不管,那就有点说不过去了。于是台湾总兵柴大纪调兵抓人,械斗双方一哄而散,后来他们都加入林爽文的旗下求庇护。官府要求林爽文交出械斗人员,林爽文拒绝。台湾知府孙景燧下令取缔天地会,林爽文开始起义。

林爽文号称五十万大军起义,清军见林爽文玩真的了,马上就怕了。这些清军来台湾就是来赚钱的，欺负老百姓、踹个摊子什么的那是贼灵，真打起来就不行了。所以林爽文横扫官兵，杀死了知府孙景燧。除了诸罗县一带有柴大纪死守，很多地方被天地会占有，连台湾府衙都岌岌可危。

林爽文这下行了，他建立了年号，开始代替清朝在彰化一带收税。

台湾的人口比较复杂。本地人都住台东，清朝对其实行土司制管理。外地人都住在台西的一府三县，跟大陆一样管理。台东、台西平时不打交道，矛盾相对较少。不过，台西地区虽然都是外地人，但来自不同的城市，都有着深刻的地域情结，所以这一地区很不团结。

林爽文是福建漳州人，所以漳州人支持他，其他地方的人反对他。而柴大纪死守的诸罗县一带，以广东籍的客家人居多，所以这一带百姓是支持官府的。

而且就算两边都是福建人，漳州人和泉州人也不和。等于林爽文事件造成了台湾大乱斗，致使当地失去了秩序。

那这个事跟和珅有什么关系呢？关系大了。当时台湾地区归福建省管，福建省是和珅的势力范围，上至总督，下至知县，都有和珅的人。

当时的闽浙总督是雅德，他跟和珅一样是正红旗出身。雅德对台湾地区的起义毫无办法，处理失当，被朝廷革职。乾隆帝调云贵总督富冈赶赴闽浙担任总督，诏书下了之后，和珅却推荐他的党羽常青担任闽浙总督。常青有什么本事不重要，重要的是和珅收了常青的钱，要为常青负责。乾隆帝听了和珅的话，又下旨让富冈回去接着干云贵总督，由常青出任闽浙总督。

常青七十多岁了，他想当总督是为了捞钱，所以他自己肯定不去台湾，只派了水师提督黄仕简和陆路提督任承恩带兵去台湾镇压。

常青派的这两人可有来头了，黄仕简的爷爷是黄梧，黄梧早期的领导是郑成功。他们黄家是清代贵族，世袭海澄公。为什么黄家人这么受宠？因为当年康熙朝圈界禁海的毒计就是黄梧提出的。

黄仕简这次出征按说也没问题，他懂业务，会用兵。但是，黄仕简正病着呢，站都站不利索，得拄着拐棍勉强站起来。任承恩就不一样了，他是侍卫出身，素不知兵。他多征战大小金川战死，乾隆帝看在"烈属"的分上，才让任承恩当的军官。

两人仓促赶到台湾，黄仕简就地养病，任承恩畏敌观望。柴大纪盼来的两位提督大人都不给力，内心升腾起一阵绝望。

不提别的，好歹柴大纪也是和珅的人，自己人都不救自己人，这可怎么办？北京那头乾隆帝也着急啊，下旨斥责总督常青，说这俩提督不给力，责令常青亲自去台湾督战。

常青硬着头皮去了台湾，然后住进了台湾府当宅男。林爽文的起义不仅没有被扑灭，而且天地会南路扛把子庄大田也反了。

消息传回京城，乾隆帝一方面嘉奖柴大纪公忠体国，加封柴大纪为太子少保、一等义勇伯。为了嘉奖诸罗县百姓，乾隆帝改诸罗县为嘉义县。同时，乾隆帝体恤前线将士，上谕柴大纪如果感觉守不住城，可以弃城而走。但是柴大纪坚持死守，就是不退。另一方面，乾隆也不指望这帮废物能解决问题了。他还有张王牌，当年的贪污犯李侍尧被乾隆帝封为闽浙总督，去总揽全局。

李侍尧赴任，借了两广的兵马，又调了浙江的军队，让福州将军恒瑞和提督蓝元枚一起救援台湾，并命令常青死守台湾府，不可失陷。

其实李侍尧一辈子也没少打仗，但这次指挥这么一次小小的战斗，却大大地开阔了他的眼界。他是没想到，恒瑞这样的高级将领，带领的还是福建的驻防八旗兵，结果到了台湾跟黄仕简、任承恩没区别，一直观望，不敢打仗。蓝元枚倒是敢打，但他也是带病出征，没多久就病死了。再看那位和珅的党羽常青，居然每天以泪洗面，不敢交战。

李侍尧作为当时前线的最高指挥官，责令常青必须出战，结果热闹大了。老头骑着马到了前线，当地百姓很信任这位前总督，觉得这老头一定懂业务，要不能当总督吗？这也是自古以来中国人对官员崇拜的一种常态，总觉得一个人官越大，能力就越强。百姓带着酒食犒军，常青带兵打仗。其实也不用常青冲锋陷阵，他在阵前观战就行。结果两军刚一交锋，常青居然抖成一团，手里的马鞭掉地上了。

要是光在那发抖，或许还能保留一点点朝廷的体面，就说自己帕金森犯了也未尝不可。但是下一秒，常老大居然策马逃遁，那架势根本不像七十多岁的人。你说跑就跑吧，这位老大人居然边跑边失声大喊："贼砍老子头矣！"

这一下百姓看呆了，朝廷的一品大员就这德性？那还是投奔林爽文或庄大田吧。这样一来，李侍尧就郁闷了。他不断往台湾增兵，算上当地驻军，清军在台好不容易有一万来人了。而天地会经此一役，人数迅速发展到了十几万人。除了柴大纪死守之外，其余清军都不敢交战。要是没有大炮，估计台湾府都被攻破了。

常青打仗不行，写小说绝对是把好手。他给朝廷写奏章，说贼人精通异术，法力无边，所以他打不过，请求朝廷继续增兵。

常青的奏章，写得天花乱坠，乾隆帝看了之后忍不住"催更"。

看上去，台湾形势危急，但和珅乐坏了，一个邪恶的计划在他脑海中形成。和珅上奏乾隆皇帝，说台湾林爽文造反，声势浩大，朝廷必须动用精锐大军才能镇压。而且，他还竭力推荐福康安挂帅。乾隆帝偏听偏信，点了福康安为主将，海兰察为副将。这时候，和珅又说林爽文虚张声势，朝廷既然派了这么强的武将组合平叛，那么点八千兵丁足够用了。

福康安和海兰察都是懂业务的，作为业内人士，带八千职业军人去平林爽文那些业余军事爱好者发起的起义，那是绰绰有余。但是，和珅负责后勤，福康安就难以得到应有的支持。要点粮饷什么的，和珅那是一拖再拖。福康安知道这是和珅在整他，但也无可奈何。

乾隆帝明发上谕，愣说福康安大将军带了十万大军打林爽文。而且福康安登陆的时候，布置了很多疑兵和疑船，把天地会的人吓得不轻。

福康安之前是陕甘总督，这次带的几千人都是在西北久经战场的职业军人；海兰察本身就是领侍卫内大臣，这次带的多数是正儿八经的八旗劲旅和大内侍卫。

天地会虽然惧怕清军人多，但打过那么多次仗，也知道清军野战相当不行。因此，海兰察刚登陆的时候，就跟天地会展开了一场遭遇战。海兰察的人厉害着呢，这些骑兵弓马娴熟，小箭"嗖嗖"一射，天地会众人纷纷倒地。

这没办法，职业八旗兵打洋人未必靠谱，但打老百姓那就当玩。受的训练不一样，战斗力不在一个档次上。天地会众人大惊失色，喊着"是何老骑兵，强壮乃尔？"就跑了。

不过，经过这次遭遇战，海兰察恍然大悟，说天地会众人"此一群犬耳，何畏之有？"福康安本来还有点信了常青的奏章，但见海兰察轻松取胜，也放开手脚进军。

福康安一路杀到嘉义县城下，解了柴大纪之围。嘉义县百姓喜迎福康安将军来救命，城门一打开，福康安都感动坏了。嘉义县军民死守，人人脸上有菜色，可见被围困得十分艰苦。这次嘉义县百姓自发给柴大纪捐粮食，也是清史上罕见的军民合作。百姓们对福康安的到来有喜有悲，高兴的是福康安终于来了，难过的是来得太晚了。

然后，事大了。

福康安是钦差大臣，柴大纪见了福康安得规规矩矩行君臣礼。说通俗点，柴大纪得把福康安当祖宗供着才行。结果柴大纪仗着有功，而且后台是和珅，所以跟福康安寒暄几句，就没下文了，这就好比柴大纪跟福康安说一句"谢了，哥们"就完事了。而且柴大纪继续驻守嘉义县，根本不受福康安调遣。

福康安气坏了，他在京城被和珅欺负，到了台湾连小小的柴大纪都不把他放在眼里，这还了得？

于是福康安一道奏章发往京城，状告柴大纪平日里不训练士兵，而让部下开赌场、妓院，贩卖私盐，收保护费。台湾的民变，完全是柴大纪胡闹贪腐搞出来的，理应办了柴大纪。

这就是福康安给乾隆帝出难题了，因为乾隆帝刚刚表彰了柴大纪，怎么好接着又处罚柴大纪呢？这不等于说乾隆帝瞎了眼，居然提拔了罪臣吗？

因此，乾隆帝语重心长地给福康安下了批示，说之前台湾局势危急，柴大纪独自坚持。朕让他撤退，柴大纪还死守不退，朕也为之感动。柴大纪前者上奏，说贼人有火器攻城。如今爱卿击败叛军，也上奏缴获大量火器，足见柴大纪之前没有说谎。朕估计柴大纪对爱卿有无礼之举，但看在朕的面子上，爱卿别跟他计较。

话都说到这个份上了，按说福康安该差不多得了。但是这事没完，福康安继续用战事来逼迫乾隆帝，再度上表弹劾柴大纪及其党羽谎报战功，表示守住嘉义县的是嘉义县百姓，不是柴大纪。柴大纪只会添乱，其罪当诛。

乾隆帝一看，福康安只揪住柴大纪不放，但对畏敌如虎的福州将军恒瑞却百般包庇，分明是有私心。

福康安不管这么多，和珅的人他绝不放过，恒瑞是他家亲戚，那就坚决保护。柴大纪死守嘉义县也是罪不容诛，恒瑞畏敌怯战却成了是在下很大的一盘棋。乾隆帝是职业皇帝，他不会去公正地裁决是非曲直，而会为屁股底下的龙椅权衡利弊。海兰察绝对支持福康安，李侍尧估计想起了当初和珅查办他的仇怨，于是也上表弹劾柴大纪。负责修缮城墙的侍郎德成也凑热闹,弹劾柴大纪。

乾隆帝算是看明白了,只要他一日不办柴大纪,台湾的战事就一日停不了。而且这个活除了福康安还没别人能干,总不能一下把福康安、海兰察、李侍尧都换了吧?乾隆帝觉得,为了和珅、柴大纪多花那么多军饷也不划算,于是还是同意福康安抓了柴大纪,押赴京城问斩。

柴大纪到死都不认罪,京中官员也大多认为柴大纪是冤枉的,私下指责福康安的气量不如其父傅恒。福康安胆敢逼迫乾隆皇帝杀柴大纪,也有他的资本。柴大纪一死,福康安便迅速出兵,与海兰察精诚配合,活捉林爽文,击杀庄大田,镇压台湾天地会起义。随后,福康安制订了详细的善后方案,也得到了乾隆帝的认可。

这样一场起义,福康安带了八千兵丁就镇压了。不过就这点事,居然搞了一年多才结束。所以事后乾隆帝虽然给了福康安很高的荣誉,却把他留在了闽浙总督的位置上,没让他回京。

对于和珅来说,他原本是想通过这场战争去整福康安和海兰察的,没想到这一战之后,不仅没有整死福康安和海兰察,这两人还都穿上了四团龙补服,绘像紫光阁。虽然和珅也因此封了三等忠襄伯,却损失了柴大纪,偷鸡不成蚀把米,赔大发了。还有那个"小说家"常青,也被福康安逮捕押送京城。常青有钱啊,又花了大把的银子给和珅。和珅为之求情,常青不仅没有被治罪,还当了礼部尚书。

和珅整治阿桂很成功,整治福康安很不成功,所以和珅下一步的重点还是要对付福康安。那么和珅与福康安这个级别的对手,究竟会谁胜谁负?

福康安实力碾压和珅

福康安是武将集团的代表人物,和珅早就看他不顺眼了。在镇压林爽文的战争中,和珅想尽一切办法给福康安下绊。但由于战事吃紧,乾隆帝百般袒护福康安。哪怕福康安一意孤行要冤杀和珅党羽柴大纪,乾隆帝也做福康安的帮手。乾隆帝即便对福康安有不满,依然在战后封他为闽浙总督、一等公,赏穿四团龙补服。

整个乾隆朝的六十年中，据我不完全统计，大概只有十九位不是王爷的人获得过赏穿四团龙补服这一殊荣，而福康安是这十九人中获此殊荣时最年轻的一位。

在乾隆朝，人们不明白和珅为什么受宠，于是编排了和珅是乾隆帝情人转世的故事。人们同样不理解福康安为什么也这么受宠，于是编排了福康安是乾隆帝私生子的故事。

历史和评书还是不一样的，和珅的仕途为什么平顺，我们前边讲了很多。至于和珅的硬核对手福康安，他受宠的理由比和珅更多了。

这要说起来，就不仅仅是乾隆朝的事了。福康安是八旗之首镶黄旗出身，姓富察。这个姓在清朝是非常尊贵的，属于满洲八大姓之一。

福康安祖上是开国功臣，在崇德、顺治年间都是议政王会议的议政大臣。在康熙年间，福康安的曾祖米思翰又是康熙帝的绝对亲信。我们在说吴三桂的时候讲过，米思翰是少数坚决支持康熙帝撤藩的大臣之一。斩吴应熊这个主意，就是米思翰提出来的。

雍正朝的大学士马齐，就是福康安爷爷辈的人物。看过《雍正王朝》的朋友很可能知道这个人，马齐、隆科多、张廷玉这三位是康熙帝留给雍正帝的"文化遗产"。但大家可能不知道，历史上的马齐其实是个汉奸。雍正朝与俄国人谈外蒙古的边界问题时，马齐收了俄国人的钱，把中方谈判代表的脾气、秉性、底线全部无保留地告诉了俄国人，导致俄国人通过《布连斯奇条约》获得了在康熙朝《尼布楚条约》中没拿到的通商利益。

来，我们一起鄙视一下马中堂。

到了福康安的父辈，最厉害的就是福康安的亲爹，大学士傅恒。傅恒跟他那个汉奸伯父马齐不一样，不管怎么说，傅恒南征西讨，为清朝立下了汗马功劳，客观上实现了领土的拓展，维护了边境的稳定。作为乾隆皇帝"十全武功"上重要的一环，傅恒之于乾隆帝的意义远比阿桂重要得多。傅恒征缅甸的时候染上恶疾，乾隆帝大惊失色，连忙传旨傅恒速速撤兵治病。仗咱可以不打，但傅恒千万别出事。然而傅恒这样的职业军人非常有操守，他不顾病重，依然亲临前线给缅甸施压，直到缅甸王上了降表，进献了贡品，这才班师回朝。

然而，一代名将傅恒在班师的路上去世了，享年五十岁。

乾隆帝当然非常悲痛，也因此才更看重傅恒的宝贝儿子福康安。在傅恒的所有儿子中，福康安是最懂军事的。傅恒死后，福康安略过培训这一环节，直接接过他父亲未完成的事业，补上了傅恒的缺，成为乾隆朝中后期最重要的将领。

更何况，福康安的姑姑是皇后，就算福康安是个不学无术的少爷秧子，混个一品大员当当也不是问题。

这就没办法了，福康安这种人出生就赢在了起跑线上。而且他既有天赋，又有后天的努力，没法不受宠。八旗子弟如果都是这个素质，可能清朝还会多延续几年。

和珅跟福康安比，那就是天壤之别。要说"软件"，和珅这个正红旗的没落公子，没法跟人家镶黄旗的比。论家世，和珅家族跟世代参与国家决策的富察氏家族更没法比。

要说"硬件"，同样是侍卫出身，和珅在甘肃镇压个小范围起义都搞得一塌糊涂，而福康安自从接班以来，打的都是硬仗，连阿桂搞不定的局面，福康安都能搞定。

看上去，和珅、福康安这两人怎么都不在一个档次上。福康安算是国家栋梁，清朝没有福康安的话，很多边境问题都不知道还能不能从容搞定。清朝要是没和珅的话，客气地说，没有任何影响。不客气地说，那就是少个祸害，吏治的风气不至于崩坏得那么快。

说起来，和珅只比福康安大四岁，两人还都是侍卫出身，但性格完全不一样。跟和珅出道时的谨小慎微相比，福康安出道时就是一身傲骨。按规矩，一般武将出门骑马，但人家福康安就要坐轿。清朝京官最高坐四抬大轿，地方总督最高坐八抬大轿，但人家福康安外出的时候，就坐十六抬大轿。谁还别告他僭越，乾隆帝就是这么惯着他。别说福康安了，就连福康安的轿夫也是横行霸道，一般的地方官连福康安的轿夫都惹不起。

但是，软硬件相差悬殊的和珅与福康安居然站在了一个层面上，而且和珅的官场地位比福康安只高不低，这才是当时官场上旗鼓相当的重磅较量。

没办法，虽然对于大清来说，福康安比和珅重要得多，但是对于乾隆帝来说，和珅仿佛更重要一点，毕竟福康安是救火用的，和珅可是乾隆帝天天都要用的。

别看在林爽文事件上，和珅整治福康安的计划多次落空了，但他在倾轧同僚方面可有着孜孜不倦的精神。然而表面上看，和珅在林爽文事件之后低调了一些，而福康安更加春风得意了。福康安春风得意，那准是又有战事了。

乾隆五十三年（1788年），也就是福康安镇压林爽文的那一年，越南出事了。

平定越南，福康安却被停发了十年工资

越南那时候统称安南，王朝叫后黎朝。清朝前期的安南还是南北对立状态：北方是郑氏操纵后黎朝国王，挟国王以令诸侯；南方是阮氏贵族掌权，只是名义上臣服后黎朝国王。

乾隆年间，南方阮氏集团出了阮氏三兄弟：阮岳、阮惠、阮侣。兄弟仨不属于阮氏的统治阶级，但都有颗要当统治阶级的心。于是阮惠拉拢北方郑氏灭了南方阮氏当权者，夺取了南方的大权。接着，他们又击败了前来干涉的暹罗国军队，奠定了自己的声望和实力基础。

站稳脚跟后，阮氏三兄弟跟北方翻脸，开始打着清君侧的名义攻打郑氏，并一举剪除郑氏，统一了后黎朝。司马炎的故事都知道吧？兄弟仨一统南北，后黎朝的傀儡王没有了存在的意义，就此被废除。阮岳和阮惠于1787年和1788年先后私自称帝，建立了西山朝。

这事玩大了，后黎朝那是在大清有注册的，哪能说废就废了？再者说了，那年头的亚洲，放着大清在，谁敢称帝？在后黎朝完了之后，后黎朝的遗老向清朝求助。乾隆帝下旨让两广总督孙士毅、云南总督乌大经带兵去教训教训阮惠，顺便恢复后黎朝的统治。

在清朝官军眼中，区区安南不足挂齿。孙士毅和乌大经也没有协同作战，而是比谁速度快。那感觉就像谁要是去晚了就抢不到功劳了。

孙士毅占了地利的光，行动速度更快，很快便攻下河内，并送末代后黎朝国王黎维祁归国复位。乾隆帝大喜，升孙士毅为一等公，让他见好就收，赶紧退兵。孙士毅觉得阮氏可欺，抗旨拒不退兵，还想再玩票大的。

结果，阮惠趁着清军过春节的时机搞偷袭，孙士毅大败，一路溃逃到镇南关。黎维祁也跟着清军退到了镇南关，后黎朝再度玩完。乌大经之前没抢到功劳，这次也不想跟着吃瘪，于是退回云南，借着为母亲丁忧的机会辞官。

乾隆帝气坏了，天朝的气象全让孙士毅给破坏了。当初见好就收多有面子，

现在天朝被打得丢盔弃甲,还怎么在东南亚当老大?

于是,乾隆帝一方面给孙士毅解职,另一方面赶紧下旨给闽浙总督福康安。乾隆帝知道,没有福康安搞不定的邻居。

让乾隆帝没想到的是,圣旨还没发到福州的总督府,福康安请战的折子就先一步到了北京。乾隆帝感动坏了,福康安太懂事了,刚听说孙士毅战败,就自请担任两广总督,去处理安南的烂摊子。

福康安领兵到了前线,敏锐地发现阮惠不仅善于用兵,而且羽翼已丰,国内民心已附,而后黎朝国王这么多年不掌权,号召力都不如汉献帝。难道要为了这么一个废物,强行打一场灭国之战?不划算。而且对手是阮惠,客场作战真没有必胜的把握。

那头的阮惠也犯嘀咕,安南对于大清来说,不过是一个省的体量。在冷热兵器过渡的时代,这一点非常重要。况且安南的邻国都是大清的小弟,比如和阮惠有仇的暹罗国,早憋着求大清出手了。而且,孙士毅虽然不堪一击,福康安却名声在外,可不是好惹的。

阮惠知道这个事不好办,福康安绝对不好对付。而且当时安南与暹罗发生了矛盾,阮惠害怕被两路夹击,于是来到福康安大营谢罪,改名阮光平,自称要效忠大清。

福康安把这事上奏北京,乾隆帝琢磨着谁称臣纳贡不都一样吗?于是册封了阮光平为安南国王。那后黎朝的王族怎么办?乾隆帝把他们编入汉军旗,成了八旗子弟。

可以说,这次福康安又立了大功,不仅替大清找回了面子,还不怎么耗费粮饷。这活干得多漂亮!可以说这是乾隆帝最渴望的战争形式。当皇帝的看待战争,跟咱们打游戏不一样,我们体验的是过程,最兴奋的时候莫过于拿了一血。而皇帝看待战争,最希望看到的就是游戏一开始,对方就退了,这叫不战而屈人之兵。

所以这次平安南,福康安让乾隆帝非常满意,那要怎么封赏才好呢?

平林爽文之后,乾隆帝封福康安一等公,赏四团龙补服。这次平安南,如果再给福康安升官,那就得考虑封个郡王了。但是,乾隆帝这回给福康安的赏赐是停发十年工资!

这就奇怪了，乾隆帝明明很满意，福康安的工作也很完美，为什么还有这样的处罚呢？

原因就是福康安忙着和阮惠谈判的时候，和珅在紧锣密鼓地搜集福康安的黑材料。而且这次和珅不出手，他让他亲弟弟巡漕御史和琳弹劾湖北按察使李天培用湖广的粮船私运木材，然后顺藤摸瓜，查出幕后指使者是福康安，并且证据确凿。

当这一切到了乾隆帝手里的时候，乾隆帝想要包庇福康安，都得好好想个借口。这可怎么给福康安开脱？

这回是和珅给乾隆帝出了个难题。如果公事公办，就算是法外施恩，也得把福康安革职。但这会儿安南还得靠福康安镇着，把他革职，安南反了怎么办？

因此，乾隆帝左右为难，难以裁决。不过，作为一个高级别的职业皇帝，乾隆帝还是想了个绝招。他给福康安送了个信，说这事盖不住了，你自我举报吧。

福康安马上上折子举报自己思想意志不坚定，被什么什么思想钻了空子，导致出现了这么不严肃的事件。

乾隆帝接到福康安弹劾自己的奏折，马上下旨说福康安有自首情节，认错态度良好，权且从轻发落，不对他进行降职处理，但要罚俸十年，停发养廉银三年。

这叫什么？其实可以看作让福康安缴议罪银脱罪。对于福康安来说，钱不钱的也不重要，清朝官员也不靠工资吃饭，这样被免职的官员，前脚被罚俸，后脚就有下属孝敬。所以这都不重要，重要的是福康安这么大人物居然栽了，而且是栽在和珅手里。

这在当时的影响是极大的。要说福康安有什么违法乱纪、中饱私囊的行为，这基本上是公开的秘密。都干到总督一级了，你说他廉洁奉公，毫无违法乱纪的行为？曾国藩曾经尝试过，不行。这个可以在后面讲曾国藩的时候细讲。

在清朝，这个级别的官员不能用童话故事中的对错来衡量。这种人被处罚，一般是因为站错队，很少是因为做错事。

福康安这点事在乾隆帝眼中本身不严重，换个人告也很可能会把告状的人抓起来判决诬告。但这次是和琳告的，而且很明显是和珅指使和琳告的，那么乾隆帝只能给和珅这个面子。先前不还杀了柴大纪给福康安面子了吗？当皇帝有时候就跟当幼儿园老师一样，得照顾每个小朋友的情绪。

这次福康安被人抓住犯罪的实锤在先，乾隆象征性处罚一下，也算是对福康安"皇恩浩荡"了。

不过，这样就对其他武将有了极大的震慑。福康安都被和珅整了，何况他人呢？从此武将集团也逐渐被和珅瓦解，基本上没有人敢跟和珅对着干了。像阿桂那样，见到和珅不打招呼，就算是最大的反抗了。

对于福康安本人来说，一向桀骜不驯的福大将军这次也心服口服地认栽。因为作为乾隆帝的内侄，福康安跟那些官员还不太一样，他是乾隆帝的自己人。他为什么敢坐十六抬大轿？为什么敢纵容家奴横行霸道？为什么敢冤杀柴大纪？因为他知道乾隆帝不管这些事。但这回他明白了，乾隆帝有意偏袒和珅。那么，和珅就是自己人，自己人还能老和自己人过不去吗？不能了吧。

从此以后，福康安再也不跟和珅作对，甚至当和琳被调到福康安手下做事的时候，福康安不仅不给和琳小鞋穿，还能跟和琳精诚合作，两人关系非常好。从这个角度看，想必大家也能理解为什么福康安的弟弟福长安成了和珅的同党。

就在乾隆帝处罚了福康安之后，和珅管了十年的崇文门税务就交给了福长安去管。对于整个富察氏家族来说，有了这个肥差，一辈子不发俸禄也划算。

当然，别以为福康安与和珅关系真的就那么好。因为玩心眼，福康安与和珅还不在一个档次上。后面我们能看到，拿和珅兄弟当自己人的福康安，还是被和珅给算计了。

到此为止，和珅整垮了士大夫集团、御史集团和武将集团，再也没有成派系的"反和派"出现在朝中了。只有零星的读书人犯了脾气，以个人身份对抗和珅，下场也都比较惨烈。

比如江南道御史谢振定回京加封兵科给事中，在他巡视北京东城的时候，遇到一辆飞驰的马车横冲直撞，仿佛马路是他家的。

别人一看"车牌"，知道是和大人的车就不敢管。谢振定不然，他直接派人扣车抓人。驾车的是和珅小妾的弟弟，这货趾高气扬，想用"我姐夫是和珅"吓唬谢振定。结果不说还好，说了之后，谢振定把和珅的这位小舅子抓起来先打一顿，然后当街烧了和珅的车。

围观百姓纷纷叫好，估计也是看热闹不嫌事大。谢振定一下就上了头条，红了一辈子。后面的故事自然是和珅派谢振定的同僚举报谢振定违法，是不是真的不重要，重要的是谢振定最终被革职。这种莫须有的事，大家读史书也见得多了，没什么可说的。

重点是谢振定打和珅的小舅子、烧和珅的车，很明显是执法过度。按程序应该是先抓人，再审，再依法量刑。但是，这件事折射出来的是和珅的只手遮天，他完全破坏了大清本来就不算完整的司法体系。

如果按程序走，和珅的小舅子会被"依法"释放，谢振定一样得被流放。那么日后，小舅子会更嚣张。所以，谢振定也是被逼得执法过度，最起码小舅子挨这一顿打，将来多少会收敛点。

想当个好官就得这样当，你琢磨琢磨和珅跋扈到了什么地步。这样的人如果还不算奸臣，那么清朝就没有奸臣了。

在乾隆帝的帮衬下，和珅不再满足于杀掉反对自己的人，而是要诛心。其实整个乾隆朝，我最想聊的就是一场耐人寻味的诛心案。

戳了乾隆帝心窝子的尹壮图案

乾隆王朝是个难以描述的历史时期。之所以难以描述，是因为我们很难去界定这个时期是盛世还是乱世。对于乾隆皇帝，我们也难以简单地用明君、昏君、暴君来评判他。

随着乾隆王朝末期的到来，乾隆帝与和珅确认过眼神，没错，这是盛世，而且是前所未有的盛世。

那么，乾隆帝的自信来自哪里呢？这就是历史上的一种奇葩的衡量方式：纵向比较。

什么意思呢？比如说，乾隆帝可以用一堆数据告诉你，乾隆王朝就是乾隆盛世。不信是吧，来跟历代王朝比一下，有哪个王朝的领土面积比得上乾隆朝的清朝吗？可能有人会说元朝。不过乾隆朝的人没看过谭其骧先生画的那张上不封顶版元朝地图，所以还是乾隆时期面积最大。

论人口，乾隆朝三亿人口在那摆着，还是没有哪个王朝能比。

论藩属国数量，乾隆朝有十九个，也是历史之最。

可惜的是，乾隆帝不知道国内生产总值（GDP）的概念，不然当时大清的

GDP 也是世界第一。

就这，乾隆帝还没说自己写诗的数量和盖章的数量。谁要说这样的乾隆朝不是盛世，那肯定就是见不得乾隆朝好。

跟顺治年间比，老百姓是不是生活得好多了？那肯定啊，顺治时期还有圈地法和逃人法两项暴政。跟康熙朝比，康熙帝亲征了三次的准噶尔部是被乾隆帝吞并的。跟雍正朝比，乾隆帝最显著的特点就是宽仁，能不杀官，乾隆帝就不杀了。

当然，最给乾隆帝长脸的还是邻居们。围着大清这一圈，包括沙俄在内，没一个拿得出手的，这让乾隆帝有足够的理由骄傲。

说白了，乾隆帝嘴上说最崇拜他爷爷，实际上他最崇拜的是他自己。当然我也不理解，乾隆朝比刚结束战乱的顺治朝好一点有什么可骄傲的。不能说唐朝百姓一天吃两顿饭，清朝百姓一天吃三顿饭，就证明这是清朝的进步。因为这是时代的进步，高产作物如果在唐朝传入中国，唐朝人也一天能吃三顿饭。清朝能养得起三亿人是因为占城稻、玉米、马铃薯、红薯的引进，而这些高产作物的引进跟乾隆帝有关系吗？为什么要歌颂乾隆帝呢？感谢乾隆帝的不掠夺之恩？

幸好顺治朝的人活不到乾隆时期，要不然准有老人指着小年轻说："别不知足了，你们还没经历过圈地呢，现在很幸福了。"

理论上，乾隆朝的人都要跪倒在地上膜拜乾隆帝的伟大，赞颂他的丰功伟绩。至于当时洋人说乾隆时期老百姓生活悲惨，这可以看作别有用心的反清势力作祟，不值一驳。和珅家过得惨吗？刘全家过得惨吗？

可就是在这乾隆盛世的春风中，有个不和谐的因素钻了出来。

这个人叫尹壮图，官拜内阁学士、礼部侍郎，是从二品的大官。我先解释一下，内阁大学士是正一品的大官，内阁学士就没什么含金量了。内阁学士担任的礼部侍郎，一般是加衔，也不是正儿八经的副部级。

简单地说，这位尹壮图大人，是朝廷的边缘人。

正因为如此，尹壮图也就少沾染了很多官场的污秽。他不给人送礼，也没人给他送礼。担任这种品级不低的闲差的官员，普遍会以文人自居，多读点书，平时上班的主要工作就是拿盖碗泡茶。

乾隆五十五年（1790年），所有人都在赞扬老皇帝的时候，尹壮图主动站出来上折子告诉乾隆帝，乾隆盛世有水分，官场腐化严重，地方督抚舞弊的手段充满创意,令人想象不到,老百姓的生活非常困苦。

尹壮图的目的是给乾隆帝提个醒,得管管吏治日益败坏的情况。尹壮图是那种真爱国、真怕大清亡了的官员。他很清楚清廷弊政的原因,不过他提醒乾隆帝的时候,也要把话留七分。

尹壮图分析,大清吏治败坏到这种地步,乾隆皇帝自己贪得无厌是最大的原因。但是尹壮图不能这么说乾隆皇帝吧,所以他很讨巧地说这一切都赖和珅。那么赖和珅什么呢?赖和珅把议罪银制度合法化了,让官员们肆无忌惮地腐化,就算被抓住了,也就缴点罚款呗。

打击了和珅这个目标,尹壮图收敛火力,不能把京官全得罪了。所以,尹壮图说议罪银制度最大的影响是让地方上的督抚肆无忌惮。

尹壮图还不能说这是推测,因为三年前他父亲在云南老家过世,所以尹壮图说他从云南回京的路上,听到的就是各地督抚声名狼藉,无论是小民百姓还是商人,都对时局不看好,人人都有意见,这都是和珅搞议罪银制度惹的祸。

尹壮图这个奏折的分寸看上去把握得很好,但实际上这奏折递上去,乾隆皇帝的脸都气绿了。

有这么几个点让乾隆帝忍无可忍。

第一,议罪银制度不是和珅提倡的,是乾隆帝本人提倡的。和珅还没当侍卫的时候,乾隆帝就已经开始搞缴钱免罪的勾当了。尹壮图口口声声骂和珅,不就是骂乾隆帝吗?

第二,歌颂乾隆盛世是乾隆五十五年(1790年)的主基调,凭什么就你尹壮图不承认乾隆盛世这个伟大时代?你为什么对乾隆盛世的成绩视而不见呢?

第三,歌颂乾隆皇帝是从乾隆元年(1736年)以来的主基调,你举报一两个官员有问题,那还说得过去,你要说全大清的督抚都没好人,那不等于说乾隆皇帝领导出来的都是一片贪官吗?

因此,对于乾隆来说,尹壮图这是打他的脸。其实老皇帝也是玻璃心,怎么一提意见就是对乾隆盛世的全面否定呢?我个人是不太理解。反正据说老皇帝拿到奏折后,气得浑身发抖。乾隆帝拿起朱笔,在尹壮图的奏折上反问了一句:看这意思,老百姓在朕的领导下都活不下去了,是吗?

对于和珅来说,这就更过分了。尹壮图在指出乾隆帝执政失误的前提下,还帮乾隆帝找了一只替罪羊。说白了，尹壮图就是引导乾隆帝杀和珅以谢天下，然后让人们在感谢乾隆帝惩罚贪官的基础上再改革弊政。

和珅当然不能让尹壮图成功，所以在打击尹壮图这件事上，和珅与乾隆帝的目标是一致的。

清朝当时的局面很奇特。比如说，和珅总是组织御用文人歌颂乾隆盛世的伟大，但他们自己是不相信的。不仅如此，老百姓也是不相信的。另外呢，和珅等官员也知道老百姓是不会相信的。但要维持这样一种大家互相蒙骗的和谐局面，就不能捅破这层窗户纸。

维持这种和谐的情况下，那些可以吃饱饭的清朝人，是可以相信乾隆盛世的伟大的。

在这里，我以最大的善意去揣测一下乾隆帝为什么会气得七窍生烟。乾隆帝会不会被底下的人蒙蔽，真的认为乾隆王朝的官员总体是好的，贪腐只是个别现象呢？

很遗憾，这个善意的揣测怎么都不能成立。因为，接下来乾隆皇帝做的事，完全能够证明他对吏治的现状是有清醒认识的。

第一回合，乾隆帝问尹壮图，所奏之事是听说？是揣测？还是有实锤的证据？

尹壮图说，这些是他在路上的所见所闻，由于当时是丁忧期间，所以没能调查取证。如果皇上不信，可以派满洲亲贵大臣去调查，相信满洲亲贵不会欺骗皇上。

至此，这个案子的结局就很明朗了，尹壮图必败无疑。

这倒不是我站在上帝视角瞎说。很明显的一个情况是，尹壮图当了半辈子的边缘官，对官场规则一无所知。在当时，尹壮图相信皇帝是英明的，只不过被和珅这种奸臣给骗了。和珅的人当然不会跟皇帝说实话，但满洲亲贵大臣是皇帝自己人，一定会对皇帝说实话，而皇帝知道实情之后，一定会惩治贪腐，提拔耿直的尹壮图，并感谢尹壮图让他看到真相。

然而乾隆帝表了个很奇怪的态，他说让尹壮图和户部侍郎庆成到地方上去调查。如果查到了官员贪腐，那么老皇帝自认五十多年的天子白当了，承认清朝的官员基本上没有好东西。但如果查出来地方没有贪腐，那么就是你尹壮图胡言乱语，污蔑我大清乾隆盛世，必须受到惩罚。

至此，这件事就很明朗了。老皇帝不是被臣下蒙蔽，他也不是不知道情况，而是默认了这种状态，他恨的是尹壮图打破了这种上下互相蒙骗的平衡。

一般情况下，如果皇帝想好好干，或者真的是被蒙蔽了，自然是让尹壮图去彻查，有则改之，无则加勉。但这次味道变了，查出问题的话，老皇帝自认是昏君，查不出的话，要尹壮图好看。

那这还是去调查真相吗？肯定不是了，这是乾隆帝和尹壮图之间的较劲。

或者说，尹壮图和乾隆帝的思维并不在一个层面上。尹壮图希望乾隆帝整肃吏治，重振朝纲。他也没说整个乾隆王朝都是不好的，吏治高速败坏大概是从乾隆四十五年（1780年）开始的，和珅必然有着不可推卸的责任。

但尹壮图不懂啊，所谓整肃吏治，那是一个皇帝刚即位时做的表演，只是先奠定自己明君的形象而已。这乾隆帝当了五十五年皇帝了，指不定哪天就驾崩了。你现在让他整肃吏治，这不是让他自己打自己的脸吗？李侍尧这样远在天边的官出了事，乾隆帝罚一罚还可以。和珅是乾隆身边的人，怎么罚？

因此，从尹壮图和庆成一起去调查地方吏治的那一刻起，他就死定了。

在中国数千年的历史上，从来没有这样查案的。乾隆帝下旨，让尹壮图和庆成先去查山西省大同府。但是，庆成是朝廷的钦差，所以属于办公事，这一路上的所有费用都报销。你尹壮图可不是户部官员，你既然不放心我大清的栋梁，那就跟着一起去监督庆成查案。但你这是个人行为，像你这样的清官，不好意思占国家便宜吧？自费。

从这里我们看得出来，乾隆老皇帝已经是气急败坏了，这是在跟尹壮图赌气。

回忆一下此前的李侍尧案，和珅要不是使出江湖手段抓了李侍尧的仆人，这案子根本查不出问题。

这次尹壮图查案，乾隆帝赌上了自己的名声，所以一定不能让尹壮图查出有贪腐行为。和珅出主意了，让大同知府提前准备就行。这次都不用密信了，明码下旨让大同知府准备好，朝廷的钦差要来查你的账了。

这么玩，尹壮图还能查到什么？

就这样，人家庆成摆着钦差仪仗风光地出发了。可怜的尹壮图弄个小牲口，艰难地在后面跟着，沿途吃喝拉撒自费不说，还受尽了官员们的白眼和嘲讽。

第六章 狼·和珅

尹壮图知道这次惹祸了。其实在离京前,他还有一丝丝的幻想:只要能查出贪腐,那么自己还有机会平安落地。因此,尹壮图上奏,希望可以微服私访。乾隆帝坚决不同意,说没这样的先例。这不瞪眼说瞎话吗?钱沣查国泰就曾微服私访。这回尹壮图算是栽了,只能硬着头皮上路了。

风餐露宿的尹壮图可能还不知道,乾隆帝并不打算让他在路上受罪就算完了。尹壮图一石激起千层浪,如果杀了他,那么他就是大清的海瑞。倘若如此,乾隆帝就成了昏君嘉靖帝,和珅就成了奸臣严嵩,这君臣两人又该如何在史书上自处?

在和珅的参与下,乾隆帝对这件事的反应不是聊尹壮图所奏是否属实,而是先给尹壮图扣帽子,把这个人妖魔化。只要把尹壮图名声搞臭,那么他说的话还有人信吗?

所以,在尹壮图上路之后,乾隆帝开始发表演说。注意,是在尹壮图上路之后,还没有开始调查的前提下,乾隆帝便开始带节奏了。

老皇帝说,他当皇帝兢兢业业,对贪腐绝对不能容忍。乾隆朝就是史上最清廉的时期,没有之一。康熙朝怎么样?出了明珠、索额图这样的巨贪。雍正朝是出了名的反贪王朝,也出了隆科多、年羹尧这样的巨贪。这样的人不光贪污,还把持朝政。到了乾隆朝,还有这样的权臣巨贪吗?没有吧。偶尔出一个国泰啦,王亶望啦,李侍尧啦这样的贪官,一经发现也是严惩不贷。所以各省督抚必然会引以为戒,知道朕反贪的决心。在这么一片大好形势下,尹壮图怎么会胡言乱语呢?

那么,尹壮图诋毁盛世是什么原因呢?乾隆帝分析有两个原因。第一,尹壮图才华平庸,所以仕途不顺。他这样的废物,在京当不了正经的侍郎,在地方最高也做不到学政。他想当省部级官员,根本是痴人说梦。所以他心怀不满,诋毁比他官大的人。第二,这个人不仅贪权,还贪财。所以他丁忧完毕回京的路上,企图勒索地方官员。人家地方官清廉,不敢违法乱纪,没有贿赂他。所以尹壮图挟私报复,企图名利双收。机智如朕,自然看懂了这货的小九九。现在尹壮图要查我大清的栋梁们,朕就不信他能查出来。

乾隆帝这么搞,不明真相的百姓当然会认为形势一片大好,只有尹壮图这样的小人企图哗众取宠而已。而且有这样的上谕,各地官员自然打起精神,给尹壮图制造繁荣的假象。

在这种情况下,各地官员和乾隆帝配合默契。在尹壮图距离大同府五百里的时候,当地官员开始准备道具。尹壮图到了之后,庆成为了避嫌,在当地官员的陪同下开始了文化之旅。而尹壮图经过仔细的盘查,发现大同府财政充足,毫无舞弊现象。就算随机问当地百姓,百姓也盛赞生活在乾隆王朝太幸福了,各级官吏在乾隆老佛爷的领导下,个个都是青天大老爷。

也就是说,尹壮图希望查出贪腐进而自保的可能是没有了,他就是一个凡人,怎么可能斗得过整个大清的官僚体系。没办法,尹壮图只有一条路可走了,那就是认栽。

怎么认栽?那就是自我否定,然后大唱赞歌,歌颂乾隆盛世。这叫什么?这就叫诛心。朕不杀你,朕让你自己杀自己。

尹壮图就算是再傻,这会儿也完全明白了。所以在简陋的屋子里,自费置办笔墨纸砚的尹壮图写奏折给乾隆皇帝,承认自己过去是脑子有毛病,把道听途说的小道消息当真了。如今亲自一看才知道,即便是随机调查的大同府,都是府库充盈,大清盛世可见一斑。吏治清廉,令人欣慰。皇上别跟我一般见识,我就是蠢货!我现在回京认罪。

皇帝接到奏折一看,不满意。尹壮图自认是蠢货不行,这不够诛心的分量。按照乾隆帝的意图,尹壮图不是蠢货,而是别有用心的小人。既然尹壮图还没悟到这一层,那就让他继续领略下"九九八十一难"。

于是,乾隆皇帝下旨:您老可别这么说,这才调查了一个城市,大清就盛世了?那你回头再说是怕了朕,不敢查,怎么办?你这是"居心巧诈",必须把山西、直隶、山东全给朕调查了再说。

这就等于明摆着告诉尹壮图,你小子不是愚蠢,是居心叵测,知道下次奏折怎么写了吗?乾隆帝还要追问尹壮图:你看到民不聊生了吗?

尹壮图能怎么办?只能说绝无这种可能,百姓安居乐业。

不过,乾隆帝对尹壮图的妖魔化还没结束。今天的互联网上,人肉搜索是一种很可怕的行为,其实这招乾隆帝就会。他把尹壮图曾经写过什么、说过什么都调了出来,让和珅把持的翰林院御用文人们逐条分析。

这帮搞文字狱的高手,自然不会让乾隆帝失望。从尹壮图过去的文字来看,他之前就因为不能升官而怨恨朝廷。他还写错别字,分明是志大才疏。

其实这么诛心,很容易把人杀掉。在一些历史时期,好人被妖魔化之后,往往会自杀。因此,乾隆帝下旨给庆成:你这一趟最主要的任务就是看住尹壮图,不许他自杀。如果他实在是没钱了,可以分点差旅费给他,别让他饿死了。

尹壮图只好悲壮地开始一城一城地调查,每到一地,就上折子歌颂乾隆盛世所言非虚。乾隆帝还不忘一次次揶揄尹壮图,问他当地百姓是否都活不下去了?当地官员是不是真的声名狼藉?

尹壮图就得一遍遍上奏,所到之处都是盛世,百姓安居乐业,绝无官吏压榨之事。最后,转了小半个中国之后,尹壮图上奏乾隆帝,自己转了这一大圈,但见吏治清明,府库充盈,百姓安居乐业。自己的小人之心,被现实啪啪打脸,希望回京接受制裁。

尹壮图一再认错,但乾隆帝还是不满意,于是问他:你走云南、北京一线,怎么会路过江浙?说,是不是想去勒索当地官员?答案是肯定的。

尹壮图成了一个贪恋权钱的猥琐小人,但乾隆帝还不过瘾。要搞臭一个人,就得全方位、无死角地打击。

乾隆帝又带了一拨节奏:尹壮图这个贪恋权钱的小人,肯定不是清官吧?既然不是清官,那就不缺钱吧?你不缺钱,自己在北京享福,却让老母亲在云南老家受罪,这是不是不孝?

这回事大了,在中国,不孝可是巨大的罪过。尹壮图污蔑乾隆盛世就是不忠,不奉养母亲就是不孝,不忠不孝还想勒索钱财,这个人要不得了。

于此,大罪成立,尹壮图被押解回京,交刑部议罪。这种案子效率极高,很快尹壮图就被判了死刑。这时候,乾隆帝又发话了。他说尹壮图虽然卑鄙无耻、心怀恶意,但朕不跟这种跳梁小丑一般见识,下旨尹壮图革职留任,如果八年不犯错误,再酌情给官。

尹壮图感激涕零,又想到了乾隆帝的谆谆教诲,决定"改过自新"。于是尹壮图辞去了所有官职,回云南老家奉养母亲,立志当个忠孝两全的人。

故事的结尾,乾隆和以和珅为首的贪官们,依然过着幸福的生活。确认无误,乾隆盛世货真价实。今天很多人都知道,后来英国人马戛尔尼来华时,详细地记录了乾隆盛世之下,富庶的江浙地区百姓依然生活困苦。就算是属国李朝的史书中,也详细地记录了使臣来华时看到的清朝官场的黑暗和百姓的困苦。

乾隆帝与和珅联手处理了尹壮图案,也算是再次给乾隆盛世定了调子。而当年耿直的尹壮图,也被彻底诛心,彻底陷入了沉默。幸好,他还可以选择沉默。

就在这种氛围下,和珅迎来了一个大活,而这个活,有着不同寻常的历史影响。

马戛尔尼的尴尬旅程

和珅机关算尽,在清廷呼风唤雨,身处一人之下、万人之上。到了乾隆五十八年(1793年),这位权倾朝野的和中堂,出现在了世界历史的舞台上。那一年,和珅要与英国的马戛尔尼伯爵进行一次会晤。

这是一件家喻户晓的事情,就我个人而言,我对这件事在不同的时间段也有着不同的认识。小时候看过一本《中国通史》,那本书的观点是,和珅在这次会晤中全面拒绝了马戛尔尼的无理要求,维护了祖国的主权完整。

后来又有一种观点出现,说和珅其实很愚笨,并没有借此机会了解西方文明的强大,甚至对马戛尔尼带来的洋枪洋炮也毫无兴趣。乾隆皇帝本人也很昏聩,把这批先进的武器随便放在圆明园,而清军继续使用装备垃圾的武器。直到有一天,英法联军进了圆明园,才发现了这批先进武器,而后感慨大清放着先进武器居然不用。

时至今日,这两种观点也是自媒体普遍采用的。那么,两种观点哪个对呢?

如果问我的话,我认为这两种观点都是罔顾事实的臆断,不足采信。

老规矩,我们先来看看这件事的经过。

我们都知道,这件事出现的大背景是西方的工业革命正如火如荼地进行,而清朝正在闭关锁国。

那我们就从闭关说起,这样才能方便理解马戛尔尼使团带来的种种故事。

明清时代为什么要闭关?答案绝对不是皇帝愚昧无知。皇帝的愚昧和两朝的闭关可以说没有任何必然联系,明清时代的闭关,跟国家行政的高度集权是有关系的。自从明朝废了丞相制度,皇帝实际上就是皇帝兼任丞相,因此工作量很大。

鉴于此,明清时代的行政状况就是粗放不细致,这也是历史上朝政一刀切的集中时期。对于西洋各国以及明清来说，对方都只有贸易价值。西洋各国不在明清的天朝体系之中，对他们的管理只有贸易这一项。所以，为了行政的方便，明清时代采取普遍闭关的政策，只留少数口岸通商，大大节约了行政成本。

在乾隆朝，对外贸易的口岸就是北方的恰克图与南方的广州。管好这两个地方，就能管好所有的西洋贸易，是不是方便快捷呢？说白了，闭关的核心因素就是懒。

乾隆朝对外贸易，主要集中在广州垄断经营的十三行。乾隆贸易法则的基本条款就是进口洋货不结账，非要结账的时候用茶叶结算。而出口商品要用现银结算，所以乾隆朝的对外贸易非常赚钱。

简单地说，就是我买你的东西给茶叶，你买我的东西必须给现银。

客观地讲，这不是公平贸易，但这种贸易一直存在。清朝主要出口西洋的商品是茶叶、瓷器、大黄，主要进口的西洋商品都是些洋玩意儿。

乾隆贸易法则这么苛刻，洋人为什么还上赶着来清朝贸易呢？清朝理解为茶叶和大黄是西洋人的生活必需品，没这两样东西，洋人会暴发不治之症——便秘，全国都得活活憋死。

实际上我们知道肯定不是这样，那么洋人为什么非要进口茶叶和瓷器呢？这就是在乾隆贸易法则下，西洋的奸商们自己炒作的。

你琢磨这个道理啊，欧洲奸商们在广州卖了货，换来了一堆茶叶。茶叶怎么处理？只能是贩回欧洲，配合瓷器出售，才能换来现金。

比如在英国，那时候他们还不会烧骨瓷，也不能在尼日利亚和印度种红茶，奸商们便炒作说用中国瓷器喝中国下午茶是件"高大上"的事情，这叫品味，这叫格调，这叫腔调。

这风气一起来就了不得了，英国人喝下午茶成了最流行的生活方式。谁要是不喝下午茶，谁就是土鳖。英国的山炮进城，不用学怎么吃法国大餐，要先学喝下午茶，这才叫时尚。

其实中国并没有喝下午茶的习惯，洋人这么搞，跟我们今天讲究平安夜吃苹果一样，纯属商家炒作，胡乱带节奏。

但不管怎么说，节奏就这么带起来了。英国对茶叶的消耗量之大，曾一度遭到英国经济学家的批评。瓷器是手工业品，茶叶也几乎是初级农产品，这两样都能赚走英国大量的钱，那工业革命的意义在哪呢？甚至在一些英国人看来，喝茶不是生活必需，完全就是个奢侈行为，喝了还上瘾，得禁止喝茶。

这种思路，跟后来道光朝禁烟的思路高度一致。鸦片也不是生活必需品，吸了还上瘾，重金进口这玩意儿还行？得禁止。

不过在乾隆朝，英国发现其实喝茶的成本没那么高。为什么呢？他们爱喝的红茶产地是福建，当时广东并不产红茶。洋人主要进口的红茶，还是福建的正山小种。

福建的红茶运到广州出售，无疑会增加成本。再说，清朝拿茶叶当国际结算货币，也提高了英国人喝茶的成本。所以英国政府希望与清朝建立平等的外交关系，平等地进行贸易，这样茶叶就能成为大众消费品。

也就是说，谋求平等的贸易、外交关系，同时刺探情报，是马戛尔尼来中国的目的。这对于英国来说非常重要，而对于大清来说则完全没这个必要。

另外，还有一个不得不提的战略物资：大黄。

大黄在我们的理解中就是一味中药，能下火，吃多了腹泻。可是洋人为什么要进口大黄，而且还是大量进口呢？肯定不是因为不吃大黄就便秘。其实，洋人虽然也用大黄做药材，不过这不是它最大的用途。随着工业革命的展开，大黄是批量染布的天然颜料。在机器织布的欧洲，大黄作为染料的用量自然很大。

那么，清朝人对大黄的误解是怎么来的呢？这就是一种超越思维极限的事情了。当时进口大黄量最大的是英国和俄国。英国不用说，这种工业大国用大黄自然比较多。俄国人就属于另一种情况，俄国本身的经济非常烂。不过，俄国人通过奸计，独享了恰克图的对华贸易。我们之前提到过的马齐卖国事件，就让俄国取得了大量贸易特权。俄国人大量进口大黄，目的就是当二道贩子转卖给英国。

这种事清朝人肯定不理解，当时的人们哪知道什么叫大机器生产，更想不到大黄当染料的事。所以，人们从大黄的药性分析，认定洋人一定是生肉吃多了便秘，必须靠大黄维持生命。

你说清朝人是瞎琢磨吗？还不完全是这样。

举个简单的例子，乾隆五十四年（1789年），善于背信弃义的沙俄公然违反《恰克图条约》之规定，悍然接纳清朝的罪犯逃入俄国。一般情况下，这些罪犯还都不是一般的小偷小摸，背负着反清的大罪。因此，清朝驻外蒙古库伦大臣就对俄国表示谴责。光骂街当然不顶用，不过也不用带兵打仗，清朝只要关闭恰克图关口，禁止大黄和茶叶的出口，俄国人就怂了。

这种事在清朝出现过很多次，俄国人一闹事，清朝就关闭恰克图。俄国人一服软，恰克图关口就打开。这其实很像明朝对蒙古、女真各部的羁縻政策，也是中国玩了上千年的手段。

清廷不知道对于俄国来说，当个二道贩子是经济支柱，所以坚信洋人不吃大黄就得憋死。

这就是马戛尔尼来华的背景，也是鸦片战争的背景。不同的是，企图改变这种贸易规则的马戛尔尼最大的对手并不是乾隆帝，而是和珅。

乾隆帝也就是要个面子，和珅可就不一样了。马戛尔尼不知道，广州十三行的贸易其实是和珅垄断的，这要改贸易法则，那就是砸和珅的饭碗。虽然和珅是个巨贪，但是他作为当时的地球首富，最重要的收入来源就是垄断十三行的贸易。

没打探到这个消息，马戛尔尼这趟从一开始就算是白来了。

不过马戛尔尼充满了自信，在他眼中，大英帝国天下第一，随便拿点工业革命的产物，都能如同天神下凡一般让中国人目瞪口呆。

1792年9月26日，英国政府正式派出以马戛尔尼为大使，以斯当东为副使的八十多人组成的使团，在九十五名士兵的保护下，从朴次茅斯出发，带了六百箱礼物，开赴广州。

不过，马戛尔尼想要跟中国产生官方的联系可难了。清朝当时没有外交部，马戛尔尼烧香都找不到庙门。那怎么办呢？在乾隆五十七年（1792年），马戛尔尼通过商人波朗、亚免等，再通过商人在十三行的保人，找到了两广总督郭世勋，表达了要在乾隆皇帝生日宴上献上祝福，另外同清朝建立外交关系的诉求。

这里面有个难点，翻译人员无法准确翻译马戛尔尼的意图。比如"外交""平等"这样的词，在当时没法翻译成中文。当然这只是技术方面的障碍，更重要的障碍是翻译人员就算能翻译，也不敢如实翻译。因为翻译人员如果跟总督大人说英国人是来跟我大清平起平坐的，那么翻译人员必然是汉奸无疑，死无葬身之地。

因此，马戛尔尼完全不知道，他要表达的"送礼物"，被翻译说成是英国国王雅治遣使入贡。这要是让马戛尔尼知道了，必然得说这是"辱英"了。还要解释一下，翻译说的英国国王雅治，就是当时的乔治三世。

郭世勋听说是外夷上赶着进贡，于是马上写奏折送到北京。乾隆帝见洋人来进贡，马上下旨"准其所请"。就这样，马戛尔尼得以从广州出发，走水路去天津。说白了，如果不是翻译人员胡乱翻译，这次会晤绝不会成功。

马戛尔尼北上的路上，也有很多有意思的事。比如英国的船队要沿着海岸线北上，以便沿途补给。大清官员悄悄地给英国船队的旗帜换上了写有"贡船"字样的旗子，马戛尔尼不懂汉字，这事就算是瞒过去了。

船队到了天津，乐子大了。在大清看来，英夷远道而来，诚心遣使入贡的行为，在中国历史上有个专有名词，叫"心向王化"。那意思就是马戛尔尼这群远道而来的土鳖也想学好，也想学得像个人一样。

作为"天朝上国"人，清朝的官员们对这些远道而来的蛮夷非常照顾。这不，马戛尔尼一行刚到天津，就得到了天津道道台乔人杰和通州协副将王文雄的热情接待。对于大清来讲，这是给足了马戛尔尼面子。

使团进入天津，又受到直隶总督梁肯堂接见，这足够让大清的藩属国们羡慕了。

清朝这边自然是对外夷好吃好喝地招待，马戛尔尼这边也是受宠若惊，双方在愉快的初次会晤中，很快闹起了矛盾。

为什么呢？马戛尔尼一行经过这几个月的航行，多少学会了一点点中国话。所以马戛尔尼在自我介绍的时候，说自己是大英帝国的钦差。

这对于大清来讲，是极大的僭越。天子的使臣才叫钦差，区区外夷的使臣，只能叫贡使。

这个矛盾很好化解，马戛尔尼等人的汉语水平也不足以分辨钦差和贡使的区别。不过当英国使团从天津到了通州之后，新产生的矛盾可不是语言能糊弄过去的了。

按照大清的规矩，别说外夷了，新考中的进士也得先去礼部演礼。大清是礼仪之邦啊，见皇帝怎么能没规没矩的，得学。

学就学呗，就当学习中国文化了。结果礼部官员过来一演示三拜九叩大礼，马戛尔尼不干了。凭什么啊？见英女王都不用这么大礼参拜，不行。

清朝的官员也纳闷了，难道是越远的外夷越没文化？清朝也不像传说中那样对西方那么一点也不了解。在广州，无论是法国人、荷兰人、葡萄牙人还是西班牙人，要见两广总督，都必须规规矩矩地写"禀帖"，踏踏实实地磕头参拜。怎么轮到英国人，觐见大皇帝却不愿意参拜呢？

这个事，双方就算是有电脑翻译软件，也解释不通。马戛尔尼作为英国的公使，自然是代表英国政府而来的，不可能对清朝的皇帝行使君臣大礼。清朝官员认为洋人可以叩拜的印象，是来自当年那些说磕头就磕头的洋人都是商人。磕头能赚钱，那无所谓啊。

马戛尔尼理解不了清朝的天朝体系，清朝官员也理解不了马戛尔尼所说的平等外交，弄拧了。

这一拧，双方都很尴尬。

大家试想一下，马戛尔尼不远万里来到中国，如果见不到大清皇帝就拍屁股走人，回去怎么跟议会交代？清朝也是一样，早就昭告天下说乾隆盛世吸引远夷英国都来遣使入贡，结果人家半路走了，打脸不？

怎么办？这时候，就要请出和珅和大人来解决这个问题了。

英国怎么被列入大清"藩属国"行列的？

在中国古代史中，极少出现外藩来朝不跪拜皇帝的情况。尤其是强盛的王朝，更不会出现这种事。

对于乾隆皇帝来说，马戛尔尼不愿意跪拜是个非常棘手的问题。马戛尔尼不下跪，乾隆皇帝没面子。如果把马戛尔尼赶走，乾隆皇帝还是没面子。大家试想，连小小的西方红毛远夷都不跪拜大清皇帝，这让天下臣民藩属怎么看？

礼部官员和马戛尔尼怎么谈都没效果，那只好和珅亲自出马了。

于是，马戛尔尼一行人又一路到了承德，准备去见这位名叫和珅的大人。

和珅是什么人？翻译人员也不知道怎么翻译和中堂那一连串的头衔，总之有一点可以肯定，在清朝除了皇帝，就是和珅说了算。

马戛尔尼恍然大悟，哦，和珅就是中国首相啊。

随便吧，英国人说的首相，大清的官员也理解不了，就当和珅是中国首相吧。

马戛尔尼觉得还不错，他这个级别的公使，终于可以见到清朝的政府首脑了，虽然他理解错了。

和珅则打心眼里不愿意接这个活，他一个和中堂，连藩属国使臣都懒得见，何况一个远洋外夷呢？但没办法，事关乾隆皇帝体面，不去还不行。

因此，不同的人对这段历史有着不同的解读。有人就觉得和珅大摆天朝气焰，狂妄；有人认为马戛尔尼就是侵略者，无耻。

但实际上，这次会晤不仅是两种文化的碰撞，更是两种傲慢的碰撞。

咱们先说马戛尔尼，他给自己戴上了世界第一大国使臣的光环，这种傲慢并不是他所谓的绅士风度可以掩盖的。在他的固有认知里，中国人都是山炮。他觉得中国人看见他带来的英国工业革命的最新科技产品，就会像漫威宇宙中美国人看见阿斯加德的科技一样，感觉都是神话。

因此，马戛尔尼相信通过谈判和他带来的礼物，中国人会对他们无限崇拜。

和珅的思维大家就比较好理解了，清朝代表了人类文明的最高峰，像英国人这样体毛茂盛的"类人猿"，肯定是一群土鳖。崇拜大清还算你们懂人事，否则你们就是没文化的化外生番。

和珅也相信，几块玉如意、几箱瓷器送上，马戛尔尼一定会被清朝的最高工艺水平所折服，匍匐在地上高呼"万岁"。

也就是说，马戛尔尼与和珅都互相看不起对方，马戛尔尼觉得和珅是个没见过世面的山炮，和珅觉得马戛尔尼是个没文化的土鳖。

那么，下一个问题来了，两人怎么见面？

看上去，这不是个问题，但在天朝思维下，这就是个大问题。和中堂绝对不会纡尊降贵去见马戛尔尼，马戛尔尼又找不到专门处理外交事务的衙门，就希望和珅来驿馆找自己。

双方的翻译又说不明白，稀里糊涂就定了一个双方会晤的时间。时间定了，马戛尔尼就觉得这是外交大事，所以早早地洗漱干净，换上礼服，在驿馆恭候和珅。

和珅听说后，不满这个决定，干脆不去。老不去，马戛尔尼就老等着，这也不合适啊。所以过了良久，和珅派人去通知马戛尔尼，说自己腿不好，让马戛尔尼来拜见和珅，并出席晚宴。

你想吧，英国公使什么时候让人家这么冷落过。马戛尔尼被和珅放了鸽子，本身就很不爽，现在听说和珅来这一套，他也怒了。

于是马戛尔尼说自己的腿也不好，让副手斯当东去见和珅。

你看吧，18世纪东西两大国的谈判代表都是瘸子，这也忒搞笑了。

和珅装瘸，洋洋得意地等待着马戛尔尼。结果没想到，马戛尔尼犯了牛脾气，让斯当东去见和珅。这回和珅没面子了，我堂堂大清的一品大员，跟你一个副使有什么可聊的？

果然，两人的会晤确实很无聊。

和珅说：你们要三拜九叩。

斯当东说：就不。

那就没法聊了，斯当东没有决定权，还白吃了和大人一顿饭。

这一回合，和珅耍了小聪明，但吃了亏。那得扳回来啊，这不仅仅是和珅的体面，还是大清的体面、皇帝陛下的体面。

看来马戛尔尼也不好对付，怎么才能让马戛尔尼来拜见自己呢？和珅一琢磨，本大人主场作战，还怕他犯脾气？于是，一队兵丁前往驿馆，马戛尔尼就被"请"到了和珅府上。

马戛尔尼在回忆录中，对和珅放鸽子以及强行把自己"请"来的行为非常不满。但没办法，哪怕是英国人，在大清的屋檐下也得低头。这事对马戛尔尼的团队刺激很大，回国之后，他们以及他们的后人都成了坚决的主战派。

不管怎么说，马戛尔尼还是见到了和珅，首先映入眼帘的是一张冷漠到极致的脸。马戛尔尼在和珅的表情上看不到任何友好的姿态。从翻译的语气中，马戛尔尼也知道，自己正在被训斥。

马戛尔尼也不管那么多，为和珅阅读并向其递上了乔治三世送来的国书，这至少算是一次正式的外交会晤。和珅等在场官员对国书毫无反应，请马戛尔尼喝了杯热牛奶就送他回去了。

这又是两种体制的碰撞。马戛尔尼搬出英国国王乔治三世，并向中国首相和珅宣读国书，这种行为在他看来是正常的，出使哪国这都是正常的程序。但是这里面有个误会。和珅不是中国首相，中国也没有首相。和珅虽然是首席军机大臣，但说破了大天去，也就是皇帝的高级秘书。

马戛尔尼对着和珅阅读国书，和珅就很尴尬，因为他没有任何资格作出表态，这得回去请示皇帝陛下。完事了和珅能请他喝杯热牛奶算不错了，换别人可能就是一杯凉茶了。

马戛尔尼知道这次又歇菜了。清朝官员的效率他也了解过，指不定猴年马月才能进行下一步的谈判。

不过，马戛尔尼对大清又误判了。清朝发展到乾隆晚期，虽然体制上腐朽僵化，官吏整体上人浮于事，但是行政效率这事，得分情况。

比如乾隆朝晚期，有人要告状，如果十年能结案，都可以说是快的。更多情况下，衙门是拖着不结案，管这闲事干什么。

但要是和皇帝有直接关系的事，这个僵化的体制能表现出惊人的高效率。比如，马戛尔尼发现，他这一路所见，大清官员都是在混日子，唯独在处理运送英国礼物这件事上，尽管几多辗转，但礼物竟然没有一丝的磕碰、损坏。这就是大清体制高效率的体现。

马戛尔尼首次会见和珅后，仅仅过了三天，他就又见到了和珅。这次和珅一改之前的傲慢，笑容可掬，嘘寒问暖，仿佛换了个人一样。

马戛尔尼也闹不明白，和中堂这是怎么了？

其实在这三天，和珅的态度之所以转变，是因为他办了两件事。也只有在这两件事办好之后，他才能继续接待马戛尔尼。这是两件什么事呢？第一件是跟乾隆帝商量，可以让马戛尔尼混在人群中，假装行礼，面子上过得去就行，就说是洋人的膝盖骨不能打弯不就行了？

第二件就是处理那封要命的国书。英文的和珅也看不懂，但他明白大概意思就是表达英国平等外交的态度。然而在表达这个态度的时候，英国人又显摆了自己的军事力量世界第一，并表示英国对战败国也是平等博爱的。

英国人说得对吗？最起码，炫耀武力这段不是吹的。当年的海上霸主荷兰、西班牙都被英国打败，英国也建立起了一个庞大的日不落帝国。

不过，这封国书内容的真伪不重要，重要的是这玩意要是交给乾隆，和珅几个脑袋都不够砍的。这样的国书都敢接，在当时就算是坐实汉奸了。因此，和中堂赶紧找来各种御用文人重新翻译国书。说是翻译，其实就是在不参照原文的前提下另写一篇。这个新作品跟原版的英国国书毫无关系，内容变成了英吉利国王恭祝大清皇帝万岁万岁万万岁，然后就是英吉利国王怎样崇拜大清，心向王化，等等。

有了这封新版国书，就意味着马戛尔尼不远万里来到中国，就为了给大清皇帝磕头，对大清称臣纳贡。所以在那之后，清朝的官方档案里，藩属国列表中加入了英吉利国。

篡改了英国国书这事，和珅不能让马戛尔尼知道。所以双方的第二次会晤主要在友好的气氛下进行，两方互相寒暄，并没有过多谈论三拜九叩的问题，但敲定了邀请马戛尔尼参加乾隆帝的生日庆典一事。

又过了两天，和珅带马戛尔尼进了避暑山庄，双方正式讨论三拜九叩的问题。随后各退一步，清朝方面允许马戛尔尼单膝下跪，但不允许马戛尔尼对乾隆帝行吻手之礼。

对于清朝方面来说，这个问题解决了。但对于马戛尔尼来说，这场利益之争是节外生枝，他来中国也不是为了聊这个的，而是想跟大清聊平等外交、自由贸易的。

其实礼仪之争也并不是清朝独有，中国的历朝历代基本都以天朝自居，都有这个心态。比如隋朝时，日本遣使小野妹子给隋炀帝递交平等交往的国书，也把隋炀帝气得够呛。只不过当年的日本只是单纯地聊平等，如今的英国是来聊近代国际关系的。

解决了礼仪问题，乾隆帝又看到了英王"孝顺"的国书，还是正式接见了马戛尔尼使团。其实乾隆帝很期待见马戛尔尼一面，因为自三皇五帝以来，那么远的外夷来进贡，这还是第一次，可以作为自己功业的一个很好的证明。

另外，乾隆帝并不是傲慢地对西方的一切都不屑一顾，相反，乾隆帝对欧洲货非常感兴趣，比如各类钟表、机械发条玩具等。参观过故宫钟表馆的朋友们应该见过那些非常有意思的钟表，比如到点之后会出现小鸟报时的表，到点了机械玩偶会写字的表，这种东西乾隆帝非常喜欢。喜欢到什么地步呢？京城造办处的工匠和太监会专门跟洋人学习制造钟表，然后进行生产，并且国产的钟表富丽堂皇，不比洋人的差。

乾隆帝相信马戛尔尼带来的礼物一定非常精巧，所以他老人家很期待这批礼物。

与之相对应的就是马戛尔尼对他带来的礼物很有信心，他相信工业革命后的黑科技礼物能够一扫乾隆帝心中的傲慢，转而对大英帝国崇拜有加。而且这些东西,正是马戛尔尼观察到中国当时所欠缺的,比如豪华大马车。马车又不是汽车,有什么新鲜的?中国的马车从周朝到清朝,都处于比较原始的状态。两千多年来,中国的马车主要是双轮马车。因为我们解决不了转向轮的问题,所以很少有四轮马车。

此前也有人非得给我抬杠,说某地出土了转向轮,证明了中国古代有四轮马车。问题是一直到晚清,马车基本都还是双轮的,主流就是这样,一个非主流的出土改变不了这个结论。手推车就主要以独轮车为主,这点怕是从轩辕黄帝时代到民国也没什么大的改变。

英国的豪华大马车,就是四轮的,大概形式就是今天我们能见到的英国皇室马车。这种马车不仅颜值高,而且减震和舒适性都大大超过了国产马车,这是不争的事实。

另外,马戛尔尼发现清朝的士兵配备的武器还是火绳枪。

火绳枪是明朝时期在欧洲流行的火器,就是开枪之前要先点火的那种。后来欧洲人觉得开枪前先点火太复杂,于是发明了不用点火的簧轮枪。到了乾隆年间,更先进的前膛燧发枪在英国全面取代火绳枪和簧轮枪。

因此,马戛尔尼觉得燧发枪这种神器,领先了清朝的火绳枪两代,足以让清军为之疯狂。

除此之外,当中国人还认为天圆地方的时候,英国人不仅早就知道了地球是圆的,而且还放眼宇宙,研制了天文望远镜。

马戛尔尼不相信这些让人大开眼界的东西,还征服不了乾隆皇帝。

然而,事与愿违。乾隆帝万分期待的英国"贡品",居然让乾隆帝有种上当的感觉。这不是因为乾隆帝傲慢,而是他真正见到这些礼物之后,发现了一个问题。

这么多的礼物,没有说明书。或者说,就算有说明书,谁也看不懂。如何把这些东西准确地翻译出来?当时的中英翻译人员都搞不定,所以乾隆帝完全不知道这些礼物有什么用处。

比如马戛尔尼带来的钟表,不镶钻不镶金,没有特殊的报时功效,完全不比造办处的手艺好,乾隆皇帝对此非常失望。至于地球仪之类的天文仪器,宫里边从康熙朝就有,一点也不新鲜。况且马戛尔尼带来的地球仪不镶金不镶钻石,完全没有宫里的精美。在没有说明书的情况下，乾隆帝当然看不懂这批地球仪上有英国船队的航线图，以及大英帝国的殖民地分布图。

还有那些先进的枪炮，倒不是乾隆帝高傲瞧不起，关键是人家老爷子过生日，送武器当礼物多不吉利？而且为了安全，这些武器肯定不能交给英国人演示。八旗兵拿到这些武器也不会用，肯定不能说是自己不行吧，得说这些火器没什么了不起。

再说那辆马车，太监看了之后都不敢告诉乾隆帝有这玩意。为什么呢？跟慈禧不爱奔驰汽车的道理一样，英国马车上，车夫的座位高，皇帝怎么能坐这样的马车？

所以这场会面，乾隆帝非常失望。他觉得英国就是远方的穷国，没什么了不起。

至于马戛尔尼跟乾隆帝提出的谈判要求，乾隆帝理都不理他。

对乾隆帝来说，过完生日，英国人就没有了任何意义，最好赶紧走。但马戛尔尼不死心，错误地认为还可以跟中国的"首相"和珅谈谈。

恰逢乾隆帝过完生日，和珅又会见了马戛尔尼。老马开心了，这次终于可以聊正题了。但是这次和珅来找他是带他参观避暑山庄的，说白了就是显摆显摆，看我大清的建筑多富丽堂皇。

在天朝人眼中，外藩使节最好都是缺心眼，能赞扬中国好，赞扬中国君主伟大就行了，其他最好什么也别聊。聊得多了，还可能会有杀身之祸。

比如《世说新语》中记载，曹操会见匈奴使者，又觉得自己的颜值不足以震慑外藩。于是，曹操就让崔琰扮演曹操接见匈奴使者，他自己扮演侍卫旁听。

结果事后匈奴使者明察秋毫，盛赞"曹操"身边的侍卫是大英雄。曹操丢了大脸，派人杀了匈奴使者。

和珅跟马戛尔尼的第四次会晤，就有这种尴尬。按说外藩能有这样的机会，唱唱赞歌、喊喊万岁就行了。比如清朝最亲密的藩属国李氏朝鲜，他们的使臣对大清恭顺到了无以复加的地步，对大清的意见，都写在了《李朝实录》中。

这回和珅显摆避暑山庄，马戛尔尼不知道自己要当个唱赞歌的藩臣，于是发表了自己对避暑山庄的看法，他说避暑山庄反映出了乾隆皇帝的智慧。

那可不呗，避暑山庄、木兰秋狝都不是单纯的皇帝玩乐活动，其实更多的是清朝皇帝对蒙藏地区的笼络。

问题是，这种事能明着说吗？所以这次会晤，让和珅对马戛尔尼"抖机灵"的行为非常反感。因此没聊几句，和珅就结束了游园，并给乾隆帝上书说："此夷不可不防。"

两天后，和珅再邀请马戛尔尼游览西园。这次，和珅不再给马戛尔尼说话的机会，只是变身导游，不断地介绍景点。马戛尔尼想谈的话，一条也没谈出来。

马戛尔尼肯定不能这么回去，那么他还有什么能打动和珅的方式吗？

乾隆帝与和珅真的狂妄到对英国不屑一顾吗？

乾隆皇帝过完了八十三岁生日，繁华散尽，一切都回到了正轨。然而对于远道而来的马戛尔尼来说，他来中国的正事一件都没办。

乾隆帝希望马戛尔尼自觉点，赶紧走人。而马戛尔尼还是希望找机会谈一下两国建交和贸易问题。

马戛尔尼不自觉，说什么也不走，乾隆帝就让和珅出马把马戛尔尼打发走。

于是，和珅与马戛尔尼第五次会面，这次会面又在避暑山庄。和珅再次热情地邀请马戛尔尼看看西园的景色，马戛尔尼想趁机聊聊别的事，但和珅坚决要当一个"导游"，不给马戛尔尼说话的机会。这次会面之后，和珅告诉马戛尔尼，我们皇帝要回北京了，你懂的。

马戛尔尼当然知道这是逐客令，但他事没办成，就厚着脸皮不走，跟随銮驾回了北京。

和珅很恼火啊，这也太不自觉了。恰逢有两个英国人因水土不服，拉肚子严重，不幸去见了上帝。乾隆帝听说后也感到厌恶，觉得英吉利不吉利，于是让和珅赶紧想办法把马戛尔尼弄走。

和珅没办法，在圆明园再次接见了马戛尔尼。和珅语重心长地告诉马戛尔尼：北京的冬天快到了，入冬后的北京会很冷，你们不适应，还是赶紧走吧。

一般情况下，英国人总是出现在广东，所以和珅也不知道英国属于高纬度国家。想用天气寒冷吓唬马戛尔尼显然不靠谱，伦敦的冬天要比北京的冬天冷多了。

这招不奏效，和珅实在没招堵马戛尔尼的嘴了，只好听他把谈判的条款说完。

马戛尔尼的谈判条款主要有七条：

一、两国平等建交，互派公使驻两国首都。

二、开放宁波、舟山、天津等地为通商口岸。

三、英国可以像俄国那样，在北京设立商馆卖货。

四、英国可以仿照葡萄牙租借澳门那样租借舟山，以后就不用都挤在澳门了。

五、允许英国商人自由出入广东。

六、减免关税。

七、允许英国传教士传教一年。

平心而论，这几条放今天来看，多数是寻常的外交谈判条款，比如两国建交互派使节是非常正常的事，但这在大清就不正常了。在当时的认识中，中国人一般不出国，出国基本算汉奸。像张骞这样奉旨出国的除外，唐僧取经在当时也算是叛国，只不过后来把人家经书拿回来了，唐太宗就不提叛国的事了。

乾隆帝绝不会和英国国王平起平坐，又怎么会容忍一个英国的驻华公使待在北京？所以这一条，和珅当场就表示免谈。

开放通商口岸在今天也不算什么，能吸引来外资开展贸易是好事，但在清朝就不行。之前我就讲过，乾隆帝只留恰克图、广州两处通商口岸，为的是大大缩减行政成本和管理成本，不可能增开通商口岸。

在资本主义国家看来，利润压倒一切，开放通商口岸是双赢的事，清朝没有理由拒绝。而在清朝这样高度集权的体制下，利润不算什么，面子最重要。英国认为赚钱很荣耀，清朝认为赚钱很羞耻。士、农、工、商，商为四民之末。拿利润来引诱乾隆帝？没戏。问问那些清朝藩属国，来清朝进贡有赔钱回去的吗？所以和珅回复马戛尔尼，买卖东西去广州，其他地方免谈。

在清朝的认知里，俄国是清朝的臣属，待遇和英国当然不一样。至于租借土地、减免关税、传教什么的，和珅听着都新鲜，英国人简直疯了。

抛开这些条件的合理性不谈，更关键的是在清朝的认知里，任何国家都没有跟自己提要求的权利。想给你的，清朝会赏赐给你；不给你的，你想了就是非分之想。

因此这个没什么可谈的，和珅直接全部拒绝。根据马戛尔尼的回忆录记载，和珅反问马戛尔尼是不是想要建立一个国中之国。

总之，这场谈判非常的平淡。和珅不管马戛尔尼说出什么话来，他反正就一个回答：不准。

老生常谈的一种说法，就是清朝的傲慢导致自己失去了一次融入世界的机会。其实这个问题，是明清时代不可解救的顽疾。

回顾历史，大辽骑兵南下，大宋朝廷上可以讨论议和、迁都、迎战等多种方案。这件事最终由寇准敲定解决方案。

到了明朝，自从废了丞相，天下政务出自君王一人，那就没什么商量了。明英宗作死北伐蒙古，没有人敢说不，谁说谁是汉奸。崇祯年间，无论是处理后金问题还是李自成问题，没人敢说妥协一步，直到李自成兵临城下还要硬扛到底，谁敢说和谈谁就是汉奸，最后的结局就是亡国。

到了清朝也是如此，皇帝说干什么就干什么，尤其是牵扯到面子工程，谁敢说个"不"字，谁就是铁杆汉奸。

乾隆帝与和珅真的无视英国的实力吗？其实并非如此。和珅对英国非常警觉，曾上书乾隆皇帝说"此夷不可不防"。

而乾隆帝在接触到马戛尔尼之后，也下旨让沿海地区做好战备，尤其是舟山和澳门要提前部署防御。除此之外，乾隆帝还严旨广东海关不许敲诈英国商人，以免进一步激怒英国。

另外，乾隆帝也知道，澳门的外夷当中数英国人的势力大。但是由于翻译的不统一，乾隆帝不知道英国的势力已经相当之大了。比如属国廓尔喀（今尼泊尔中部地区）曾上书清廷说遭到了英国的入侵，甚至威胁到了藏区。但是廓尔喀翻译的英国叫"披楞"，所以乾隆帝一直认为是印度次大陆上又崛起的一个小国，没加以重视。

但不管怎么说，乾隆帝对英国的认识远高于后来的道光帝。和珅对英国的了解，也不输于后来的林则徐。但是，根据当时的体制，乾隆帝不能承认英国厉害，丢不起那人；和珅更不能说英国厉害，哪怕是客观陈述别国的实力，在当时也算汉奸。

因此，在和珅与马戛尔尼的第六次会谈中，和珅完全不跟马戛尔尼聊外交，而是在拒绝马戛尔尼的七项条款后，赠送给马戛尔尼一批精美的瓷器，结束了这场重要的外交事件。

几天后，和珅代表乾隆帝最后一次接见马戛尔尼，将乾隆帝交给英王乔治三世的回信和礼物"赐"给马戛尔尼，打发马戛尔尼赶紧走人。

这次马戛尔尼也不坚持了，他知道最终还是没法跟大清进行正式的外交谈判，于是只能走人。

后来我们熟知的乾隆帝愚昧无知、傲慢无比等，更多的是源自马戛尔尼使团的大肆渲染。乾隆帝虽然无知，但也不像传说中的那么无知。

对于办理这次外交事件的和珅来说，皇室的未来、国家和民族的前途都不是他要考虑的问题，和珅只关心怎么让乾隆帝高兴，怎么尽可能地保住乾隆帝的面子，怎么让自己顺利交差。无论英国人说什么，直接表示不允许就算完美交差。

解决完这件棘手的事情后，和珅依然是权势熏天的和大人。不过，这还不是和珅职业生涯的巅峰。让和珅真正走向巅峰的，是发生在马戛尔尼访华三年后的嘉庆元年（1796年）。而和珅的巅峰，也就是和珅的末日。

和珅巅峰后的谢幕

晚年的乾隆皇帝，其实并没有传说中的那么志得意满。平心而论，他老人家智商很高，还受过良好的教育，一辈子见过各种人和事，放在皇帝这个群体中不算糊涂。

他一手缔造了乾隆盛世，也清楚盛世背后隐藏的种种问题。但这种君主集权的体制从秦始皇时期算起，已经玩了两千多年，早就暮气沉沉，积重难返。其实早在宋朝，无论是范仲淹还是王安石，都对这种步入暮年的体制束手无策。乾隆皇帝虽然绝顶聪明，对此也是无能为力。

我们知道乾隆皇帝是个养贪官的皇帝，和珅就是最好的证明。但如果只看反贪的成绩，乾隆帝大概也是历史上反贪力度最大的皇帝之一。当然，朱元璋那种假借反贪名义除掉开国功臣的除外。

乾隆帝深刻地知道，反腐只是抓抓典型，官场的腐朽让他无从下手。也正是因为如此，和珅对于乾隆来说才有着更重要的意义。因为无论帝国暴露出多少问题，和珅都能轻而易举地粉饰太平，装满乾隆帝内务府的小金库，替乾隆帝制造盛世的数据，掩盖盛世的问题。

几十年后，大清的中流砥柱李鸿章自嘲是个裱糊匠。其实和珅又何尝不是个裱糊匠？只不过李鸿章裱糊的是个破房子，和珅裱糊的是个豪宅。

不管怎么说，在和珅的协助下，乾隆帝还是交出了一份令人无法反驳的优秀成绩单。他统治的帝国跟古时候的历代王朝比，数据都是最好看的。乾隆帝都八十多岁了，还能继续进步吗？能。临退休时乾隆帝还能把自己再拔高一下，那就是体现自己的孝心。什么孝心呢？乾隆帝打算不超过爷爷康熙帝的在位时间，在位六十年就退位。当然，这个退位是形式上的，退位不退权。

那么，选谁当皇帝呢？老爷子手里可打的牌也不多。别看他有十七个儿子，但他最爱的儿子都夭折了，剩下的也有一大部分活不过乾隆。

能在乾隆六十年（1795年）还活着的，就只剩下皇八子永璇、皇十一子永瑆、皇十五子永琰、皇十七子永璘四位。由此可见，乾隆帝的儿子是个高危职业。

这四位根本不用怎么权衡：老八永璇是个少爷秧子，不适合当此大任；永瑆很有意思，除了是个书法家之外，生活中的他表现得就像个普通人，没法当太子；永璘最大的特点就是没特点；那就挑个岁数大的，皇十五子永琰就这样捡了个太子名额。

几个月后，乾隆皇帝正式把皇位传给了皇十五子永琰，改元嘉庆，改名颙琰。乾隆帝成了太上皇，也是中国历史上唯一一个正大光明掌权的太上皇。

嘉庆皇帝当然不敢造次，于是率领群臣奏请乾隆太上皇"寿跻期颐"。什么意思呢？就是说嘉庆帝太年轻，才三十七岁，哪里懂治国？还请乾隆太上皇继续执政，一直到太上皇一百岁时再退休。

太上皇就这么愉快地决定了，军机处有事还是照样请示太上皇，一切仿佛都没发生改变。

和珅有没有危机感呢？他担不担心一朝天子一朝臣呢？开始时他是完全不担心的。很明显，谁当皇帝不是要钱要权？这些只有和珅能帮忙搞定。只要嘉庆帝想享受乾隆帝享受的一切，就得依靠和珅。放眼满朝文武，还有能用的人吗？阿桂老得都要上不了朝了，刘墉岁数也不小了，比年轻时昏聩多了。

另外，和珅坚信自己是嘉庆帝的恩人。因为他提前把嘉庆帝被封为太子的消息透露给了嘉庆帝，这不是报喜鸟有功吗？

而且，乾隆皇帝退位也是为了自己成绩单好看，一些烂摊子很明显要甩给嘉庆帝，嘉庆帝还能靠谁解决这些烂摊子呢？

果然，就在嘉庆帝刚即位不久，帝国的南疆出现了一件规模小而意义大的事情。贵州苗民的起义渐成燎原之势，算是为嘉庆元年（1796年）献上了一份大礼。

这是小规模的起义，比起即将发生的白莲教起义简直不值一提。但对于和珅来说，这次起义意义重大，直接把和珅推上了人生的巅峰。

首先我们来看这次起义是怎么回事。在清朝以前，历代王朝对西南边陲少数民族地区的控制非常的薄弱，这些少数民族由一个个土司管理，享受高度自治。到了清朝，由于这一地区的特殊性，才有了吴三桂镇守云贵多年。三藩之乱以后，虽然朝廷在西南设省道府县，但诸多地区游离于这些行政机构之外，可以说是一个个国中之国。也正是因为土司制度，古代西南地区一直很原始。

因此从雍正朝开始，雍正帝派出心腹大臣鄂尔泰前往西南正式推广改土归流，逐步废除土司制度。

从字面上解释，改土归流就是把土司改成朝廷派来的流官。改土归流的手段呢，基本上就是先拿走土司们的军权，再拿走土司们的行政权、司法权，最后设立朝廷的官职，把这些地区纳入朝廷的行政体系。因此，自改土归流开始，土司们和朝廷的矛盾就一直存在。不过这些地区力量薄弱，几百上千个人闹事，朝廷分分钟就能平叛。

朝廷自认为完美无瑕的改土归流政策，在具体实施的时候，还是会有很多问题。大清的官做事都是采取高压政策，甚至有滥用职权、贪赃枉法、抢劫少数民族的事情出现。因此，除了土司之外，少数民族的百姓也时有反抗。纵观清朝历史，光苗民的大型起义就有三次，嘉庆元年（1796年）这回赶上的是第二次。

这回苗民起义的主要原因有二：第一是官府强征苗民土地；第二是官府迁来大量汉族人挤压苗族人的生存空间。

到了乾隆六十年（1795年），终于引发了石柳邓起义。这次起义很快波及贵州东北部和湖南西部，像什么石三保、吴半生也都纷纷响应。还有位肖世宁很有意思，他自称是吴三桂的后裔，改名吴八月，曾一度被各路苗族义军尊为"吴王"。

但实际上，各路起义都是各自为战，理论上镇压这样的起义没什么难度。

遇上这样的不和谐因素，朝廷肯定要使出雷霆手段。怎么打呢？朝廷派出了第一猛将福康安，调集了七省三十七万大军镇压这些小规模起义。福康安大家很熟悉了，那是指哪打哪，一路高歌猛进。结果，福康安运气不好，嘉庆元年（1796年），福康安在这场战争中病逝。

主帅死了，副帅和琳就担起主帅的职责，当上了总指挥。这仗怎么打？可得说道说道了。和珅管钱，和琳管兵，这哥俩多好商量。大清朝的财、政、军权都在和珅的控制之下，让和珅正儿八经地走上了职业巅峰。地方上的兵马多在和琳手中，京城周边十几万卫戍部队在担任九门提督的和珅手中，这让和珅成为清朝开国以来，继鳌拜之后第二个拥有如此大权的人物。下一个在清朝能掌握这么多军队的，就是袁世凯了。

这哥俩精诚合作，把平叛当买卖做，开始大发战争财。

然而仅仅过了三个月，和琳也病死了。但是这对于和珅来说也没关系。自从福康安病死，武将集团中就再也没有能与和珅分庭抗礼的人了，各级军官基本上都以和珅马首是瞻。当时海兰察也死了，唯一能与和珅对抗的阿桂也躺在了病榻上，所以军权还是牢牢地掌握在和珅手中。

虽然苗民起义的几个领袖相继败亡，但由于清廷调集多省兵力去贵州镇压，四川、湖北相对空虚，这导致了更大规模的川楚白莲教起义，更为嘉庆元年（1796年）献了一份礼。

这回白莲教的起义没有名将指挥，在和珅的操控下，镇压白莲教成了他发财的良机。

嘉庆二年（1797年），阿桂去世，和珅名正言顺地成了"军机处处长"。对于和珅来说，更好的消息就是乾隆太上皇老得连话都说不清楚了，所以和珅开始给乾隆帝当翻译。

给老领导当翻译可以说是一项很强大的工作，太上皇老糊涂了，随便哼哼几句，和珅怎么翻译他也不理会，所以这就相当于和珅操纵了整个大清帝国，他的话就是圣旨。其实到了这个阶段，乾隆太上皇已经被和珅操控起来了，就连嘉庆帝身边的侍读，都是和珅的亲信吴省钦、吴省兰，整个皇宫里上上下下都是和珅的人。

从这一刻起，大清帝国就成了和珅的买卖铺面，他想怎么收税就怎么收税，帝国的权力、人事、司法甚至是人命都可以被和珅当作商品出售。

这个国家到此就快完了。刘全强抢民女、逼良为娼都没事，因为他是和珅的人。而得罪了和珅的大臣，很可能看不到第二天的日出，朝上少个人嘉庆帝都不敢问。

嘉庆帝真的那么怕和珅吗？当然不是。他是皇帝，怕什么和珅啊！他怕那个老糊涂的太上皇，假如和珅说太上皇要废皇帝，那该怎么办？

所以，嘉庆帝忍啊忍，忍到嘉庆四年（1799年），太上皇驾崩，这回看你和珅再怎么假传圣旨。

果然，太上皇前脚驾崩，给事中王念孙后脚就上书嘉庆帝，说和珅贪污弄权，得查。嘉庆帝马上下旨让和珅担任治丧大臣，暂停一切政务，专心治丧，并且要求和珅必须待在宫里，不许回家。

接着，嘉庆帝下旨斥责前线负责镇压白莲教起义的将帅，说他们只会花钱，不会打胜仗，并召回前线总指挥福长安，让这个和珅的死党陪同和珅为太上皇守灵，顺便解除和珅、福长安的一切职务。

随着这个信号的放出，弹劾和珅的折子如同雨后春笋般都钻了出来，嘉庆帝趁机下旨将和珅下狱并抄家，彻查和珅的种种不法。同时嘉庆帝下旨，非常时期，奏折不要经过军机处，直接递给皇帝。

很快，和珅就被明确了二十条大罪，查抄出接近十亿银两的资产，相当于清朝十五年的财政收入总和。

各位大臣一合计，和珅罪大恶极，应当判处凌迟。当然，这是为了把当好人的机会留给皇帝。怎么说和珅也是嘉庆帝妹妹的老公公，嘉庆帝下旨赐和珅自尽。一代权臣和珅，就这么悲催地上吊了。

当初和珅在狱中时写过这样的绝命诗：

夜色明如许，嗟予困不伸。

百年原是梦，卅载枉劳神。

室暗难挨暮，墙高不见春。

星辰环冷月，缧绁泣孤臣。

对景伤前事，怀才误此身。

余生料无几，空负九重仁。

和珅到死都觉得自己是"怀才误此身"。那么和珅到底有什么才？网上替和珅翻案的经常说和珅很厉害，懂四五种语言。拜托，咸安宫毕业的学生都懂这么多种语言好吗？况且和珅只是学过，未必真懂。今天的学生在学校要学十几年英语，确信人人都能看懂无字幕的英文电影吗？

还有人说和珅会理财，这话说开了就是和珅会敛财。从和珅上位以来，他权力所致，没有不能拿来交易的东西。只要别做得太过分，天大的罪孽都能花钱找和珅摆平。也正因如此，从和珅掌权以来，大清吏治出现了断崖式败坏。民间传说"三年清知府，十万雪花银"都是客气的，清朝的官吏疯狂起来，什么钱都敢赚。

有人说和珅有文采，那首绝命诗大概代表了和珅的全部文采。和珅在文学方面最大的"才华"就是担任《四库全书》的总裁以来，大搞学术造假，大兴文字狱，对文化界进行恐怖压迫。他执掌翰林院以来，天下学子想凭科举制度改变人生是不可能了，谁有钱谁考得上。而上位的新官的第一目的当然是先把投入的成本赚回来，至于朝政，爱谁谁，一般人都不发表意见。

还有人说和珅有商业才华，这话又得两说。和珅的商业财富积累并非因为他是一个经营的高手，而是因为他可以利用手中的权力垄断经营，所以他能开当铺、银号，垄断广州十三行的生意。有特权做生意，谁都能赚钱。

然后就不得不提和珅的军事才能，虽然和珅从来没打过胜仗，但人家能从战争中发财。明明可以一星期搞定的战争，必须拖个几年。反正对手是跳梁小丑，也灭不了清朝。只要战争没打完，和珅就能从军费中上下其手，中饱私囊。

最终，在和珅为官二十几年之后，清朝的官场进入万马齐喑的状态。官员的腐败积重难返，朝廷中枢的官员也讲究多磕头少说话。这样的官场，纵使巅峰的康雍乾合体，也难以扭转。

那么，嘉庆帝为什么非要除掉和珅，不留下他继续粉饰太平呢？其实，和珅就算手握几十万大军，在太上皇死后也难以造反。毕竟各级军官不是和珅培养的，大家跟着和珅不过是因为有肉吃而已。

嘉庆帝定下的和珅二十条大罪并不是杀他的主要原因。嘉庆帝是个有理想的人，虽然才智平庸，但他是想有一番作为的。嘉庆帝庙号"仁宗"，比起乾隆帝来说，嘉庆帝确实要仁义得多。所以，和珅的暴政是嘉庆帝看不上的，而且嘉庆帝知道，和珅粉饰的太平并不能长久，因此必须杀之立威，然后推行仁政，革除弊病。

然而，和珅几十年酿下的祸根，并不能随着嘉庆帝杀掉和珅而解决。嘉庆帝处死了巨贪和珅，却没想到此时清朝的官场上几乎个个都是和珅。嘉庆帝希望有所作为，没想到底下人个个不作为。

我们看嘉庆帝执政后期的御批，每每充满着无奈。嘉庆帝知道帝国有弊政，但已无力回天。嘉庆帝废除文字狱，甚至下旨向天下臣民解释，朝廷真是穷，没法给百姓免税，望谅解。

包括后来的道光帝，也在享受着和珅留下的"遗产"。这一祸根竟逼得堂堂大清国皇帝靠给龙袍打补丁来省钱。

和珅死后，他豪华的府邸几经辗转，传到了末代庆亲王奕劻手中。这位铁帽子王不仅继承了和珅的府邸，还继承了和珅的精神，把贪污推向了另一个小高潮，从而葬送了大清王朝。

和珅，这头喂不熟的狼，必然会被钉在历史的耻辱柱上。也只有在笑贫不笑娼的观念中，才会有人觉得和珅是个好人。

随着和珅的身亡，刘全也失去了庇护，被诛杀。反倒是刘全的母亲一直保持着朴素之风，最后得以善终。

第七章

狐·慈禧

慈禧的人生大奖

在"西山十戾"中，慈禧太后对应的动物是狐。狐在我们今天看来，就是狐狸。但在我们的传统文化中，光是狐都够我写一万字的文章了。在这里我们简单说一下，狐在我国传统观念中并不是一般的动物，而是有灵性的。为什么狐有灵性呢？那是因为狐的职业很奇特，是鬼的坐骑。老跟鬼一块玩，必然通灵。另外，在很多时候，狐狸代表着祥瑞。尤其是狐狸中的极品——九尾狐，更被很多帝王看作祥瑞的代表。《孝经援神契》中说："德至鸟兽，则狐九尾。"哪怕是在《封神演义》中，大反派九尾狐也是能跟女娲大神对话的妖精。不过后来女娲甩锅给九尾狐，那就是别的情况了。

狐是极具争议性的，比如狐的特性有多疑、魅惑、伪装，但古人认为狐也有三德：其色中和、小前大后、死则首丘。这三点又是儒家看重的三种品质。所谓"其色中和"，说的是狐狸那种黄色属于阴阳五行学说中的中和之色，所以中国人以黄色为尊。"小前大后"也是儒家追求的秩序：首象征帝王，但不占据最大资源；狐的尾巴大，在屁股后面，象征黎民百姓，虽位卑但占据更多资源。虽然历史上的帝王基本都是反着来的，但儒家依然追求民贵君轻。"死则首丘"是说狐在死的时候，无论死在哪里，头都要朝着家乡的方向。

有的时候，狐象征着祥瑞，但有的时候则相反，"狐朋狗友""狐假虎威"都是贬义词。慈禧跟狐一样，也是充满了争议。

虽然说身处权力巅峰的女人总是极具争议，但争议到慈禧这个份上的，在历史上绝无仅有。

第七章 狐·慈禧

慈禧的家世、民族、理想、目标等都有争议，好像唯一没争议的就是她的性别。那慈禧到底是个什么样的人？她给中国历史带来了什么样的启示？在这一章，我们主要从思想变化上来聊聊这位著名的西太后。

慈禧的事迹，大家其实很熟悉，这次我们换个角度，思考些更深刻的内容。为了行文的统一，我们统称其为慈禧，尽管这个称呼出现得并不早。

1989年，在山西省长治市，一位叫赵发旺的村民，伙同几位"知情人士"找到当地政府部门，要求重新恢复慈禧的真实身份。他们愣说慈禧是长治市上秦村的村民，小时候被父亲卖给了地主，后又被地主卖给了知府惠征。惠征见娃聪明伶俐，于是收之为义女，并在后来举荐娃去选秀女，开启了娃的别样人生。

可问题是这个故事的逻辑有点过于童话，这样的故事改成小慈禧因为聪明伶俐被惠征纳妾仿佛还合乎逻辑一点，收为义女并让她肩负整个家族的荣耀去选秀女，没有这个道理。更重要的是，惠征是旗人出身，从中央到地方当的最小的官是道台，还真没当过知府。或者这些"知情人士"并不知道什么是知府，也不知道什么是道台，更不知道养女是不能参加选秀活动的。

况且惠征在道光二十九年（1849年）调任山西归化城道员，三年后慈禧就选中了秀女。这要是操作起来，时间可够紧的。

这种故事跟清末、民国时期流行的"叶赫那拉复仇记"相比，故事性就差太多了。据说当年建州女真灭了叶赫部，导致双方结仇。大清皇室有祖训，不许叶赫那拉氏的女人入宫。后来慈禧入宫，一心祸害大清江山。虽然这个故事逻辑上也不通，但比那个慈禧是汉族人的故事精彩多了。不过，大清皇室这么惧怕叶赫那拉氏，为什么不将他们灭族？这种事爱新觉罗家族可没少干。而且，这个故事也解释不清楚既然有祖训，为何慈禧还是去参加了选秀。

不管怎么说，慈禧的童年充满了神秘色彩。而这种神秘，源自她成名后的家喻户晓与童年资料空白形成的强烈对比。

但凡是强人，我们都会一厢情愿地认为他的一生就是一个传奇接着一个传奇，直到今天也不太愿意相信那些高高在上的家伙会是普通人，或许这也是种心理安慰。我为什么要跪皇上？为什么和皇上不平等？因为皇上是神啊。

然而慈禧的童年就是很普通，惠征虽然是旗人，但家世一般。他们比劳苦大众是强得多，不过在旗人圈里并不出众，算是比上不足比下有余。

惠征虽然没有混到权力巅峰，一直在京担任吏部的具体办事人员。他的女儿有资格去选秀女，但能成功入选怕是惠征之前没想到的。

当时正是江南发生太平天国运动的时候，惠征要调任芜湖搞后勤。没想到慈禧在选秀中名次还不错，直接就被封为贵人。原本慈禧是那贵人，由于口音的问题，她的正式封号写作兰贵人，文雅了不少。

这样的家庭，是慈禧"三观"形成的第一阶段。作为具体办事人员，惠征深谙官场舞弊之道；作为京城部委的特派员，惠征每每到下级检查，也深谙御下之道。

在这个阶段，慈禧学到的第一课就是不听台面上的大道理，那都是蒙人的。上面说什么就信什么，那不是傻吗？对于下面的人，那就一定要吓唬他们。上头来的特派员不吓唬人，那说明这个特派员很傻。翻遍史书，还真没这样傻的。

虽然这是两千多年前很多法家导师总结的，但慈禧未必知道这些道理的出处，不过她清楚得很，这就是她父亲的处事方式，这也是慈禧的"三观"基础。假如没有闹太平天国运动、英法联军侵华这几出，慈禧早晚也能在后宫出人头地。

但如果说慈禧准能打败慈安太后，倒也不见得。历史跟宫斗剧不一样，尤其是清朝，不存在哪位后妃通过自身努力当上皇后的例子。清朝想当皇后有个硬指标，那就是出身得够格。出身的最低标准，至少也得是上三旗，而且整个清王朝也没发生过一次通过宫斗当皇后的先例。

虽然慈安的家族不是清朝顶级贵族，但她的出身也相当硬。首先她是镶黄旗的，父亲钮祜禄·穆扬阿是世袭的家族二品荫生，穆扬阿的正福晋是克勤郡王庆恒的孙女。克勤郡王虽然是郡王，但这个郡王是开国八大铁帽子王之一。在后宫，这种家族的差距，并不能用手段来弥补。一直到后来两宫垂帘听政时期，慈安的权势都要压慈禧一头，这是我们客观研究慈禧必须要知道的一点。

咸丰朝的这次选秀，慈安和慈禧的名次差距极大。慈安是皇后，慈禧只是贵人。而且没过多久，慈禧的父亲惠征死在了前线，但他背着临阵脱逃的罪名，还不能算烈士。因此在生下皇子之前，慈禧给慈安提鞋都不配，更不可能与之为敌。

当然，如果我们按照一些奇葩专家的观点来看，慈禧早年间在后宫的发展绝对比慈安快。人家慈禧仅仅用了两年就升为嫔，又用了两年就升为妃，再过一年因为生了皇子而升为贵妃。而慈安一直原地踏步，所以慈禧混得比慈安强。这种论调在我们身边比比皆是，放在古代大家觉得大谬，放自己身边就不一定能反应过来。

慈禧算幸运的，虽然她的家族不能给她帮忙，但是她有皇子，还是咸丰皇帝唯一活着的皇子，这就让她不至于被遗忘在历史的角落。清朝那么多贵妃，谁敢说自己的名气比慈禧大？包括那么多皇后，谁又能比慈禧红？究其源头，会生儿子的嫔妃不厉害，厉害的是慈禧这种能生出唯一皇子的嫔妃，这等于是中了人生的大奖。

原本慈禧这么熬下去，正常逻辑下能在咸丰驾崩后熬成太后，自己死后被追封皇后，也就如此了。可能百年后会有无聊的影视公司把她的故事挖掘一下，东拼西凑搞个宫斗剧也说不定。但是，慈禧当贵妃时，正赶上清朝最危急的时刻，当时太平天国运动闹得凶。

与此同时，清廷还跟英、法闹翻了，咸丰皇帝糟践了所有和谈可能，终于把英法联军引到了北京。皇上当年多伟大，让两广总督叶名琛既不能丢了清朝的威风，又不能擅自开战。如今到他给天下臣民做示范了，大家都想看看皇帝陛下是如何做的，结果皇帝带上老婆孩子跑了。

慈禧因为有皇子，所以也可以获得逃跑的资格。一行人经过一路颠簸，逃到了清朝皇帝最大的行宫——承德避暑山庄。咸丰帝觉得多少有些挂不住脸，清朝自定鼎以来，没出过这么现眼的皇帝。远的那些不说，咸丰帝他爷爷嘉庆帝办过和珅，平过白莲教、天理教，他爸爸道光帝再不济，也平定过新疆张格尔的叛乱。到他这一代，内不能平太平天国，外不能制英法。丢了京城不说，还让人烧了圆明园，这大清看上去要完了。

咸丰帝一赌气，死了。

不过在死之前，咸丰帝还是安排了后事。他唯一的儿子载淳继位没有争议，然而这破败的江山交给六岁的娃来治理显然不靠谱，于是咸丰帝安排慈安、慈禧以及八位辅政大臣一起执政，直到娃长大到可以自己亲政。

咸丰皇帝安排完这些事后死得干净，但这惹恼了不少实权派大臣。没有实力的八大臣掌握着权力，而真正有实力的恭亲王、文祥、僧格林沁、胜保等人被排挤出核心权力层，这就埋下了祸根。八大臣明明和两宫太后是战友，结果这八个人尾巴翘起来先窝里斗，不把太后们放在眼里。这就给了恭亲王搞政变的机会，办了八大臣，重新制定权力格局。这就是辛酉政变。

很多人都说辛酉政变是慈禧导演的，那这就高估她了。慈禧在整场政变中只是参与者，并非主导者。当时的慈禧和慈安仅仅是做了一个决定，那就是同意和恭亲王合作。其他的事，都是恭亲王部署的。最关键的一步，就是胜保带兵去热河，而这些都不是两宫太后所能左右的。

对于两位太后来说，经历这样一场顶级政变，又坐到帝国权力的巅峰，还看到了镇压起义的曙光，那绝对是得到了巨大的成长。接下来，两位太后真正得到蜕变，是回京后开始学习一本叫作《治平宝鉴》的书。据说这本书由张之万编纂，翁同龢主讲，内容是历朝历代太后临朝的执政经验。

理论上，这是相当于《商君书》那样的帝王术宝典。但具体内容是什么，我也没看过，并不清楚。20世纪90年代末，某出版社出版了《治平宝鉴》，据说是根据清末民初的手抄本编纂的。且不论这样的东西怎么会流落民间，当我随意翻了一页，看到翁同龢给慈禧讲福临怎么样怎么样的时候，就能断言这是一部伪书。最起码的一点，清朝无论君臣都不能直呼福临的名讳，得叫世祖章皇帝。

因此，真正的《治平宝鉴》依然秘不示人。这本书的内容，应该不仅仅是历代太后临朝的经验。如果从慈安和慈禧的行为逻辑看，这里面不仅有法家的底子，而且还有一些黄老思想。在具体运用中，显然慈安更注重黄老，而慈禧对法家则更有心得。等到慈安太后一死，清廷中的黄老思想也就彻底无影无踪了。

辛酉政变之后，政治格局变为两宫太后和恭亲王共同执政。一般大家会认为同治朝的权力三人组中，慈禧的权力最大，事实上并非如此。下一节我们就从慈禧和慈安的关系入手，来看看同治中兴是怎么来的。

儒法道之争，重现同治年间的权力江湖

辛酉政变以后，慈禧位列大清国权力巅峰的第二把交椅。回到北京后的慈禧，通过学习《治平宝鉴》，算是重新认识了这个世界。

到这里就有个问题了，该用哪种思想治国？毫无疑问，肯定得是法家。自秦以来，法家的内核已经被玩了两千多年。这不仅是皇权的保证，甚至成了一种政治惯性。如果没有外力的改变，这种局面会一直持续下去。

有人认为，不同的历史时期，法家思想会披上不同的外衣。有时候披上道家的外衣，那就叫黄老思想；有时候来点阴阳家和儒家的结合体，叫独尊儒术；有时候把儒释道融合一下，叫理学；有时候因为理学内部左右派的分歧，又有了程朱理学和陆王心学。

别管叫什么吧，这些学说的内核都是法家。

到慈禧进修的时候，该做出选择了。慈禧应该更倾向于哪种法家外衣呢？她是个女人，讲绝对君权是堵自己的路。历史上的治乱兴衰，可供太后学习的并不多，况且她是个"副太后"，还不是个安分的人。

我们看慈安太后，她的执政思路很明晰，基本就是在走黄老思想的路子。清朝刚经历太平天国运动、第二次鸦片战争，大伤元气，必须休养生息。

恭亲王作为帝国的三把手，他其实希望恢复古制，皇帝为虚君元首，他当个实权宰相。早期的总理衙门，其实更像是恭亲王开府治事。

总理衙门权力巨大，从成立以来，基本上内政外交的大事都由总理衙门决定。这段历史的主题就是外交和洋务，这两项都由总理衙门推动。但是，总理衙门还不算清朝的正式行政单位，总理衙门的各级官员都没有品级和正式编制。

总理衙门办事大臣是几品官？那不知道，月底发工资的时候，也不按总理衙门的职位给工资。

恭亲王希望用儒家思想来延续这种局面，他想当个周公、召公之类的角色。

这样的格局，慈禧是不满意的。因为八大臣的凶恶对于她来说还历历在目，谁能保证这位恭亲王不会变脸？

怀揣黄老思想的慈安想要制衡权臣，大家达到一种平衡即可。但笃信法家思想的慈禧只有一个目标，那就是干掉权臣。

因此，在垂帘听政期间，慈禧对政务的处理显得非常积极。虽然军机处的折子得先送到慈安太后那里，慈安看完了，才轮到慈禧。但慈禧还是抓住一切机会表现自己的才干，对任何事都要做出第二高指示。

日子一长，这两位太后不仅没有矛盾，反而形成了互补。在用人方面，慈安说了算。国家大政方针以及大臣赏罚，也是慈安拿主意。慈安尤其信任曾国藩，大事都要听取曾国藩的意见。

而慈禧则善于批奏折，这里边谁作弊，谁说瞎话，谁甩锅，她门儿清。毕竟她爹当年就是从官场基层混起来的,这方面的事慈禧不陌生。

但如果仔细分析同治初年的政治格局,实际上就是慈禧和恭亲王在慈安的指挥棒下做事。慈安时而用慈禧敲打下恭亲王,时而用恭亲王敲打下慈禧,这是高手。

要在上道下儒的夹缝中求生存,慈禧的法家之路并不顺畅。很明显,她当不了武则天,那最起码要当个商鞅吧。商鞅是外人,被新君搞死很正常。慈禧是新君的亲妈,学商鞅怕什么?

因此,在很长一段时间内,慈禧都充当慈安的具体办事人员,甚至还有点邀宠的意思,她特别想让慈安知道,有她慈禧在,根本不需要什么恭亲王。

而慈安呢,在很多时候并不给慈禧面子。比如杀慈禧的心腹安德海,立慈禧不喜欢的阿鲁特氏当皇后,还政给成年的同治皇帝。还有办洋务,早期办洋务的功劳算不到慈禧头上,她也就是个执行者。具体拿主意的,还是慈安太后。她不批条子,户部是不出钱买机器的。

慈禧在人生的第二个阶段,更多的是在慈安面前与恭亲王争宠。这段时期的历史主题,就是慈安太后、慈禧太后、恭亲王之间的权力与利益之争。

慈安太后也不是无条件支持恭亲王,在同治年间,慈安太后对恭亲王有过一罚一赏。罚时,革去了恭亲王议政王的头衔;赏时,赐他世袭罔替的铁帽子王头衔。

很明显,议政王的含金量可比铁帽子王大多了。

在这种三角权力架构下,同治皇帝是很不爽的。这个叛逆期的皇帝受过良好的教育,读过本朝历史。人家顺治皇帝,六岁登基,十三岁亲政;康熙皇帝,八岁登基,十四岁亲政。

因此我们可以判断下,六岁登基的同治皇帝,十三岁那年应该会有亲政的想法。没人提这茬,那就熬到十四岁。还没人提这茬,十五岁的同治帝估计就有点坐不住了。熬到十八岁终于亲政了,才发现亲政并不好玩。

为什么呢?时代不同了,老祖宗总结的那套对他来说没有任何借鉴意义。顺治帝、康熙帝可以十三四岁亲政,原因是当时的清廷并非皇帝一人说了算,朝廷的决策机构是议政王大臣会议。至于皇帝是谁、几岁亲政之类的问题,并不影响国家的正常运转。

到了同治帝这时候，朝廷的决策机构是军机处。军机处和议政王大臣会议有着根本区别：议政王大臣们商量好的事，可以独立实施；军机处是依附于皇帝的机构，只有建议权，没有拍板的权力。这就意味着，军机大臣是谁的人，那么军机处就执行谁的旨意。

同治帝亲政了，首席军机大臣是恭亲王，其余军机大臣是两宫太后的人，那同治皇帝亲政不亲政，有什么区别？

军机处、皇帝、两宫太后都在紫禁城里，就算两宫太后不理朝政，同治帝都不好意思不去请教二位。

再加上同治帝亲政那一年还不太平，又是日本侵犯台湾，又是《申报》因为杨乃武与小白菜的冤案批评朝廷，又是外国使臣觐见皇帝，沙俄还扶植了伪政权分裂西北地区，弄得同治帝是张不开嘴，跟不上溜，你说难受不难受？

同治帝自己大概只决定过一件事，那就是重修圆明园。

大家可能听过这么一个传统说法，说清朝皇帝的整体素质还都不错，也就同治帝有昏君的素质。这位小昏君的表现，就是在那样孱弱的国力下，还要坚持修圆明园。因为这事，他还跟慈禧闹了不愉快。

这个说法看上去合理，其实也值得商榷。光绪帝亲政后，也力主修园子，几乎没有人把修园子说成光绪帝的罪过。所以我们再来看同治帝修圆明园这个事，其实跟光绪帝的心态是一模一样的，就是为了让太后们走人。太后不搬走，皇帝根本没法亲政。

要依着慈禧的脾气，修就修，修完就走。老娘在哪，国家政权的权力中心就在哪。

但是对于同治修园子这个事，慈禧是站出来跟同治帝发生直接冲突的。所以我们有理由相信，这不是慈禧的本意，而是慈安让慈禧出面对抗同治帝的，目的就是不走，还让慈禧成了恶人。

同年，同治帝离奇驾崩。这位悲剧皇帝是怎么死的，我们可以不去深究。值得注意的是，同治帝这样一个国家元首，无论是听政、勤政还是驾崩，对清朝而言没带来任何政治风浪，这足以证明两宫太后加恭亲王的执政体系之稳固，也同样证明了同治帝是个可有可无的人。

同治帝驾崩，朝廷不马上发丧。这也不奇怪，任何一个君主死掉，都不会第一时间报丧的。

很多事得安排，处理妥当了，才能公布这个消息。那么谁公布呢？慈禧公布。然后臣民议论，儿子死了，慈禧还这么淡定。这还不是最重要的，最重要的是慈禧公然违背祖制，不给同治帝选嗣，竟然给咸丰帝选嗣。

这个事大家都知道，给咸丰选嗣，朝廷依然是两宫太后垂帘听政。如果是给同治帝选嗣，那么皇后阿鲁特氏更有资格垂帘听政。

可这里面的秘密，不是慈禧能玩手段，她只是被推出来的恶人，这事还是慈安说了算。

同治帝驾崩前后，是慈禧特别招黑的一个时期。但大家往往会忽略，这阶段不是慈禧一个人说了算，她上面还有慈安。

这种三元模式，一直持续到光绪七年（1881年）慈安太后驾崩。野史传闻，慈安太后是被慈禧害死的。还有说什么咸丰皇帝提前给过慈安密诏，万一有一天慈禧不老实，就干掉她。实际上慈安太后病了一个多月，并不是慈禧下黑手。而且咸丰帝如果对慈禧不放心，也不会给她同道堂的大印，直接学汉武帝，立子杀母就行了。

历史上如果出现太后、先帝的亲信大臣乱政，那么不用问，这一定是先帝糊涂，用了一帮坏人，绝对不会是先帝英明神武，甚至早就发现了这些奸臣的野心。如果是早发现了，他为什么不管？所以历史真相只有一个，先有昏君，而后有奸臣，这个顺序是不会变的。

慈安太后死后，清朝的三角权力结构发生了改变。慈禧终于走上了权力巅峰，接下来就是她和恭亲王的对决。

两年里，慈禧不动声色。为什么呢？得等机会。慈安驾崩那一年，法军大举进入越南，清军也进入越南北部进行布防，战争一触即发。

那么，能不能不开战？不知道，反正慈禧没有做出任何打算和平解决争端的举动，既不谈判，也不退让，显然是在拱火。而且，法国驻华大使主动提出要和中国划分在越南的势力范围，也被慈禧拒绝。

在这种情况下，光绪九年（1883年）中法战争正式开打。这一打，慈禧来精神了，问恭亲王该怎么办。恭亲王难办了。说和？这是汉奸。说战？也没有必胜方案。

说不出是和是战，那就是萎靡因循。既然首席军机大臣萎靡因循，那必然要为马尾海战的全军覆没负责。于是，慈禧起用礼亲王、醇亲王、庆郡王这三位能力欠缺者，取代了皇族中最有才干的恭亲王，史称甲申易枢。

也正是从甲申易枢开始，慈禧才正式成为清朝的最高统治者，她也由此步入人生的第三阶段。而这场道、法、儒的思想之争，又是慈禧的法家思想获得了最后的胜利。

那么在这个阶段，慈禧和光绪帝的关系为什么破裂了呢？

光绪帝亲政道路上的投机者

如果我们要了解慈禧和光绪帝之间的矛盾，首先就要从慈禧的理想入手。

上一节中讲过，慈禧是非常倾向于以法家思想治国的。在这个思想框架下，大权独揽的慈禧就一改慈安太后掌权时的道家思路，开始积极主动地走向政治舞台中心。

在这个过程中，就不得不提光绪皇帝扮演了什么角色。在一般印象中，我们容易觉得慈禧非常恶毒地欺负光绪。其实故事的起初并非如此，慈禧没有任何理由恨光绪帝。如果慈禧恨光绪，当初也就不支持光绪帝登基了。或者说，为了让光绪登基称帝，慈禧挨了很多骂，因为，光绪帝的继位是完全不合法的。

按照传统的宗法制，同治帝驾崩，应该从近支皇族中选一个溥字辈的孩子过继给同治帝，然后这个溥字辈的孩子才能合法继位。可问题是，光绪帝不是溥字辈，他和同治帝一样是载字辈。慈禧愣说光绪帝是过继给咸丰帝，从而继位。虽然大臣们不敢说什么，但光绪帝继位的合法性一直是个硬伤。

但光绪帝就这么继位了，在当时的载字辈皇族中，跟慈禧血缘最近的就是光绪帝，毕竟光绪帝的亲妈是慈禧的亲妹妹。

也就是说，因为光绪是慈禧的亲信，所以慈禧选光绪继位。那慈禧会蓄意害光绪吗？肯定不会。

在慈禧的设计框架下，自己就是大清的皇帝，而光绪帝担任的实际上是太子的角色。江山是慈禧的，但迟早是光绪帝的。

那慈禧想要把光绪帝培养成一个什么样的皇帝呢？那必须是汉文帝、唐玄宗那种轻折腾、重发展的皇帝，这样才能弥补自己为了满足私欲而折腾后留下的后遗症。那慈禧自己怎么不做这样的君主？废话，好不容易掌握了巨大的权力，这要不过个瘾，都对不起自己的私欲。

孔子说，名不正则言不顺，言不顺则事不成。

这句话非常有道理。慈禧设想得特别好，但残酷的客观事实就是光绪是皇帝，慈禧是太后。因此慈禧预想的权力架构在执行层面，就会出现一个很大的问题。

如果光绪帝是太子，那么他可以合法地拥有自己的团队，也就是詹士府的官员。詹士府的官员向皇帝负责，主要工作是培训太子。

可光绪是名义上的天子，那么围绕在他身边的官员就很别扭。如果直接对皇帝负责，太后得弄死自己；如果只对太后负责，那么皇帝将来会弄死自己。

这还是心理层面的，在实际工作中就更难了。在这种局面下，可能有的朋友能够感受到一点端倪：如果一个高官表现出更倾向于皇帝，那么太后就得琢磨，这货是不是想学陈平、周勃，想要暗中反我这个老太太？如果官员表现出对太后的绝对忠诚，甚至不怕皇帝日后的清算，那更不行，连太后都得琢磨，这货这么豁得出去，是不是想学安禄山？

日子没法过了。那怎么办？只有一个办法：骑墙。

对于清朝的臣子们来说，其实无所谓统治者是太后还是皇帝，也无所谓什么帝党、后党，更别提忠孝节义。

因此大家一定要明白，大清朝的官员们在喊万岁表忠心的时候，自己是不信的。同样，慈禧也不信大臣们表达的忠诚。

也正因如此，会当官的官员就忽悠小皇帝，让小皇帝相信自己是忠君的，随即再向太后报告皇帝的情况，以及表现自己需要太后做出指示才能办事的忠心。

慈禧当然习以为常了，不会在意。但是对于年轻的小皇帝来说，他真的会觉得自己有一个所谓的"帝党"存在，认为自己是可以跟慈禧分庭抗礼的。

光绪十四年（1888年），在光绪帝十八岁那年，慈禧为他举办了盛大的婚礼，并表示次年要还政给光绪帝。

然而皇帝刚准备亲政，就有个愣头青来搞政治投机。此人是江南道御史屠仁守，他上折子奏请太后不能就这样退居幕后，皇族和国家需要太后继续带领，至少太后要继续批奏折。

这就有意思了，亲政的主要标志就是批奏折。屠仁守的折子，分明就是反对光绪帝亲政。当然，事实上大家也都看得出来慈禧不想还权，但敢这么直眉瞪眼说出来的，只有屠仁守。

屠仁守高调表达自己的站队后，慈禧太后也高调表达了自己清心寡欲、不贪恋权威的态度，将屠仁守罢官，命人把屠仁守的折子扔回去。

再次强调，投机有风险，入行需谨慎。清朝的官员也不是人人懂这个道理。屠仁守被罢免后，就有人分析，屠仁守的失败在于他拍马屁的对象错了。太后办了他，证明了自己归政的决心，将来是皇上说了算。

因此，当个投机者拍马屁，得拍皇上。河道总督吴大澂上折子，说既然皇帝亲政，皇帝的亲爹醇亲王就不能仅仅是个亲王，得上个尊号什么的，与普通的亲王区分一下。

这折子一上去，差点没把醇亲王吓死，这也太坑人了。

慈禧当即下旨批评，光绪皇帝现在的亲爹是咸丰皇帝，跟醇亲王还有什么父子关系？如此糊涂，要不是看在你是个技术官员的分上，也该革职。

两出闹剧之后，光绪帝踏踏实实亲政，慈禧则踏踏实实地表演如何继续掌权。两位投机者碰了壁，并不是他们的方式方法不对，只是因为他们是自发性投机者。

投机的正确打开方式，就是领班军机大臣礼亲王世铎召集群臣上奏。词还是那套词，无非是太后还年轻，皇帝太年轻，皇族和国家离不开太后，请太后训政几年。

什么叫训政？说白了就是培训。比如清朝末年要搞宪政的时候，总有人说清朝的人素质低，没有公民意识，不适合宪政，只能君主独裁。这个说法流氓在哪里呢？素质低你得让人学啊，没公民意识你得培养啊。

当然，慈禧的训政范围没那么大，只针对光绪帝一个人。

事都是一个事，那就是即便光绪帝亲政，慈禧也得是最高掌权者。可屠仁守和礼亲王的结局完全不同，这就是自发性投机者和职业投机者的区别。

明白这个道理之后，我们再说回慈禧的训政模式。具体地说，慈禧的训政大致体现在四个方面：

一、皇帝召见大臣，皇太后可以列席观摩；

二、大臣上折子，依然要把给太后的请安写在前面；

三、科举考试皇帝出题后，要先送给太后御览；

四、皇帝批阅奏折后，要转呈太后御览后发出。

在这种训政模式下，最终决策权肯定在慈禧手里。但是，我们不能单纯地说这是慈禧在玩手段不想放权。皇帝亲政的时候，只有十八周岁，之前毫无处理政务的经验，有这么一个过渡的阶段，并不一定是坏事。至少皇帝现在可以看奏章、批奏章、听政议政，不涉及特别巨大的事，慈禧并不过多干预光绪帝。讲道理的话，这个时候的光绪帝应该表现出自己对慈禧的孝道，以及自己有处理政务的能力。最重要的是，要表现自己的道家精神，无为而治。

无论慈禧怎么攥着权柄不撒手，可以肯定的是，慈禧早晚会把大权交给光绪帝，这点毋庸置疑。

除了太后训政之外，光绪帝周围也环绕着以翁同龢为首的一干文官集团。像什么孙家鼐、文廷式之类的文官，也都是光绪帝所倚重的官员。

这样的班底运行下去，清朝大概会进入一个相对轻折腾的时代，其基调可能也不会变，继续搞洋务运动，与邻为善。旧体制最大限度地保留，能糊弄一天是一天。可是，清朝已经是国际社会的一员，不能再像古代那样自己关起门来玩，所以自然无法按照自己的想法发展。

导致慈禧和光绪决裂的直接因素，就是日本的崛起。

随着光绪帝的亲政，日本制定了《征讨清国策》。也就是说，光绪帝在实习期遇到了连老太后都搞不定的问题。而与此同时，翁同龢与李鸿章私人恩怨的斗争也爆发了。

这就热闹了，翁同龢作为军机大臣，又是帝师，他当权时自然打压李鸿章。而根据我国悠久的"恨屋及乌"的精神，李鸿章从事的洋务、国防、外交等事业，翁同龢也要全力打压。

当然，我们也不能说北洋水师十年的停滞都是翁同龢的原因，但最起码光绪帝亲政以来，洋务运动的势头开始萎靡。海军的萎靡，只是其中一种表现而已。

毕竟洋务运动搞了三十多年，清朝的上层有一种躺在有水分的成绩单上沾沾自喜的心理。再加上清廷的官员一看外媒报纸都在吹大清的崛起，真觉得清朝有多厉害了，至少不能把日本放在眼里。

因此，在跟日本出现利益冲突的时候，光绪帝首先不认同坐下来好好聊，其次不认同把日本当成假想敌而制定国策，再次绝不在国际社会上寻求道义支持。

但是，也不能无视日本的咄咄逼人，所以这段时期的大政方针就是与日本针尖对麦芒。但是，清朝又不主动出招，只是在日本有了动作后，被动地表示一下自己的硬气，除此之外，也没做什么。

对于慈禧来说，当时比较重要的一件事就是办自己六十岁的生日庆典。慈禧一琢磨，康熙帝、乾隆帝都搞过极其盛大的庆典，自己作为中兴之主，没理由不玩票大的。从光绪帝的角度讲，这个庆典必须玩大点，一来是表现自己的孝道，二来是个机会让慈禧搬出紫禁城。

其实在修园子这个环节，慈禧真没挪用海军军费。她搞钱的手段就是以"海防捐"的名义，从东南各省募集爱国捐款，然后把这笔钱存到外国银行投资理财，用这笔钱的收益修园子。因此，光绪帝也是修园子的积极推进者。可万万没想到，这个节骨眼上日本搞事情，在丰岛海域不宣而战。

那光绪帝自然赶紧把处理意见报给慈禧，表示自己热血主战的决心。慈禧批示：不能示弱。这娘俩的处理意见高度统一，于是光绪帝愉快地向日本宣战，甲午战争打响。

可问题是，战略储备、运输能力、补给能力、国际舆论、预备役的情况等跟战争相关的事情，光绪帝一无所知。

这要是一个网络喷子的认知水平，那顶多是到网上冒傻气。可这是一个皇帝的认知水平，那只能是把国家带入深渊。

慈禧很大度地表示：为了支援抗战，老娘生日不过了，谁也不许给我寿礼。那笔海防捐，慈禧也提出来给李鸿章买装备。

那么，清朝当时还有明白人吗？可能大家会想到李鸿章。李鸿章这个明白人，其实是被同行衬托的。虽然北洋水师是他一手缔造的，但是对当时的海军军力对比、舰船性能、保养维修等方面，他也是一知半解。

甚至对于国际法，李鸿章都有茫然的一面。比如说抗日战争，虽然说打了十四年，但当时的民国政府对日宣战是在1941年底。原因就是如果正式宣战，则无法得到国际社会的补给。

再看甲午战争，清朝最可笑的操作就是光绪帝着急忙慌地宣战，之后李鸿章拿钱张罗着买军舰，谁还卖军舰给交战国啊？退一万步讲，即便是人家肯卖，这玩意又不是电瓶车，不是买了就能驾驶啊。打起来了再买军舰，这不跟闹着玩一样？

但是，李鸿章还是要把他知道的真实情况告诉慈禧。哪怕是背锅，也得背得明明白白。所以在光绪帝下令不许把真实战况报告给太后的时候，李鸿章还是如实对慈禧作了汇报。那么，最真实的情况就是清朝所谓亚洲第一的海军，打不过在亚洲没有排名的日本海军。

其实慈禧也纳闷，北洋水师不是亚洲第一吗？为什么打不过日本？

对啊，不打仗当然世界第一，打仗就另说了。毕竟这是真刀真枪的战争，不是阅兵。

根据李鸿章的为官哲学，去给慈禧报告情况决不能空手。李鸿章献上了价值不菲的寿礼，引起了同行们的强烈愤慨。

当然，同行们不是愤慨国难当头李鸿章还铺张浪费送礼，而是愤慨李鸿章没义气。太后都说不要寿礼了，我们都没送，你给送去了，就你能耐？就你是忠臣？我们也得赶紧行动。

这就是独裁政体的奇葩之处，前线让人打成狗了，大臣们还忙着送礼。

随着战况的失利（当然，清军一直也没得利），慈禧和光绪之间的矛盾就暴露出来了。

在这场战争期间，慈禧发现除了李鸿章，别人都不来请示自己。为什么？一打听知道了，光绪帝对这场战争一直亲力亲为，不允许大臣向慈禧汇报。

慈禧吃过见过，从第二次鸦片战争到镇压太平军和捻军，从收复新疆到中法战争，该怎么处理战事，慈禧虽不见得水平高，但最起码经验足。六十岁的人了，怎么说也比光绪稳重很多。她相信李鸿章是对的，不能把战争扩大化。

再看光绪帝那打了鸡血的劲头，慈禧会觉得光绪帝一直在瞎指挥。但是，慈禧绝对不会收回指挥权。为什么呢？因为战败是注定的，并不会以光绪帝的精神力量强大而改变。只要不去拿指挥权，自然就不会背责任。

但是，慈禧还是希望知道战争的真实情况的。不管可以，不知道不行。可是，光绪帝打心眼里不想让慈禧去管，也不想让她知道。

在光绪帝的亲自指导下，大清是一战丢李朝，再战丢辽东。按照这个趋势，京城可能又危险了。这回慈禧彻底坐不住了，擅权进行议和，促成了《马关条约》的签订。

甲午战争的具体情况在这里就不说了，我们要讨论的是这场战争成了慈禧与光绪闹矛盾的第一个伏笔，慈禧看不上光绪的热血无脑，光绪恼怒于慈禧在最后关头擅权。

可问题是，慈禧对光绪的不满主要是恨铁不成钢，不至于要废了他。

但光绪对慈禧的不满，如鲠在喉，他倒想废了慈禧。

不过，不管怎么说，慈禧既当爹又当妈把光绪养大，这一件事也不足以让两个人决裂。慈禧还是希望光绪能做成一件事：慢慢成长起来。从慈禧的角度讲，这得亏是她还活着。万一她死了，这回北京不就丢了吗？可能老太太也没想到，将来作天作地搞得北京真丢了的不是光绪，而是她自己，这是后话。

正是甲午战败，慈禧和光绪才明白过来，原来清朝只是打嘴炮厉害，打铁炮还是不行。虽然他们娘俩都不愿意承认，但也不得不在现实面前反思，装备再好也救不了一个腐朽的体制。三十年洋务运动带来的虚假繁荣，不过是镜花水月，一戳就破。

那怎么办？只能是搞体制改革。虽然在洋务运动之初，就有很多大臣特别"明事理"地指出：西方的邪路不能走，我们大清的政治、文化、经济都比西方好，仅仅是火器不如西方而已。因此，最多搞一下"中体西用"，保留自己的一切，把八旗、绿营的装备换了就够了。

什么意思呢？就是说这些大臣认为，自行车换上一级方程式赛车的轮胎，速度就起飞了。

三十年后，残酷的事实证明，这么做没什么用。你给黄飞鸿一个火箭筒，他也不会用啊。那怎么办呢？体制改革吧。日本一个积贫积弱的蕞尔小国，搞了明治维新就成强国了。那我大清要是维新变法，还不得飞了啊？

因此，慈禧和光绪再度达成了一致，变法。我们总认为慈禧是守旧派，反对变法，其实也不能这么说，最起码在决定变法之初，光绪帝得到了慈禧的鼎力支持。那么这娘俩为什么在变法时最终撕破脸皮成了仇敌呢？

慈禧并没有阻止维新变法，只是阻止了维新政变

光绪帝刚亲政，就赶上了甲午战争。战败的第一责任人的锅，光绪帝肯定是不背的。这个锅嘛，自有专业背锅侠李鸿章背着。当然，我们也没必要为李鸿章鸣冤叫屈，他干的就是这个活，早晚得背这个锅。

有个传统的说法，叫甲午战争证明洋务运动是彻底失败的。其实这样的说法并不对，只是近代史一般都有现成的答案，导致大家不去分析这个问题。

清廷为什么要搞洋务运动？按清廷自己的话说，要"自强"，要"求富"。如果从这个角度讲，洋务运动确实失败了。但实际上呢，清廷搞洋务运动的真正目的没那么冠冕堂皇。

洋务运动的第一要务是：镇压太平军！

当时之所以搞洋务，是因为清朝的绿营主力葬送在江南太平军之手，八旗主力覆灭于八里桥之战。拿什么可以迅速武装一支军队镇压太平军呢？曾国藩用事实证明，用洋枪洋炮武装军队可以使之迅速具备战斗力，而且还很好使。老买进口货太贵，这破玩意拆了直接仿制就行，于是有了近代军工企业。这些烧钱的企业，自然是经办大臣的聚宝盆。

清廷遇到了放在任何朝代都能亡国的危机，在洋务运动的加持下，竟然奇迹般续命成功，你能说洋务运动是失败的？

镇压太平军结束后，吃了企业红利的洋务派不能闲着啊。清廷办的企业赚不赚钱，跟企业领导赚不赚钱是两码事。于是便有了以"求富"为口号的非军工企业的诞生。包括什么招商银行、汉阳铁厂啦，都是这么来的。

客观上讲，洋务运动推动了清朝的近代化，经济上呢，因为有赫德管着海关，关税收入也超过了乾隆时期的水平。所以，这三十年就叫"同光中兴"。在"求富"这个阶段，洋务运动也不算失败。朝廷花的钱超标，那是另一回事，不是洋务运动不行。

甲午战争的失败，并不代表这三十年的洋务运动彻底失败，它反而刺激了清廷要继续深化洋务运动，根本停不下来。

问题是，早在洋务运动看上去最辉煌的时代，就有人看出了端倪。国家并非换了武器就能强，也并非办了工厂就能富。为什么洋务运动期间的军工企业都是

烧钱的无底洞？为什么汉阳铁厂连采购设备都能出错？这跟为什么赫德管理的海关能赚钱、有效率且清廉的答案是一样的。洋人的企业办得好，并非机器好，而是因为管理制度好。

那具体到一个国家，清朝的制度跟不上时代，换了武器当然也是白扯，办了企业也不够朝廷挥霍的。

大清最该去武装的，就是制度和思想。

美国历史学家斯塔夫里阿诺斯认为洋务运动的失败是必然的，但原因是西方的文化科学与儒家文明是对立的。

但实际上也并非这么回事，洋人对儒家的理解，还停留在理学的层面上。事实上，随着西化的深入，那些长期对法家不满的真正儒家，恰恰发现了孔孟提倡的原版儒家思想并非一纸空谈。西方的普世价值，与儒家的大同思想可谓异曲同工。《周礼》中所说的"乡举里选"，传说中的"推位让国"并非只是传说，人家西方就这么实践了。

这可让痛恨商鞅的儒家学者逮着机会了，必须得变法。再具体点，变法就是要改变秦以来的法家制度对人心、思想、道德、文化方面的荼毒。

而最热心变法的群体，就是怀着对上古儒学敬畏的一批人。

那问题来了，如果是改变法家制度，那就是削弱光绪帝和慈禧太后的权力。这两位当事人，对变法到底是什么态度呢？光绪帝是坚决主张变法的，但是，光绪帝变法的目的是加强自己的权力。

而慈禧也是主张变法的，一个主张洋务的老太太，不能说她是个坚决的守旧派。但是，老太太不理解变法是个什么意思，她最初就以为变法是洋务运动的深化。因此，老太太表现出了对光绪帝变法的全力支持。

也就是说，当这娘俩决定变法的时候，其实他俩对变法都没什么概念。这也正常，在中国一提变法，那就是什么商鞅变法、熙宁变法，这些都是以皇权为中心的变法，皇帝没理由拒绝。

对于世界大势，这娘俩是不懂的。老太太不明白，所以李鸿章能替她当个"裱糊匠"，而不告诉她世界大势的真相。而且在老太太这里，讲这种真相等于造反。而光绪帝倒霉就倒霉在他对世界大势是懂的，可惜他的一手材料是康有为的《日本变政考》《俄彼得变政记》。

各国在从帝制走向文明的例子中，最不可取的就是当时的俄国和日本，康有为偏偏选了这俩。要命的是，康有为对这两个国家的变法也是一知半解，或者是自己故意歪曲。

光绪帝看了这两个国家的改革，绝对是心向往之。为什么呢？富国强兵不重要，重要的是：明治天皇以前是个"碎催"，改革后成真天皇了；彼得一世以前是个傀儡，改革后大大打击了贵族的势力，成真君主了。

从这个角度琢磨，彼得一世改革和明治维新，不还是商鞅变法吗？

于是，光绪帝命翁同龢起草《明定国是诏》，呈慈禧御览。

诏书大意是这样的：过去咱大清开专科考试、裁汰冗兵、配西洋武器、设新式学堂，都过于保守，因此风气不开。加上清流党阻挠，洋务不够深化。为了继续深化洋务，防止清流党重酿宋、明党争的弊政，朕决定明确国家方针政策，以圣贤理论为根本，以西方技术器物为重心，专心致志搞洋务。各位年轻的皇室宗亲先行入新式学堂学习，以期人才济济。而眼下，最重要的人才就是会说各种外国话的翻译，谁发现了这类人才都可以保送到总理衙门备用。

光绪帝认为，以前洋务没搞好，就是因为清流党对洋务派太多掣肘。现在不许他们胡乱瞎说，洋务运动必能使大清富国强兵。

讽刺的是，起草这份诏书的正是昔日最爱阻挠洋务派的清流领袖翁同龢。再一次强调，在清朝这种体制下，职业官僚干到一品大员这个份上，绝大多数不会是什么好人。他们绝大多数没原则没底线，唯一的追求就是政治投机。

慈禧一看到这份诏书，肯定是非常满意啊。这用反对吗？完全不用。简单提炼下，这份诏书所说的内容，就是慈禧爱臣张之洞总结的那四个字：中体西用。

得到慈禧认可后，光绪帝大概都在憧憬自己变成乾隆帝那样说一不二的强君了。也正因如此，他迷失了自我，失去了方向。

光绪二十四年（1898年）四月，恭亲王奕䜣病危，光绪帝去探望。老王爷这辈子什么都看透了，人之将死，其言也善。他留给光绪帝两句遗言，第一是不要重用翁同龢，第二是不要轻信康有为。

结果在实际操作中，光绪帝给弄反了。他做的是不轻信翁同龢，不重用康有为。

窃以为，老王爷临终前说不要重用翁同龢，并不是要将翁同龢赶走。这个人门生故吏遍天下，是光绪帝唯一的依靠。不重用，是说变法这种大事，不要让翁同龢来主持。

结果光绪帝一咬牙一跺脚，给翁同龢提前办了退休。而自己所谓的"帝党"，也就没了。

老王爷说不要轻信康有为，但不代表不能用康有为。当年汉武帝重用江充，武则天重用来俊臣，并不是信任他们，而是把他们当咬人的狗来使唤，等到尘埃落定需要有人挨骂的时候，再兔死狗烹。

光绪帝年轻啊，没参透这一层，因此并没有一个出来抗雷的人物帮他变法。慈禧学了一肚子法家理论，酷吏玩得很溜，但没教给光绪帝，因此光绪帝从变法之初就犯了严重的错误。他历史也是白学了，不知道商鞅、王安石这样的人，君主一开始就准备好牺牲他们了。

变法的项目其实真的乏善可陈。办工厂、练新军、建学校、裁汰冗官，这些跟政治改革一点边都不沾。

最狠的是私人报纸《时务报》，还被光绪帝收归清政府了，那这报纸还能讲真话吗？必然是我大清英明神武，以巨大的智慧签订了《马关条约》，取得了这场谈判的胜利。至于条约内容，有能耐你就穿越到未来去看吧。

至于康有为主张的宪政、国会、国教等政治改革主张，光绪帝理也没理。

那就折腾吧，你说工厂能三天建好吗？光绪帝不管，得让世界看见大清的办事效率。光绪帝可是过足皇帝瘾了，一天天的光发上谕玩了。

慈禧也是疼孩子，再让他折腾一回吧。于是，无论光绪帝怎么折腾，慈禧都不管。既然你是要变法，而不是政变，那老娘抓紧军队，你随意折腾吧。

慈禧默默地派自己的亲信崇礼、怀塔布、刚毅抓住了北京的军权。本来规定人事任免要让慈禧指导一下的，结果光绪帝不管不顾，军机处被他大换血，甚至连刚毅、怀塔布都被罢免了。

慈禧点将，光绪帝敢罢免，他这就是不给自己留路了。这到底是变法，还是夺老太太权？

老太太忍了，引而不发。接着，光绪帝又干了一件戳老太太心窝子的事，诏令袁世凯进京。

慈禧也没搭理他，看他还能怎么办。

光绪帝决定放弃军机处，开懋勤殿，打算用之取代军机处。老太太这回真不乐意了，什么事都不能串一起想。说好新任二品以上官员去颐和园请安，不去就不去吧。罢免刚毅、怀塔布，也可能是这俩孙子真的不讨皇帝欢心。召见袁世凯就召见吧，可能皇帝就是单纯为了表彰袁世凯练兵练得好。

但是这次开懋勤殿就不一样了，这跟变法有什么关系？多大的事不能在军机处说？甭问，准是要反我老太太啊。因此，自从戊戌变法开始以来，慈禧第一次提出反对意见，就是反对皇帝开懋勤殿。

这下，光绪帝有意见了，开始斗气了。光绪帝极其不成熟的一点就是在给杨锐的手谕中，抱怨变法难。怎么个难法？矛头就指向了慈禧，意思是慈禧对变法百般掣肘。

接着，袁世凯到京，光绪帝召见袁世凯，并大加笼络。因为怕光绪帝胡来，直隶总督荣禄给袁世凯下令，说英、俄密谋侵华，让袁世凯赶紧回天津处理军务。

在这个节骨眼上，光绪帝又召见袁世凯，命他和荣禄各办各事，别听荣禄的。

这不是斗气吗？袁世凯进退两难，不知道要听谁的。在这个时候，谭嗣同夜访袁世凯，说有皇上密诏，令袁世凯起兵杀荣禄，围了颐和园。

这事一说起来，大家总说袁世凯出卖了维新党。首先，客观地讲，袁世凯自己不是维新党，也没和维新党共事，谈不上出卖。其次，谭嗣同说是皇帝密令袁世凯起兵，事实上光绪帝不知道这事。忽悠袁世凯起兵这个事，是康有为和谭嗣同密谋的。再次，袁世凯又不傻，来个人说有皇上密诏，他就跟着造反？汉献帝还有个衣带诏呢，光绪帝又没被监视，难道是给谭嗣同传的口谕？搞笑呢。

只要袁世凯没疯，把这件事报告给上司荣禄就是正常行为。荣禄肯定要报告给慈禧，慈禧自然勃然大怒。而且，最让慈禧忍不了的是，她得到御史杨崇伊奏报，说这个节骨眼上，日本前首相伊藤博文和英国传教士李提摩太齐聚北京并非偶然，他们打着"中美英日合邦"的旗号，请伊藤博文当首相。

当时维新派主要官员杨深秀和宋伯鲁给光绪帝的奏折中，也明确提出要与日、美、英合邦。

于公于私，慈禧都不能再放任光绪帝胡来了。于是她紧急返回紫禁城，软禁光绪帝，逮捕维新党。慈禧太后宣布训政，处决了"戊戌六君子"。

戊戌变法，也就这样成了戊戌政变。

在这场政变中，慈禧太后和光绪帝都委屈到了极点。首先说慈禧，她觉得自己既当爹又当妈，没有对不起光绪帝的地方。哪怕光绪帝再胡来，在整场变法中，慈禧也只反对过他开懋勤殿。谁知道自己亲手养大的儿子要杀自己，这孩子真是缺了大德了。

光绪帝也委屈啊，朕虽然在闹情绪，有脾气，但朕真没有密令袁世凯造反，更没给过康有为什么密诏啊！姓袁的也是糊涂，没有朕的手谕，凭什么说是朕派谭嗣同去鼓动他造反的啊？

不管怎么说，这一下，慈禧和光绪帝的关系彻底决裂。尤其是慈禧，恨光绪帝恨得牙根痒痒。老太太什么风浪没见过？这么多年来，最让她伤心的也就是自己亲手养大的儿子让人弄死自己。而且事情到了这一步，娘俩的关系根本也无法缓和了。这个心理上的裂痕无法弥补，况且他们又非亲生母子，到这一步，慈禧对光绪彻底绝望了。甚至，她都有可能后悔，当初抱来继位的孩子为什么不是载沣？

同时，或许慈禧也在想念自己的亲儿子同治帝，这娃再叛逆，也不至于要杀亲妈啊。

也正是由于这件事的刺激，慈禧决定废掉光绪帝，另立新君。那么另立新君的过程中，慈禧又有哪些心路历程呢？

家事国事天下事，慈禧是怎么定义的？

戊戌政变对于慈禧来说并不是一场伟大的胜利，她完全没心情去宣传自己怎么粉碎了光绪卖国集团。对于慈禧来说，这场政变是伤心的经历。她无法原谅光绪帝对她的背叛，没心情为自己的英明睿智点赞，她只想找个没人的地方伤心一会儿。

老太太琢磨着，这抱来的孩子，怎么都不如亲生的。退一万步讲，自己亲儿子害自己，那都没这么伤心。既然这样，慈禧决定跟光绪帝断绝一切关系，那么光绪原本就不合法的帝位，也就不复存在了。这才引出"己亥建储"的故事。

这之所以是个大事件，是因为它又是一次中国传统帝制观念和近代国际法的冲突。

此前，光绪帝是清朝的国家元首，并得到了各国的承认。这是传统中国并不去考虑的事，因为只要皇帝的臣子和百姓不造反，那么皇帝就是合法的君主。从根上看，中国传统皇权最大的合法性，就是皇权来自对太祖皇帝的继承。说其他的都没用，皇位继承顺序是最靠谱的。

但随着全球化的发展，基本上任何国家都无法独立于世界而单独过日子。这就牵扯到一国的政府、元首是否被国际承认的问题。如果没有国际承认，那就会牵扯到国际条约、法则、协议是否合法，以及能否顺利执行的问题。

举个例子来说，英国政府跟张三签个"中英贸易协定"，什么用也没有，除非张三是中国的元首。同样，英国政府与光绪帝签订的协议有效，那么现在光绪帝的地位不合法了，之前的协议还算数吗？

这也是传统观点的误区，很多人总觉得西方列强同情光绪帝。其实仅凭各国对光绪帝的同情，不足以让他们站出来干涉慈禧废帝。也正是因为慈禧没看懂这点，于是火越拱越大，最后打起来了。

假如慈禧早点宣布与各国修好，条约继续有效，谁管你换不换皇帝？但是慈禧觉得废光绪帝是自己的家事，洋人管得也太宽了吧。再加上身边一群大臣瞎忽悠，局势就逐渐不可控了。

慈禧决心已下，决定给自己儿子同治皇帝过继个继承人。也就是说，光绪帝的合法性将不复存在。慈禧有这个意思，底下这帮无原则的家伙当然纷纷拥护。朝廷里还有明白人吗？有，那就是普遍被认为是个庸才的荣禄。

荣禄虽然反对，但也不敢忤逆老太后的意思。于是他提出了一个折中方案："为上嗣，兼祧穆宗。"

什么意思呢？就是新继承人不能算同治帝一个人的儿子，得算是同治、光绪两个人的儿子，这个叫兼祧。

这么干合适吗？按照中国人的老传统，拐着弯说，倒也说得过去。

光绪帝是过继给了咸丰皇帝，那么他和同治皇帝就算亲兄弟。如今给他过继一个儿子，兼祧亲哥哥同治帝的香火，也算没毛病。况且民间也有"一门有子，九门不绝"的说法。荣禄的方案最重要的是保住了光绪帝的合法性，这样受到的外界阻力就会减小，不可控因素的发生概率也会更低。

然而，正在气头上的慈禧并未采取这个方案，而是以光绪帝的名义下了两道圣旨。

第一道，内容大意为：朕原本有个约定，生下皇子就过继给穆宗毅皇帝，然而朕这个身板看来是够呛，因此感到无地自容，于是想把端郡王的儿子溥儁过继给穆宗毅皇帝为皇子。

第二道，内容大意为：从现在开始，大阿哥代替朕主持各种祭祀活动。

两道上谕一出，国内外一片哗然。

其实真正同情光绪帝的，是国内的"新新人类"，他们有时候被称为洋务派，有时候被称为资产阶级，有时候被称为汉奸，反正就是这么一批人。他们不知道光绪帝怎么了，只知道光绪帝要变法被守旧的慈禧给废了。这话谁说的？康有为说的。所以国内的维新派也好，资产阶级也好，洋务派也好，反正这类人是玩命反对。

怎么反对呢？比如当时的大富豪经元善，这位掌握着钱庄、矿产、纺织、电报、报纸等多项热门商业的儒商，坚决带头给朝廷发电报，反对废帝。

结果呢，当然得跑路。这要是被抓了，那不得剐了啊？经元善当时的影响力很大，他仗义执言，就是怕慈禧开历史倒车。其实慈禧安抚一下这些人，告诉他们大清搞洋务的决心不动摇，维新的道路还能另商量，他们也不至于抛家舍业地反对。

在当时，经元善这样的人算是英雄；在未来，可能算是汉奸。

在经元善背后，近代著名的唐才常、章炳麟、蔡元培、黄炎培等人也是通电反对。慈禧没有倾听他们的声音，没有去了解他们担心的是什么，仅仅是简单粗暴地处理，最终让这些人物都倒向了革命派，你说慈禧这不是自己作的吗？

这么大的事，国际上也得来问问吧？当时管总理衙门的是庆亲王奕劻，这回他可犯难了。别看当时总理衙门管外交，庆亲王相当于外交官。但是，这个嘴长他脸上，却不能说他想说的话。谁知道上头是什么意思呢。如果是中国人来问，庆亲王不知道怎么回答，还可以把提问的人通缉了。洋人来问，难道还能通缉洋人？于是总理衙门只能和稀泥，说大清有祖宗家法，太子爷都得是秘密建储，上谕在正大光明匾后面。至于你们听说的消息，那都是谣传。大阿哥只是穆宗毅皇帝的儿子，不代表他是太子，更不代表他是要取代当今皇帝。

话虽这么说，但是清廷的政治信誉在国际上一直是负数，话说出去谁信啊。

既然不想废光绪帝，那为什么不让他理政？说他病了，洋人就想派医生去看看。

这事庆亲王就无法做主了，只能请示领导。慈禧越发生气了，老太太一琢磨，这是干涉清朝内政，是侮辱整个清朝的百姓。

当然了，这个逻辑也是挺匪夷所思的。

洋人自然不依不饶，不管你们清朝怎么办，反正各国决定，只认光绪帝是清朝的合法元首。如果你们要废帝，国际社会不答应。

洋人也不是为了仗义，关键是经元善等人一反对，朝廷一动粗，商人们提出了罢市抗议。从道光二十年（1840年）开始，西方列强希望看到的清朝是稳定的、开放的、文明的、富裕的，因为这样的清朝才符合西方列强心目中完美市场的形象，这样的大清，才能消化西方列强生产的商品，这样才能双赢。

如果中国出现罢市或者其他动荡，洋人的生意该怎么做？这才是洋人上赶着为光绪帝撑腰的最根本原因。

也正因如此，在册封溥儁为同治帝大阿哥的典礼上，各国公使都不来道贺，场面就很尴尬了。这样一个国家级的庆典，没有友邦的道贺，这人缘是怎么混的？

慈禧愈加愤怒。愤怒和权力交织，让慈禧原本聪明的头脑被腐蚀了。她在戊戌政变后的政令，基本都是在犯浑的状态下下达的。独裁者在盛怒下，一定会暴发意识形态问题。在当时，变法就是政治正确，光绪帝就是政治正确。包括一直到今天，我们提到光绪帝和百日维新，还会觉得他们在当时代表着先进和正确，然而事实上未必如此。再加上康有为的海外宣传，慈禧被黑得不是人了。甚至一度有传闻出来，说光绪帝已经被慈禧杀了。当然，这是造谣，但是谣言被普遍相信。为什么呢？人们傻吗？不是的。因为慈禧没有公开信息，而是以高压的方式压制信息的传播，那么人们就无法相信粉饰出来的太平，自然会被谣言带着走。最起码的道理，真太平还用粉饰吗？

谣言不一定止于智者，但一定止于透明和开放。

换句话说，慈禧的主流宣传比谣言都荒诞，那你赖谁？更夸张的是，武汉还闹了一起假光绪帝案。

在这种情况下，慈禧不会摆正姿态去解释任何事，她决定强制扭转意识形态。怎么扭转？好办啊，打爱国牌。要把反光绪帝搞成政治正确，让反变法成为政治正确，顺道让反洋人成为政治正确，甚至反西方科技也是政治正确。洋人为什么不让我们废帝？那是怕了，怕我大清废帝之后强大了，超过他们了，于是他们搞打压。他们为什么支持光绪帝？因为光绪是二鬼子，是汉奸，是洋人资本运作的代理人。

这么离谱的说辞，会有人信吗？当然有。首先，说这话的人要多，所谓三人成虎。其次，慈禧不让你反驳和思考，谁敢反驳就弄死谁。再次，这么说，能让一些思想贫瘠的人精神上高潮一把。

于是，慈禧和义和团合作了，义和团奉旨爱国，干的事就没法说了。

慈禧原以为打意识形态牌能爽一把，结果犯浑向十一国宣战，引来了八国联军，慈禧被迫向西逃窜。

慈禧肯定不会为此事背锅，而当初那些支持维护宣战、痛骂别人是汉奸的大神们，只好菜市口走一遭了。

这个事大家都很熟悉了，可有意思的在哪呢？

列强干涉废光绪，慈禧说这是家事，外人管不着。但是，扭脸她就跟臣子们说这是国事，得让大家忠勇反洋。对于百姓呢，她又说这是天下事，关系到中华道统的生死存亡，号召全民扶清灭洋。这家事国事天下事，全让老太太一个人说了。

但说来说去，还是老太太用她一个人的利益，甚至是喜好，去绑架所有人。酿出祸来，她还不负责，反倒是那些慈禧的铁杆狗腿子们统统被牺牲掉了。这没办法，是他们该捐出脑袋爱国的时候了，毕竟在他们的字典里，爱老佛爷就是爱国。既然如此，那就应该为老佛爷抛头颅洒热血。

惹了祸的慈禧，终究还是走到了宪政改革的路线上。

国家、政府、皇族，慈禧是怎么认识的？

咸丰十一年（1861年）辛酉政变后，慈禧开始成为清朝的统治者之一。

光绪十年（1884年）甲申易枢后，慈禧开始成为清朝唯一的统治者。

如果从咸丰十一年（1861年）算起，到光绪二十七年（1901年）慈禧回銮，她在自己的工作岗位上工作了四十年。如果从光绪十年算起，慈禧已经独自统治这个帝国十七年了。

虽然有这么多年的工作经验，但慈禧还是没明白国家是怎么回事。

当然这也不赖她，毕竟老太太是学《治平宝鉴》出身的。在中国传统帝制观念中，对于统治者来说，国和家是一回事。只不过数千年来，尽管君主依然是家长，但百姓的地位有着明显的改变。

秦以前，君主即家长，但是先秦的君主有个底线，那就是权责统一。百姓作为君主的家人，君主有责任有义务对百姓好。要不儒家、道家怎么都讲究法先王呢？上古君主炎、黄、尧、舜、禹最起码都是极有责任感的君主。比如神农尝百草中毒，黄帝搞发明劳心劳力，禹为了治水累得偏瘫，所以他们被视为圣君，他们并不是演员。

换言之，这些上古圣君的思想就是道，他们亲力亲为就是德，能尽责任就是仁，推位让国就是义，大家一起维护的秩序就是礼。

自从君主把百姓当成敌人，自己的权力越来越大，利益越来越多。到了慈禧这一辈，那是权力无限好，只是近黄昏。

因为至少在光绪二十七年（1901年）的时候，一部分中国人觉醒了，凭什么老太后高高在上掌握整个国家？你执政的合法性在哪里？别告诉我继承祖宗江山，祖宗也没合法性。因此，家、国、天下混为一谈的时代开始动摇，慈禧不得不重塑大清皇室的执政合法性，这才有了清末新政。

清末新政是中国历史上一件巨大的事。历史上意义如此重大的事不多，上古时代黄帝战蚩尤算一个，大禹治水算一个，夏朝建立算一个，秦灭六国算一个，然后就是清末新政了。

这几件事都开创了新时代，但清末新政总是被轻视。

传统观点认为，清末新政就是一次虚伪的改革，复制了百日维新的内容。这个观点毫无正确性，基本是胡说。也可能汉朝以来的统治者虚伪惯了，清末新政最起码是汉朝以来统治者最有诚意的放权改革了。

那么慈禧为什么同意放权改革呢？根据我们的考试思维，很容易得出答案：刚让人抽了一顿，想要富国强兵。

这个答案放哪都行，但放哪都不是主要原因。历史上所有的改革都是这样的，包括商鞅变法、王安石变法等，直接目的都不是富国强兵。富国强兵只不过是个幌子，最多是改革的副产品而已。

慈禧同意改革的根本原因就是本节一开始说的，要重塑大清王朝的统治合法性。

部分人民智已开，开了民智的那部分人还是帝国的中坚力量。如果把他们干掉，那全国只剩义和团了。慈禧刚刚体验过，全国只剩义和团还真不行。那怎么办？只能顺应民意。当然，这里的民，特指开了民智的那批人，包括洋务派、维新派、立宪派，甚至部分革命派。

那怎么才能有统治的合法性呢？这会儿说祖宗没有用了，什么有用？立宪法。宪法是一个国家的根本大法，只要宪法规定清朝皇室的统治是合法的，那么清廷就有了统治合法性。

那么宪法怎么来？慈禧召集军机大臣商量立法行不行。当然不行啊，这样出来的不是宪法，是"王安石变法"。

光绪二十七年（1901年）的慈禧也是一脑袋糨糊，既然不知道怎么办，那只好去学学别人怎么办的了。

于是，这才有了五大臣的出国考察宪政。等五大臣回来，慈禧终于明白了，原来国家是这么回事。

因此，慈禧认识到，行政的不能立法，立法的不能司法，司法的不能行政，这才是正确的道路。你说这样分权就一定能杜绝不公正吗？不能，但是如果不分开，就一定会出现不公正。所以，分权后的问题，一定得在实现分权之后再进行讨论和完善。要是不分权还要说分权不好，那就是等于病入膏肓了还担心吃药有副作用，还是先救命吧。

于是，慈禧成立督办政务处，为宪政改革做准备。而先着手的部分，有四个方面。第一是在外交方面，必须拥抱世界，而不是抱着天朝上国的名头不放。清廷成立外务部，有了正式的外交机构。第二是建立警察制度，指望衙役维持治安显然是不靠谱的。第三是教育改革，废黜八股文和科举，建立西方的教育模式。这里最重要的就是学术自由，清朝不搞统一的教育大纲。第四就是动作最大的法治问题。

因为法治和另一项中国的近代问题直接挂钩，那就是租界问题。为什么会有租界？传统观点认为，这是洋人的侵略所形成的国中之国。其实完全不是这么回事，租界很多时候是清廷主动租给外国的，因为他们懒得管洋人的事。洋人有了租界，自己管自己，省去了清廷的行政成本。而且，租界是给租金的，费用还不低。洋人有了租界也方便自己处理司法问题，要不然跟清朝落后的司法程序没法玩。

洋人也曾表态，只要清朝改革司法，那就可以不租了。于是在清末新政的司法方面，清朝废除了凌迟、斩首等酷刑，废除了连坐法，实行个人责任制，建立律师制度，有了基本人权的概念。改大理寺为大理院，初步设定内阁、资政院、大理院为互不统属的行政、立法、司法机关。

在地方上，慈禧也同意了一放一收的改革。放权这一块，是县以下自治选举，放权给百姓。直隶总督袁世凯也开始在天津试点进行自治。

收权的这块，主要是把地方督抚的权力往中央收。一些企业原本是地方督抚搞洋务的产物，收益属于地方，给中央上税。在新政中，清廷搞了一些企业收归中央的活动，导致地方和中央相互猜忌，上方政策和下方对策也总在相互斗法。

对于慈禧来说，最让她关心的，还是宪法怎么写。来一套英国宪法？慈禧肯定不干。独裁者往往心理不健全，没权没有安全感，所以慈禧绝对不能接受英国宪法。那德国宪法怎么样？看上去，德国的宪法比英国的"好"多了。德皇可以统帅军队，能任命首相，能解散议会。虽然英国首相也能解散议会，但代价是首相也得重新选举。德皇世袭罔替，所以他这个解散议会的权力可以无限制使用，也就等于掌握了立法权。外加能任命首相，也就等于有了行政权。

不过，慈禧大概是认为德国首相的权力过大，对这种二元君宪制度也不满意。那就得看看日本宪法了，当时的日本宪法规定天皇的权力来自祖宗传授，拥有立法权，而议会只是立法的辅助机构。内阁虽然有行政权，但是天皇可以任命内阁官员。司法虽然独立，但是司法不能约束天皇。

这样的宪法，慈禧是万分满意的。于是在这个基础上，慈禧亲裁颁布了清朝第一部宪法《钦定宪法大纲》。跟日本相比，君主大权从十七条缩减到了十四条。但是清朝这部《钦定宪法大纲》所规定的君上大权，要比日本天皇高一点。比如这部宪法规定，大清皇帝可以从国库提款，议会不得干预。这是日本天皇不具备的权力。至于百姓权利，和日本差不多，规定了百姓财产神圣不可侵犯。清朝百姓首次有了出版、集会、言论的自由，有了无故不被逮捕的自由。过去衙役看摆摊的不爽，一脚踹过去就能抓人。有了宪法之后，至少宪法规定衙役是不能这么做的。

比如在道光年间，皇帝想吃粉汤，但是御膳房报价比鱼翅都贵，因此皇上提出去前门大街早点摊采购的方案。内务府马上派人一夜之间净了街，凡是卖粉汤的摊子都给踹了。皇上一怒之下，决定这辈子不吃粉汤了。新政之后这种情况最起码是不合法的，还是那句话，摆摊就算是犯了死罪，未经法律审判定罪之前他们都不是犯人，更不能对其量刑、用刑。得保证其基本人权，有事可以放公堂上说。

这部《钦定宪法大纲》是不怎么样，但是跟中国过去数千年的情况比，这是巨大的进步。只不过，这步子还是太小了。

这么改革，慈禧是满意了，底层百姓也没意见，但是最希望改革的那批人有意见。这样的改革，这样的宪法，显然跟他们预想的不一样。而且，按照正常程序，得先开国会再定宪法。结果还真是慈禧跟几个军机大臣一商量，宪法就出来了，还要十二年的预备期（后缩短为九年）。

到了这个阶段，立宪派并没有就此跟大清决裂，而是要求开国会。道理很简单，慈禧跟军机大臣商量出来的宪法，保障的当然是皇权。来自民间的议员开会制定宪法，才能保障民权。当时的议员主要来自士人、乡绅、中产阶级，这些人希望的是既然要立宪，就别羞羞答答的，可以再大胆点。

而在慈禧看来，她已经做出了巨大牺牲，所以她活着的时候，也就只能做到这一步了。

光绪三十四年（1908年），在颁布《钦定宪法大纲》之后，慈禧病重，眼看就不行了。这回真要退休了，慈禧决不允许自己被反攻倒算，所以在她死之前，光绪帝先死了。

那后事怎么安排？慈禧最终还是倾向于血缘关系。同治帝、光绪帝两位皇帝都绝嗣，咸丰帝没有其他儿子，那么离皇位最近的就是咸丰帝亲弟弟们的孙子。

咸丰帝有孙子的亲弟弟只有两位，恭亲王奕䜣和醇亲王奕譞。慈禧绝对不信任恭亲王一系的后人，能选的只能是醇亲王一脉的子孙，毕竟醇亲王奕譞的嫡福晋是慈禧的亲妹妹。不过，这位福晋生的儿子到光绪三十四年（1908年）全死了，最长寿的居然还是光绪帝。在醇亲王奕譞侧福晋生的三个儿子中，载沣居长，另外两个还过继给了别人。于是，慈禧选了载沣的儿子溥仪过继给同治帝，成了大清的末代皇帝。溥仪的姥爷，就是慈禧曾经非常信任的军机大臣荣禄。

溥仪当时只有三岁，所以由载沣任摄政王。那么，慈禧为什么不直接让载沣继位呢？这个道理很简单。首先，如果再把载沣过继给咸丰帝，从而走兄终弟及的路子登基，那么醇亲王绝嗣，这么安排不合适。其次，光绪帝的皇后是慈禧的亲侄女。溥仪继位，这位皇后就能升级为隆裕太后。假如载沣继位，这位皇嫂没法安排，更没机会当太后。

在慈禧的遗言中，她强调此后不许女人和太监干政。也许，预留这么个小皇帝，也是为了以后宪政的顺利进行。她都不想放权，那么除了孩子外，更没人会在那样的位置上想放权了。

安排完一切后，慈禧溘然长逝。

慈禧去世后，各省谘议局（省议会）代表纷纷请愿要求速开国会。载沣坚持维持九年的预备立宪期，而各省代表把速开国会的条件改为即开国会。宣统二年（1910年），载沣做出妥协，把预备立宪期缩短为三年，定在1913年开国会。

然而，宣统三年（1911年）就爆发了辛亥革命，隆裕太后下罪己诏，免摄政王职务，开党禁，组织新内阁，不许亲贵大臣参政。随后，隆裕太后颁布了近代中国第一部有诚意的宪法《十九信条》，并在太庙盟誓，宣布皇帝为虚君，立法权归国会，行政权归内阁。人民选国会议员，国会议员选内阁总理大臣。这个形式，有点类似今天的日本模式。

但是一切为时已晚，大清有筹码的时候不改革，等没有筹码的时候再改革可就晚了。清朝还是没熬到1913年开国会，溥仪在1912年就颁布了退位诏书，清朝的统治结束。

这肯定不是慈禧预想的结果，若是她临死前颁布《十九信条》，一切还有个缓，民国初期的乱象也可能有机会避免。

慈禧的一生充满了传奇色彩，很少有一个统治者能摊上这么多大事。对于慈禧这个人，我们无法简单地说她是正面形象还是反面形象。而且她是否正面并不重要，历史留给我们的思考是她正面在哪，反面在哪，而不是留下个历史人物给后人膜拜或者鞭挞。

其实对于慈禧来说，政变也好，洋务也罢，都是为了保证自己的利益最大化。因为她在那个位置上，且受不到任何监管，所以她犯浑的时候会绑架整个清朝跟她一起倒霉。假如光绪二十六年（1900年）有国会，慈禧想宣战十一国也办不到。

在慈禧这种人眼里，家事国事天下事，其实都是一回事，都是自己利益那点事，只不过对不同的对象，说不同的话。

好了，慈禧的故事到这里就结束了，接下来我们说说曾国藩。

第八章

蟒·曾国藩

敢跟皇帝叫板的年轻人

在"西山十戾"中,体形最大的动物莫过于蟒。传说中,西山巨蟒转世为曾国藩,成为清朝江山的股肱之臣。

为什么曾国藩是蟒呢?民间有很多不同的传说,但我想说的是,蟒终究是蟒,离龙还差一步。那么曾国藩是个什么样的人呢?历来素有争议。有人说他是奸臣,卖国求荣;有人说他是屠夫,有"曾剃头"的外号;有人说他是忠臣,能反而不反;有人说他是能臣,为清朝的中流砥柱;有人说他是庸臣,只懂愚忠……

可见,曾国藩是个颇为复杂的人,之所以争议大,是因为明清以来,人们习惯于用脸谱来给一个人定忠奸。事实上,历史和现实一样,远比戏台上复杂得多。

如果我们要了解曾国藩的成功,那么就得先了解奠定他人生地位的三篇文章。而这三篇文章,每一篇都让他与阎王爷擦肩,但这却是最真实的曾国藩。

话说那是咸丰元年(1851年)的事,刚即位的咸丰帝意气风发,非常想恢复康乾盛世之景象。然而广西的洪秀全领兵攻城略地,官兵难以制止。太平军虽然势头很猛,但当时的京城还沉浸在新皇登基的喜悦当中。新皇登基,那必然是群臣高呼万象更新。清朝皇帝往往受过严格的职业技术培训,职业素质还都比较高。这就意味着,清朝皇帝的表面工作都很出色,断不会出现什么不上朝、宠幸阉宦外戚、修仙、当木匠等落人口实的标准昏君行为。而且他们善于包装,哪怕是穷奢极欲,就是酒池肉林、大兴土木,他们仿佛也是为了天下百姓才修建的圆明园。

可就在群臣亢奋,要围绕在咸丰皇帝周围集中精力办大事的时候,时任工部侍郎的曾国藩把一篇雄文上呈给咸丰帝,把刚上位且自我感觉极好的咸丰帝气得暴跳如雷,恶狠狠地把奏章扔在地上。

那么,曾国藩写了什么?咸丰帝为什么差点气吐血?我简单为大家提炼分析一下。

这封奏折叫《敬陈圣德三端预防流弊疏》,内容之犀利,令人难以相信这事发生在清朝。

既然叫"三端预防",那么自然是三方面的内容。而每个方面拆开了,又有很多小内容。总而言之,都是戳皇上心窝子的犀利言辞。

比如第一段,曾国藩说皇帝很严谨,走路都龙行虎步,各方面细节都很到位。这是美德,也显琐碎。现在朝廷跟幼儿园检查小朋友卫生一样,天天抓大臣走路姿势、磕头姿势、穿衣打扮等小节,动不动就要处罚,吓得群臣天天研究穿衣打扮和行为做派,还有空研究国家大事吗?即便是研究了,衣服有褶子都被处罚,还敢议论朝政吗?这样一来,"谨于小而反忽于大",难道群臣都会走正步,所有的事就都迎刃而解了?

再看派往广西镇压起义的官员,不是他们不行,是皇上不会用人。姚莹都七十多岁了,颇有功勋(鸦片战争时防守台湾有功),应该给他权力,让他放手去镇压。否则他去了有什么用?严正基(曾国藩举荐的人才)善于办理后勤,不给他权力,他怎么在广西发挥作用?知人不用,等于不知人。用人不放权,等于不用人。

广西打了一年了,外臣没一个上呈作战地图讲镇压方略,内臣没一个找出康乾时代的地图来跟皇上分析前线局势,钱却没少花。别说现在战事吃紧,就是太平无事,大臣的职责不该是发掘人才、图谋大事吗?现在可好,都在研究自己扣子有没有扣好,这不是胡来吗?汉朝时,高祖(此为曾国藩笔误,应当是汉文帝)不问陈平具体的业务。唐朝时,太宗只考核房玄龄、杜如晦是否提拔了人才。朝廷是要办大事的,这些琐碎小事可以放放了。

听说皇上爱好文学,以先贤为榜样。比如从去年开始广开言路、虚心纳谏,这也是美德。但是,您老这是做样子啊,大臣们的奏折您认真看了吗?不管大家说什么,御批都是仨字:毋庸议。

也有被褒奖的,比如倭仁,夸完就结束了,然后就疏远他。刚夸完苏廷魁,接着又骂他乱道。这足以说明，皇上只是营造纳谏的虚名，压根没想真心体察群臣的意见。最离谱的是翰林院、詹事府举荐人才的标准是小楷写得好不好，军机处挑人也要看小楷写得好不好。大臣考核政绩，还是要看小楷的质量和文章韵律。军情紧急，御前奏对的时候，大臣讲话也要骈四俪六，还怎么说正事？外臣进京，不考核他们兵、刑、钱、谷四大基本业务，居然也考核书法和文辞，这不是胡来吗？

更离谱的是，眼下军情紧急，朝廷的头等大事居然是发行皇上的诗集。虽然列祖列宗们爱印诗集，但发行诗集的先帝们最年轻的二十六岁，其他的普遍都是三四十岁后发行，您才二十岁着哪门子急？（曾国藩要是知道咸丰帝三十岁驾崩，估计就不这么说了）。

皇上不好娱乐，很勤政，这是美德。但是，勤政就一定好吗？近来皇上两次下旨，把用人和行政大权牢牢把握在自己手里。臣相信这是公心，但是您定了调子，谁敢说个"不"字？您保举一人，军机大臣说行不一定行，朝中大臣说行也不一定行，得是科举正途出身的大臣说行，天下百姓都知道他行，这才是真的行。您可别忘了，起用、罢黜大臣的权力虽然在您手里，但对这个人的评价权，皇上和天下人是一样的。所以您罢免了大家都觉得好的人，还能堂而皇之地说自己是一片公心吗？

再一个，当皇上要谨言慎行，多听少说。自古以来，耿直敢说话的大臣就少，就算皇上让大臣说，大臣们也未必敢说真话。现在可好，您没事就指导工作，谁还敢得罪您说真话？古代明君重用直言敢谏之臣，是为了以直臣为药石，治疗朝廷弊病。皇上不容直臣，那身边必然都是庸臣。稍稍有点风骨的，也被皇上训斥。因此很自然，有了大事，庸臣袖手，一筹莫展。

比如现在广西军情紧急，不是敌军厉害，也不是我军太软弱，关键问题在于军情由皇上一个人说了算。皇上爱指挥，底下人就听着，谁敢发表自己的专业意见？

而且，这仗打输了都不是最可怕的，如果这仗打赢了，那就真完蛋了。假如此战侥幸胜利，皇上必然觉得自己无敌于天下，没理由不骄傲自大。皇上一旦自大会怎样？古代大禹劝谏舜的时候说，别像丹朱那样骄傲。周公劝谏周成王时说，别像商纣王那样被奸臣蒙蔽。为何舜和周成王要警惕这些？想想丹朱和商纣王的下场就知道了。

这就是曾国藩这篇《敬陈圣德三端预防流弊疏》的大意，古代所谓的臣子骂皇上的奏折，没有一篇比这篇好。可能有人想到了海瑞的《治安疏》，那个力度比起曾国藩这篇来就差远了。海瑞先把嘉靖皇帝夸成千古一帝，然后才说了下如果不那么浪费，别炼丹就完美了，而曾国藩直指朝廷中枢运作模式中的弊端。曾国藩指出的问题是咸丰帝独有的吗？绝对不是，是皇帝就有这些问题。

曾国藩的奏折，绝对戳到咸丰帝的心窝子了。这要是按照古代史的一般概念，曾国藩绝对是谏臣的典范。要说起来，这种耿直的大臣，历史上并不太多，跟皇上对着干且活了下来的，大概就那么几个。比如汉朝有个董宣，皇上用暴力都不能让他屈服，人称强项令；唐朝有个魏征，敢拽皇上的龙袍；明朝有个海瑞，敢触动皇上的逆鳞。

其实这些直臣，也是因为当时的环境才被衬托出来的。由于明朝的高压政策，海瑞要劝谏皇上不要炼丹就得提前买棺材。董宣、魏征这样的，放在先秦时代也无所谓多耿直。孟夫子走一路骂一路，骂的都是国君，也还什么事没有。这是要放在秦以后，老孟够凌迟好几回了。

比较奇怪的就是曾国藩的这封奏折，几乎没什么波澜。为什么会这样呢？主要是因为这事发生得晚，倘若这事发生在汉朝，估计曾国藩也一战成名了。

咸丰帝看完曾国藩的奏章，暴跳如雷，据说还把奏章狠狠扔在了地上。然而这事怎么处理？咸丰帝想了好几天。很明显，这封奏章写的内容都是实话。如果杀了曾国藩，那么曾国藩就此封神，成为清朝第一直臣，自己则至少是清朝开国以来最大的昏君。如果褒奖曾国藩，那自己这气不是白白受了？

这还都是其次，政治家考虑问题是要更深刻一些。无论褒奖还是处罚曾国藩都不是重点，因为无论怎么做，更恐怖的就是会引起大家的好奇，曾国藩到底写了什么？为什么会被褒奖或者处罚？

比起怎么处理曾国藩，更重要的是不要引起大家对曾国藩言论的好奇。只要不引起好奇，就不会引起思考。没有思考，就不会对皇权产生质疑。因此，咸丰帝决定冷处理，除了传出自己很生气的消息外，就没有然后了。

曾国藩必然吓了一跳，然而咸丰帝该怎么用他就怎么用他，第二年还让他负责江西省的科举考试。不幸的是，主持完这项工作的曾国藩因为母亲去世，只好回家丁忧，这也是曾国藩走上仕途以来遇到的最大危机。

其实曾国藩仕途的前半程是无比的顺畅。虽然科举考试也有几次波折，但是很幸运，他被军机大臣、大学士穆彰阿看中，成了穆彰阿的得意门生。穆彰阿权倾朝野，他的得意门生自然被道光皇帝高看一眼。所以曾国藩这样一个普通家庭出身的汉人，能十年内七次升官，从小小的翰林院办事员升到多个部的侍郎。这对于没有背景的人来说，绝对是坐着火箭上升。曾国藩自己也得意扬扬地说：湖南三十七岁至二品者，本朝尚无一人。

对于曾国藩来说，对他有着极大影响的就是穆彰阿。穆彰阿的功过是非不提，单说咸丰帝上位就让他背了黑锅，将其革职查办。而在穆彰阿倒台之后，唯一还去探望他的门生，也只有曾国藩了。穆彰阿的为官哲学，也悉数教给了曾国藩。

其实总结起来，穆彰阿的为官之道有三点：爱才、少贪、说瞎话。

爱才不用说，穆彰阿对于庸才的提拔全看财，而提拔曾国藩这样的人，绝对是因为爱才。少贪不是不贪，是要有个底线，别跟暴发户一样，贪起来没完没了。穆彰阿一般不利用职务之便侵吞国家资产，他贪的都是门生故吏的孝敬。说瞎话就是最核心的部分了，做官不能说实话。因为在专制体制下，说实话是很危险的，必须挑皇上想听的说。

然而曾国藩还是在关键时刻说了实话，挑战了咸丰帝的权威。其实在曾国藩的职业生涯中，我们也能看到他有穆彰阿一样圆滑的一面。但是在一些特别关键的问题上，他是愿意说实话的，而且会对这些实话较真。而曾国藩的一生，成也实话，败也实话。如果是那些所谓成功学专家，定会因此总结曾国藩的成败。

其实在这些问题上，曾国藩只有成，没有败。因为说实话招来的厄运，不是他的错。如果多几个人能像曾国藩那样坚持真理而不是曲意逢迎，或许很多近代悲剧都能避免。而民族的堕落，也是从所谓的"聪明"开始的，以致价值观崩坏，大家都对真话深恶痛绝。

当然，这不代表曾国藩就是个完人。事实上，这个世界上没有什么完人，如果有，那么这个人也快完了。只是在那个世风日下的时代，曾国藩的底线高了那么一点。

说到这就不得不说说这咸丰皇帝了。他气得够呛，对曾国藩到底是个什么态度呢？其实咸丰帝对曾国藩是又恨又爱。恨不用说，这封奏折就是例子。要说爱，也是咸丰帝的无奈。倒不是曾国藩有多优秀，关键是同行衬托的。咸丰帝再生气，都明白一个道理，曾国藩的奏章句句属实。

而自开战以来，曾国藩献计献策是最积极的。如果办了曾国藩，那甭问，崇祯帝的最后一次御前会议将会重演。而且，不光是朝廷内部，地方上也是曾国藩举荐的严正基、江忠源等人，他们都是堪用的人才，离了曾国藩，这会儿可怎么办？

单从智力上讲，咸丰帝比道光帝强多了。大清的中衰，跟道光帝的智商低也有密切的联系。小到内务府的太监，大到军机大臣，大家都愿意忽悠这个皇帝。皇帝要节约，结果龙袍打块补丁的钱比做件新龙袍都贵。这种事谁敢提醒皇上？这可不仅仅是得罪太监的问题，还等于说：皇上，您真缺心眼。

咸丰帝就好一点，内务府要花钱，咸丰帝问价格，太监随口报价，咸丰帝不问真假，派人给太监打一顿，真实价格就出来了。

这还是小钱，关键问题在于打起仗来，前线将军们要钱，这里面有多大的水分？这怎么办？必须由耿直的曾国藩告诉咸丰帝真相，绿营兵常备名额是六十四万人，这里边至少有六七万是空饷名额。这就是为什么一个王朝初期兵少而战斗力强，越往后兵越多而战斗力越差。当时的清朝七十一镇绿营兵，能有十几镇精兵足矣，其他的都白费。一镇兵力，大概就是两千来人，大镇能有个三千人左右。曾国藩认为有个两三万精兵足以应付眼下广西的局面。不能扩军，重要的是要选好将才，裁撤五万废兵才是省钱的王道。但不管财政多困难，赋税坚决不能加。

这金玉良言，简直给咸丰帝打开了一扇新世界的大门。也万幸，咸丰帝还是个受过教育的皇帝，至少能听进去一些逆耳之言。

然而咸丰帝没想到，就在曾国藩离开京城之后仅仅几个月，太平军不仅没有被控制在广西，反而攻到湖南，一路南下。咸丰帝正着急的时候，曾国藩的奏折到京了。结果打开这封奏折，咸丰帝头又大了。曾国藩又说了大实话，这次他的矛头指向地方吏治。这要是乾隆帝看到了这样的奏折，估计曾国藩就完了。那么曾国藩到底又写了什么？这就是曾国藩职业生涯第二篇重要的奏折。

当曾国藩看见民间疾苦

且说曾国藩奉命去江西主持科考，结果到了地方上的曾国藩，目睹这山高水远的地方吏治竟然如此腐败，已经到了丧心病狂的地步。于是，曾国藩大笔一挥，又写了他职业生涯第二篇极其重要的奏折，叫《备陈民间疾苦疏》。

比起上一篇来，要理解这封奏章，得先普及一下清朝的税收制度。也不复杂，主要得说清楚雍正的所谓新政。

雍正的这个新政，在某些电视剧当中被吹上天去了。其实雍正新政就是对明朝"一条鞭法"的优化，简单地说，"一条鞭法"就是把过去名目繁多的各种税赋统一用白银结算。雍正在这个基础上，取消了人头税，按照土地面积收税，这叫摊丁入亩。为什么呢？人口你能瞒报，土地瞒不了。而且到了清中期，中原几乎没有荒地可开，所以按照耕地面积收税，对朝廷来说更划算。农民用散碎银两缴税，假如该缴三两银子的税，因为碎银子铸成官银时有损耗，这个损耗便由农民来出。雍正新政中，规定这个损耗为百分之十，收上来之后归国家所有，三两银子的税，就要缴三两三钱，这叫火耗归公。

而曾国藩在地方上看到的实际情况，可谓触目惊心。

在奏章中，曾国藩以大清最富裕的江浙地区为例，讲述了地主的悲惨生活。江浙地区在清朝是最高产的地区，一亩地能出大米一石五六斗到两石之间。

在这里解释下，清朝一石是两斛，一斛是五斗，一斗是十升。根据《清会典》的标准，一石大米大概是一百到一百五十斤之间，视大米质量而定。

也就是说，当时的高产地区，一亩地能出近三百斤粮食。

这些粮食，支付完长工的工资，以及历年来欠下官府的粮食，还剩八斗，也就是一百斤上下的大米。然后，是缴纳地方公粮和杂项，共计六斗，还剩二斗。也就是说，地主一亩地最多能剩下三十斤粮食。

你以为这就完事了？那不能，刚才那些只是小打小闹，正税还没缴呢。所谓正税，就是朝廷收的赋税，也就是要拿白银结算的部分。

可问题是，农民是没有白银的，而且粮食也不能直接兑换白银，只能兑换铜钱，再用铜钱兑换白银，这样才能愉快地缴税。那么问题来了，正常情况下，一石大米能卖三千文制钱，三千文制钱，能兑换三两白银，要缴多少正税呢？一亩地，缴九钱银子。

当然这是正常情况下，到了咸丰初年，情况不太正常。一石大米还能卖三千文制钱，这没问题，关键是三千文制钱已经换不来三两银子了，只能换一两五。也就是说，过去卖三斗粮食够缴一亩地的税，现在得卖六斗。

简单地说，咸丰初年，江浙地区农民一亩地的粮食全卖了都不够缴税的，只能欠着。

曾国藩直接指出，朝廷滥发铜钱，暗中让白银涨价一倍。

这是什么阴谋呢？康熙帝不是说永不加赋吗？这样一搞，虽然没有加赋，但实际情况就等于多收了农民一倍的粮食。

另外，宅基地、坟地还得缴税，依然是收取白银。农民实在缴不起，只能跑路。州府的衙役可忙了，四处追捕逃散的农民、地主，抓到就是一顿毒打。

你说这是地方官浑蛋造成的吗？曾国藩尖锐地指出，虽然地方官都成了酷吏，但是客观上，逼他们成为酷吏的是朝廷。为什么呢？因为地方官昼夜出击，酷刑连连，这样掠夺来的粮食，还完不成朝廷给定下任务的七成。那怎么办？只能继续勒索农民，让农民砸锅卖铁预缴明年的税，明年再预缴后年的税。说来说去，就是为了完成朝廷的任务。那么谁是这场悲剧的责任人？不还是咸丰帝吗？

其实看到曾国藩写的这些，就不得不再反思一下宋朝熙宁变法。到今天还有人觉得王安石王相公是好人，只是用人不当，这不是胡说吗？王相公用人非常得当，不用那些酷吏，谁也完不成王相公的任务。

曾国藩还指出，民不聊生就会导致下一个巨大的社会问题：盗贼增多。

为什么呢？当土匪门槛太低了，随便聚集一帮人，找个山头就能成立个组织，反正官府无暇顾及。只要当了土匪，就不用缴税了，大白天都敢抢劫强奸，完事还得绑个肉票带走。老百姓怎么办？官府又不让百姓私藏武器，那百姓遇到土匪就只能报官。官府马上派人来了解情况，到村里问问当地治保人员，那时候土匪早就走了。人家官府不能白来一趟吧，怎么也得制造一个剿匪的假象，他们会就近点燃民房，就当是剿匪的成绩，恫吓村民不许当土匪，否则严惩不贷。衙役也不能白来，谁报官谁结路费，没钱就进屋拿东西。

官兵走了，土匪就回来了。谁家报的官，那谁家就又倒霉了。等于说土匪来了不反抗，被抢一次；假如报官，被抢三次。

那么，若是以后不报官，白让土匪欺负，这是不是好办法呢？想得美。一直不报官，官府怎么办？只能亲自登门拜访，问问村民愿不愿意拿出一些钱来捐给官府。如果不愿意，那么证据确凿，你就是土匪，抓走。这还是好的，遇上更冷酷的，直接给村里下任务，得抓多少贼送到县城。那怎么办？只能抓邻居送去。被抓的去大牢，等家里送钱来保释。抓人的，要再拿一笔收容费，官府的监狱也不是免费的，你把"盗贼"送来，你得出伙食费和住宿费。那老百姓怎么办？只能加入土匪行列。

家里特别有钱、经得起折腾的，能好好当个良民吗？门也没有。曾国藩当过刑部侍郎，从刑部的案卷来看，进京告御状的越来越多，多数情况下原告被打，被告反而没事。而这些告御状的人，京官懒得管，往往说他们诬陷，反正不想去查案。赶上当官的心情好，把告御状的打一百棍子，也就完事了；赶上当官的心情不好，就会把告御状的发配边疆。这些官员真的不会断案吗？还真不是，他们这是行规。一般这种情况下，其实是在索贿。没钱给，那只能挨打或者被发配。

曾国藩还说，这些案卷翻一翻，都不用细看，就能知道不对。民告官那么多，全是诬告，谁信？民告民，原告全是诬告，被告都是被冤枉的，谁信？最离谱的是，刑部堂官好歹也调一调外省的案卷看看。连卷宗都不看，瞪眼说原告是诬告，这戏太假了。地方官能懒到什么地步？有人被抓进监狱，当官的忘了提审，一直不结案，这人就一直蹲监狱。官员换了一届，这哥们儿还在监狱里蹲着。新来的官自然也不问这是谁，这哥们儿稀里糊涂就无期徒刑了。

这就是咸丰初年的现状，土匪太多，冤案不断，银贵钱贱。这三样不解决，怎么剿匪？国家穷不是最可怕的，可怕的是老百姓没活路。民为邦本，本固邦宁。论富裕，隋朝最富，然而隋炀帝胡来，顷刻而亡；论贫穷，汉昭帝最穷，但人家好好干，出现了昭宣中兴。现在虽然乱，乱得过三藩之乱吗？圣祖平三藩花钱花得多了，那时候朝廷比现在穷吧？可是他老人家也没抛弃民生，只顾刮钱吧？所以皇上别老哭穷，先解决下这三大民生问题，这些问题可比国库空虚更严重啊。

其实咸丰帝拿到曾国藩的奏章，是想看到曾国藩有没有办法能解决燃眉之急，没想到老曾到了江西还不忘"滋事"。其实清朝的财政在道光年间就出了问题，因为鸦片战争以来，乾隆时期定下的贸易福利就不存在了。进口洋货实打实的要用白银结算，再用茶叶结算来糊弄洋人是不行了。而且道光朝不太平，小规模的战争不算，西征张格尔与鸦片战争两项，那都是耗资巨大，朝廷实在是没钱。朝廷都没钱了，不找老百姓榨油，难道让皇子们节约吗？当年秦朝李斯有句话，说当皇上就得穷奢极欲，就得凌驾于百姓之上，要不然，不成了百姓是主子，皇上是奴仆了吗？

因此，不管皇上嘴里多爱民如子，行动上却是爱民如孙子。朝廷财政困难，提高银价只是个开始，往后手段还多着呢。曾国藩不揣冒昧，又攻击朝廷政策，咸丰帝当然恨他。但是没办法，太平军正顺着长江攻向南京，咸丰帝没工夫跟曾国藩较真。说破大天去，皇帝也不能听曾国藩的。于是咸丰帝又搞了两套金融方案榨老百姓的油水。加收厘金来搜刮商人，改铸造大钱、滥发货币来坑百姓。

厘金说简单点就是临时性商业税，但收税的范围特别大。货物从原产地产出，要收税。运出原产地，要收税。每走过一个地方，要抽税。进行销售，要抽税。而对于盐、茶、国产鸦片、进口鸦片四项，还要额外抽税。

这项战时临时性商业税，从咸丰三年（1853年）开始收，这一临时就临时到了1931年。之所以叫厘金，就是最初定的税额是一厘，也就是百分之一。但实际操作中，一般厘金税的收取都在十倍以上。厘金制度有效缓解了朝廷的财政危机，但也让清朝商业发展背负了沉重的枷锁，遏制了民族资本主义的发展。

大钱制度更厉害，那就是赤裸裸的抢劫。这个灵感，很有可能来自王莽。

简单说下中国古代的货币制度。古代铜钱虽然是法定货币，但由于商品经济不发达，铜钱一直没有额定面值。而铜钱的价值，在正常情况下应该与其含铜量的价值相同。比如秦代的半两钱，其价值就是半两铜的价值。汉代的五铢钱，就是五铢铜的价值。所以，古代做假钱的犯罪分子，一般是把朝廷发行的法定铜钱熔了，再做出轻薄款的钱，这样一枚真铜钱可能会制作出两枚假铜钱。

那么咸丰大钱的奥秘，就在于铸造一枚大一点的铜钱，规定其价值以一当五、当十甚至当百，但这枚大钱的实际用铜根本达不到那么高的含量。

这一下，百姓被盘剥得就厉害了。举个例子说，假如朝廷买物资需要十枚铜钱，而现在可以用五枚铜钱所需要的铜铸造成一个大钱，直接就当十枚铜钱用，可以省五枚。要是愣说面值是一百枚，那百姓找钱还得找九十枚。

那这种钱在民间直接流通行不行？当然不行，因为民间的造假者也会用五枚铜钱的铜铸造一个大钱的假币。主要是泛滥起来，就会像王莽改制时代发行大钱的结果一样，那就是货币信誉为零，民间回到以物易物的状况，小米就是硬通货。

而这种手段，得亏咸丰帝没有像王莽那样铁了心搞下去，否则清廷怎么也不可能熬过咸丰年。

到这个阶段，对朝廷弊政心里门儿清的曾国藩其实是很失望的。恰逢曾国藩母亲去世，回家丁忧的曾国藩暂时远离了官场。或许曾国藩并没有想到，这次丁忧竟然是自己腾飞的契机。

书生带兵

随着曾国藩因为丁忧回到湖南，太平军也冲出了广西，进入湖南，威胁大清的经济命脉。这回咸丰帝吓坏了，急令各地官员组织团练部队讨伐太平军，希望以此稳定住局势，别继续恶化。尤其是湖南，咸丰帝把能用的人都用了。在家丁忧的曾国藩也被夺情起用，被要求前往长沙办团练。

对于大清帝国的现状，曾国藩那是一肚子不满意。政治上，曾国藩不满意朝廷考核群臣主要看小楷章句。军事上，曾国藩不满意朝廷七十一镇绿营兵只费军饷而能用者不足十镇。经济上，曾国藩不满朝廷苛捐杂税无度，使得民生凋敝。现状上，等咸丰帝令曾国藩办团练的时候，太平军已经攻下南京，北伐军都打到了直隶。

因此，曾国藩对办团练这事并不积极，甚至准备好请辞了。而在郭嵩焘的劝说下，曾国藩决定出山。从此，曾国藩也算是投笔从戎了。

其实湖南已经有了很多团练武装，这些团练就是湘军的前身。曾国藩去见了湖南巡抚张亮基，阐述了自己练兵的构想。张亮基大喜过望，没想到曾国藩竟然是练兵奇才，这才放手让曾国藩主持湖南团练。

曾国藩练兵，根子上是用明朝戚继光、孙传庭等人的路数，招募农民入伍，将一村的亲戚编为一个战斗单位，大家同仇敌忾，不当逃兵。然而在具体操作中，曾国藩在这个基础上也有些改良。兵一定是农民，将得是士人。一般情况下，不用行伍出身的人当大将。征兵的形式像是传销，你能拉来多少人，你就当多大官。据说这种形式很先进，其实这里面有个天然的弊端。一般来讲，很多人都说湘军是曾国藩的私人武装，全军都听曾国藩的，这话其实不对。曾国藩帐下的大将，归曾国藩管。而这些大将手下的次级将官，只听自己上一级首长的。也就是说，湘军这种形式，军官对军队的掌控是间接的，简单说就是团长管营长，营长管排长，但团长不能直接管排长。

因此，这种形式坐大，其结果一定是出现军阀。所以，朝廷不到万不得已，不会采用这种形式。戚继光、孙传庭不得善终，道理就在这。

曾国藩主持湘军，主要干两件事。其一，他要发现可用之人，让其担任将官。最初他有个标配悍将，就是他弟弟曾国荃。其二，他要亲自训练部队，一切要围绕他的战术思想来训练。到这里还有个问题，曾国荃悍勇，但是作战思路经常跟不上曾国藩。怎么解释这两个人的思路差异呢？如果用历史人物举例子，那么曾国藩就是程不识，曾国荃就是李广。如果用游戏里的玩法举例子，曾国藩就是埋伏到底，曾国荃就是到处找人决斗。

也难怪曾国荃冲动，为了提高军队战斗力，曾国藩给部队配备了全套西式装备，这打起来多过瘾。但是曾国藩治军，坚决反对冲锋、野战、硬碰硬，他训练的模式就是挖战壕，等敌人冲锋，他指挥开枪开炮。也因为这样，当时很多人认为曾国藩这个书呆子不会带兵，笑话他打呆仗。

在《敬陈圣德三端预防流弊疏》中，曾国藩告诉咸丰帝，精兵有个两万来人足以歼灭太平军。大概一年多的时间，曾国藩训练了一万七千多名精兵。这些精兵训练有素、装备精良，还是水陆两军俱全。这看上去就是威武之师，数据上绝对是大清第一，或者是亚洲第一，前提是假如奥斯曼帝国不算亚洲国家的话。

这么强悍的部队，练成之后得奔赴战场建立功勋了吧？别，打仗不着急。孔夫子都说了，名不正则言不顺，言不顺则事不成。打人家洪天王的"天兵天将"，得有个说法。

这才引出来曾国藩人生中第三篇重要的文章——《讨粤匪檄》。古代檄文当中，此文足以与骆宾王的《讨武曌檄》相媲美。文辞上，骆宾王更胜一筹；深度上，曾国藩更强一点。

洪天王说自己是民族革命，曾国藩就针对这一点好好剖析了一下。最后得出的结论是：这不是民族革命，是在毁坏中华文明。所以，本官率领湘勇，要打一场中华文明保卫战。

这一下，曾国藩的形象正面了，行为正义了，师出有名了。那么，可以开打了。

第一战，湖南靖港。对手，太平军中不算厉害的石祥祯；装备，湘军有着绝对的优势。

主场作战的湘军，第一战就表现出非常正常的作战结果——差点让人全歼，曾国藩甚至急得要投水自尽。

为什么呢？这是表面上无法讲清楚的。其实讲道理，这很简单，人家天天打仗，有的是经验。湘军在家训练，但训练跟实战是两码事。训练永远比不上实战有效果。在家打十年木人桩，到擂台上也是被职业选手一分钟打倒的结局。人家都打了好几年仗了，初出茅庐的曾国藩还是被现实教育了。

不过，战败对于这种军队来说不一定是坏事。战死的将士都是活着将士的亲属，这事能算完？况且，战败也是一种学习，这次败了，下次就有经验了。随后在湘潭大战中，曾国藩逐渐找到了感觉，开始连续击败太平军。曾国藩转战湖南各处，让朝廷看到了久违的捷报频传。咸丰帝大喜过望，当场就要封曾国藩为湖南巡抚。军机大臣肃顺支持重用湘军，而另一位军机大臣祁寯藻却提出了反对意见。他说曾国藩是个什么人？不过是挂着侍郎衔在家丁忧的普通人，这样的人随便一招呼，就拉起来一支万人的队伍，这事可怕不？

咸丰帝也觉得不安全，于是放弃了加封曾国藩，而是赏其兵部侍郎头衔，草草褒奖。对于咸丰帝来说，曾国藩可以重用，但实在不宜信任。

魏晋时期，"竹林七贤"之一的阮籍曾经说过："时无英雄，使竖子成名。"

有人说他骂的是当朝的司马氏权贵，有人说他骂的是项羽、刘邦。

其实阮籍骂谁不重要，重要的是他讲出了一个大道理：其实成名与否，有时候跟英雄不英雄没关系，要看天时。正如吕蒙正所说，人这一辈子，时也，运也，命也。人争不过命，这是客观存在的事实。

也因此，姜子牙能在对的时间，遇上对的老板，成就自己的价值。韩信在对的时间，没遇上对的老板，只能惨死未央宫。诸葛亮在错的时间，遇上了对的老板，终究不能成功。刘伯温在错的时间，遇上了错的老板，那就只能悲剧了。

对于曾国藩来说，才华他早就有。三篇旷世奇文，足以证明他超前的才华。但他缺的是时，是命，是好老板。

有的时候，你不得不服。命要让这个挂名兵部侍郎出头，那真是谁也挡不住。

命　运

子曰："吾十有五而志于学，三十而立，四十而不惑，五十而知天命，六十而耳顺，七十而从心所欲，不逾矩。"

这段话大家很熟悉，尤其是"三十而立"，成了很多父母对三十岁的子女进行"迫害"的手段。古人云三十而立，你三十岁还不结婚生娃，怎么立？

其实，这是孔子自述的史上最简自传，别人为什么要沿着孔子的人生轨迹去走呢？况且，这句话中的"立"指的是孔子三十岁掌握了"礼"，跟家庭事业没有关系。

我想说的并不是三十而立的问题，而是孔子五十而知天命的问题。为什么五十岁的孔子知天命呢？因为那一年孔子开始研究《易经》，对天地宇宙人生的运行豁然开朗，因而知天命。

人争不来正确的时机，只能去争正确的事。这就是尽人事听天命，通俗地讲，就是机会总是留给有准备的人。

可能机会不受你控制，这属于天命，但是当机会降临时你能否把握住，这就是人事。

对于曾国藩来讲，自己的努力显然换不来天命。他可能是那个时代最有学问的人，也可能是那个时代官场上最敬业的人。然而咸丰帝不是唐太宗，曾国藩也就当不成魏征。好在咸丰帝也不是嘉靖帝，所以他也不用下大狱。

倘若没有天赐良机，他也就是如此度日了，混好了能当个尚书，未必能进军机处。

然而，天赐良机，那真是谁也挡不住。

曾国藩也一样，他没想到"历史总导演"看上他了，自己稀里糊涂就成了历史的主角。

咸丰三年（1853年），大清绿营兵的几乎全部主力都集中到了南京周围。立了一辈子战功的向荣建江南大营，琦善建江北大营。按照正常逻辑，他们攻克南京镇压太平军没什么问题。而且就在这个时候，发生了"天京事变"，太平军内江，诸王互相仇杀，并且太平军的北伐与西征，也悉数被击败。

但是谁能想到，琦善和向荣先后死于军中，江北、江南大营先后被团灭，这意味着大清的绿营正规军几乎全军覆没。

仅仅是这样还不足以把曾国藩推到台前，大清还有压箱底的骑兵队伍。这些骁勇善战的骑兵刚刚消灭了北伐的太平军，理论上直捣南京也不是什么问题。然而，内乱未平的清朝跟英、法两国也发生了战争。结果大清压箱底的八旗劲旅在八里桥全军覆没，咸丰帝仓皇逃往承德。

总之，截至咸丰十年（1860年），大清的八旗、绿营全部玩完，偌大帝国居然没了正规军，政权如何延续？

这个时候，咸丰帝就不得不倚重地方上的团练武装。在太平军指哪打哪的时代，也就湖南在湘军的保卫下基本稳定，还能分兵协助下江西、湖北甚至安徽。

而且，当大清的正规军被消灭之后，江南团练武装的领头人都开始心中不平。干活的是他们，但朝廷并无信任嘉奖的意思。而诸位团练领头人也不好当这个刺头跟朝廷叫板，纷纷希望曾国藩当团练的领袖。左宗棠认为此时是胜负的关键，胡林翼说朝廷若不重用曾国藩，天下不足平。

咸丰帝慎重考虑后，封曾国藩为两江总督、钦差大臣，节制湖南境内所有团练武装，允许他扩军。

这个变化，我们写出来就是一句话。但对于曾国藩来说，相当于出门倒垃圾捡到了一张彩票，顺便中了头奖。

往前倒几年，咸丰帝派往前线镇压太平军的钦差都是什么级别的？比如首席军机大臣赛尚阿、军机大臣琦善、正黄旗的江宁将军和春等，这些大佬都是勋贵后人。汉人担任钦差的也就是向荣，向荣的后台是琦善，外加一身军功。

曾国藩这样一没军功，二不是亲贵的大臣，突然被点为钦差，在清朝历史上极为罕见。另外，过去咸丰帝想把曾国藩由侍郎升为尚书，仅仅只高了一个级别，还再三考虑，最终还放弃了。如今，连布政使都没当过的曾国藩，居然一下升为两江总督，这也是清史中极为罕见的情况。

曾国藩的一步登天，正是天命所归。这个没办法，谁想得到大清几十万精锐那么快就全军覆没了。可恰恰这件不可能的事就发生了，而各路团练中只有曾国藩练兵练得最好。

这，就叫机会留给有准备的人。

曾国藩练兵的努力有可能永远都换不来回报，不过只要有机会，他就能出头。他虽然控制不了机会，但可以控制自己做事的用心程度。

曾国藩首次掌控军政大权，压力不可谓不大。对于曾国藩来说，敌人不可怕，消灭他们不过是时间问题，可怕的是这些团练武装，他们其实并不好节制。参加团练的士兵、军官大部分是把战争当生意做的。说白了就是铤而走险，加入团练收益高，说出去还好听。

他们没有当时职业军人的那些毛病，当然也不具备职业军人的素质。这个素质不是指个人节操，八旗、绿营的士兵个人节操也不高。比如一支部队被包围，假如职业军人看到友军被围，不去救援是小概率事件，最起码也得去假装救援，以壮声势。万一不去救，事后被弹劾，军官是要伏法的。

但是湘军则不同，大家不是一个村的，你被围那是活该，我为了保全自己的实力，不去救。

事后能不能法办作壁上观的军官？那还得掂量掂量，万一把领头的杀了，这队人马反了怎么办？

因此，曾国藩最主要的工作是平衡这些关系，其次才是镇压太平军。本身用这样的部队镇压就是以毒攻毒，别把自己先毒死是最重要的。

陈可辛的电影《投名状》虽然是虚构的人和事，但反映出团练部队的一些真实情况。比如进城抢三天，比如杀降。苏州杀降那一段有历史原型，只不过决策人是李鸿章。

回到历史中，曾国藩积极挖掘人才，而且能摒弃派系成见。曾国藩其实并不是任人唯亲，他确实看重才能。

李鸿章不必说了，那是曾国藩的弟子，是曾国藩一手培养起来的。而左宗棠其实跟曾国藩是敌对派系，脾气也不怎么好，还不是进士出身。若非曾国藩一路保护举荐，左宗棠也很难出头。

曾国藩的老师是穆彰阿，他是穆党出身。左宗棠是陶澍、林则徐一派，跟穆党一直不睦。也因此，左宗棠出道比曾国藩早，还一直混不出来。虽然保举他的人多，但是弹劾他的人更多。所以满腹才华的左宗棠，当了半辈子幕僚。直到在曾国藩麾下，才被曾国藩保举为巡抚，从而成了一代名臣。

刘坤一这样的，其实是跟江忠源混出来的，也不算曾国藩嫡系，却被曾国藩倚重。

彭玉麟压根不是湖南人，照样被曾国藩邀请到麾下，逐渐被培养为湘军名将。

抛开这样的读书人，哪怕是跟着向荣当炊事班长的鲍超，不仅不是湖南人，还不认字，也被曾国藩提拔，混成了湘军第一勇将。

没有这份心胸和视野，曾国藩也不可能节制虎狼一般的湘军。曾国藩当了一年总督，就攻克安庆，重创太平军。

咸丰十一年（1861年），咸丰帝驾崩于避暑山庄，紧接着是辛酉政变，两宫太后垂帘听政，恭亲王奕䜣领衔议政。在这个三元权力的格局下，两位太后和恭亲王都明白自己的亲密战友中的武将胜保、僧格林沁等人不足以托付大事，因此决定把南方的军务交付给曾国藩一人。朝廷给曾国藩加太子少保衔，令其节制江苏、安徽、江西、浙江四省军务。

在清朝历史上，上一个能够节制数省兵力的汉族大将是岳钟琪，他曾几度徘徊于生死边缘。而岳钟琪之所以能得到如此巅峰权力，其实只是因为朝廷处决年羹尧之后，用他过渡一下。

曾国藩肯定也明白，自己不过是朝廷的救火队员。而朝廷的救火队员往往是救火时有多荣耀，救完火后就有多惨烈。所以曾国藩不管是真心实意也好，还是做个姿态也罢，总归要上书朝廷，力辞这么大的职权。但是朝廷不仅不允许曾国藩辞职，而且朝中大事还都要找曾国藩商议。

到此为止，我们看到一代人杰曾国藩总算熬出头了。说了他这么多长处，就得说说他的短板了。

曾国藩自认是儒家代表人物，因此对太平军有着刻骨的仇恨。他熟读史书，起义造反的他见多了，但反到这个地步的，至少是前无古人的。

因此，曾国藩掌兵以来，兵锋所到之处，对太平天国绝不姑息。曾国荃、鲍超这样嗜杀的将领，也得到了曾国藩的默许，湘军杀降成了常态。

对于曾国藩本人来说，杀降的好处是有的。第一，激励士气，解决一部分军饷问题。第二，加剧湘军和太平军的仇怨，以刺激湘军的战场表现。第三，能给部下尽可能多地报功。第四，给朝廷表明一个姿态，自己绝不会养寇自重。

当然这件事也有坏处。第一，湘军军纪败坏，杀降杀惯了，顺手也杀平民。

第二，湘军极度贪婪，私下隐匿财产，嗜财之风日盛。第三，太平军在强弩之末下也血战到底，基本不敢投降，镇压的难度和消耗大大增加。

与之相比，曾国藩的弟子李鸿章就不太接受曾老师的这种做法。李鸿章杀降前要甄别一下，降军中若果有人才，他也愿意接受投降，并加以整编。

所以整体而言，湘军当时算能打，但是军纪相当差。曾国藩的嫡系还好点，曾国荃、鲍超，包括早期李续宾等人的部队都是很恐怖的人头收割机。

朝廷的诸位高层对曾国藩的情绪依然是复杂的。他们出于无奈给曾国藩如此大权，但内心也有不甘。不过，遇到大事还不得不问一下曾国藩的意见。比如，跟英、法议和之后，俄国成为最大赢家。他们自称帮助清朝调停，讹走清朝六十多万平方千米的土地。完事了还要兴兵入华，号称要帮助清朝"剿匪"，顺便帮清朝走海路把漕粮带回北京。

朝廷派人去问曾国藩的意见，曾国藩审时度势，上《遵旨复奏借俄兵助剿发逆并代运南漕折》。这个奏折大意是说拒绝俄国人来帮忙，因为曾国藩不信任俄国人，说这些家伙动机不纯，后患无穷。

倘若单纯拒绝俄国出兵，这奏折也就无甚奇妙之处。当年林则徐从新疆归来，也对俄国甚为担忧，预言他们将成为清朝的心腹大患。

曾国藩在这份奏折中，拒绝俄国出兵的内容只有寥寥数笔，而大篇幅的内容居然在赞扬美帝。为什么呢？曾国藩说，借洋兵"剿匪"不是不行，而且非常行。比如康熙年间征台，就借过荷兰兵。但是，借兵得看借谁的兵。欧洲各国，最狡猾的是英国，其次是法国。俄国让英国忌惮，所以咱没法用他们。洋人有好人吗？有，比如美国。

曾国藩说"咪唎坚"（当时清朝官方对美国的叫法）有以下几个好处，值得交往。

第一，"咪唎坚人性质醇厚，其于中国素称恭顺"。

为什么这么说呢？因为在鸦片战争初期，英国要进犯广州，美国真心去调停。其调停的结果是英国总督义律给参赞大臣杨芳写了封亲笔信，说可以停战，英国方面只求平等自由通商，不求其他。至于被林则徐一把火烧了的鸦片，也不要赔偿了。结果呢？杨芳不敢做主，这事就罢了。接着，官军无差别地烧洋行，误伤了美国人，人家就不调停了，后来的结果就是没人拦着英国，清朝付出的代价也很惨烈。

第二，洪秀全攻克南京的时候，美国曾联系钦差向荣，希望出海军帮助清朝镇压。

第三，第二次鸦片战争时，英法联军打广州的时候，美国未曾帮助英法。

第四，英、法代表耀武扬威地来天津谈判的时候，美国人按规矩换约，并未有非分之想。

因此，曾国藩的结论是：美国对中国好，跟欧洲各国不是同盟。俄国想帮助清朝运粮也行，但必须遵守清廷和美国制定的合作章程。清朝要杜绝跟俄国走得太近，而是要结交美国。眼下虽然议和已成，但难道这次就要忘了教训吗？以后清朝发展交通、经济、军事，还得多和美国合作。

曾国藩的这个认识，比一般所谓"开眼看世界"的清朝人要明白得多。也正是因为他明白，又爱说大实话，他的未来才注定会以悲剧收场。

也正是内有大学士文祥的开明，外有两江总督曾国藩的建议，朝廷成立了总理衙门，开启了雏形阶段的洋务运动。

曾国藩抓住时机，借着镇压的理由，成立安庆内军械所，武装湘军。相应的配套设施得有，比如机器、学堂、外国专家、留学生。在镇压的时候，他也大胆地起用外国雇佣军，只要不是俄国人，那就可以用。

随着湘军的节节胜利，外加李鸿章的淮军初具规模，另有雇佣军"洋枪队"的助阵，太平天国也迎来了末日景象。这不代表太平天国没得玩了，毕竟到同治元年（1862年）的时候，太平天国还有二十万精锐。客观来说，在那个冷热兵器过渡的时代，太平军的战斗力确实很强。

太平天国最后的危机并不是将士不够忠勇，而是没有粮食。没粮怎么办？太平天国的高层知道这个内幕，于是打算先行囤积粮食。但是洪秀全修仙不见大臣，忠王李秀成召集诸将开会，要求诸将出城到各地去采购粮食。眼下这种情况，金银无用，粮食才是命脉。

然而这时候洪秀全睡醒了，修仙没成功，商机倒是琢磨出一条来。洪天王下旨，出城买粮的人，先到王府来买通行证，无证不许买粮。由于证太贵，所以很多人放弃去买粮。有钱的文武大臣买粮回来，还要被征收重税。办公事还要这么搞，那谁还去买粮啊？

于是，买粮计划作废，大家继续饿肚子。

虽然无粮，但是洪秀全有主意，他说上帝已经大发神威，大家吃草也是一样的。于是洪天王化身"美食博主"，用草和观音土做成了点心，名曰"甜露"。他身先士卒，结果吃甜露吃死了。

他这一死，南京就更守不住了。然而绝大多数太平军依然奋勇抵抗，城破之后，藏匿于百姓中间，继续巷战。

南京人日盼夜盼的官军终于来了。然而官军太可怕了，看谁都是太平军，对民众无差别屠戮。

对于湘军来说，这是最后一战，也是最后的发财机会。在这富裕的南京城中，天王老子的话也不听了，能抢多少就是多少。当官的看上了洪天王的"圣库"，士兵则劫掠民间。保守估计，南京城军民被杀数十万人，湘军劫掠的财富无法统计。然而，当官的却差点崩溃，因为到处也找不到"圣库"。

那么问题来了，为什么会出现这样的恶性事件？有人说是曾国藩下令屠城的，这个不可能，曾国藩最多默许，不可能下令。有人说是因为财富太多，士兵见钱眼开。那问题来了，淮军怎么不抢？难道淮军比湘军军纪严明？

这个屠城事件，绝非表面上看到的那么简单。因为湘军屠城的罪孽，最终算在了曾国藩的头上，也抵消了曾国藩的不世之功。当年咸丰帝说的灭太平天国者封王，到曾国藩这里也改成了一等侯。

也正是因为如此，曾国藩在发捻未靖、西北回乱的情况下，毅然决然地解散湘军。从此，曾国藩不问兵事。

那大家还会认为是曾国藩导演了这次屠城吗？实际情况绝非如此，定然有别的幕后推手。而且，在洪秀全的钱财神秘消失后，没有任何证据指向这笔钱落入曾国藩之手。曾家后人也不是特别富裕，最起码跟李鸿章家族没法比。

洪天王的"圣库"没有找到，传说中巨额的财富也不知道在哪。曾国藩很尴尬，破城之后再说自己没看见"圣库"，要不是自己是当事人，自己都不信。况且，在破城之前，曾国藩在给朝廷的奏折中说，找到"圣库"后，大头入户部，剩下的发军饷和赈济难民。

一时间，物议纷纷，不少传言说老曾家贪了这笔钱。但清廷明察暗访，确认曾家没有贪污，此事也就不了了之。

时至今日，民间也有传说洪秀全宝藏的存在。可能若干年后，这些东西会像张献忠沉银一样重现人间。也有专家说洪秀全的"圣库"都被挥霍了，我个人觉得，老洪临死都在卖通行证，这些钱不可能全都被挥霍了。凭借太平军殊死抵抗的劲头，不留一分钱给湘军的志气是有的，极有可能藏起来了。

不管怎么说，对于曾国藩来讲，有这么一件大功，人生可谓圆满。曾国藩任两江总督，加封太子太保、一等铁帽子侯，赐穿黄马褂，戴双眼花翎。

可能很多人印象中的曾国藩是清朝汉族大臣中官阶成就最高的一位，其实也不是。比如，清朝有七人被赏赐三眼花翎，其中有李鸿章、徐桐两个汉人，曾国藩没有。再比如无上荣誉的四团龙补服，汉族大臣中有马见伯、李卫、岳钟琪、朱珪等人，曾国藩也没赶上。

但是，曾国藩知道自己这个官做到头了，要想善终，就不能再进一步。毕竟他还有个"曾剃头"的外号，随时可能被朝廷想起来治罪。从此，曾国藩谨言慎行，很少有事强出头。也因为他的退让，李鸿章成长了起来，成了他的接班人。包括在洋务运动期间，真正活跃的是李鸿章、左宗棠，曾国藩还是尽量克制的。

曾国藩成就大功是天命所归，而他遭遇大祸也是天命所归，并非能以他个人意志为转移。加倍小心的曾国藩不找事，可没想到事找上了他。他这个两江总督，注定是坐不安稳的。

扬州教案

同治七年（1868年）是非常不平凡的一年，那一年日本开始了明治维新，那一年清朝和美国签订了一个平等的贸易协定《蒲安臣条约》。曾国藩在两江总督的位置上，支持着各种洋务运动。

看上去岁月静好，清朝也迎来了一个发展高峰，然而一件计划外的变故，让曾国藩非常郁闷，也为他晚节不保奠定了思想基础。

让我们把目光看向当年的扬州。法国传教士在扬州创办了天主教堂，顺带收容中国孤儿。原本是慈善的事情，结果因为当年的流行病，四十多个孩子死亡。

当时的百姓认为，洋人就是坏，大老远跑扬州来专门虐杀孩子。更有可能生错了时代的自媒体优秀标题党们编造了洋人吃小孩的"震惊体"故事，引起了民众对洋教的反感。洋教的阴谋，似乎能解释当时地球上所有不好的事情。

没多久，英国人也来扬州开办了新教教会，而且这个规模更大，活动更多。新教当时在中国的传播是有统一组织的大规模传教，传教士们一方面传教，一方面搞慈善。这个组织的传教士比较惨，在中国他们是洋鬼子，在英国他们是"英奸"。因为他们为了更好地跟中国人交流，不惜剃发垂辫、长袍马褂。对于他们来说，只要能传播自己的信仰，让更多人接受就好，至于使用哪种文化并不重要。

当扬州有了天主教堂，又有了新教教堂，对于当地的士人来说，这糟糕透了。在他们的眼中，中国人的信仰应该是孔子传播的儒学。

当然士人也分两种，官方主流认为孔子是圣人，创造了儒学。正经读书明理的，他们知道孔子"述而不著"，传播的是上古先贤尧、舜、禹、汤、文、武、周公的思想。但别管哪一派，他们的共同点就是中国人不能信仰外国人的神或者把外国人当思想教父，更不能以基督文明取代儒家文明。这个底线要是丢了，比丢了外东北还可怕。

可能有人说了，佛祖不也是外国人吗？这个没关系，佛教没有排他性，家里并排供着佛祖和太上老君，完全没问题。基督教不行，其有着严重的排他性。如果入教，对中国人来说不仅仅是和家里供奉的灶王爷、财神爷、寿星、观音菩萨、孔子牌位等有冲突，跟自己家的祖宗牌位也有冲突。

因此这就牵扯到另一个问题，传统中国人会认为入教是一种不要祖宗的行为。对于中国人来说，不认自己的祖宗而拜外国人，这种行为属于没有底线。没底线的人多可怕，什么事干不出来？

因此，扬州城的士人们开展了反教会运动。

知识分子们反对会怎么反？发帖。咱摆事实讲道理，唤醒人们心中的民族意识。当然，这里的民族意识，是真正的民族意识。按理说，这种反洋教的斗争，属于论战。凭什么上帝创造世界？我们还说盘古开天辟地呢。凭什么上帝造人？我们还说女娲造人呢。凭什么耶稣是先知？我们还说孔子是先知呢。凭什么上帝能消灾？我还说关二爷能消灾呢。

但是论着论着，变味了。

随着热血百姓的参与，论战变实战了。苦于没有文化，热血百姓既不能发帖也不能跟帖，激情无处释放。于是，在同治七年（1868年）8月22日，据说有一部分扬州百姓手持刀枪、棍棒、砖头，包围了教会。大家经过简单试探，发现教会没有保安，就冲进去打砸抢。抢了东西怕索赔怎么办？放火呗。

这火一烧起来，百姓都想去添把柴。但是，扬州的教堂是和老百姓的民居连在一起的，所以教堂的邻居们赶紧出来灭火，生怕殃及自己家。

虽然这个过程很暴力，但扬州百姓只是把传教士们揍了一顿，并没有杀人。

不过，打砸抢烧这种事一出，英国政府不干了。因为英国政府如果不能保护英国人，这届政府也干到头了。于是，英国驻华领事麦华陀与扬州知府交涉，要求善后赔偿。

扬州知府能怎么处理？于私，他也是士人，所以心里暗爽；于公，这都同治七年（1868年）了，英国佬还不懂清朝的体制。扬州知府又不是扬州人选的，他哪有权力处理这种国际大事？别说他一个知府了，巡抚也不行啊，得请示最高领导。所以麦华陀得不到任何答复，只能坐着军舰去找两江总督曾国藩交涉。这不糊涂吗？他们老把清朝的督抚当他们的郡长看待。清朝是中央集权制，别说两江总督了，首席军机大臣也没权力给他答复。况且，曾国藩要升直隶总督了，这事甩给下一任两江总督马新贻不爽吗？

因此，曾国藩的处理方式跟扬州知府一样，就是不处理，仅仅表示可以帮麦华陀把这事反映给领导，无数个工作日之后给答复。

麦华陀疯了，没见过这样的。他没办法了，只好也找他的领导。他的领导，就是英国驻华公使阿礼国。阿礼国有权去总理衙门交涉，还有权招来更多的英国军舰站脚助威。

这个事让总理衙门很难办，要讲理的话，明显清朝理亏。看人不爽就打砸抢，说不过去。要要横的话也够呛，人家来了四艘军舰防着你这一手。

朝廷这边一商量，干脆把这烫手的山芋甩给曾国藩。圣旨到了南京，刚和马新贻办完交接的曾国藩，笑着笑着就哭了。朝廷让他留任南京，带着马新贻一起处理扬州教案。

其实这个事并不难处理，有一套完整的处理办法。因为从道光年间开始，教案就是经常出现的一种现象。谁去打砸抢，发个海捕文书，抓人。教会所有损失，扬州府赔。官方出文件，一定要说明情况，这案子的来龙去脉到底是怎么回事，写好后刻在碑上。扬州府必须承诺保护教会，不能接到报案什么也不管。原扬州知府革职，换个能管事的来。

这就是轰动一时的扬州教案。

教案在清朝那是层出不穷，过程都很雷同，无非是惹祸大小不同，赔偿当然也不同。扬州教案对于清朝来说并没有什么，比这严重的教案有的是。但对于曾国藩来说，这其实给他带来了一些思考，并对他以后的人生产生了深远的影响。

我们可以肯定的是，作为一个理学大师，曾国藩对洋教绝无好感。但是，曾国藩认为这不是对人家打砸抢的理由。这就好比在广州开家川菜馆，一个不吃辣椒的食客把店给砸了，是不是要受法律制裁？

也就是说，曾国藩并不认为赔偿之后，这事就算完了。全国那么多教案，可以预见未来依然会有教案。那么为什么会这样？如果人们只是对基督教义不满，为什么要暴力对待呢？

曾国藩认为，这就是民智不开的结果。因为民智不开，所以扬州人相信了洋教吃小孩的谣言。

曾国藩对开启民智就有了一种执念，但是这并不符合清朝的统治逻辑。智力作为一种资源，在清朝是要垄断的。老百姓最好什么也不知道，告诉你什么你就信什么，这样更有利于清朝的统治。而且，在大清的宣传逻辑下，你绝对听不到事情的来龙去脉，只能听到结果，没有前因。

对于曾国藩来说，他确实想改变这个情况。我们不说他有多伟大，是为了开启民智，让这个民族怎样怎样。最起码，作为一个清朝的官员，他需要这么做。为什么呢？在扬州教案中，扬州知府冤不冤？当然冤枉，出事他背锅。这是还没杀人，万一杀人了呢？估计江苏巡抚也要跟着背锅，冤不冤？万一杀的人特别多呢？两江总督都得背锅，冤不冤？万一杀的人特别特别多呢？皇上和太后要不要背锅？

处理完扬州教案，曾国藩升直隶总督。直隶那么多教堂，会不会出教案？早晚的事吧。从道光年间到同治年间，教案不断发生，历史不断重复。清朝赔钱有瘾，还是罢免官员有瘾？

因此，无论出于对自己仕途的考虑，对同僚命运的关心，还是出于对太后、皇上的忠诚，曾国藩都希望能开启民智，而不是过一天算一天。他多希望扬州教案是最后一个教案。

大家对洋教的态度，最多就是不喜欢，犯不着你死我活，而且可以和睦共处。他可以传播基督教，你也可以对他传播儒家思想。

之所以有暴力事件，是因为有人利用了民众的善良，造谣洋教抓小孩、吃人，而中国人有的因为没文化才信了，跟着围攻教堂。

有的人其实是假装信了，趁机打砸抢，岂不美哉？

因此，曾国藩希望民众能理性一点，而理性的基础，就是信息的透明、对称。而只要信息透明、对称，民智自然也就开启了。可惜的是，曾国藩当初批判皇上都没事，然而因为主导信息开放，导致一世英名毁于一旦。

天津教案

历史从来都是用来反思的，所以古代先贤们会用历史来警示帝王，教化臣民。唐太宗说得最直接：以古为镜，可以知兴替。

但在清朝，历史的主要作用成了歌颂。那些所谓的明君圣主，仿佛没有他们地球都不转了。至于历史有值得反思的教训吗？朝廷认为是没有的。

比如扬州教案，假如朝廷能总结事情的来龙去脉，找到对应的解决办法，那么扬州教案很可能就是最后一个教案。可惜，大清皇族的思维逻辑是，过去的就过去了。

于是，在同治九年（1870年），天津就出更大的教案了。

天津教案爆发恰好时值第二次鸦片战争结束了十年，而洋务运动也发展了十年。十年的太平景象，让清朝不少高官飘飘然，感觉清朝强大了，又能嘚瑟了。当时的世界上没有一个国家能像清朝那样用十年时间就取得翻天覆地的变化，作为世界上发展速度最快的国家，以醇亲王为首的清廷高官，有理由相信清朝制度的完美，世界发展看清朝。

清朝这个所谓的天朝上国，真正开始反思，是在甲午战争之后；真正决定变革，是在八国联军走了之后。而在同治九年（1870年）的时候，基本上大部分人还是不服洋人的。你们洋人不就是枪炮厉害吗？我大清也有了同样的枪炮，还怕你作甚？

清廷的高层是恨洋人的，当时的思想还很传统——我们大清不想和你们外夷平起平坐，你们要么来进贡，要么滚回欧洲。我大清最不爽的就是给你们开放天津当通商口岸，北京城里还有外国公使，简直是奇耻大辱。

因此在清军配备洋枪洋炮之后，很多大臣就琢磨着让洋人滚回老家，或者退到广州。再不济也要告诉洋人，中国的老百姓刁蛮，中国不适合洋人长期居住。洋人老在北京、天津待着，多不安全。

在这种心理作用下，天津出现的事情就有点意思了。据说同治九年（1870年）的中国北方非常炎热，这要是搁今天，一定得说是全球气候变暖。那年头卫生条件差，炎热必然伴随着疫病流行，这下可忙坏了天津卫的各大教堂。其实洋教之间，也存在着竞争关系。像天津这样的大城市，新教、天主教、东正教三大流派必然都存在，他们为了竞争会员，也不断地在做宣传和公益。

比如天津的望海楼教堂，就致力于收养孤儿和救治疫病的工作。望海楼教堂属于法国新教，神父叫谢福音。当时西医的水平已经相当高了，尤其是一些中医治不了的病，西医是有办法的。

比如刀伤，在中国被称为红伤。这种伤就算不伤及要害，死亡率也是极高的，因为会有破伤风。破伤风在当时的中国无解，但是西医的石碳酸法能缓解病症。再比如让中国人苦恼的疟疾，当时西医也有了特效药奎宁。再加上当时欧洲已经有了基于解剖学的现代医学雏形，医生知道了血压、血糖，了解了微生物、细菌、病毒，还知道了维生素对人体的作用。

像什么阿司匹林、碘化钾等药物，西方当时已经有了。西医还能打针、手术、治疗结石。但清朝人因为长期的高压而思想保守，不似唐朝人开放包容。你要说西方哪里好，就会被说成崇洋媚外。那要说西医好，清朝人感情上也接受不了。清朝人就是觉得中医无敌，一定得说西医不好。

洋人自信地收养孤儿，给人治病，被传播成了抓小孩配药。清朝人可能不知道，哪一种西药都不是用人的器官配治的，反倒是中药里有紫河车这种药材。

总之，在洋人用小孩的器官配药的社会共识达成后，洋人并不知道这些，依然在积极推动公益事业。洋人发现中国人对同胞是比较冷漠的，为了刺激中国人帮忙把流浪儿或者遗弃儿送到教堂抚养，法国人出了一个傻主意。

这个傻主意就是，只要你能把孤儿送来教堂，我给你五两银子的补贴。脑子活泛的人发现了商机，那是有流浪儿要送到教堂，没有流浪儿，绑架一个也得送到教堂。一时间，天津地区屡屡出现孩子的失踪事件。种种迹象表明，孩子是被教堂的人偷了，肯定被拿去配药了。

你不信是吧，有证据。前文中提到，同治九年（1870年）的中国北方非常炎热，天津疫病流行，很多遗弃儿被送到教堂的时候就已经奄奄一息了，再加上有的孩子有传染病，导致望海楼教堂的不少孩子死亡了。教堂就趁着夜色，将这些不幸离世的孩子们掩埋。

那个年头，中国有一种流浪狗是靠着在乱葬岗吃死孩子存活的，眼睛都是红色的。这些狗凭着出色的嗅觉，找到了教堂的埋尸处，挖出小孩遗体就吃。所以很快这个教堂埋孩子遗体的地方就被发现了，很多遗体被野狗咬得残缺不全，正好成了洋人用小孩器官配药的铁证。

据说，自从这块地方被发现，每天都有上百人在围观。不过，有没有引发集体事件？没有。有没有老百姓爆发出伟大力量去教堂讨说法的情况？没有。那么后来怎么就酿成一场教案了？这就不得不提一个组织，叫水火会。传统资料总说水火会是个黑社会组织，但是我并不这么认为。水火会跟其他黑社会组织是有区别的，因为水火会有官府背景。

水火会干的活，就是官府不方便或者懒得办的事。比如有人来告状，说有东西丢了。官府没工夫帮你找，就会让水火会的人找道上的兄弟问问是谁干的。或者是哪里有非法集会，水火会给官府通风报信，或亲自镇压。甚至，水火会还负担一部分处理民事纠纷的工作。张家偷了李家的鸡，李家拿了张家的碗，这些破事官老爷懒得管，就让水火会解决下纠纷。

因此这个组织根本不是黑社会，最起码不是简单的黑社会。这是个神奇的组织，依附于官府而生存。他们的工作干好了，那是维护社会治安；搞砸了，官府也不背锅。

由于天津地区人贩子泛滥，水火会又来活了。他们的人布下暗哨，成功捉拿了一个正在作案的人贩子，叫武兰珍。我们清朝百姓都是有正义感的，前提是坏人得落难了，那时候我们一定会冲上去，本着全民健身的原则一人一脚踹死他。

清朝的司法向来简单粗暴，武兰珍这种人被抓，弄不好不用升堂，就能被活活打死。武兰珍不想死，就说自己是有大哥罩着的。在天津地头上，敢在水火会面前提大哥，那可不是一般的大哥，一般人哪罩得住啊？武兰珍说了，他大哥是教堂的人，他是替教堂偷孩子。

这下都傻了，谁敢惹洋大人？水火会是不敢的。不对啊，你说你是教堂的人，有证据吗？

有，武兰珍是个被人贩子这份工作耽误的说书人。这哥们当场就讲，他大哥王三是望海楼教堂的红人，专门请他到望海楼教堂里面的铁栅栏旁边的席棚处，给他银子，让他拐孩子配药。

众人一听，这案子大了。水火会不敢自专，于是带着武兰珍和围观百姓去天津县衙报案。天津知县刘杰一听头都大了，这案子哪是一个七品官能接的？于是刘杰带着这一干人士去了府里报案。天津知府张光藻也不敢接，于是又把案子推给了道台衙门。道台周家勋心想，就你们会踢皮球啊？我上头还有一品大员崇厚呢。所以，周家勋就把案子推给了三口通商大臣崇厚。三口通商大臣，就是后来北洋大臣的前身。反正在天津地面上，崇厚的官最大。

崇厚这个人在历史上留下了诸多骂名，但是我们也得知道，这哥们是个洋务派大臣，不是个草包。他一看案子，就觉得简直匪夷所思。洋教怎么可能拿小孩配药，这不是胡闹吗？就算你们想找教堂的晦气，那也该让老百姓去找啊，官府跟着瞎掺和什么？因此，崇厚做出了以下决定：

崇厚会同周家勋、张光藻、刘杰，押解人贩武兰珍来到望海楼教堂。在神父谢福音的带领下，让武兰珍指认谁是王三，他们交易的铁栅栏、席棚在哪。

武兰珍自从进入教堂，俩眼就不够用的了。嚯，感情这就是教堂啊，修得真好！嗬，真不错！

这家伙头一次来教堂，发现教堂跟他想象的完全不一样，根本找不到他所谓的交易地点。然后大家翻开教堂名册，发现并无一人叫王三。为了防止武兰珍说王三是化名，谢福音便把教堂里的所有人都叫了出来，让武兰珍指认。武兰珍承认了，承认自己胡说八道。事情真相大白，武兰珍造谣生事，拐卖儿童，诬陷教堂，罪不可恕。

事情到这，基本上可以结案了，干掉武兰珍，以儆效尤不就完了。清朝的官员跟教堂表明了态度，我大清的官员是不会听刁民的一面之词的，我们来就是为了戳穿刁民的谎言，还教堂一个清白。如今真相大白，我们就先回去了，不用送了。

但是，官员们走了，水火会不但没走，反而把望海楼给围了。这个事，崇厚、周家勋、张光藻、刘杰表示管不了。我们大清的官员是和教堂站在一起的，我们已经带着武兰珍来到教堂对质，还教堂一个清白了，后边的事就管不了喽，可能中国就不适合有基督教吧。

水火会带着一帮人在教堂外打着快板展开了"津骂"。试想一下，教堂里面的中国信徒都是何等人物，他们最擅长的就是骂街。双方隔着栅栏，就进行了一场别开生面的对骂。这场面别提多壮观了，骂得要多牙碜有多牙碜。

天津素来民风剽悍，光骂不解决问题，双方就开始互扔板砖。扔着扔着，就要动手群殴。神父谢福音一看，动手一定会吃亏，目测外面集结多人了。指望清朝官员弹压是不可能了，谢福音便从后门溜走，去找背后强大的国家（或势力）撑腰。

谢福音背后强大国家（或势力）的代表，就是法国驻中国公使馆领事丰大业。当时法国公使馆和望海楼教堂离得很近，丰大业估计也知道望海楼教堂出了事。

丰大业这个人，如果按照中国的标准起个诨名，一定是黑旋风。这货脾气火暴，闻讯当场大怒，带人就去找崇厚，勒令崇厚派兵镇压水火会。

崇厚一看，不对啊，你不按套路办事啊。你应该先给我发出正式照会，我再向上申请，得到总理衙门批示后，会同兵部下来公文，我才能调兵，而不是直眉瞪眼地来命令我做事。

丰大业不信这个，等这套程序走完，估计教堂遗址上种的麦子都熟了。不行，你必须马上派兵，如若不然，老子弄死你。

丰大业并不是说说，而是真的掏了枪，还扣动了扳机，打碎了崇厚身边的花瓶。据说碎瓷飞起，还划伤了崇厚的脖子。这个事就得赖丰大业了，你一个外交官一言不合就开枪，这哪是丰大业啊，简直是疯大爷。

丰大业开枪之后，崇厚就跑了。丰大业一看崇厚跑了，就带了个秘书西蒙来到现场，正好碰见知县刘杰在疏散百姓。刘杰是真心疏散百姓吗？别闹，水火会听官府的。只要刘杰真想疏散百姓，早就疏散了。

自古以来，只有起义的农民才是官府疏散不了的百姓。很明显，水火会围攻教堂不是农民起义，那刘杰在场到底是在疏散百姓还是督战，有待商榷。丰大业对刘杰的工作不满意，疏散百姓你得带兵啊。结果刘杰和丰大业就吵起来，也不知道是用的哪种语言。吵着吵着，丰大业又变身疯大爷，开枪了。我不太理解，法国是不是没人了，弄这么一个疯子当公使馆领事。这家伙打死了刘杰的侄子，还打伤了一个县太爷的随从。

按说枪一响，大家就都得跑路了。刘杰虽然跑了，但是水火会还在。围观人群见洋人敢打自己的领导，马上一拥而上，一人一脚，打死了丰大业和西蒙这个倒霉蛋。

一万多人的阵容，才打死两人，多不过瘾。所以水火会的弟兄带人冲进了望海楼教堂，先杀死了修女，又弄死教堂的神父、信徒，一把火烧了教堂。还不过瘾，就又杀了两个法国使馆人员，顺手把附近的外国游客、侨民一起干掉。总之，水火会见外国人就杀。法国领事馆被烧，此外还有四座英美教堂、一座西班牙天主教堂、一座俄国东正教堂跟着遭殃。

这样的恶性事件，洋人怎么能善罢甘休？以法国为首的西方国家集结了舰队停泊天津卫，向总理衙门提出最强烈的抗议。总理衙门最好说话了，多大点事，马上派人去调查。法国人不愿意，他们难道不知道清朝这套？调查起来至少一百年才给回话。朝廷马上表示，好说，严惩涉事刁民！

法国人不干，少来这套，明明是当地官员玩的把戏，又甩锅给老百姓？必须杀掉相关的官员。好官做事好官当，别乱甩锅。

这时候，朝廷很多高官不乐意了。法国是不是找抽呢？我大清官员是你们说杀就杀的？不服就再打。当时以醇亲王、左宗棠为主的强硬派都主张与法国一战。法国人一看这样，就准备打北京了。

此时朝廷内部有两种意见，而占据主流的，就是鹰派意见。

鹰派认为，杀就杀了，多大点事？不道歉，不赔偿，洋人有能耐就来打，狭路相逢勇者胜。

这派人的特点主要是无耻，乱民毫无理由地进入教堂杀人放火，对他们来说无所谓，不需要道歉，洋人活该。至于打仗，无所谓，只要有必胜的信念，英、法、俄、美都不行，反正他们也不去前线。

有鹰派自然有鸽派，鸽派认为这事一来理屈，二来打不过四国联军，现在要考虑的是如何把损失降到最低。如果是正常人在一块讨论，那一定是摆事实讲道理。杀人放火的肯定不对，而且当时大清还没海军，怎么打人家的巡洋舰？那不管，不正常的人参与进来，那就是如下理论：

一、你说打不过四国联军，你是卖国贼。

二、你预测打不过，准是收了外国人的钱。

三、你讨论天津教案的是非曲直，就是站在大清的对立面上。

四、假如真的打输了，准是你所期待的。

这会导致什么结果？处理天津教案的意见原本是两派，一旦卖国贼的帽子扣下来，鸽派的人便不敢坚持自己的主张了。大家一起嚷嚷，还能说几句。真到了点名发言的时候，都沉默了。

很明显，朝堂不是讲理的地方，是扣帽子的地方了。只有曾国藩，他敢实名制说真话：十年和平不易，不要没事找抽。

那正好，谁敢说话，那就谁去。曾国藩光荣地来到天津处理这件两面不讨好的差事，根据调查事实，发布了到今天还有人骂的《谕天津士民》。

然后，曾国藩就是"卖国贼"了。

曾国藩在告示中各种讲道理。首先，曾国藩高度肯定天津老百姓讲义气，有侠义精神。但如果仅有侠义精神而不明道理，则容易出乱子。

你能说这话不对？今天不也反对无条件为兄弟两肋插刀吗？得看是什么事啊。好兄弟贩毒，你出于义气帮忙，那肯定是错的。

其次，曾国藩说经过调查，洋教拐卖小孩，以及用小孩眼睛、心脏配药的事是谣言，因为谣言而打砸抢，不是诬陷、冤枉人家吗？退一步讲，哪怕这事是真的，也应该走司法程序。先报案，由官员知会外交人员，再进行惩治，这才是正确的做法。如果自己不爽就擅自使用私刑烧杀抢掠，不是不明理吗？

这话曾国藩说得也没毛病吧，你看有人偷东西，可以阻止，可以报案，但是可以打死他吗？肯定不行。如果没有司法程序，人人都能实施私刑，这不就回到原始社会了？

担心这个道理大家不懂，曾国藩还通俗地解释了一下。你能随便杀人，别人也能这样报复。你能随便放火，别人也能这么报复。要是这样，全天津的民房恐怕都要被烧了吧？十年的和平不容易，万一打起来，天津就是战场。

接着，曾国藩又指出，烧教堂的时候，流氓们趁机抢劫财物。大家既然是因为义愤而烧教堂，结果怎么是获利呢？丢不丢人！所以，要先明理，然后使用侠义之气。先有远虑，才能使用刚强的精神。这个事发展到这样，本官来了就是要息事宁人。大家一定要保持自己的美德，摒弃自己的不足。怎么惩治犯罪，如何抚平大家的怒气，还得依靠读书、明理的君子们好好筹划，写清楚报给本官。

就这么几句大实话，道理还很朴实，文辞几乎是白话文，但直接就被舆论操控了。当时的识字率并不高，告示贴出去并不是所有人都能看懂。所以只要有一个人说曾国藩是卖国贼，那大家就都说曾国藩是卖国贼。

曾国藩是个有独立思考能力的人，他顶住压力，依然给朝廷详细写报告。曾国藩认为，这事有愚民胡闹的成分。杀人偿命是天经地义，这个风气不能再鼓励了，教案越闹越大，得有个头啊。

但是，这几句大实话到了朝廷，群臣激愤，大骂曾国藩是卖国贼。大家要注意，官员骂卖国贼和百姓骂卖国贼的内核是不一样的。老百姓就是跟着集体思维随大流，官员们是有政治方面的考虑的。

这些当官的可不是傻，是坏。他们的考量是让老百姓去对抗洋人，打死谁对朝廷都有好处。对于独裁者来说，还有比愚民盲目排外更好的事吗？所以，这类官员认为不仅不能处罚肇事者，还得捧着他们。杀人放火怎么了？只要有利于朝廷，干什么缺德事都没关系。

曾国藩认为，办事得讲策略。现在英、法、俄、美来索赔，损失最大的是法国，他们最不依不饶。所以可以先分化四国，对英美俄先赔偿，让他们哪凉快哪待着去。而且，这三国中要数俄国最没节操，他们拿本国人也不当人，所以可以多给些钱，让俄国人松口，少杀中国人偿命。

最终，曾国藩裁定能够上死刑的有七八个，其他处罚的二十来个，天津道台以下的官员免职，赔偿法国损失，让三口通商大臣崇厚去道歉，慢慢跟法国谈。

然而，曾国藩这个差事难办就难在就算洋人满意了，慈禧也不满意。

慈禧这次铁了心要把帝国中兴的第一名臣给毁了。她认定处罚太轻，勒令曾国藩扩大杀人范围，天津道台以下官员流放。

曾国藩耿直啊，他认为该怎样就怎样，不能姑息，也不能扩大。但上命不可违，曾国藩只好自掏腰包，为被流放的官员减刑。

这明明是慈禧的主意，锅却要曾国藩好好背着。于是，曾国藩卖国贼之名升级。过去骂曾国藩是"曾剃头"，现在他成了"曾国贼"。

也因为这件事，曾国藩被免去直隶总督，朝廷改派李鸿章处理天津教案。恰逢江南出了刺马案，曾国藩调任两江总督。

事实上，曾国藩的处理结果已经让法国可以接受了，李鸿章去了也是那么处理。但是，同样的事，曾国藩去办就是卖国贼，李鸿章去办就成了社稷之臣。而最终被判死刑的十六人，也被李鸿章用死囚给替换了。

此后三十年，李鸿章成了大清的柱石之臣。可能在同治九年（1870年），得意扬扬的李鸿章没有想到，当历史在他身上重演的时候，他可比曾国藩惨烈多了。

曾国藩成了孤家寡人，不光天津人骂他，连他的湖南老乡也骂他。他提拔的爱将左宗棠和弟子李鸿章也骂他，骂曾国藩成了政治正确，谁不骂谁是卖国贼。

这件事的结果是什么？是曾国藩开启民智的努力失败，他满篇大实话的告示成了汉奸言论。愚昧的百姓更加愚昧排外，认为朝廷是好的，只是曾国藩这样的汉奸误国。不愚昧的百姓不敢不愚昧，谁要不愚昧，基本就会被认定为卖国贼。对于曾国藩来说，不明真相的百姓骂他无所谓，湖南老乡骂他也就骂了。大家骂他，是因为善良，只不过被蒙蔽了。朝廷的政敌骂他也无所谓，骂呗，没这事就不骂了？那不可能，他们一直看洋务派不爽，不骂才奇怪。

真正令曾国藩觉得崩溃的，是左宗棠、李鸿章这样的人也骂他。他们不知道事情真相？知道。他们不知道什么是对的吗？也知道。但所有的真相、良知，都不如政治正确重要。一个让明白人不得不揣着明白装糊涂的时代，一个让有良知的人不得不装恶人的时代，比任何器物、制度的落后都可怕。

若干年后，幸运的左宗棠死在了福州，没能成为中法战争的卖国贼。而李鸿章死得晚，成了比曾国藩更大的"卖国贼"。李鸿章见证了曾国藩担心的一切：见证了民智不开，由教案升级到了义和团运动；见证了朝廷不反思，从赔钱到太后被赶到西安；见证了洋务运动三十年的成果毁于一旦；见证了帝国险些解体的大危局。

李鸿章签完《辛丑条约》，成为清朝第一"卖国贼"之后，他的心境其实和曾国藩晚年的心境是一样的。他不担心洋人亡我之心不死，担心的是这么大教训，又这么随随便便过去了。未来，这样的悲剧还会重现。

因此，李鸿章写下了这样的绝笔诗：

劳劳车马未离鞍，临事方知一死难。

三百年来伤国步，八千里外吊民残。

秋风宝剑孤臣泪，落日旌旗大将坛。

海外尘氛犹未息，诸君莫作等闲看。

可是清朝近代所有的大教训，哪件不被当成等闲看？出事了赖别人，事走了夸自己。再出事再赖别人，事走了再夸自己。丧事都当喜事办，终于丢了花花江山。

就算清朝亡了，还有人瞎总结，赖奸臣当道，赖武器不行，赖文化不行，赖百姓不行，赖祖宗不行。反正全是客观因素，没有任何主观因素。这导致今天有部分舆论还认为大清输在武器上，甚至还有大批人以为八国联军期间，清军还在用大刀。仿佛清军若是人人都端着全自动步枪，就能无敌于天下一样。

这类人不仅是知识缺失，更是思维缺失。他们认为清军装备不行，所以打不过洋人。义和团装备更不行，但是能打败洋人。可是，义和团又被清军灭了，这成了一盘斗兽棋。你帮他捋捋这个思路，他马上说你是卖国贼。

曾国藩在处理完天津教案一年多以后，郁郁而终。一个对于帝国来说能够帮着乾坤再造的中兴之臣，最终被贴上"曾剃头"和"曾国贼"这两大标签，扫进了历史的垃圾堆。清廷在曾国藩死后，为曾国藩上谥号"文正"，算是对曾国藩表达了最后的歉意。后来李鸿章受的委屈也大，但好歹仅仅是"卖国贼"，还没算屠夫，所以谥号低了一级，曰"文忠"。左宗棠没当上"卖国贼"，那对不起了，只能是"文襄"，含金量差远了。

在曾国藩之后，李鸿章其实是沿着曾国藩的路线，走在了洋务运动最前线。然而，朝廷肯定不希望李鸿章成为下一个曾国藩。于是，张之洞被推到了历史前沿，成为当时的洋务双巨头之一。那么，朝廷要给李鸿章制造一个对手，为什么会选张之洞呢？为什么不是刘坤一？为什么不是翁同龢？在下一章中，我将会为大家解开这些谜团。

第九章

猴·张之洞

张之洞的发迹之路

在我们的传统文化中，猴是聪明的象征。所以我们形容一个人聪明时，会说他比猴还精。但是，在汉语的语境中，说一个人像猴一样聪明，基本不会是褒义，而是带有贬义的。

既然在"西山十戾"的传说中，张之洞是猴精下山，那他自然是猴精猴精的。猴的聪明和普通的聪明有什么区别呢？其实也很好理解，当我们形容一个人猴精的时候，就表明这个人往往把聪明用在了利己上，甚至有些不择手段。那么张之洞是不是这样的人？我们来看看历史上的张之洞，到底配不配猴精的名号。

要说张之洞，必须得从曾国藩说起。在太平天国运动之后，清廷的统治结构发生了改变，汉族大臣的权力大大超过了以往，这是一个大家都知道的故事。

其实这个说法有那么一点问题，用民族属性掩盖了其他的一些实际问题。

论荣誉，曾国藩在汉族大臣中不是最高的。跟李卫比，曾国藩没穿过四团龙补服；跟徐桐比，曾国藩没戴过三眼花翎；跟张廷玉比，曾国藩没资格享太庙；跟吴三桂比，曾国藩没封过王爵；哪怕跟岳钟琪比，人家还是一等公。而"文正"这个谥号，曾国藩前边有五个汉族大臣得到过。

说权力，在朝廷中，曾国藩跟当年的首席军机大臣曹振镛没法比；在地方上，曾国藩跟年羹尧、岳钟琪也不是一个档次，更别提康熙年间的"三藩"了。

也就是说，其实太平天国运动对清廷统治结构的冲击并不在于让汉族大臣的权力更大了，而在于别的方面。年羹尧、岳钟琪这类人要造反，把握远比曾国藩大得多。

真正让清廷不安的，是自身的不自信。康熙帝为什么不怕吴三桂？因为他有绿营、八旗。雍正帝为什么不怕年羹尧？因为他有绿营、八旗。咸丰帝为什么敢和英法联军叫板？因为他有八旗。

但是在曾国藩镇压太平天国运动之后，朝廷没有了绿营、八旗，仅仅靠新成立的神机营，底气是不足的，只能扶左宗棠、李鸿章制衡曾国藩。

也就是说，朝廷的变化不是汉族大臣的权力更大了，而是朝廷自己怕了。哪怕曾国藩解散了湘军，朝廷还是怕的。

旗人位高权重，靠血缘；非旗人位高权重，靠人设。因此朝廷要办旗人，就先剥夺他的血统，哪怕是皇帝亲弟弟，也能说是"阿其那""塞思黑"。朝廷要办非旗人，就先毁他的人设，哪怕是道德楷模，也说他贪污、嫖娼、道德败坏。

因此，在朝廷的设计下，曾国藩带着"曾剃头"和"曾国贼"的头衔成了历史。取代曾国藩的是更难驾驭的李鸿章。怎么制衡李鸿章？这是朝廷要深刻研究的问题。

朝廷为什么非要用曾国藩、李鸿章？他们有什么别人不具备的优势吗？历史进入近代，清朝不得不拥抱全球化的趋势。对于刚刚经历危局的朝廷来说，最需要的是懂洋务、外交和练兵的人才。显然，在当时的大清，最懂这三样的就是曾、左、李三位。倒不是这三位真就那么厉害，关键是靠同行衬托。

曾国藩在时，有左宗棠、李鸿章制衡。李鸿章取代曾国藩，有左宗棠制衡。但是，左宗棠比李鸿章大十一岁，如果左宗棠死了，靠谁制衡李鸿章？

当时能制衡李鸿章的人并不多，如果有，那后面怎么制衡这个更狠的人？

论实力的话，朝廷可以选择扶植刘坤一制衡李鸿章。但是，刘坤一是比李鸿章更难驾驭的臣子，所以朝廷放弃了扶植刘坤一。

除了刘坤一，还有个可用之才就是翁同龢。李鸿章曾弹劾翁同龢的哥哥翁同书临阵脱逃，所以翁同龢深恨李鸿章。但是，翁同龢这个人干不成事。要是放在道光二十年（1840年）以前，翁同龢是大清的人才。但现在，别看翁同龢是个状元，但是洋务、外交、练兵这三样事，翁同龢显然一样都办不了。

好驾驭的翁同龢干不成事，能干事的刘坤一不好驾驭。那么，如果有人有着翁同龢的底子，外加刘坤一的能力，那当然是制衡李鸿章的最佳人选。满朝文武没有这样的人才，朝廷就决定塑造一个这样的人才。

这样的人才，首先要具备翁同龢的底色，至于有没有刘坤一的能力，不重要，只要不像翁同龢、徐桐那样敌视洋务，能力可以慢慢培养。于是，探花郎张之洞横空出世，成为朝廷的重点培养对象。

这个机会虽然是朝廷给张之洞的，但也是张之洞自己发现并把握住的。翰林院"嗷嗷待哺"的进士多了，朝廷为什么不选状元、榜眼，而选探花呢？那自然是张之洞这位探花郎有别的进士不具备的闪光点。

说起来，张之洞跟大多数走科举正途出身的官员一样，早年间先从翰林院编修开始步入仕途，长期从事文教工作。像咱们之前写过的年羹尧、曾国藩这些进士出身的大臣，都是从文教工作开始的。

曾国藩死后，张之洞也一直从事文教工作。虽然做文教工作是朝廷大事，但朝廷并不缺这样的人，甚至有点人才过剩。能干这份工作的人，翰林院、詹士府一抓一大把，真可谓车载斗量，不可胜数。这类人有傲气，毕竟是凭本事考上来的，有种天之骄子的底气。他们也爱喊口号，但他们还不等同于现在网络上盲目喊口号的人。他们读圣贤书，以中华道统的继承和传播者自居，跟一般的百姓是有区别的。文盲喊口号，要看主子的脸色，主子变脸，他们就转舵。士大夫出身的人物喊口号，一般情况下是有底线的，他们认的是理，不是人。

举个例子，明朝东林党斗争的对象可是朝廷最有权势的严嵩、魏忠贤，这两位可以要了东林党人的命，但东林党人一样抗争。你可以说他们迂腐，但他们不谄媚。

对于张之洞来说，机会来了。光绪五年（1879年），崇厚被俄国人忽悠，签下了伤筋动骨的《里瓦几亚条约》。消息传来，满朝文武群情激愤。这个条约并不被大家熟知，但这个条约的危害和险恶程度，远超我们熟悉的那些考试必考条约。

后来的《马关条约》是学生出来抵制，而《里瓦几亚条约》是士大夫官员都出来抵制，足见其危害。一时间，爱国热情点燃大清朝野。抵制该条约的爱国士大夫当中，名义领袖是帝师李鸿藻，而真正的领袖是张之洞。那么，位不高、权不重的张之洞凭什么当领袖？因为其他同僚的爱国情操仅仅局限在喊口号上，张之洞的爱国情操体现在文章上。

张之洞带头爱国，骂崇厚的折子写得"最好"，所以被两宫太后召见，从此坐着火箭上升。

当然，张之洞不仅仅是文笔好，他的奏章在诸多慷慨激昂的折子中，确实显得鹤立鸡群。

别人的奏章一般都会写崇厚卖国，条约不能答应。但是，这都是废话，没有一点营养。人家张之洞的折子写得就很好，先分析条约到底是怎么危害清朝根基的，从而证明该条约的危害性，然后分析清朝毁约后有哪些对策，可以让毁约之后的危害降到最低。最后还得讲理，咱毁约得有毁约的道理。堂堂大清帝国，不干那蝇营狗苟的事。比如刚签完就毁约，那就可以说皇上发电报不让崇厚签约，崇厚个人抗旨签约不算数。不信是吧？可以先把崇厚斩了。

两宫太后一看，人才啊，比那些个翰林院的人强多了，最起码张之洞会思考。还有就是张之洞这奏章写得不像个翰林学士的手笔，不知道的还以为张之洞留过洋了，跟那些闷在罐里的王八就是不一样。张之洞还分析了俄国跟奥斯曼帝国打仗的事，断言俄国没能力跟清朝决战。张之洞甚至分析了如果俄国打清朝，会制订什么样的方案，针对这些方案，该怎么应对。

张探花能细致到什么程度呢？在哪打仗、用谁为将，他都写得清清楚楚。大概意思就是我大清人才济济，出事找左帅。除此之外，像什么彭玉麟、杨岳斌、鲍超等，都是可用之才。

这样的折子，是不是让两宫太后眼前一亮？他跟那些喊口号要用精神灭掉敌人的家伙不一样。

你看人家张之洞，就凭这一个折子，他从此不再从事无聊的文教工作，而是进入总理衙门培训。张之洞的士大夫底色足够了，接下来就要培养他的办事能力。在当时的清朝最需要的三大能力中，总理衙门可以让张之洞学习一些洋务、外交的技能。

值得注意的是，在这场爱国运动中，张之洞不仅进了总理衙门，而且还成了清流派的领袖。也正是因为赚足了这些政治资本，两年后张之洞升山西巡抚，成了封疆大吏。

在当时，清流派骂洋务派，洋务派骂清流派。张之洞真是厉害了，他是个搞洋务的清流派，还是清流派的领袖。一般情况下，没人骂他。都是一个体制下的官僚，谁敢骂张之洞，那就等于捋虎须。

而且要注意，张之洞在总理衙门的时候，实习的是洋务和外交。等他当了山西巡抚，就开始接触军事了。因为这个山西巡抚跟陕西巡抚不一样，山西巡抚上面没有总督，是正儿八经的上马管兵，下马管民，厉害着呢。

张之洞倒也不辱使命，他在山西搞了四大政绩。其一，整顿吏治，换了换小老虎们，仿佛搞得山西清正廉明。其二，大搞经济，办铁厂，卖铁矿，让山西巡抚衙门更有钱了。其三，兴文教，办令德堂讲课，发掘人才，比如他的亲信杨深秀就是这时候提拔的。其四，在山西练兵，开始实习军务。

这四件事，正好是两件清流派干的事，两件洋务派干的事。而且他既不像左宗棠那么桀骜，也不像李鸿章那么油滑。

第一次当地方官就当巡抚的，本来就少之又少，张之洞不仅有此机遇，成绩还不错，让朝廷非常满意。在山西巡抚任上，张之洞完成了洋务、外交、练兵三大技能培训，朝廷造星计划顺利进行。在一切顺利之中，张之洞又敏锐地捕捉到了机遇。然而，张之洞显然不是曾国藩，他在抓机遇的关键时刻翻车了。但张之洞之所以是张之洞，关键在于翻车后怎么快速上车。

翻车后迅速上车

在过去的官场内，一个人如果"坐着火箭"升官，一般是两种情况。第一种是朝中有关系，一般情况下升官会比较快。第二种是打赢硬仗的，越是在朝廷搞不定的战争中有军功，越能迅速升官。

作为朝廷的重点培养对象，山西巡抚张之洞的升官之路不可谓不快。但这还不够，要成为和李鸿章并驾齐驱的大臣，张之洞还缺乏军功。

光绪九年（1883年），中法战争爆发，张之洞的机会又来了。中法战争的起因、经过和结果，在此不再赘述。这回我们来重点说说张之洞在这场战争中扮演了什么角色。

张之洞是个力求上进的进步人士，当年慷慨激昂的爱国志士，如今成了清朝的封疆大吏。在官场浸染久了，哪怕是张之洞，也会转变为一个官僚。因此，不要认为山西巡抚张之洞和翰林学士张之洞的思维模式是一样的。不是他不想，而是他不能。

张之洞在当时被认为是文能提笔安天下的角色,在越南局势升温的情况下,张之洞的奏章《法衅已成敬陈战守事宜折》也到了北京。两宫太后一看,张之洞就是张之洞,文章还是一如既往的稳。张之洞不仅大谈爱国主义,还列出了十七条方略。

张之洞分析,清朝必须和法国一战。原因有二:第一是清朝偷摸援助刘永福跟法国捣乱的事败露了。这种事要么不干,要么就大大方方承认。死不承认,再被人把证据拍脸上,到时候更难看。假如不在此时跟法国开战,等刘永福彻底战败,那就晚了。第二就是法国最近人缘混得不怎么好,占据马达加斯加得罪了英国,后又得罪了西班牙和德国。如今越南人民对法国恨之入骨,就该此时派曾纪泽出使德国来迷惑法国,让法国不敢放开手脚。

在防御方面,要重点防御天津、烟台、旅顺。至于在没海军的情况下,只靠炮台没法防,张之洞只能出这样一个主意:放开闽、浙、苏不管了,这些省份的沿海城市为通商口岸,法国敢打就等于向全世界宣战。重点就是把法国拖在两广,尽量上岸打,绝不在海上打。利用纵深,拖死法国。

还要利用好刘永福和越南的民团,跟法国耗。他们远道而来客场作战,军费肯定花得多,等法国没钱了,这仗就赢了。当然,当时清朝也凑不出军费,谁能耗过谁,张之洞其实心里也没底。

没底没关系,张之洞还有招。首先要利用好国际法和国际舆论,游说列强不能援助法国。

还有,趁着还没打仗,先找列强借钱。一旦打起来,再借就借不出来了。借钱除了用于军饷外,还要购买大量军火。虽然国产的也有,也号称先进,但是真跟法国打起来,还得用进口货。指望衙门式的企业能造出好东西,那根本不符合人类社会的基本规律。

另外,现在打仗跟以前不一样了,朝廷坐等前线的奏章那是扯。战场上瞬息万变,要在前线广布电台,有情况赶紧给两广总督发电报,再由两广总督给直隶总督天津行辕或者总理衙门发电报。

说了这么多,张之洞的奏折表面上看是在出主意,其实水深了。简单地说,这是张之洞的无敌抢功甩锅大法来了。他的潜台词其实是这样:主意是我出的,按我说的办,万无一失。在执行层面上,北方沿海靠李鸿章,南方沿海靠左宗棠，后勤靠丁宝桢，越南前线靠刘永福，广西前线靠徐延旭。鲍超准备去前线接应，彭玉麟、吴大澂办团练预备队。

反正这个事，哪儿都没有张之洞负责的地方，但仿佛哪儿都是张之洞在指导工作。

作为朝廷的重点培养对象，两宫太后看完奏章，马上召见张之洞询问抗敌方略，简单地将其表彰一番，就升他为两广总督。就这样，张之洞来到最前线，开始了他新的镀金之旅。

张之洞到了前线，有点像当年的四川巡抚年羹尧一样，手伸得很长。他一个两广总督，甚至要指导福建的抗战。张之洞其实不懂军事，所以他的主要职责是发掘懂军事的人上前线。在别人的防区，他支持招安黑旗军领袖刘永福；在自己的防区，他推举徐延旭为广西布政使。

刘永福大家都知道，他很能打。那么徐延旭呢？张之洞给出的官方说法是徐延旭精通越南事务，又有"剿匪"的经验。那么实际上能说徐延旭的技能有用吗？可能放在古代有用，能"剿匪"就能与别国交战，毕竟都是冷兵器战争，差得不太多。问题是到了近代，拿砍刀打过群架，跟在枪林弹雨中打仗不是一回事，所以徐延旭的"剿匪"技能用处不大。再一个，他再了解越南，都不如了解法国管用。张之洞用他的最主要原因，是徐延旭的亲家是鹿传霖，鹿传霖的小舅子是张之洞。这都是亲戚，镀金的事不能便宜别人。

那么，这是镀金吗？战争伊始，清朝人对这场战争普遍还是很乐观的。据说刘永福都能打败法军，何况堂堂天朝王师？朝廷主流意见是乐观，就差找个戏子，封个参将、副将之类的官职，让他搭个戏台子分析军事。不用找编剧，这里边有公式。形势上，敌人一定是遭到了全世界的谴责，清朝得到了全世界的支持。战略上，清朝早已做好了准备，法军轻敌冒进，准得完蛋。战术上，如果法军有的武器大清没有，那么这个武器准没用，瞎设计的；如果这个武器被大清仿制了，哪怕比法国落后四十年，也得说比法国的先进；如果这个武器仿制都仿制不出来，那也没关系，就愣说土办法能胜高科技，绷弓子也能打败哈乞开斯五管回转炮。

这不是最神奇的，最神奇的是还真有人信。

然而，战争不是闹着玩的。被寄予厚望的徐延旭当了没多久的布政使，就升了广西巡抚。可问题是,就算升他两广总督,不会打仗还是不会打仗。指望没打过仗的人看几出京剧《失空斩》就成了军事家?那不可能啊。

徐延旭指挥不力,广西战局一败再败。作为第一责任人,徐延旭被革职。作为徐延旭的推荐人,张之洞遭申斥,许戴罪立功。帮助张之洞推荐徐延旭的张佩纶被革职,后来张佩纶就投奔了李鸿章。

自从张之洞当官那天起,这次是他最重大的一次"翻车"事件。他哪知道没见过大场面的徐延旭,根本不堪大用。看来没打过仗的,吹成什么样也不行。

然而,张之洞敏锐地察觉到问题的重点根本不是徐延旭战败。因为这个事件,牵连了恭亲王下野。看吧,跟徐延旭有关系的这些人,上到恭亲王,下到张佩纶,全下台了。而张之洞虽然被通报批评,但依旧牢牢坐在两广总督的位置上,连革职留任的处分都没有,仅仅是口头批评。

那情况就很明朗了,两宫太后这是借题发挥,目的就是借个由头搞恭亲王。这就是历史上著名的甲申易枢。

因此,在这个节骨眼上,张之洞反而镇定了。即便前任两广总督张树生还留在广州,这也不会是他准备再度接手两广的信号。张之洞没有就此沉默,而是继续上表举荐人才,这次他推荐的是前总督张树声看重的冯子材。

这是一段大家都知道的故事,作为近代史上好不容易出现的令人振奋的点,镇南关大捷将永载史册。冯子材指挥的军队,就是刘永福留下的黑旗军余部和张之洞招募的定边军。但是我们必须得知道,这是一场用人命堆出来的胜利。清军趁着大雾强力冲锋,以一千六百多人的代价,拼死法军七十四人(一说歼敌一千多人)。

不过,法国将领尼格里受伤,这让法军不得不撤回河内待命。

此时的形势并不代表对大清有利,四川总督丁宝桢上奏,表示实在凑不出军饷了,而法国则给驻越法军追加了五千万法郎的军费。因此,朝廷赶紧趁着还有筹码的时候跟法国议和。

自从道光二十年(1840年)以来,这是朝廷最聪明的一次。在此之前和之后,清廷基本上都是手里有筹码的时候跟人死横,等没筹码的时候想议和都晚了。总之,到了议和的时候,左宗棠第一个站出来反对,大谈爱国主义情怀,大骂代表清廷和法国签订《中法新约》的李鸿章是卖国贼。没多久,左宗棠病逝。

但是，张之洞在这个节骨眼上并没有高调喊爱国口号。他只是试探性建议可以暂缓撤兵，朝廷不许就不许，他也不坚持。

要不说张之洞是猴呢，他这招隔岸观火玩得炉火纯青。这场战争让两宫太后、李鸿章、张之洞成了受益人。虽然张之洞的收益最小，仅仅是升了一级，但这也是他仕途的里程碑。从山西到广东，张之洞对做官更有心得了。

靠溜须拍马，拍得过一代"宗师"李莲英吗？李莲英有李莲英的优势，他采取了相应的拍马技法。李鸿章有李鸿章的优势，所以他有别的拍马技法。明白这一点，张之洞就明朗多了。他的优势恰恰是李莲英、李鸿章不具备的。

张之洞的优势，就是能以士大夫之名制衡李鸿章。什么叫制衡李鸿章？那就是他的士大夫底色比李鸿章浓厚，洋务能力还不比李鸿章差。

张之洞文化比李鸿章高，文章写得比李鸿章好，在士大夫圈人缘比李鸿章强。虽然诗不如李鸿章写得好，但在文坛的地位远超李鸿章。只要张之洞能在洋务方面有所建树，必然稳稳压制李鸿章。那么要在哪些方面发力呢？必然不能是李鸿章擅长的领域。张之洞在中法战争中发现了商机，这也是张之洞职业生涯中另一个重要的里程碑。

与李鸿章分庭抗礼

工业革命为什么会是一场革命呢？那是因为这对于传统生产力来说，是革命性的进步。清朝的洋务运动所对应的第二次工业革命，其最大的革命性除了形成工业体系之外，还有运输的革命。在此期间，最具有标志性的运输方式就是铁路运输。

而清朝时期的中国人口众多、疆域辽阔，无疑是当时世界上最适合发展铁路运输的国家。面对清朝这片蓝海，谁先抢占铁路运输业的市场，谁就能在这个领域率先赚到大钱。

于是，在同治四年（1865年），英国商人杜兰德为了展示铁路运输的力量，在北京宣武门外修了一条五百米长的铁路，配上简单的蒸汽机车，第一次在中国搞出了火车和铁路。

按照一般逻辑，清廷会被铁路运输的力量所折服，然后聘请杜兰德来为清朝修建铁路。

然而，清廷哪会用一般逻辑行事？而且，清朝的百姓也没有因此而被铁路折服。比起马车来，蒸汽机车快，冒白烟，噪音大。蒸汽机车一动，跟妖精来了一样。因此，老百姓对铁路和蒸汽机车有着深深的恐惧。九门提督闻讯派兵前来，迅速拆了这段铁路，还百姓一个安宁。杜兰德的计划全盘失败。

十一年后，在上海的通商口岸区，英国怡和洋行修建了一条从上海到吴淞口的铁路，主要用于运货，顺便载客，而不再是作为展览用。

然而，这条铁路的建造是非法的，怡和洋行并没有办理正式手续。再加上铁路沿途的民众对火车的噪声极为反感和恐惧，又出现过火车轧死人的恶性事件，清廷最终买下了这条铁路，然后予以拆毁。

不过当时朝中的洋务派并没有对铁路有这样的敌意，于是拆除的设备全被运往台湾，他们打算在台湾修建铁路。后来刘铭传在台湾主持修铁路，也没用上这些设备，这些设备全都荒废了。

一直到光绪七年（1881年），李鸿章为了运出开滦煤矿的煤，才修了一条唐胥铁路。为了让朝中的老顽固们闭嘴，李鸿章不得不把火车的蒸汽机车头去掉，改用牲口为动力牵引。

这种事往难听了说，就是愚昧落后、丢人现眼，想要往好听了说，也不是没有办法。人类历史上最早的铁路是古希腊建造的，当时的火车就是用牲口为动力牵引。可以说李鸿章此举，是为了致敬古希腊铁路。不过在一年后，唐胥铁路就改用蒸汽机车了。

随着中法战争的爆发，李鸿章算是抓住了机会，乘机延长了唐胥铁路。

这些事放一起这么一总结，张之洞算是明白了。铁路是大势所趋，谁反对也没用了。

因此，中法战争后，张之洞成了鼓吹铁路建设的急先锋。他不像李鸿章那样羞羞答答的，一点点修，作为朝廷认证洋务大臣，张之洞在光绪十五年（1889年）提出了修一条从北京卢沟桥到湖北汉口的芦汉铁路。

过去李鸿章、刘铭传说要修铁路，朝廷怎么都不允许。张之洞一说修铁路，朝廷马上同意。

张之洞肯定是那个行的，别管清廷是不是真的下决心修铁路了，既然是张之洞申请的，那必然比李鸿章的申请顺利得多。

铁路从北京到汉口，正好贯穿直隶、河南、湖北三省。这沿线最大的官，就是直隶总督和湖广总督。于是，朝廷迅速改两广总督张之洞为湖广总督，让他与直隶总督合办芦汉铁路。虽然这条铁路正式开工是六年后的事了，但这不重要，重要的是张之洞终于可以和李鸿章在同一个层面上分庭抗礼了。

过去洋务运动以直隶总督和两江总督为主力，也就是从张之洞任湖广总督开始，两江总督的影响力逐渐被湖广总督压制下来。在洋务运动中，老太后最希望看到的张之洞制衡李鸿章的局面，也就此形成。

当上湖广总督的张之洞开始不着急修铁路了，他最擅长的就是官当到哪里，学校就建到哪里。张之洞铆足了劲去做老本行教育这块，至于芦汉铁路那就不重要了，老佛爷说修就修，不修就拉倒，多大点事。

事情到了这一步，我来跟大家说说关于铁路的中国式逻辑的问题。

李鸿章用牲口拉火车，我们条件反射般地认为这是愚昧落后，呸！

张之洞奏请建造芦汉铁路，我们会简单地认为这是老成谋国，好！

但是，李鸿章用牲口拉了一年的火车，终于让铁路的概念深入人心，从而把牲口换成了蒸汽机车头。

张之洞以修建芦汉铁路之名坐稳了湖广总督的位置，然后就搁置了铁路的发展。在洋务运动中，李鸿章步步荆棘，走的是逆风路，而张之洞步步莲花，顺风顺水。

那再看成效，李鸿章扭转了当时部分中国人对近代工业的猜忌和恐慌，而张之洞只发展朝廷认可的项目。时人评价说李鸿章拼命做官，我估计张之洞听完都笑了。

如果说洋务运动是个网络游戏，李鸿章就是天天通宵的玩家，张之洞很明显是作弊玩家。

对于我们来说，一定要知道的一点就是，用牲口拉火车，不仅不该嘲笑，还要敬佩。只要是清朝从来没有过的新鲜事物，当它出现的时候，清廷对它的诋毁是全方位的。比如火车影响风水、龙脉、粮食产量、牲口长膘等，总之火车几乎就是散布灾难的瘟神。洋人来鼓吹铁路好，那是包藏祸心。洋务派主张修铁路，那他们就是收了洋人钱的卖国贼。

今天大家可能会觉得这样的认知很可笑，但在当时，这是人们的普遍共识。在信息不开放，并且不允许自由思考和讨论的时代，国民的普遍认知很可能出现大笑话。比如洋人的腿不能打弯，大炮是妖法，等等。这些在道光二十年（1840年）就是普遍真理，但在光绪六年（1890年）就是笑话。同样，光绪六年普遍认为铁路所到之处的庄稼收成不好，放在光绪十六年也是笑话。光绪十六年普遍认为军舰买了不用，继续投资保养升级，放在光绪二十一年也会是笑话。光绪二十一年普遍认为洋药片是用小孩的器官炼成的，放在光绪二十六年下半年同样是笑话。

即便是这样，清朝缓慢发展的民智，还是在向前走的。直到有一天，义和团的一些人宣传用狗血符印可破马克沁机枪的时候，你会发现只要信息不开放，民智还是会倒退的。

因此，我们回头再看牲口拉火车事件，既然民众普遍认为火车是洪水猛兽，那么大家各退一步，李鸿章不用火车头，单纯用铁路和火车车皮证明，火车就算用牲口拉，也比马车在土路上的运载量大，速度也更快。

当大家接受了牲口拉火车之后，再给火车换上蒸汽机车头，那阻力就小多了。倘若没有李鸿章用牲口拉火车，张之洞的芦汉铁路计划也不会被批准。

跟顽固派对抗不难，难的是李鸿章这样跟顽固派虚与委蛇，努力推动事情发展的举动。张之洞明显不具备这个能力和情操，而且作为专业骂街的清流领袖，张之洞更善于骂"卖国贼"，但从不指责太后。

这样的清流领袖，哪个君主会不爱？至于他能不能办成事不重要，不是还有个能办事又能背锅的李鸿章吗？

然而张之洞终归只是张之洞，即便这样，在洋务的实践上依然不能和李鸿章分庭抗礼。为什么呢？截至光绪十六年（1890年），抛开北洋的近代企业不说，李鸿章筹建的北洋水师被外国媒体描绘成了亚洲第一。张之洞别说亚洲第一了，中国第一的成绩也没有一个。为了制衡李鸿章，张之洞决定玩票大的。他上书慈禧，要建亚洲最大的铁厂，也就是我们熟知的汉阳铁厂。倘若张之洞掌握了亚洲最大的铁厂，那么李鸿章的北洋水师所需要的铁轨、机器零件、枪炮等，都得从张之洞这边进货。而且张之洞想卖多贵就卖多贵，想怎么卡李鸿章就怎么卡李鸿章。

清朝实行的毕竟不是市场经济，朝廷只要下道旨意，李鸿章就只能从张之洞这里进货，多贵都得买，多差都不能给差评。因为这是国货，给差评算卖国贼。

所以这个计划跟洋务没关系，这分明是官场学问。

然而，办企业单凭张总督的一腔爱国热情是不够的。而张之洞办铁厂的故事，那就太具有特色了。

汉阳铁厂的尴尬

一般人们总结张之洞的成绩时，总会把汉阳铁厂作为张之洞最大的成绩。汉阳铁厂之于张之洞的意义，就如同巅峰时期的北洋水师之于李鸿章的意义。

北洋水师和汉阳铁厂，都曾经是清朝的骄傲。别人几百年走完的路，大清十几年就搞定，这似乎充分说明了慈禧治国有方。

在甲午战争前，北洋水师巡航日本海都能震慑俄国，到长崎访问就能吓唬日本政府。这种东西，只要不打仗，就具备震慑作用；一旦打起来，很快就会成为废铁。道理很简单，清朝官兵腐败成什么样，他们自己心里没数吗？以优异成绩考上格林威治皇家海军学院的严复没资格上舰，考不上的刘步蟾却当了北洋水师旗舰的管带。

总之，根子上的病不解决，干什么都是那个样子。汉阳铁厂的建厂历史，比北洋水师的建军历史更值得人们反思。

其实汉阳一带非常适合建造炼铁厂，这是造物主赋予中国的绝佳条件。这里有铁矿，有煤矿，不建铁厂可惜了。那么为什么要建铁厂？

正常逻辑：市场有需求，当地有条件。

清朝逻辑：钢铁强国梦，为老佛爷献礼，为张总督攒政治资本，跟李鸿章较劲。

那要怎么建铁厂？

正常逻辑：聘请专家，评估投入产出比，化验铁矿石，选定最合适的建厂位置，建厂运营。

清朝逻辑：大干快上，厂子建出来就能吹。而且，要在张总督的领导下建厂。

张总督迫不及待要订购设备，洋人告知他需要化验铁矿石，根据铁矿石的品类来选择对应的设备。

张总督才不管这些，他觉得大清什么样的铁矿石都有，不用化验。他不管那些有用的建议，不听任何专业意见，他只知道一件事：建厂要快！

这是一种非常无知，却大行其道的逻辑。

好不好没法量化，所以就吹嘘可以量化的东西。什么可以量化？一个是速度，一个是质量。因此凡是坑人的玩意，大都喜欢吹多和快。比如有的手机像素四千八百万，敢吹一亿像素。那么像素高代表照相好吗？肯定不是。为了迎合市场，反正普通人不了解摄影知识，厂商就用像素多少或者摄像头多少来量化拍照质量的好坏。若真按这种逻辑，单反作为单摄像头的设备，得丢弃在厕所了。

同样，张之洞不需要迎合市场，他只需要迎合老佛爷。老佛爷当然不懂炼铁，但她懂得谁能以最快速度建个大铁厂。因此，对于张之洞来说，他只求快求大，不求其他。

然而英国供货商不懂，他们哪见过这样买东西的，于是一再强调，得化验铁矿石的磷含量，以此来判断是选择马丁炉还是贝氏炉。张总督觉得洋人缺心眼，又不是不给钱，哪那么多事！什么马丁炉、贝氏炉，一样来俩。这也意味着，无论铁矿石怎样，将来铁厂都会有一半设备不能用。

客户就是上帝，哪怕是缺心眼的上帝。英国人不再坚持，张总督给钱就发货。那么接下来问题又来了，铁厂建在哪？讲道理的话，建在大冶最合适，这样离铁矿、煤矿都近。

张总督听到这个计划就上火了，这不胡来吗？本总督这么鞠躬尽瘁的人，不得天天去视察啊？难道要本总督天天去大冶？那不行，就得在本总督眼皮子底下建厂，选址就选汉阳。这就意味着，铁矿石和焦炭的运输成本都会增加。

这也不是张总督一个人的毛病，李鸿章的企业和海军也有这个毛病。全清朝的官办企业都搞不好，原因都是一样的。办企业的目的是不是要赚钱？要赚钱，那就得提高企业的竞争力。要么东西好，要么服务好。张总督呢，企业赚了钱又不给他，爱赚不赚，做自己的业绩才是最重要的。况且他很有信心，产品再差都有销路，那就不用考虑那么多了。

这边一团糟的时候，张之洞的奏折都写好了。预算投资两百四十多万两，预计年产钢六万吨。

从数据上看，这铁厂是亚洲第一。

汉阳铁厂于光绪十七年（1891年）正式动工，仅仅用了三年就竣工。此时的汉阳铁厂包括生铁厂、贝色麻钢厂、西门士钢厂、钢轨厂、铁货厂、熟铁厂六个大厂和机器厂、铸铁厂、打铁厂、造鱼片钩钉厂四个小厂。虽然预算超得离谱，竟然实际支出五百多万两，但这不重要，重要的是汉阳铁厂让世界见识了大清的效率。张之洞也成功地为慈禧的五十八岁生日献了礼，这工作完成得可谓完美。

然而，现实就是那么的真实，张之洞献完礼就现眼。因为这铁厂其实和北洋水师一样，只要不用，就放在那看，绝对是亚洲第一，真开炉生产的时候，那就现原形了。

光绪二十年（1894年）5月，铁厂正式开炉。但尴尬的是都开工了，焦炭居然还没准备足。即便张之洞亲自视察，不足的焦炭还是不足，所以这第一炉不得不熄火了。

这种事有碍大清颜面，那就不许报道了。调整了一年后，光绪二十一年（1895年）7月，汉阳铁厂再度开炉。还是原来的配方，还是原来的味道，焦炭依然不足。铁厂干了一个多月，停产。

按照既定剧本，本来就有一半的高炉不合格，现在另一半也不能工作，年产原计划的零头都够呛了。按说中国的土地算是条件不错了，守着煤矿和铁矿建铁厂，竟然焦炭不够用。只能说要不是张总督瞎折腾，中国想发展得差都难啊。

张之洞一筹莫展，觉得这准是洋人的阴谋，怕大清的汉阳铁厂超过他们，故意在设备上使坏。

但是，骂街不解决问题啊。再请老佛爷追加投资？这已经多投了预算的一倍多，即便是老佛爷还给钱，张之洞都不知道怎么拿钱解决问题。这可要了张总督的老命了，厂子倒闭没事，顶戴丢了可就惨了。

不得已，张之洞只能放下成见，与盛宣怀合作。盛宣怀聘请了外国专家，投入资金，把汉阳铁厂改为官督商办，这才让这座命运多舛的铁厂正式生产。

看上去，盛宣怀仿佛跟汉阳铁厂的救世主一样，其实虽然在客观上盛宣怀救了张之洞一命，但实际上盛宣怀是赚钱来的。注意，他不是为铁厂赚钱，而是为自己赚钱。官督商办的汉阳铁厂，是高度腐败的。

张之洞不管这些，既然铁厂启动生产了，张总督的折子又可以华丽丽表功了。他在给朝廷的折子上说，之所以请盛宣怀来，那是为了营销，让北洋承办的芦汉铁路、兵工厂等企业都采购他汉阳铁厂的钢铁。而且，张之洞和盛宣怀都吹了，说汉阳铁厂厉害了，生产的国产钢铁质量不输于任何洋货。

但实际操作上，除了张之洞自己管的那段芦汉铁路，谁买他那钢铁啊？即便朝廷下旨必须买，人家也没法买，这玩意没法用。而且钢铁又不是民用的东西，没法强制老百姓消费。

问题就是张之洞造的是铁轨、铁块、钢锭等，老百姓实在用不了，那就只能砸手里了。汉阳铁厂就一直这么糊弄着，直到光绪三十年（1904年），大清真决定搞新政的时候，才聘请外国专家来化验铁矿石，重新订购设备，这才生产出能用的钢。这一耽误，就是十几年。而这耽误的十几年，张之洞是有责任的。

好在清廷没掌握媒体，要不准得说经过十几年的努力，汉阳铁厂终于扭亏为盈，解决了世界各国都没解决的难题。因为，别国不存在这样的难题。

光绪三十四年（1908年），盛宣怀合并汉阳铁厂、大冶铁矿、萍乡煤矿，组成汉冶萍煤铁厂矿股份有限公司（简称"汉冶萍公司"），抛弃官督商办的模式，改为完全商办。撵走瞎指挥的官僚之后，汉冶萍公司真的成了当时亚洲最大钢铁联合企业，年产钢七万多吨，这才正经成为世界第一。不过，汉冶萍公司的成绩，跟张之洞没什么关系了。

可不管怎么说，在光绪年间，汉阳铁厂都官方认证成了张之洞的业绩。

如此，张之洞和李鸿章并列，成为清朝洋务运动的支柱。即便在国际上，洋人也知道大清有两个靠谱的官员，北有李鸿章，南有张之洞。在洋务方面，即便是当年的曾国藩和左宗棠，名气也没张之洞大。

倘若张之洞再有军功，妥妥大清第一人。张之洞虽然是洋务名臣，但很明显洋务并非其所长。而且，张之洞内心对洋务是抵触的，他是个比较极端的民族主义者，对西方的事物是比较仇视且不屑的。要不是领导要搞洋务，他跟徐桐、翁同龢没什么区别。

其实汉阳铁厂的历史，反映出洋务运动中所有的问题，甚至还反映出中国近代化过程中的所有问题。洋务运动的目的是什么？往好听了说，是为了富国强兵，但它其实就是清廷的一次自救运动。再说明白点，洋务运动的目的就是维护清室的统治。那些所谓的进步，不过是这场加强清室统治权的副产品。

我们看汉阳铁厂，它属于谁？属于清朝。清朝属于谁？属于老佛爷。那么，汉阳铁厂上上下下的工作人员，真的会为铁厂上心吗？不会的，这不符合自然规律。我到铁厂来上班，是为了爱老佛爷？别扯，我敢说你敢信吗？那就是为了混碗饭吃。

从铁厂的角度看清朝，你会发现这朝廷跟铁厂有何区别？一样的体制，一样的顽疾。清朝是皇室的，那满朝文武是为了爱慈禧才来当官的吗？不管你信不信，反正慈禧不信。因此无所谓贪官清官，不过是贪财和贪名的区别。千万别跟清朝的官谈政治理想，有自己政治理想的官在那样的体制下基本上就是"奸臣"。为领导鞠躬尽瘁就行了，军机大臣的职责都是"跪受笔录"，脑子是用来揣测上意的，岂能是思考的？

不过，在清廷没掌握媒体的情况下，洋务运动还是引发了很多人的思考。铁厂为什么办不好？清朝的洋务运动到底有没有意义？清朝到底是缺武器还是缺德？

可以说，洋务运动最大的成绩就是在无心插柳的情况下，出现了思想启蒙。当思想启蒙出现的时候，张之洞当然会旗帜鲜明地站在启蒙思想的对立面。当然了，当时肯定有很多人仇视启蒙思想。但一般人可跟张之洞不一样，别人也就是扣扣帽子，说点能糊弄愚昧之人的话。张之洞是什么人？清流领袖、探花郎，他可一肚子学问。这样的人使坏，更具有煽动力。

张之洞的《劝学篇》

洋务运动带来了思想启蒙，有了思想启蒙，人们才发现原来清朝并不是天朝上国，清朝的繁荣与不足，都不是朝廷说的那种繁荣与不足。

而且，当一些中国人真的接触到西方文明的时候，萌发了对西方文明的钦羡。这种钦羡不是说羡慕人家有枪炮军舰，这是一种野蛮对文明的钦羡。

无独有偶，当年拿破仑兵败莫斯科之后，作为胜利者的俄国人到巴黎转悠了一圈，看到法国的文明之后，回国就闹革命了。

洋务运动期间，中国的知识分子们也有很多看明白了，清朝不是太弱，是太野。清朝继续进步的该是文明，而不是武器。比如郑观应就指出，不学文明，单学器物，没有用。

再比如郭嵩焘出去一圈，对西方的议会制度也非常羡慕。

这些知识分子羡慕西方，羡慕的到底是什么？有钱？有枪？那是贪官家属羡慕的，不是一个会思考的传统知识分子所羡慕的。除了有钱有枪，西方到底哪点打动这些知识分子了呢？

那是一种理想的安放。或者说，他们内心深处的理想得到了印证。为什么这么说呢？因为这些人学的都是儒家学说。那什么是儒家学说？儒家学说以孟子为分水岭，孟子之前的儒家学说是传统儒家，孟子之后的儒家学说式微，渐渐被法家这个"癌细胞"所吞噬。

也就是说，后世的儒家思想，和孔孟的思想是不一样的，甚至是背道而驰的。比如孔孟讲民为本，后世儒家讲君为本。孔孟讲忠于道，后世儒家讲忠于君。孔孟反对高度中央集权，后世儒家恨不得说反对中央集权的都是反贼。

后世儒家虽然不敢明说，但总归有人对法家怀有刻骨的不满，恨法家劫持了儒家思想。

当儒家看到西方文明之后，看到了人文主义，看到了民主自由，突然发现常被人嘲笑的理想主义是真实存在的。民主是不是民本？选举是不是乡举里选？宪政是不是天下为公？这不就是传说中的大同吗？

你可以反对，说西方也有不足，这不可反驳，但是，当时的西方最起码比专制的清朝好吧？

于是在当时社会思潮上，士大夫阶层有意无意地开始对法家思想进行清算。清算法家思想意味着什么？那必然是对君主专制提出质疑。而且，当时的知识分子看得很清楚，如果一个政权不够文明，不能代表国民的根本利益，那么这样的政权富强了，只能带来灾难。老有人鼓吹技术是王道，富国强兵是王道，但谭嗣同在《仁学》中直言，得亏清朝军队不强，要是清朝这样的政权有了强大的军队，被灭族的就不仅仅是准噶尔部了。

换言之，那个时候的知识分子也不都是迂腐之人，他们知道清朝这个朝廷，军队并不是用来保民的。如果不是用来保民的，强了有什么意义？

随着甲午战争的结束，这些有了启蒙思想的知识分子更坚定了自己的信念。怎么样？仅仅是武器强没有用吧？日本蕞尔小国，通过改革都能打败清朝，试问清朝还有何颜面抱残守缺？

在这种思潮下，极为激进的戊戌变法演化成了戊戌政变。但戊戌变法的结束，不代表思想启蒙的结束；戊戌变法的失败，不代表旧体制是好的。

这种情况下，张之洞写的那本文集《劝学篇》，成了朝廷声讨启蒙思想的利器。我们对张之洞这些文章的了解，仅限于"中学为体，西学为用"。那么这本文集到底写了什么？反映了当时什么样的社会现实？

想了解张之洞，想了解晚清的思想启蒙，想弄清楚一些社会现实，怎么也绕不开这本《劝学篇》。下面，我来为大家分析一下这本文集。

张之洞的《劝学篇》共有内篇九篇，外篇十五篇。如果我们把这本书比作武功秘籍，那么内篇就是内功心法，也就是张之洞的指导思想。

第一篇叫《同心》，讲述了要多教育人才，用人才保国的废话。而在废话之中，张之洞不留痕迹地偷换了概念。他认为清朝到了最危险的时刻。危险在哪？危险在清朝到了要亡国灭种的地步。因此，当时的清朝百姓最重要的是要做好三件事：一是保卫清朝；二是保卫儒家文明；三是保卫中华民族。而这三件事，其实是一件事。只要保清朝，就是保儒家文明和中华民族。三者合为一心，所以这篇文章叫《同心》。

如若不然，那么儒家文明就会被毁灭，中国人就会像东南亚黑人那样成为洋人的奴隶。所以，有清朝，才有中国人。大家怀着爱国之心，尊朝廷，求朝廷富强，保卫大清社稷才是第一要务。

> 吾闻欲救今日之世变者，其说有三：一曰保国家，一曰保圣教，一曰保华种。夫三事一贯而已矣。保国、保教、保种，合为一心，是谓同心。保种必先保教，保教必先保国。种何以存？有智则存。智者，教之谓也。教何以行？有力则行。力者，兵之谓也。故国不威则教不循，国不盛则种不尊。
>
> ——《劝学篇·同心》

看到没？张之洞的意思是，清朝再不济，也是会保护清朝百姓的。没有了清朝，清朝百姓都得死。这不是扯吗？过去没洋人的时候，清廷怎么屠杀百姓、强制剃发的事不提了？那怎么叫没清朝就没清朝百姓？怎么叫没清朝就没儒家文明？文字狱是洋人搞的？

最离谱的是，张之洞还对各个阶层的清朝百姓提出了具体的爱国标准，具体到老百姓，那就是要有为皇帝去死的精神。怎么轮到老百姓的，都是去死的事？这里边就有个逻辑悖论，你看，清朝百姓要保朝廷、保皇帝，因为只有皇帝才能保护清朝百姓不死。但要实现这个目的，得让百姓为了皇帝去死。

那么问题来了，一个需要百姓用生命来保卫的皇帝，怎么保护百姓不死？

这就是张之洞，那么张之洞愿意为皇上死吗？那不能。张之洞为自己这样的人，定了三种爱国标准。作为士大夫，他的爱国标准是"通达时务"。也就是说，士大夫看看报纸就算爱国。作为封疆大吏，他的爱国标准是"足食足兵"。也就是说，只要能练兵，能攒下军饷，就算爱国。作为言官，能"直言敢谏"就算爱国。也就是说，能弹劾同僚、百姓算爱国。

看到了吧？一个堂堂的湖广总督兼都察院左都御史和兵部尚书的一品大员，爱国的成本比一个升斗小民低多了。他只要动动嘴，老百姓得拿命填。

离谱吗？别着急，比起第二篇《教忠》来说，这篇《同心》算客气的了。

这篇《教忠》写了什么呢？张之洞言之凿凿，清朝是历史上最爱民的王朝。跟上三朝比，清朝没有徭役。跟唐朝比，清朝不收租庸调。跟秦朝比，清朝不收人头税。跟汉朝比，清朝不收"桑弘羊赋税"。跟五代、宋初比，清朝不收食盐钱。跟北宋后期比，清朝不搞王安石敛财法。跟金朝比，清朝不收额外苛捐杂税。跟明朝比，清朝不收丁税和三饷。

这还没完，清朝还有十五条仁政，是其他王朝不具备的。

清朝在康熙年间就说滋生人丁永不加赋，雍正年间废除人头税，乾隆年间停了户口编审（摊丁入亩完成，不需要再严格审查户口）。至此，清朝的税收是历朝历代最低，这是仁政一。

清朝先帝们免税数额是历朝历代最多，这是仁政二。

清朝救灾最积极，这是仁政三。

清朝征发民夫给工资，不像其他王朝那样白征，这是仁政四。

清朝买老百姓的东西不强买强卖，这是仁政五。

清朝皇室收民间贡品最少，不吃什么荔枝、鲥鱼，不要什么花石纲，这是仁政六。

清朝皇上不到处旅游，就算是去江南奔塞北，那也是为了视察民情，这是仁政七。

清朝不征用老百姓当炮灰参加战争，这是仁政八。

历代王朝没钱就勒索百姓，大清从不加派赋税，这是仁政九。

清朝跟历代王朝比，没有灭族、肉刑等酷刑，不搞冤假错案，这是仁政十。

历代王朝都不管海外华人，清朝为古巴、美帝华人撑腰，这是仁政十一。

相比于历代王朝，清朝从不穷兵黩武，这是仁政十二。

清朝给士大夫的待遇最好，这是仁政十三。

清朝没有太监、外戚、僧官、藩镇、道士专权，这是仁政十四。

清朝对为国尽忠的将士抚恤得最好，这是仁政十五。

那么，张之洞这十五条仁政对吗？都对，一条错误都没有，清朝就是这么优秀。但是，这里面有巨大的逻辑陷阱，大家一定要明白这点。

这十五条，单说哪一条都对。但是，张之洞的比较方式有两个非常流氓的点，可能大多数人都容易被绕进去。

其一，清朝为什么要跟几百年前或者一两千年前的王朝比优秀？比它们优秀不应该吗？历史的纵向比较，是非常流氓的。清朝应该横向比较，跟当时的英国比，跟当时的法国比，跟当时的美国比。跟两千多年前的暴秦比有什么可骄傲的？

其二，张之洞在比较的时候，价值锚点选择得非常流氓。

比如，清朝不强买强卖这点，你本来就不应该强买强卖，即便做到了又有什么值得自夸仁政的？这就好比说，一个飞贼跟杀人犯比没有杀过人，证明飞贼很良善，这不是流氓逻辑吗？

清朝本来就应该为海外华人撑腰，更何况清朝撑腰的效果还不好，怎么算仁政了？清朝是没有肉刑，跟前朝比很文明，但是凌迟、枭首不残忍吗？这也叫仁政？最流氓的是张之洞拿清朝的皇帝跟昏君比，这就证明大清是仁政？这不是开玩笑吗？

张之洞的这篇歌功颂德的文章，可谓是偷换概念和欺下媚上的模板，非常值得人们深思。

你以为这就完了？这才刚开始。接下来的《明纲》，更是流氓至极。

中国为什么是中国？张之洞说，那是因为有三纲五常。这不胡扯吗？张之洞为什么这么胡扯？因为这篇文章张之洞要反驳民权的问题。

张之洞告诉大家，百姓不该有权利。有权不就要民主了吗？都民主了，君主怎么办？民和君，只能有一个主，所以必须要君主不要民主。为什么？张之洞说了，因为我们是中国，中国就不能有民主。中国存在的根本，就是三纲。而且，张之洞愣说三纲是孔子的理论。按照他的逻辑，人和君不能平等，男和女不能平等。

张之洞还说了，你们不要以为欧洲就真的民主自由，西方的议会虽然有议政的权力，但国君也有解散议会的权力。所以，民主和君主，其实是一回事。

这还没完，老张还说了，西方不如清朝啊，因为西方的君主不如我清朝的皇帝有尊严，但西方人尊君的情操远超清朝人。

看到了吗？跟西方比，要比哪国君主有尊严，要比哪国百姓更尊君。他可一句没提哪国百姓有尊严，哪国君主更爱民。

老张还说了，西方人很忠君。他亲眼所见，在华洋人只要听说国家有事，都十分着急，心怀牵挂，所以大家不要被西方的民权思想骗了，人家也讲君臣纲常。西方人也讲孝道，所以他们也有父子纲常。西方人不近亲结婚，这点跟清朝差不多吧，但是西方人自由恋爱、不纳妾，这点跟清朝大不一样，不过西方女子不工作，说明人家也有夫妻纲常。

这样胡说是为了什么呢？为的是引出下面的结论：西方人虽然礼制比大清简单，但是也不是没有。在这方面，清朝和他们是一样的。只有那些汉奸看不到，他们根本不懂西方，也不想懂西方，只是为了批评清朝而批评清朝，他们是为了毁灭中国文化而当条洋狗，连西方人都看不起他们。假如清朝真的没了三纲，那么世界各国的人都会瞧不起中国人。

看到了没？这些讲立场不讲事实的说辞，就是从张大总督这开始的。你说西方好，不是因为你懂西方，而是因为你是个卖国贼。批评清朝就是要毁灭中国文化，夸西方的就是一个连西方人都瞧不起的无知狂徒。

你以为老张骂骂街就完事了？给他一个自媒体，他能成为一个网络红人。不信是吧？下面进入张老师讲时政环节，请看下面的节目：《知类》。

什么叫"知类"？顾名思义，张老师要教育大家知道自己是个什么种类。张老师说了，地球人分五种，分别是白、黑、棕、红、黄。清朝以及清朝属国们的百姓是黄种人，而黄种人是最优秀的人种，所以自古以来，黄种人的国家最尊贵、最文明。欧洲白人开化晚，较为野蛮。黄种人承平日久，所以积弱。白种人挣扎在灭亡的边缘，所以积奋成强。有的华人看不懂这些，所以不幸沦为卖国贼。卖国贼们认为没了清朝，他们的日子就好了，那是不可能的。不信就看印度、越南、古巴，被殖民后一样没有选票，不能游行，不能当议员。

洋人一点都不文明，比如说美帝，没有华人就没有美帝，但是美帝起来之后就禁止华工入境。清朝有位道台，贪污数十万两银子存在德国银行。结果这家伙死后，银行把他的账号注销了，他家后人提不出钱来，只能每年拿到一些利息。

所以，君子不能因为不喜欢，就跟自己的祖国为敌。前秦的王猛不伐东晋，就是这个道理。

其实，张老师就是要告诉大家，黄种人就要爱黄种人的国家。怎么个爱法？就是无条件地爱呗。不能批评，只能歌颂。谁要批评，就是不仁、不智、不以给洋人为奴为耻的人。黄种人到哪都不会有民主自由，还是乖乖地给自己的君主为奴才好。

换言之，没有清朝，清朝人什么都不是。历史充分说明了这一点，比如韩非，替秦始皇谋划攻打自己的祖国韩国，最终还是被弄死了吧。

印度被殖民是悲惨的，但是客观地讲，当时的印度人就是被殖民，也比跟着莫卧儿王朝强多了。越南、古巴就没法说了，毕竟张老师聊的是历史，没敢预测未来。

王猛不让伐东晋，那是因为他知道打不过，苻坚不听王猛的，结果在淝水之战中惨败，这跟王猛爱不爱东晋没有关系。

至于韩非，他的死是因为不爱国？韩非自己都不信。

我估计会有读者在此有疑问，张之洞会不会是因为时代的局限性，所以认识上确实有偏差呢？接下来这篇《宗经》就能告诉大家，老张什么道理都懂，他比我们今天的大部分人都懂东西方政治是怎么回事，他只不过是在装睡而已。

开篇我说了，清末真正的儒家学者更容易接受西方的民本思想。那问题就来了，作为当时学术界的权威，张之洞是不是个真儒家呢？

他是，而且特别懂诸子百家。汉以来外儒内法那点事，他门儿清。

读懂了张之洞，你就会明白秦始皇为什么焚书，汉武帝为什么罢黜百家。其实就是不让人思考，愚民！

正经人懂这个道理后，就会希望解放自己同胞的思想，让这个社会更文明。张之洞不是个正经人，所以他洞悉这一切后，反其道而行之，在《宗经》中痛批诸子百家，包括法家和像儒实法的荀子，都被张之洞痛批。在有的方面，他批得还很合我意。但是，在即将引发大家思考的时候，张之洞笔锋一转，开始痛批当时的一种社会现象，那就是文人开始研究先秦诸子。这会怎样？会让启蒙思想生根发芽，会引发中国的文艺复兴，会解放国人思想，会让皇上坐立不安。

张之洞痛批研究先秦诸子的人，说不必研究，都没什么好东西，还是儒家最棒。儒家不能启蒙思想吗？能，但当时读儒家有教学大纲，所以还是思考不了，得按大纲来。

也就是说，张之洞非常仇视启蒙思想，不希望人人得到启蒙。

然后张大人的一套歪理邪说就与大家见面了，这就是《正权》。

正权，就是张大人要跟大家掰扯掰扯，这权力到底该是谁的。

为何有此一掰扯？因为那个时候的启蒙思想，已经让很多人明白：清朝的病在体制，体制的病在专制。要治病，必须民主。

张大人说：虽然今天清朝被洋人欺负，将士打仗像软蛋，大臣不愿变法，教育界不发展新学，百官不讲究发展工商，但清朝是个好政权。所以百姓不能因为大清有这些问题，就要求民权。

这就好比有人说：虽然我抽烟、喝酒、滥交、偷盗，但我是个好孩子。

显然，这是胡说。那么张总督为什么认为清朝人不配有民权呢？答案仿佛似曾相识，无外乎清朝人有了民权，国家就会乱。

老张说了，民权有百害而无一益。那么，为什么呢？张大人得给个理由吧。巧了，答案你还知道。张大人说，因为中国人素质低。你看看，这句话的出处也在张大人这找到了。那么，又一个经典问题来了，为什么别国的人能有民权？写到这我自己都笑了，答案你依然知道：因为外国的民权是假民权，是被资本操控的。老张说了，欧洲有钱人才能当议员。中国商人没有富豪，百姓没有大志，要什么民权？

大家看看，老张是不是有些人格分裂？前几篇写得清清楚楚，黄种人最文明，清朝的儒家教育是最好的教育。一到要民权的时候，清朝人的素质突然就低了。那旗人素质高吧？举人以上学历的人素质高吧？他们能先有民权吗？不给就不给，还污蔑同胞素质低，这不是很过分？

后边的故事也似曾相识，老张说清朝最讲民权，你开公司、开工厂，朝廷都不拦着，还要什么民权？中国人素质这么低，整天坑蒙拐骗，你被坑了不还得官府来维权？所以不能有民权。

你想开学校？开啊，朝廷也不管你。为什么非得民权？况且，假如没了朝廷组织科举，谁还上学？你开学校不得赔死？所以不能有民权。

为了强国？没我大清，就没有兵工厂，也不能进口西洋武器，那不就惨了？所以不能有民权。

然后，张大人又循循善诱，他说清朝虽然不强，但是谁饿死了吗？为什么没饿死？那还是因为有清朝在。什么样的人想要民权？必然是愚民、乱民。一旦讲民权了，那就会天下大乱，愚民、乱民也会死。没清朝管着，必然遍地劫匪去烧教堂，到时候洋人肯定要发兵保护教堂，那就亡国了。

不知道张大人在光绪二十六年（1900年）再读这篇文章的时候，会不会脸红。

张大人还说，当年法国路易十六是个暴君，百姓揭竿而起，成立了民主国。清朝对百姓皇恩浩荡，要什么民权？而且，外国不就是有议会吗？不就是有言论自由吗？也不是百姓直接掌权啊。因此外国也没民权，"民权"这个词翻译得不对。

可能有读者会问，张大人说"民权"翻译得不对，那该怎么翻译呢？

张大人说了，外国话的意思明明是"人人聪明，皆可有为"，怎么翻译成人人都有权呢？怪哉。

张大人说了，哪怕是小市场、贼窝都有个头目，怎么会有民权这么离谱的事？民权，就意味着自私，意味着物价上涨，意味着满大街抢劫犯，意味着父子反目，意味着师徒翻脸，意味着夫妻离婚，意味着贱民不服贵人，意味着弱肉强食，最终会导致人类灭亡。

张大人认为世上本无民主自由，就连外国的"自由党"翻译也有问题，应该翻译成"公论党"。

其实武器什么的也不重要，立国之本在于百姓的忠义。当年宋朝南渡，北方人为什么不要民权？不一样得南迁依附大宋？因此，民权是不行的。有人说，先不要民权，能不能先有议会？张大人认为，这是应该的。议会是什么地方？群策群力之所。清朝凡有大事，则下旨给群臣商议，这就是议会，中国有了几千年了。外省有事，百姓可以去各级衙门请愿，甚至可以联名给都察院写信，这不是议会吗？如今朝政清明，百姓如果有好的建议，都能给朝廷建议，还用闹什么议会吗？再说了，现在没有议员啊，议会的事以后再说，现在不是时候，总要有个过程嘛。

老张这么不遗余力地抹黑民主自由，曲解民主的含义，也是煞费苦心。他的逻辑很简单，民权等于贫困暴乱。允许你活着，就是清朝对百姓最大的恩赐。

但是，没有议员可以培养，怎么会说出没有议员就不要议会政治这种奇怪言论？这就好比说，你不会炒菜，这饭不吃了。那不能从切菜开始学吗？

至于张大人认为民权会导致人类灭亡，你说他自己信吗？

那问题来了，大清最有民权，朝会就是议会，百姓跪下请愿就是参政议政，哪儿都比西方强？那为什么清朝的军事、经济、科技、人才都不如西方？那为什么还要搞洋务运动？为什么不干脆跟各国断交？难道太后是卖国贼？

呦，出大事了，往后不好解释了。于是，老张的第七篇文章《循序》也不得不说：强国，必学西方。

这不是很奇怪吗？人家不好，还得跟人家打交道，完了还得学人家。清朝什么都好，为什么还要学习西方？张大人也就在这篇文章中说了几句实话。清朝为什么落后？光绪年间就有人说了，这事赖孔子。看到了吧，那时候就有这样的人。今天的不行，不赖太后，赖两千多年前的古人。给孔子安的罪名，依据还都不是孔子说过的话。

老张作为一个大儒，也不得不出来为祖师爷说几句话。老张说了，孔子没毛病，至于儒家的问题，主要是现在清朝的教师队伍素质不高，老师都不懂"四书五经"，学生能懂吗？

老张甚至说，清朝搞的这套朝廷干预教育，朝廷对经典有最终曲解权，哦不，是最终解释权，也不是孔子的主张，这是法家韩非、李斯的主张。官员人浮于事，故步自封，不愿意改革的毛病，是学老子学得清静无为。

人话说到这，问题又来了。孔子这么好，到底说过什么？这可难为死老张了。孔子的民本思想如果一说，又和西方的人文主义对上了，那不完蛋了？还怎么洗脑？所以，老张用一系列排比夸了夸孔子，不说具体内容。总之，孔子说了，得忠君爱国。

要是孔子讲忠君爱国，不该为周天子鞠躬尽瘁，死而后已吗？最起码也要为鲁哀公鞠躬尽瘁，死而后已吧？再不济也该为卫灵公鞠躬尽瘁，死而后已吧？但他为什么没有呢？各国君主为什么宁愿重用他的弟子，也不重用这个教大家忠君爱国的人？

老张可不解释这些，他这篇文章主要想说，要学西方，得先学"四书五经"。这就很奇怪，为什么呢？我一个学建筑的，为什么要学"四书五经"？当然也可以学，但为什么这是必修课？

老张没有明说的是，考你"四书五经"，不是为了让你学"四书五经"。学"四书五经"是假，主要是打着这个幌子，给你灌输朝廷的价值观。这个老张也说了，这么干是法家的套路。至于"四书五经"到底说了什么？爱说什么说什么，反正不考。

于是，张之洞最重要的理论出现了：中学为体，西学为用。

也就是说，他认为清朝的固有模式不需要改变，只需要在必要的时候用西学作为补充。

由此，张之洞作为一个深谙教育的官僚，在下一篇文章《守约》中，聊了教育改革的问题。近代教育改革的主流意见除了增加西学之外，废除科举的呼声也很高。为什么要增加西学？当然是为了提高人民的科学精神，哪怕功利一点地说，也是为了让大家将来好从事相关的工作。事实证明，洗脑教育解决不了实际问题。为什么要废除科举？因为科举从诞生之日起，就是用来禁锢学生思想的。我知道今天很多人说科举怎么怎么好，还有人说西方的文官考试制度学的就是科举。这其实是两码事，科举不是公务员考试，还包含了学生的基础教育和人格塑造。从有科举那天起，教育就变味了。孔子门徒为什么拜孔子为师？那是为了读书明理。有了科举之后呢？读书就是为了当官。学《论语》，孔子说什么重要吗？不重要。礼部考什么才重要。

尤其是明清搞了八股之后，科举对人才的摧残达到了登峰造极的地步。明清以来对"四书五经"的疏证，可以参考，但别信，因为那基本是在迎合当时的政治正确。尤其是《诗经》，如此天性自由的诗集，历朝历代的官方解读都能愣说这是教育女子三从四德的诗集，简直是在胡说。

那么废科举，就是把教育和公务员考试分开。一方面破除功利教育的基本盘，一方面也是为了解放思想。再进一步，教育就要回到正常的状态：官府不得干预教育。

当时人觉得不可思议，教育的正常状态不该是被官府管着吗？

张之洞也是这么想的。教育能自由吗？不能。任何事或者任何人都不能自由，除了皇上和太后。张之洞咬着后槽牙，不得不说教育改革要加入西学。而加入西学，难免会带来思想冲击。因此，张之洞要求改革国学教育，不仅要教"四书五经"，还要教历史。

过去，史书是写给皇上看的，让皇上学习治乱兴衰。所以，中国史书的重点就是军政大事。正如梁启超先生所说："二十四史非史也，二十四姓之家谱而已。"因为史书主要讲的就是皇帝家那点事。至于八股取士，那是不考历史的，所以学生也不用学习历史。我上学的时候，历史课本上还引用过明朝人讽刺八股取士的一段说辞，其中一句就是："摆尾摇头，便道是圣门高第，可知道'三通''四史'是何等文章，汉祖、唐宗是哪朝皇帝？"这说的就是明代知识分子即便是中举，也不见得懂历史。

但张之洞认为，要在改革后的教育中加入历史教育。看上去没问题，人人都该学历史。那么，学历史是为了什么？唐太宗说了，以古为镜，可以知兴替。

孩子们是民族的未来，他们要充分地从历史中学习经验教训。将来他们出将入相了，才不至于胡来。

但是，是不是每个学生都能有自己对历史的看法呢？在老张看来，绝对不行。是不是什么史书都能读？绝对不是。比如，读史书要读《资治通鉴》及其续书，但不允许学生有历史观自由，甚至不允许学生了解别人的历史观，只能以皇帝的历史观为标准。

这样的历史教育，不要也罢。

在内篇的最后一文《去毒》中，张之洞可算是讲了点有营养的话，他提到了戒烟问题。

张之洞不顾很多朝中大官支持鸦片国产化，坚决认为鸦片是毒药，这玩意就不该抽。那么，鸦片为什么是残害百姓身体的毒药？张大人都一品了，会这么考虑问题吗？老张考虑到的是财政问题。自从有了通商口岸，乾隆时期的垄断贸易法则就废了。在进出口贸易中，中国能出口的商品就是初级农产品，比如茶叶，或者手工业品，比如茶壶。这些东西，每年出口价值白银五千多万两。但是，每年需要进口的商品大概价值白银八千多万两。这里面除了机器、武器之外，鸦片进口量居然高达三千万两白银。也就是说，原本贸易平衡的模式，被鸦片这一项给打破了。

这才是张之洞忧心的问题。大清的瘾君子为什么有那么多？张之洞分析，中国人吸烟，是因为懒惰，懒惰是因为无所事事，无所事事是因为无知，无知是因为无见闻。

你看，老张那不是一般的明白。把吸大烟换成看没有营养的短视频，张之洞的分析也是成立的。人嘛，头脑不充实，就喜欢麻痹自己。老张还补充了一句经典的话，我就不解释了，原话说得太棒了："陋生拙，拙生缓，缓生暇，暇生废。"

因此，老张认为，戒大烟并不是把瘾君子抓起来强制戒掉就完事了。事实上这不解决问题，他们大概率会重新吸。为什么呢？老张分析过了，吸大烟就是因为脑子不够充实，强制戒断不解决脑子空虚的问题。就算他们不吸大烟了，也会干别的蠢事。

因此，张之洞认为戒大烟的根本在于加强教育，不仅仅是学校教育，还有社会教育，要让人们明白吸大烟是耻辱的。不戒大烟，不可以参加任何社会活动。考虑到实际情况，四十岁以上的老烟民，因为身体原因可以自愿。但四十岁以下的，必须戒除。如是，张之洞判断三十年可大见成效。

这就是张之洞《劝学篇》中的九篇内功心法，文章是光绪二十四年（1898年）写的，其中的套路，可以说是极具开创性。比如《同心》，玩的就是混淆概念，把什么民族、文化都依附在朝廷上，以迎合清朝"朕即国家"的概念。《教忠》就玩了极其流氓的纵向比较大法，老跟古人比进步，这就已经输了。《明纲》以"天下的乌鸦一般黑"的观点，愣说别国跟清朝都一样。《知类》就是典型的弘扬民族主义，大讲民族优越感，讲得大家都兴奋了，还用羡慕别人吗？《宗经》

替大家思考，对诸子百家之言做了盖棺论定，不许人们有自己的判断。到了《正权》就乱用价值锚点，非说世界上没有自由。不过大家想一下，但凡说这句话的人，后边都还有半句，那半句反映出来的意思就是：那干脆不要自由。《循序》重塑主旋律的权威性，把教育和爱国强行连在一起。《守约》则发展了法家"以官为教，以吏为师"的主张，要打着教历史的旗号灌输政治。唯有《去毒》篇还算务实，对鸦片之害与禁绝之法献计献策。

这就是张之洞，先不忙着评价他，因为《劝学篇》外篇的十五篇，也是相当劲爆。

怎么中体西用？

张之洞用了九篇文章，阐述了他中体西用的"内功心法"，而接下来的十五篇文章，就是张之洞的实操指南了。

在讲述曾国藩的一章中，我曾写过曾国藩为了将来的工作好做，也尝试过启民智，但以失败告终。而张之洞讲的启民智，与曾国藩不尽相同。张之洞讲了个朴素的道理：自强是因为有力量，力量来自智力，智力来自学习。孔子都说了，没有不明白事理的人可以强大的。

简单地说，老张认为智力才是人类强大的原因，如果没有智力，即便扛着方天画戟上街也是弱者。人因为有智力，才能降服猛兽飞禽，征服高山大河。那么，当时西方强而清朝弱，是因为西方人比清朝人聪明吗？

张之洞认为不是，这主要是因为西方国际环境差，所以人才多。而清朝太平盛世已久，所以人才少。纵观中国历史，也就是春秋战国、三国时期的人才最多。

因此，清朝要强，必须与西方各国多交流。这也是清朝百年来没什么变化，而最近三十年飞速发展的原因。总的来说，张之洞认为弱不至于亡国，蠢才会。

那么怎样才能不蠢？或者说西方是怎么从愚昧走向聪明的？这咱不好说张之洞是不知道还是不敢说。他一句没提西方文艺复兴带来的思想解放，而是谈了两点清朝的弊端，第一是愚蠢导致的狂妄自大，第二是因为奴性而得过且过。

那么谁因为愚蠢而狂妄自大，谁又因为奴性而得过且过？或者说，是什么导致有些人因为愚蠢而狂妄自大，又是什么导致有些人因为奴性而得过且过？

聊到这里，张之洞没有继续往下说。

但是，结合之前的篇目，我相信张之洞是知道原因的。因为他在《循序》中已经说了："浅陋之讲章，腐败之时文，禅寂之性理，杂博之考据，浮诞之词章，非孔门之学也。簿书文法，以吏为师，此韩非、李斯之学，暴秦之政所从出也。"

也就是说，张之洞认为大清人愚昧的根源在于法家学说，在于秦制的传承。

但聊到这里，张之洞的话锋突然又改变了。他突然不承认秦制和法家对中国人的思想荼毒了，这是张之洞的大转折。都聊到愚民与开启民智的话题了，张之洞突然又把矛头指向了当时社会上出现的启蒙思想。在当时，由于清朝废除了康乾时代的文字狱，士大夫阶层中的很多知识分子敢于聊些关于启蒙思想的话题。比如，他们会敢于说出古代中国其实不是儒家治国，而是法家治国，百代皆行秦政制，而这些都是愚民的根源。

张之洞首先承认法家和秦制愚民，但绝不承认秦以后有什么愚民制度。他认为汉朝的独尊儒术和孝廉制不是愚民，唐朝大行科举和宋朝广立官学不是愚民，明朝改革科举搞八股不是愚民。这些都不算愚民，那清朝就更不愚民了。清朝虽然搞文字狱，但客观上是不是也使得考据学兴起，然后各种修书？同治朝以来，是不是搞了洋务运动，设置了一些学习西学的课堂？

因此，张之洞认为即便学了西学，不参加科举还是不能当官的制度不算愚民，不仅不算愚民，还算是开了民智。

坏了，老张这一顿操作，又自相矛盾了。在《益智》中，老张刚说了大清的问题是民智不开，紧接着他又说清朝不搞愚民，不仅不搞愚民，还致力于启民智，比历朝历代做得都好。那清朝的愚民哪来的？

人类社会的愚昧，肯定是因为教育不自由、思想不自由、信息不对等所导致，老张不说这三点，一面说清朝的症结在于民智不开，一面歌颂清朝为开启民智做出的贡献。那么是不是清朝开民智的方式方法不对呢？就这老张也不承认，他认为愚民是愚民自己愚蠢所导致的，跟朝廷的政策无关。

因此，愚民再多，也不能怨朝廷。朝廷无罪，历代帝王无罪。不信是吧？张大人在文章最后用阿Q般的精神胜利法做了结案陈词："不知二千年以上，西国有何学，西国有何政也？"

不过即便如此，张之洞也无法自圆其说，他必须在清朝强与不强的分界线上反复横跳。但总基调一定要坚持：虽然清朝哪里都比西方好，但清朝还是得学习西方。

学谁？学什么？谁去学？张之洞可有话说了。

从辛酉政变之后，清廷就开始学习西方。但我们要注意，所谓的学习西方，也就是学学西方武器、机器的使用说明书。清朝曾经也派过一些底层出身的苦孩子赴美留学，这批孩子也就是历史上赫赫有名的留美幼童。但这个项目还没结束，就被清廷紧急叫停，从此清廷再也不号召学习美国了。

美国的教育怎么就迫害留美幼童，导致朝廷紧急召回孩子们，从此不再提留美的事了呢？因为这些留美幼童在美国的学习，首先便使他们开智了。开智的第一表现就是认同自己是一个人，自己和皇帝加起来是两个人，而不是一个神和一个奴才。这些孩子知道了原来人可以不留辫子，想要什么发型都是自己的自由。这些孩子知道了人见了人不用下跪，哪怕这个人胸前的补子上有飞禽走兽。这些孩子知道了女人不必裹小脚，清朝驻美国的公使夫人们晾的裹脚布是愚昧野蛮的象征。

就这几样我们今天认为是常识的概念，放在清朝，条条都是生死的分界线。

因此在学习西方这方面，不单单是大清，全世界的古老帝国都很头疼。不学则亡国，学则有可能亡朝廷，这个度不好把握。皇帝们绝不允许自己是人的统治者，因为人生而平等，永不为奴，所以皇帝必须得让治下的人变成奴。因此，留美幼童计划必须叫停。

而张之洞急朝廷之所急，在《游学》中为朝廷指明了道路。首先，出洋留学这个基调不能变，因为不学习西方，大清肯定要保不住了。但学习的话，怎么杜绝学生去了西方学到自由思想？老张也是绝了。

张之洞表示，留学生的选择上，幼童不如成人，平民不如满洲亲贵。从中国历史的角度来讲，晋文公、赵武灵王等人，都是亲自学习。从世界历史的角度来讲，俄国、日本、暹罗都是亲贵出去学习。因此，清朝最理想的留学生选择，就是亲贵们。

老张的意思很清楚，西学也是一种资源，得掌握在亲贵手里。

即便是这样，老张也不放心。当时的情况很明确，要学西方器物，则必学西方的自由思想。这没法杜绝，毕竟人家的日常生活就是那样的，所以老张又想了个很绝的办法：学二手西学。

什么叫二手西学？简单地说，俄国、日本、泰国这三个国家学了西方的器物，没怎么学西方的制度，成了帝制国家中的佼佼者。比如虚军的沙皇彼得，学成了沙俄的实君。再比如日本，几百年都不掌权的天皇，学成了君主专制。而在被西方瓜分的东南亚，只有学习西方的泰国存活了下来。

因此，大清要学习西学，最好学俄国，其次学日本，也能学泰国。考虑到俄国太远，学藩属国又太丢脸，不如学日本，又省钱又方便。况且日本的"西学"是删减版，自由那套东西早就被删除了。

张之洞懂得上意，所谓学习西学，不过是权宜之计。只要清朝能喘过这口气，必然会回到目空一切的状态，所以在游学的基础上，还要自己培养西学人才。

那么，清廷需要什么样的学校呢？张之洞早就想好了，清朝的学堂，必须坚守两个大原则。第一是新学和旧学都要学习，旧学为体，新学为用。第二是政、艺兼学，先政后艺。

在这里需要解释一下，古代科举学的科目诸如"四书五经"，抑或张之洞主张的历史、政治、地图这些学科，被称为政。从西方来的地理、财经、军事、工商、法律，也算是政。至于艺，指的是医学、数学、地质学、化学、物理等。

因此，张之洞强调先学政，后学艺。

这叫教育吗？其实不算。真正的教育，讲究的是因材施教，讲究的是有教无类，讲究的是学术自由。张之洞这套，就是为大清定向培育所需人才，那是朝廷的教育，不是百姓的教育。

搞教育是要花钱的，清廷的钱还得留着给太后过生日呢，有钱办教育吗？别急，张之洞有办法。

张之洞研究西方办学，发现个问题，那就是西方当时的义务教育不要钱。这能学吗？肯定不能。办学这个事，不仅不能花钱，还得赚钱才行。因此，朝廷需要做的就是编纂课本卖给学生，至于学校的建设，要仰仗地方士绅捐款，朝廷最多给穷的地方一点补助。而学生来上学，得交学费。交多少呢？这个不设定额，有钱的多给，没钱的少给。而士绅的捐款只能用于办学、买朝廷发行的课本和教具，坚决不能学习西方搞奖学金那套。

张之洞对这个制度得意扬扬，非说这样搞的好处很多。因为交学费的学生上课肯定好好学习，有钱上学的学生不至于争利，而只要不让朝廷出钱，学校就会办得更多。

至于结论对不对不重要，反正这话在太后看来，绝对是公忠体国的典范了。

既然是学习西学，要不要翻译西方的书？要不要聘请外教？且看老张故技重施。

在张之洞的构想里，外教不可取，一方面这帮人不好管，另一方面还有语言障碍，所以他认为招聘西方外教不如选购西方的书籍来教。但西方的书籍一方面有用，另一方面也可能会荼毒思想。那怎么办呢？这难不倒张之洞，他主张翻译日本的书。

那么，张之洞就没靠谱的建议吗？还真有。咱有一说一，张之洞的《阅报》篇还是不藏私心的。

张之洞认为，外国媒体极多，官办、民办的都有，这是了解西方的好渠道。自林则徐之后，再无高官热衷于翻译外国报纸。而上海的报馆只敢翻译市井小事，不敢翻译各国政务。上海道台衙门倒是翻译报纸，但每次发行的往往都是两月以前的事，还是删减版。而张之洞认为，应该多翻译外国报纸，不要怕外国媒体批评大清，决不能讳疾忌医。

既然张之洞这么"开明"，就不得不聊聊当时最流行的一个话题：变法。

在清末，谈变法的大有人在。什么叫变法？要是在更早的古代，朝廷出个政策就叫变法，比如王安石变法。而清末的变法，更多的是要变政。简单地说，清末的改良派认为大清要放弃君主专制，改君主立宪。而革命派则更激进，要让中国变成共和制。

而在当时，清廷肯定是不想变法的，但又不能说不变法。毕竟在那个时候，清廷要是说自己的制度天下无敌，已经没人信了，所以变法势在必行。而清廷想用洋务运动冒充变法，也是行不通的。因此，张之洞就要站在朝廷的角度，聊聊变法。

张之洞首先要肯定一点，变法肯定是要变的。这下调子定了，他就和朝中的守旧大臣划清了界限。那么怎么变法？张之洞自己有个原则，要变得让太后满意。怎么才能让太后满意呢？这就要先从偷换概念说起。张之洞说清朝从来都不因循守旧，其实一直在变法。比如康熙年间，原本靠骑兵打天下的朝廷，也装备了南怀仁设计的大炮讨伐"三藩"。

换个武器就叫变法？张之洞说这就是变法。按他这种说法，那朝廷办团练也叫变法，洋务运动也叫变法。不仅如此，吕子、曾子都说可以变法。

这下，张之洞和改良派仿佛是一个队伍了。可这个时候，张之洞又强调，怎么变都行，但有个原则不能变，那就是"三纲四维"不能变。

这"三纲四维"，别管本来的意思是什么了。总之在清代，"三纲"就是君臣父子的统治顺序，"四维"讲的是礼义廉耻。

"四维"这个事吧，那可以说是人类准则，西方人也讲礼义廉耻。所以，张之洞把自己的理论和"四维"绑定，就是拿"四维"当挡箭牌，谁反对他就是不要礼义廉耻。而张之洞的重点，就是要保护"三纲"，那是君臣大义，那是父子尊卑。只要这个不变，就意味着人和人不能平等，人不能有个人意志，君主依然是高于国民的存在。因此，张之洞算是搔到朝廷的痒处了，在保住君主专制的基础上，爱怎么改怎么改。

话都说到这份上了，科举探花郎也不为科举说话了，还成了反对科举的急先锋。张之洞甚至认为停三十年科举，清朝就能恢复昔日的荣光，因为张之洞也知道章句小楷解决不了现实问题。比如经济上，过去清朝的茶叶主要销往英、美，自从他们从茶叶中提取出茶碱，知道了这个东西影响口感，便在印度培育了新的茶种，从清朝进口的茶叶就越来越少了。过去清朝的生丝销量占世界生丝销量的六成，现在日本占了六成，意大利占了三成，清朝生丝的销量只有一成。原因是人家大机器生产了，清朝还是人工生产，成本高，产量低。这是张之洞所忧心的。而对于军事、矿产、外交、铁路等新事物，张之洞也曾努力用旧学去讲述这一切，最后还是不得不依靠新学。

总的来说，在清末这个思想启蒙的时期，张之洞的《劝学篇》不算先进，甚至有些倒行逆施，自相矛盾。但是，《劝学篇》是不是先进并不是张之洞所看重的，只要太后喜欢，那就算没白写。

在制衡李鸿章的道路上，张之洞的理论水平远超李鸿章。《劝学篇》之于张之洞的意义，其实也高于汉阳铁厂，是张之洞最大的政治资本。

在清末社会思潮的变化中，当人们意识到清朝看似理所当然的规矩并不是对的之后，百姓显然会从奴往民过渡。这个过程是客观的，并不是主观的。大多数清朝百姓不知道自己跟着清朝是奴,也不知道自己思考的方向是往民上转变。不过一旦这个思潮袭来,压在百姓头上的皇权将会轰然倒塌。过去人们心中至高无上的图腾,会瞬间变为自己的仇敌。

朝廷是惧怕百姓有思想的,张之洞是要替朝廷扼杀百姓思想的。因此,在当时臭名昭著的《劝学篇》应运而生,它虽然被朝廷定为至理名言,各个单位还被要求努力学习,但也掩盖不住其逆历史潮流而动的本质。

老张信誓旦旦,说没了皇上社会会乱,没了皇上洋人就会打来,没了皇上中华道统就完了,没了皇上中国就没了。老张还有个神预言,他说如果没了皇上,那么清朝遍地都会是暴徒,暴徒无法无天,甚至会杀洋人。只要出了这事,洋人就会来武装维权,到时候华夏大地就会被洋人瓜分。

老张可能万万没想到,到了光绪二十六年(1900年),清朝有皇上有太后,但也出现了义和团运动,还真杀了洋人。那么洋人会不会来武装报复呢?

老张认为,一定会来的。

张之洞为什么突然跟朝廷唱反调?

当义和团运动愈演愈烈,一向充当朝廷喉舌,且善于为朝廷偷换概念的张之洞,破天荒地上书朝廷,急切建议取缔义和团。

那么问题来了,支持义和团运动的官员都深得太后恩宠,批判义和团的官员都被定性为卖国贼。像老张这样会揣测圣意的人,怎么就突然开始跟朝廷唱反调了呢?

那是因为他官大,在官场的时间长,对外国的了解更多,看到了事情最终的结局。他也不是不知道,这样的上奏即便到了朝廷,也不会有人多看一眼。但是,老张不是京官,不会有端王、刚毅这样的人弹劾他是卖国贼,也不会有义和团成员到他家抄家批斗。在湖广地区,张之洞最大,且无义和团,所以老张这个上奏是安全的。另外,这个上奏关键时刻能保命啊。

所以,对义和团该是什么态度,这里面学问大了。

当时什么样的官支持义和团?在地方上,那就是毓贤。毓贤是捐官出身,他的职业目标就是不择手段地往上爬,没出息极了。作为晚清著名酷吏,他正处于事业上升期，当然要靠给太后当恶狗博出位。他想当张之洞，也没那偷换概念的技术，所以他只能当恶狗，靠"剿匪"换政绩。后来他开窍了，发现自己得靠"匪"生存。毓贤在山东时，山东遍地是"拳匪"。慈禧没说他，还表彰他。毓贤自鸣得意，再去山西，山西就遍地是"拳匪"。

他其实没明白，并不是慈禧多欣赏他培养义和团的手段。假如不是"己亥建储"事件洋人没给太后面子，毓贤这样招灾惹祸的官不知道被砍多少回了。放着老太后在，他当义和团领袖，这不是作死是什么？

毓贤不懂，张之洞懂。

在朝廷中枢，支持义和团运动的就是端王、刚毅这样的官。端王是为了让自己的儿子当皇帝，刚毅是为了保住自己的小命。那么，端王的儿子和刚毅的小命跟义和团运动有什么关系呢？其实端王也不信义和团能打败洋人，刚毅更不信什么刀枪不入。但是，义和团最起码能杀了清朝最大的"卖国贼"，这个人就是光绪帝。

杀了光绪帝，端王的儿子才有机会当皇帝。杀了光绪帝，得罪了光绪帝的刚毅才能保证自己活下来。

至于义和团是不是真的刀枪不入，谁在乎呢？

那么事情就很清楚了，假如义和团打败了洋人，我是说假如，那么老佛爷稳坐龙庭，接下来就要杀义和团的领袖们。什么毓贤、刚毅，都得死。这也是曾国藩解散湘军的主要原因。只要不是朝廷的武装力量，留着都是祸害，越强大越是祸害。

那万一打输了呢？这就简单了。义和团不是朝廷的正规军吧，杀了就是了。毓贤、刚毅之流支持破坏中外关系的"匪徒"，不出来背锅等什么呢？作为朝廷的忠臣，作为太后的牛马，他们就要有勇于背锅的觉悟。

当然，不管他们有没有背锅的觉悟，轮到他们背锅的时候也躲不掉。

因此，无论当时支持义和团运动是怎样的意识形态正确，只要脑子好使的官，就不会让自己的辖区内出现义和团。地方官当中，唯一脑子不好使的就是毓贤。人家端王支持义和团运动是为了让儿子当皇帝，刚毅支持义和团运动是为了杀光绪保自己平安。这些理由很充分啊，值得作死一回。可偏偏地方上出了毓贤，朝廷里出了徐桐，他俩支持义和团运动图什么？这两人支持义和团运动就是为了媚上，上赶着给太后当枪使。这样的家伙结局那么悲剧，真不是偶然。

老张不一样，人家什么道理不懂啊？先上书朝廷建议取缔义和团当保命符，再严格禁止湖广出现义和团。在老张的认知里，太后何等英明，她老人家什么道理不懂？大概只是为了利用义和团，点到即止，不会太过火。

如果不站在上帝视角看，当时的局面是这样：山东闹义和团运动，袁世凯去了就给清除了。直隶闹义和团，无论是总督裕禄还是提督聂士成，都立场坚定地进行镇压。其他方面不谈，单说练兵和用兵，聂士成和袁世凯可谓一时瑜亮。真让聂士成放开手去镇压，直隶清除义和团并不太难。直隶镇压义和团运动之所以没有完成，那是太后在幕后操纵，既让聂士成去镇压，又不让其斩草除根。

但无论如何，张之洞坚信太后就是利用一下义和团，大概是为了打击下不支持"己亥建储"的官员，很快就会镇压。

然而，在光绪二十六年（1900年）的初夏，张之洞发现事情正在起变化。义和团不光在直隶展开斗争，还进京了。义和团不仅围攻教堂，还围攻各国使馆。义和团不仅对付洋务派官员，连支持义和团的徐桐也拉出来揪斗了。

这不就是失控了？很快，清军也失控了，围困列国大使馆的是义和团，但杀外国外交官的是清军，杀日本公使馆书记杉山彬的是董福祥的甘军，杀德国公使克林德的是神机营章京恩海。

张之洞慌了，看样子，慈禧也疯了。事态发展到这个局面，张之洞不能只是要明哲保身了。他联络了两江总督刘坤一，与之联名上奏，再上奏，接二连三地上奏，电报"啪啪"往北京发，希望太后赶紧悬崖勒马，是时候甩锅镇压了。

在我看来，随着慈禧默许义和团进京，张之洞的官僚思维发生了巨变。因此他与刘坤一联名上奏，所奏之事也不仅是表达对义和团的不满，而是直接点出，如果朝廷不悬崖勒马，必有刀兵之祸。

但是，慈禧不听。

俗话说，做事不由东，累死也无功。东家要作死，员工又能怎么样？在毓贤等人陪伴慈禧作死的时候，张之洞选择了另一条路。他与两江总督刘坤一、两广总督李鸿章、山东巡抚袁世凯、闽浙总督许应骙组成了联盟，以东南半壁江山与洋人谈判，维持了东南半壁的和平，史称"东南互保"。

张之洞是东南互保的发起人之一，也是东南督抚中最有声望的一个。在东南互保的方案中，如果清朝在，那么东南至少能保住半壁江山；如果大清亡，东南便成立共和国。

假如真的成立共和国，很明显以张之洞的声望，哪怕普选都能当总统。但是，张之洞留了一手。为了安全，他还是推荐了李鸿章当总统，反正他张之洞不出这个风头。

在东南互保后，张之洞发现看新闻看不懂了。当时的新闻是这样的：八国联军入侵大沽口，惨败。洋人在廊坊被义和团围攻，惨败。

我估计当时的义和团成员们或者准义和团成员们是相信的，但张之洞是不信的。然而，不信就是"卖国贼"。

虽然东南互保确立，但张之洞并不觉得如此便可以高枕无忧，坐观成败。因为东南互保相当于为中国买了大病保险，不到万不得已，谁想用啊？

因此张之洞在此之后，趁着八国联军还没打到北京，还是继续泣血上陈：求老佛爷别召回清朝驻各国公使，别真的撕破脸跟各国死磕到底。至于什么大沽口大捷、廊坊大捷，老臣信了还不行吗？但是，一国敌多国，不败不止。多国敌一国，不胜不止。俄、日是邻国，补充兵力最快、最多。英、法、美的殖民地和大清是邻居，来兵也快。德国再不济，调来八九万陆军也非难事。聂士成、宋庆、董福祥真能打败他们吗？

看得出来，老张这么说，也是给足了慈禧面子。在后来的历史发展中，我们也看到了八国联军根本不用那么大费周章，德国也犯不上调来八九万陆军，八国联军很轻松就打败了在演习和阅兵中无敌的武卫军。聂士成再猛，也是在八国联军和义和团的联手下被打败。

老说八国联军亡清之心不死，但是东南各省跟列强的谈判很顺利，不光保证了战火不在东南燃起，也没有商定什么低三下四的条约。条约依然禁止外国海军在东南登陆，不许各国擅自派军舰进入长江口，不许各国军舰在军事要地停泊、演习，不许外国军队、租界巡捕在清朝兵工厂附近出没，不许外国商人、传教士自由进入非租界区，租界内各国的防务不许扰民。

因此，当有人说"在座的各位都不讲理"的时候，那首先就要考虑这个人是不是讲理。

张之洞对慈禧说尽了好话，老太太不听，终于丢了北京，被赶去了西安。东南互保这份"大病保险",也发挥了应有的作用。可是就在老张转型期间,他要面对的不光是上司领导,还有百姓的反弹和反清势力的推波助澜。

张之洞是怎么面对这些人的,其实也很值得玩味。因为那个历史时期的怪相,一直也没有消失。

维新派也闹过革命

这是一段尘封的历史记忆,虽然不怎么被提及,却真实存在。在热闹的光绪二十六年(1900年),这不是个小事。

光绪二十六年(1900年),我们印象中有三件大事:一是义和团运动,二是慈禧因惹来八国联军而逃到了西安,三是东南督抚们联合搞了东南互保。

在那个亡国的关头,东南互保是救国的一种方式,但是,东南互保是一套消极的方案。很明显,如果真到了最危险的时刻,东南互保只能保东南这半壁江山。假如东南互保真的促成了一个共和国的建立,那么很明显,这样的共和国绝对不会是民主共和国。

在国家危亡之际,也不仅仅是士大夫集团有动作,海外反清势力的两大宗派岂能袖手旁观?这两大势力大家也熟悉,一个是以康有为为首的维新派,一个是以孙中山为首的革命派。在八国联军打败了他们的共同敌人慈禧后,这两派走向了联合,决定干票大的。

怎么干呢?那就是联合起义,取得光绪皇帝支持后,以光绪帝的名义搞君主立宪。为了证明这次活动跟洪秀全不同,这些进步人士先在上海召开了议会,选了容闳为议会议长,严复为副议长。先开议会,再搞君宪,那就合理多了。而且,容闳和严复在当时颇有人望,都是进步人士,还不是会党领袖。

那么问题来了,维新派主张保皇,革命派主张反清,这两派为什么会走向联合呢?那是因为这两派各有打算,保皇和革命,在光绪二十六年(1900年)的夏天找到了契合点。这里边主要是三方面的原因:

第一方面,道理也简单,假如按照这个方案改君主立宪,那么就是两派联合保皇,所以康有为没意见,但本质上讲,假如清朝的君主独裁制改成了君主立宪议会制,等于就是革命了,所以孙中山没意见。大家琢磨吧,满人在这样的议会中能获得一票就算我输。因此，这种保皇其实就是革命。

第二方面，维新派与革命派还有互补的一面。维新派有钱，人手不足；革命派有人，钱不多。如此组合，才能皆大欢喜。

第三方面，就不得不提日本，革命派的金主就是日本政治家、黑龙会等右翼组织，像什么宫崎滔天、犬养毅之流，也竭力撮合两派联合改革。

于是，维新派和革命派愉快牵手。维新派推出的军事领袖是唐才常，革命派推出的军事领袖是秦力山。这里边还有个卧底，那就是身在清营心在革命的吴禄贞。

维新派的钱主要源于海外资金募集，而革命派的人手，不用问，肯定多数来自洪门。根据计划，两派联合成立自立会，招募自立军，按照约定日期一起在各地起事，同时联络日本攻打厦门，并争取英国支持，如此大事可成。

而举事的核心地带，就是张之洞管辖的湖北省。为什么是湖北呢？其实也可以是广东。

湖北是洪门哥老会的地盘，广东是洪门三合会的地盘。这些都算革命党的势力范围，但湖北还有张之洞编练的新军，这些人里面有不少人在日本留过学，是激进的革命派。另外，湖北传统驻军中的水师、绿营中很多军人跟哥老会关系密切，干起义的事没什么心理负担。所以，这次行动的主要地点就是湖北，广东方面的革命派进行配合。

然而，两派联合虽然看上去很美，可革命派和维新派之间，还有个梁子没解决清楚，成了这件事难以推进的根本原因。而这个梁子的关键人物，就是刘学询。这位大神身份很多，他既是李鸿章的幕僚，又是孙中山的金主，还曾是操纵赌场盘口的赌神。更重要的是，他还是慈禧的秘密特工头子。

刘学询收买革命派宫崎滔天去新加坡刺杀康有为，孙中山和宫崎滔天一商量，决定先拿了刘学询的钱，再去新加坡把消息透露给康有为。虽然有些不厚道，但也顾不得这许多。孙中山没想到，刘学询这种赌神出身的人物，本身就是首鼠两端。刘学询这招并非为了杀康有为，而是为了分化革命党和维新派。所以在宫崎滔天抵达新加坡之前，刘学询就派人通知了康有为，说孙中山派宫崎滔天来杀他。因此，当宫崎滔天带人刚到新加坡，康有为就报警了，宫崎滔天入狱。

由于这事双方一直没解释清楚，所以有这个梁子在，这次合作终归是有隐忧。那说到这里，就该我们的男一号张之洞张总督闪亮登场了。

上海成立中国议会的事闹那么大,张之洞早就得到了消息。议员中有几位张之洞很熟悉,比如自立军三大统帅唐才常、吴禄贞、秦力山,他们都是张之洞在湖广地区搞教育改革培育出的人才。因此这些人在行动之前,张之洞就密切关注他们。

另外,当英国人提出要帮张之洞自立一国的时候,张之洞虽然不同意,但不表示自己不同意。张之洞的态度一暧昧,导致英国不再支持唐才常的起义。加上八国联军的总司令虽然是德国的瓦德西,但真正有话语权的还是英国及其盟友美国,他们主张保护中国领土完整。日本在当时要树立文明崛起的形象,断然不敢独自攻打厦门。

没有了外援,自立军要想起事,那就没那么大把握了。因为宫崎滔天新加坡入狱事件,康有为不会完全相信孙中山。同理,孙中山也不会完全相信康有为。前面咱们也说了,自立军起义既是保皇,也是革命。如果两派心存芥蒂,那就说不清楚这是保皇还是革命了。因此,当大家约定好起义日期之后,康有为犹豫了。原本该汇给自立军的六十万元军费,康有为决定只给二十万元。但就这二十万元,康有为也觉得吃亏。因为自立军主力是革命派的人马,自己出钱帮革命派,假如革命派变脸搞真革命怎么办?所以最终,康有为一分钱没给。

前线统帅唐才常没拿到钱,那就只能延迟出兵。那时候通信不发达,唐才常推迟两周起义,秦力山和吴禄贞可不知道,他们按照约定真起义了。本来这场起义的一举一动都在张之洞的监控下,现在还不能协同作战,所以这场起义刚开始,就落入张之洞的圈套,很快便被扑灭。秦力山和吴禄贞跑路,逃到了日本。

原本该与湖北协同起义的广东也慌了,既然不能协同,孙中山马上和日本方面联系,只要日本方面给予帮助,广东地区可以单独行动。

然而,武器贩子中村弥六收了孙中山买正品武器的钱,给了九块九包邮的次品武器。孙中山支持的惠州起义,仅一个月便失败了。

而自立军总司令唐才常见大势已去,逃到了武汉英租界。张之洞才不管那些,兵围英租界,活捉唐才常,斩首示众。如此,自立军起义彻底失败。

这个历史事件其实能反映一些实际问题。我们来分析下张之洞、康有为、孙中山在这件事上的行为逻辑和动机。没兵没钱的要革命,有兵有权的要东南互保。为什么?很简单,东南督抚们是既得利益者,清朝在,他们是封疆大吏,清朝不在，他们争取当地方军阀。所以，张之洞选择了保守。

再看康有为，他只是把这次起义当投资。保皇只是个招牌，其他的不重要。本身他就是通缉犯，万一起义成功，至少他能洗白身份。但他人在海外，手里有的是钱，洗白有那么重要吗？没那么重要。康有为最终用省下来的军费，买了个小岛逍遥快活。

孙中山徒有革命的热忱，但在同盟者眼中，他这次算空手套白狼。因为自立军起义是洪门出人，维新派出钱，孙中山出威望。康有为、张之洞、中村弥六都各有打算，不会允许孙中山空手套白狼。

因此，自立军起义的构想是好的，但是自立军背后的成分太复杂。当各方产生冲突时，自立军便顷刻瓦解。

也正是因为如此，再加上李鸿章奉旨去北京谈判，说明清朝的基本盘又稳了。张之洞则迅速出击，击败匆忙起义的自立军，逮捕唐才常，捡了个大功劳。

不过，这才刚开始。张之洞是士人领袖，他自己也不想当"剿匪"大帅。能"剿匪"的多了，能写出《劝学篇》的人，当时也就张之洞一人。

于是，在诛杀唐才常之后，张之洞给在上海成立的中国议会写了封公开信。当然，张之洞的文章名义上是写给中国议会的，实际上是在跟朝廷表明自己的态度。

由于议会里全是中国顶尖人才，实在不好说他们的主张有什么不对。虽然是晚清时期，但是当时的官员还要个基本的脸面，没法说国人争取民权有什么不对，也没法说在清朝搞宪政、议会有什么不对，更不敢说争了民权就挨饿，跟着皇上就有肉吃。

那怎么办呢？张之洞避开这些不谈。老张首先高度赞扬进步青年们议论时政、关心政治的行为。但是，老张高度批判进步青年跟康有为搅和在一起。为什么呢？首先，康有为自称保皇派，那必然是皇上的忠臣。但自立军起义，要建立新的国家，不许满人参政议政，这怎么能算皇上的忠臣？

其次，好人为什么要跟会党掺和？他们杀人越货，那是正经人吗？

再次，国家送你们去留学，留学生要有感恩的心，得忠于皇上，怎么能批评朝政呢？

最后，老张讲了个故事。他说亚洲西部有个犹太国，后被土耳其灭了。当然，不用理会老张的世界历史知识是否准确。老张主要是为了讲后面的故事——犹太人在欧洲被人欺负，到哪都无法成为士大夫。为什么呢？主要是因为他们失去了皇上，没皇上就会被人欺负，道理就这么简单。

老张说这一切，就是为了下面的道理。咱清朝弱，但可以盼着变强。咱清朝的朝政有问题，但可以盼着变好。假如各位闹革命于内，洋人入侵于外，则清朝亡国。只要清朝亡国，中国人的处境就会集体变得像犹太人那样。因此，康有为、梁启超是为了把中国变成犹太国，不能信他们的话。国会就不要搞了嘛，在会的赶紧退会，没入会的不要入会。

张之洞文章一出，自立军打不过还骂不过吗？于是，江湖上很快就出现了大量驳斥张之洞的文章，其中最著名的就是康有为的反驳意见。

这些人在进行论战的时候，最不上品但很好用的做法就是给人扣帽子。张之洞的文章很好驳斥，谬论多的是。但康有为不这么玩，他直接给张之洞扣上"后党"的帽子，然后大加鞭挞。这样做的效果就是以后如果得势，想对付谁就说谁是后党就行了。

在光绪二十六年（1900年）的年尾，论战的双方最无聊的地方都是揣着明白装糊涂。但有一点，张之洞作为清末最有权势的人之一，既然揣着明白，就不好一直装糊涂。

而且，张之洞的身份地位，已经不需要靠装糊涂吃饭了。尤其是在太后回銮之后，张之洞更不必继续装糊涂了。因此，一向在思想、制度方面守旧的张之洞，又成了立宪派的标杆人物。

你可能很难想象，在清末，清流、洋务、立宪三派的标杆人物可以是同一个人，但张之洞做到了。那么张之洞到底是个怎样的立宪派呢？

回归中枢

当《辛丑条约》尘埃落定后，一切仿佛都没发生过。清朝还是清朝，太后还是太后，光绪皇帝还是傀儡皇帝，张之洞还是总督。

那接下来呢，无外乎两种反应。第一，庆祝一下。为什么呢？清朝多厉害，战胜了这场危机。这要不是老佛爷指挥得当，搁别人早亡国了。这种基本反应是留给不明真相的百姓的，老佛爷自己可不敢真信。

我们要说的是第二种反应，那就是大危机后的反思。

这种反思，也分两种。一种还是给自以为明真相的百姓的。这种我们很常见，为什么会有这种危机？因为洋人对我们，那是羡慕、嫉妒、恨，所以合伙欺负我们。要扭转这种局面，请大家把灵魂都交给朝廷，朝廷造出好武器，这事就解决了。

还是老问题，喂宠物的无论怎样，他自己也是不会吃宠物饲料的。这种谬论，朝廷内部当然也是不信的。被八国联军揍，是因为大清没有战列舰吗？或者说，有战列舰就不挨揍了吗？

让我们把思绪拉回到曾国藩一章，庚子国难往前数三十年，曾国藩就温馨提示过：清朝亟待解决的问题并不是武器，而是文明。

同治九年（1870年）的时候，如果好好处理天津教案，就不会有三十年后的庚子国难。曾国藩说了几句真话、实话，结果沦为"卖国贼"。从不反思的人，祸只会越惹越大。

光绪二十六年（1900年），看似尘埃落定，一切回到了从前，但是李鸿章的遗言——海外尘氛犹未息，诸君莫作等闲看——还是字字如血。

两千年来，中国历代王朝罕见的反思出现了。在朝廷内部，从太后到地方督抚，都开始反思了。为什么有庚子国难？因为朝廷胡来，因为政治体制落后。

也就是说，从这个时候开始，张之洞的《劝学篇》被扫进了历史的垃圾堆，朝廷也不会再宣扬什么中体西用了。

那么政治体制落后的基本表象是什么？老太太更年期的时候要胡来，谁也不敢拦着。赵舒翘奉旨考察义和团"神功"的真实性，他看出来这是放在天桥都不算高明的戏法，但他不敢说，因为说了实话会得罪领导，所以昧着良心说义和团的神功绝对无敌。许景澄说了句实话，说清朝打不过世界各国，结果就成了"卖国贼"，还被砍了头。

为了在老太太更年期时有人能拦着她不胡来，朝廷决定往前走一步：立宪。

在这个时候，张之洞的话就是权威了。混了这么多年，张之洞有种混出来了的感觉。过去在士大夫阶层，还有徐桐、翁同龢，现在好了，张之洞是独一无二的清流领袖、文坛领袖、士人领袖。在洋务界，李鸿章、刘坤一都死了，论资历，论纸面政绩，张之洞都是独一无二的洋务领袖。哪怕是炙手可热的袁世凯，也是张之洞的后辈。很明显，朝廷要搞宪政改革了，张之洞很快表态支持，那他就成了朝廷立宪派领袖。注意啊，我说的是朝廷立宪派，在野的不算。

另外，朝廷要立宪，能选用的人才并不多。光绪二十七年（1901年）4月，老太太决定立宪，成立督办政务处。这个督办政务处的主管是庆亲王、荣禄、李鸿章，地方上协同办理的大员是张之洞、刘坤一。看看这五位，庆亲王只不过是皇亲国戚的代表，跟着看看，起不到决定性作用。另外四位岁数都不小了，几个月后李鸿章病逝，次年刘坤一病逝，再次年荣禄病逝，张之洞是仅存的独苗。

朝廷其实不只有这几位立宪派，比如说实际接班刘坤一的两江总督周馥、两广总督岑春煊、直隶总督袁世凯等，都曾奏请立宪。但在老太太心里，只有张之洞是可靠的。

像周馥这样的，上来就要三权分立、地方自治，那还不如弄死老太太算了。岑春煊这个刺头，老太太是看重他的忠心，但也知道他成事不足，败事有余。袁世凯手握重兵，老太太不得不用他，但算不上信任他。而张之洞不一样，他的折子写得好，都写到老太太心坎里了。周馥大谈三权分立、地方自治，那就等于无君了。虽然说如此一来，于国于民都有万世之利，但老太太不会满意。她搞宪政是为了维护清朝统治，不是让清朝百姓走向文明。在她的构想里，百姓要为清朝的统治添砖加瓦，而不是清朝要为百姓谋福利。当然，老太太认为，清廷强大了，就等于百姓强大了。

张之洞多懂事啊，当初他琢磨当总统的时候就考察过日本。虽然总统没当成，但考察成果不能浪费，他建议老太太搞日式君主立宪，这才是君主独裁的最佳表现形式。老太太如果不相信也没事，张之洞奏请皇亲国戚、亲贵大臣组成考察团，出国走一圈看看，究竟是不是老张的主张最靠谱。于是，就有了五大臣出洋考察事件。

而张之洞在奏折中，五星推荐的考察胜地还是日本。为什么是日本？老张认为日本好啊，离得近，考察费用低，天皇权力大。张之洞在《劝学篇》中也一再强调过。

老张的意思是，西方虽好，你看人家日本在学习的时候，不忘日本自有国情在，就没有还政于民，还得天皇说了算。而清朝在学习西方的时候，也要注意我大清自有国情在，什么改，什么不改，得有数。

什么意思呢？还是说大清也不能还政于民。

其实我们看近代中国人的留学史，人才、大家基本都是去欧美留学的。思想激进的，多数来自日本和德国。这跟各国的政治制度是息息相关的。

还有覆灭大清的导火索川汉铁路，也是张之洞借钱修的。所以后来孙中山说张之洞是不言革命的大革命家，也不是瞎说。

光绪三十四年（1908年），慈禧太后快不行了，升张之洞为太子太保。七十二岁的老张，终于熬到了朝廷中枢，并成了慈禧驾崩后的托孤大臣。

如果张之洞升到中枢，而慈禧能活得久一点，那么张之洞可能就会多折腾一些事，使之在近代史上的地位更重要一些。可是，慈禧先走一步，老张就不好办了。

新的领导班子以隆裕太后、摄政王载沣为核心，这活就不好干了。隆裕太后也好，摄政王载沣也罢，这两位都是特别能糊弄的主，既没有什么大志，也没有什么危机感，既不想锐意进取，也不想墨守成规。

但是，摄政王虽然老实了一辈子，却对直隶总督袁世凯横竖看不惯。有种说法是载沣认为袁世凯出卖了自己的亲哥哥光绪帝，所以要弄死他。要说载沣因为私仇恨袁世凯，多少有点说不过去。实际上，载沣想杀袁世凯，主要是袁世凯一来手握重兵，二来改革措施比较偏离学习日本的总路线。因此，载沣奏请隆裕太后，将袁世凯免职。

按理说，废了袁世凯，朝廷会更倚重张之洞。但事实并非如此，据说张之洞为了保住袁世凯，跟载沣有冲突，吵架后被载沣气死了。实际上袁世凯被免职是光绪三十四年底（1909年初）的事，而张之洞病逝是宣统元年（1909年）10月的事，老张不太可能是吵架气死的。但是，张之洞和载沣的思路也是不可能一致的。在搞新政这方面，载沣宁愿通过一些渠道问通缉犯梁启超的意见，也不愿采纳张之洞的意见。

为什么会这样？按理说不应该。在当时，办教育，无论是搞科举还是废科举，张之洞都是当时搞得最好的。办洋务，张之洞的政绩是最斐然的。练兵，也是不错的。忠心，那是经得住考验的。宣传，《劝学篇》奠定了张之洞清朝第一宣传员的地位。

那么为什么载沣不重用这位全能大臣呢？其实道理也很简单，因为所谓政绩，那是给老百姓看的，目的是忽悠老百姓看看清朝有多伟大。张之洞就是慈禧塑造出来的一个标杆形象，不代表他真的就是个标杆。咱们之前说了，假如汉阳铁厂没有张之洞瞎搅和，会办得更好。这些事老百姓不知道，官场上的还能不知道吗？

换言之，老张一生斐然的政绩，都是注水的。但有一样，在祸害经费这方面，张之洞拔了尖，因此外号"钱屠"。另外，朝廷内部其实对张之洞有个准确的定位：他是个大学问家无疑，是个教育家没错，是个吹鼓手也没毛病，但是，干正事老张没用啊。

也正因为如此，载沣即便免了袁世凯，也不会重用张之洞。而张之洞虽然身居高位，日子过得却没有在湖广总督任上舒坦。张之洞也明白了，自己年轻时梦寐以求的高位，其实是他政治生命的终结。

荀子曰："物禁大盛。"

张之洞虽然也算善终，但不怎么愉快。

张之洞去世了。比起他不太瞧得起的李鸿章，他的谥号为"文襄"，到底还是比李鸿章的"文忠"低了一等。

而对于张之洞的评价，除了那些不敢留名的人物说的套话之外，像梁启超这样的，对张之洞的评价就是两个字：浮华。而袁世凯呢，认为张之洞属于光说不练。要说最精准的，我认为是当时天津《大公报》的评论："张相国毫无宗旨，毫无政见，随波逐流，媚主以求荣之人也。"

那要细说一下呢，我认为张之洞是个没有原则的人。他始终站在老百姓的对立面上，对民权恨之入骨。因为他的一切，是皇权给的，所以他拼了命为皇权效力。他是个极其聪明的人，在反对民权这方面发明的逻辑和说辞，比如没了皇上大清会乱，爱皇上就是爱国，没了皇上中华道统断绝，等等，一直不乏信徒。他要是真糊涂，也不是不能原谅，可他是揣着明白装糊涂，一辈子搞政治投机。偶尔说几句真话，但又不能坚持。虽然他可能对结局不满，但是他效忠的朝廷也算对得起他。好歹老张位高权重，体体面面地得到了"文襄"的谥号。他要是不满意，人家左宗棠跟谁说理去。

比起曾国藩、李鸿章，张之洞最起码没受过那么多委屈，没帮别人背过锅，反倒是其他人没少帮他背锅。

第十章

蟾·袁世凯

袁世凯也曾投笔从戎

说起袁世凯，我们都不陌生。这个人辨识度很高，用首打油诗来形容，大概是这样的：又矮又胖又秃头，还有夸张八字胡。又土又豪又文盲，卖国称帝险称皇。

当然，我也知道这不是诗，但不重要，因为袁世凯形象就是这样的。后来流行翻案，或者说这叫发掘历史人物的本来面目。袁世凯的形象仿佛又无比高大，像什么洋务先锋、改革先锋、宪政先锋、共和先锋都是形容他的，甚至连登基称帝都美化为想搞君主立宪，仿佛中国版明治维新或光荣革命一样。

这两种形象反差很大，当然我也理解，可能在晚清的时候，恨朝廷的人会觉得白莲教、天理教、洪秀全都是真英雄，尽管事实并非完全如此。

"西山十戾"最后一位就是蛤蟆精袁世凯。据说，前九位所对应的动物都跟性格有关，唯独这最后一位，是根据袁世凯的形象来的。蛤蟆有什么特点？脑袋大，脖子粗，不咬人但恶心人。

但事实上，老袁这人也没那么不堪。要了解这个人，我就得先捋清楚他的家世背景。

袁世凯曾祖父叫袁耀东，是河南项城袁张营村的一位老师。在这里插句题外话，其实中国传统文化的根是在农村的。我们看历史人物，别管是文学家、军事家、艺术家还是政治家，籍贯大都是农村。城市只是传统中国的临时舞台，哪怕是一品大员，退休后也是回家乡农村。传统的中国村落一方面保持着儒家比较正宗的熟人社会，一方面也是孕育中国文化的摇篮。

袁耀东是村里的老师，洪秀全当年也是村里的老师，他们都是有一定社会地位的人，最起码在十里八乡受人尊敬。

清朝是个不平等社会，整个社会只有一种游戏，这个游戏叫科举，而游戏规则是皇帝制定的。洪秀全没按这个游戏规则玩，起义了。袁耀东愿意遵守游戏规则，所以玩命培养两个儿子袁树三和袁甲三读书。当然，是按照游戏规则读书。

玩游戏是要有天赋的，袁树三大概没天赋，苦读不中。而袁甲三就是有天赋的，无论是小楷还是八股文都玩得很精通，在道光十五年（1835年）中进士，当过军机章京，也就是候补军机大臣。

按说，老袁家已经熬出来了。然而天降机会，深谙游戏规则的袁甲三，赶上了不遵守游戏规则的洪秀全。袁甲三由文改武，跟随漕运总督周天爵办团练镇压太平军。

周天爵属于镇压太平天国运动的早期高级将领，袁甲三的用兵天赋得到了周天爵的肯定。因此，周天爵病逝于军中后，其军队由袁甲三带领，挥师江淮地区镇压义军。

江南大营钦差大臣和春是正黄旗的贵胄出身，他看袁甲三横竖都不爽。这样一个出身一般且没带过兵的人凭什么当一方诸侯？于是和春伙同安徽巡抚福济弹劾袁甲三贪污军饷，袁甲三被革职，锁拿进京。

袁甲三毕竟不是个老百姓，还有个机会鸣冤叫屈。经过两江总督怡良调查，袁甲三系被冤枉，于是朝廷命袁甲三随河南巡抚镇压义军，累功做到了钦差大臣，督办安徽军务。

咸丰九年（1859年），袁甲三有一回打了胜仗，给家里寄了家书，正赶上他哥哥袁树三有了孙子，袁家一高兴，就给这孙子起名袁世凯，以纪念袁甲三凯旋。

老袁家旱涝不均，袁树三的儿子袁保中有六个儿子，而袁保庆一个都没有。于是袁保中把小妾生的四儿子袁世凯过继给了袁保庆，所以在老袁家的家谱里，袁世凯是袁保庆的儿子。

这还没完，袁甲三的战友翁同书招降反复无常的苗沛霖，结果苗沛霖复反，翁同书处置失当，遭到曾国藩、李鸿章弹劾，被发配新疆。翁同书的弟弟就是翁同龢，这便是翁同龢跟李鸿章的仇怨根源。

袁甲三受牵连，再加上重病，只好退休。其子袁保恒也被弹劾降职，后被李鸿章重用，这就是袁家和李鸿章的情谊根源。

这些关系还不足以托起袁世凯，还有一个重要的关系得说。

当初淮军大将吴长庆被太平军围困，危急之下向袁甲三借兵。袁保恒主张不管，袁保庆则亲自带兵救援，救出了吴长庆。因此，吴长庆和袁保庆结拜为兄弟。吴长庆作战勇猛，后来做到了浙江提督、山东军务帮办等职位，属于淮军庆字营的高级将领。

而袁家自从袁甲三退休，下一代保字辈没出什么实权派军官，混得最好的也就是袁保庆，官至江南盐道。

过去的传统中国家族就是这样，袁世凯跟着袁保中，是小老婆生的庶子，没什么地位，跟了袁保庆就是袁保庆的嫡子，还是袁保庆的独苗，因此袁保庆对培养袁世凯下足了功夫。

由于袁家保字辈中袁保庆的官最大，所以袁世凯跟着袁保庆在济南、南京等城市历练学习过，算是袁家世字辈受教育程度最高、见世面最广的一个。后袁保庆病逝，袁世凯在十五岁时跟着堂叔袁保恒去北京念书，而负责教育袁世凯的，是袁保恒的亲弟弟袁保龄。袁保龄是当时袁家最有学问的，而且精通洋务，后来也是李鸿章器重的人。

袁保龄对袁世凯期望很高，失望很大。那感觉就像原以为这娃能考清华，谁知道考专科都悬。但这孩子的养父和亲爹都死了，袁保龄对娃还是付出了很多精力的。后来袁保恒调回北京，哥俩一起督导袁世凯读书。袁保龄是个读书人，惩罚措施也就是打手板。袁保恒可曾是带兵的将军，那就保不齐怎么打孩子了。因此，袁世凯愈加勤奋，他是真怕这个堂叔。

虽然袁保龄对袁世凯评价不高，但也肯定他的努力和进步。袁家老一辈还是重视游戏规则的，哪怕他们家有关系网，但仍希望底下的娃按游戏规则玩，这样比较稳。学了两年，袁世凯回原籍参加科举。

当时主考官陈州知府吴重熹很喜欢袁世凯，你说这好事上哪找去？按说袁世凯高中没什么问题，但当时吴重熹与河南学政瞿鸿禨发生了矛盾。瞿鸿禨我此前也写过，他对打击对手很有一套，因此他操纵科举，不让吴重熹的门生考中，所以袁世凯在十八岁那年"光荣"落榜。当年除了结婚之外，袁世凯一无所获。

不过袁世凯也不忘吴重熹的提携，后来袁世凯得势，吴重熹也是袁世凯信任的人，在袁世凯的关照下升到巡抚。民国时，退休了的吴重熹也享受着总统府顾问的头衔。

总之，袁世凯很郁闷，回京继续复课，准备后面再考。虽然袁世凯读书读得够烦的了，但由于惧怕袁保恒，还得勉力为之。几个月后，因为一场史无前例的旱灾，袁世凯得脱"牢笼"，随袁保恒前往河南赈灾。

这里得说一下，这场旱灾不是一般的自然灾害。据说上次有这么严重的自然灾害，得追溯到明崇祯年间。甚至，崇祯年间的那场灾害，都不如光绪年间的这场厉害。这场旱灾持续了三年，中原大省直隶、河南、山东、山西都在受灾范围内，太原府的人几乎死绝。根据不同国家参与救灾的慈善机构或传教士的统计，当时清朝保守估计死亡一千多万人，甚至接近两千万人。死的人多，自然瘟疫横行。旱灾之余，中原各地又有了瘟灾。

这场大灾难，史称"丁戊奇荒"。

后来的学者们提到这次灾害，对原因的总结基本都是清廷腐败，赈灾不力。然而当时的《纽约时报》认为，清廷赈灾积极，但是交通设施落后，导致无法遏制灾情蔓延。

那我们该信谁？看点旁证吧。首先，这么大的灾难，没有发生农民起义，算是个奇迹。在清朝历史上，自然灾害伴随农民起义的事是常态，断不会有饿死人了还觉得皇帝伟大的人存在。比如在清朝的一些大灾之时，前有白莲教、太平军起义，后有义和团起义。其次，我们可以看看袁保恒带着袁世凯在河南救灾时的表现。像袁保恒这样的官员，一没甩锅，二没瞒报，而是冒着严寒亲自来到灾区视察赈灾粮的分发情况、粥厂的开设情况，绝对没有像现代人杜撰的和珅赈灾那样，说什么给粥里掺沙子的才是好官。持这种观点的人，大概脑子里也都是沙子。袁保恒住在灾区指挥赈灾，最终感染瘟疫，病逝在工作岗位上。袁保恒还不是什么特别有节操的官，而不如袁保恒这么敬业的官，哪怕是巡抚，也会被革职查办。所以我们有理由相信，最起码清廷救灾的态度是端正的。

袁保恒死后，袁世凯继续参与救灾。救灾结束后，袁世凯返回老家，没有回北京继续读书，算是给自己放了个大假，这个假期长达三年。假期中，袁世凯跟吴重熹把酒言欢，跟徐世昌结为兄弟，小日子过得还算痛快。

到了光绪五年（1879年），二十一岁的袁世凯再次落榜，他打算再也不考了。

徐世昌都考上了,自己还是没什么头绪,干脆找工作吧。袁世凯决定投笔从戎,参军。

但在参军之前,袁世凯先去了一趟上海。他在上海没学到别的,却有了人生中最大的收获,那就是在风月场所结识了他的最爱——沈氏。

正所谓英雄不问出处,流氓不看岁数。袁世凯一生功过众说纷纭,但是在为人处世上,绝对恩怨分明。沈氏虽然不是袁世凯的正妻,却是袁世凯后院最有权势的女人。沈氏无子,袁世凯就把次子袁克文过继给了沈氏。

袁世凯与沈氏约定终身后,离开上海,来到了山东登州。他虽然没有功名,但有强大的关系网。当时负责山东军务和登州防务的守将,就是袁世凯他爹袁保庆的结拜兄弟吴长庆。

吴长庆很讲义气,念及和袁保庆的关系,把袁世凯视为子侄。吴长庆除了收留袁世凯留军历练之外,又重提让袁世凯走科举正途的事。

袁世凯这辈子遇到的所有关心自己的长辈,都是逼他读书的。

在吴长庆看来,老一辈的成功经验在袁世凯身上不好复制。世间已无太平天国,无法再搞团练起家。而当初搞团练起家,且混得风生水起的,也就是曾国藩、李鸿章这样有功名的。纵然是左宗棠,也到处吃没有功名的亏。

但跟袁保龄不一样,吴长庆不具备教育袁世凯的能力,但吴长庆的责任心一点也不比袁保龄弱。他请来了三大高人指导袁世凯读书。这头一位,是清末状元张謇;第二位,是大诗人周家禄;第三位,是历史学家朱铭盘。

这应该是当时顶级的"家教者联盟",抛开学问不谈,张謇的考试经验应该是很丰富的。周家禄能教袁世凯文章如何工整,朱铭盘能教袁世凯运用历史典故。

然而,学生和老师也是讲缘分的。袁世凯的读书天赋是真不怎么高,张謇很着急,这学生没天赋,那就各种骂。朱铭盘是学历史的,尤其擅长南北朝的历史,但他自己就没考上进士,所以他就不怎么骂袁世凯。而周家禄跟袁世凯脾气相投,所以对袁世凯的教育以鼓励为主。所以后来袁世凯混出来之后,只感念与周家禄的师生之谊,对其礼遇有加。

这就是袁世凯人生的第一个阶段,也是他对这个世界认识的形成。他的原生家庭有双重属性:一方面,他是正经的士大夫家庭出身;另一方面,他也算军人世家出身。细算起来,不算袁甲三、袁保恒和李鸿章的关系,单说袁世凯跟着吴长庆，也算是淮军出身。因此，也可以说袁世凯是洋务派出身。我们在看近代史的时候，像袁世凯这样能主事且不偏执的人，几乎没有。

我们简单分析一下，维新派极度仇恨士大夫，士大夫极度仇恨维新派，革命派恨不得砸烂所有旧世界，内部还因为内阁制或总统制这样的理由搞对立。

再看袁世凯，对士大夫非常尊重，对洋务非常精通，对君宪、共和都不排斥，这就跟他的原生家庭有着直接的关系。

当然，我们还记得有位张之洞大人，他仿佛也对士大夫、洋务、宪政甚至共和都不排斥，但这位张大人从不主事，都是跟风而已。

这就是袁世凯人生的第一阶段，我们不否认他出身不错，但终归十五岁前两位父亲都去世了。诚然，有很多长辈关心他的学业，但志不在此的他，哪怕拼命自我鞭策，也没取得好成绩。虽然他早早和于氏结婚，但他对这段包办婚姻毫无感情。好不容易投笔从戎跟了吴长庆，结果吴长庆依然是逼他读书。可能在这个阶段，袁世凯唯一的安慰就是认识了沈氏。

不过，追随吴长庆确实是袁世凯很重要的选择，也是他非常正确的选择。即便是吴长庆安排的"家教者联盟"也不能督导袁世凯中举，但袁世凯的起飞确实是从吴长庆的军营开始的。

那么袁世凯是怎么起飞的呢？

李朝旧事

其实我们在看世界史的时候，由于文化传统差异大，很容易感觉欧洲人做事缺心眼。当然，可能欧洲人看咱们的历史，也觉得咱们缺心眼。

这主要是因为文化观念的差异，所以我们不能用中国逻辑看待欧洲历史，也不用把欧洲人对中国历史的评价多么当一回事。

不过，我们若是看李朝（"李氏朝鲜"的通称）历史，就会觉得没有违和感，因为古代李朝的文化、观念、逻辑和中国可以说完全一致，所以理解起来就比较简单。

我们如果要了解袁世凯在李朝的所作所为，那还真得说一段李朝的历史。这回就不用从箕子朝鲜说起了，咱就从李朝和清朝的朝贡关系说起。

想当年，李朝是明朝的藩属国，随着明末后金势力在东北崛起，李朝的地理位置就显得尤为重要了。因为明将毛文龙占据李朝皮岛时，没少骚扰后金的大后方，因此皇太极派大将阿敏领兵征讨李朝。这次战争最重要的目的，就是解决毛文龙。

毛文龙在李朝铁山战败，退守皮岛。后金大军兵围汉城，眼看就要攻克汉城的时候，蒙古诸部蠢蠢欲动，皇太极紧急下令让阿敏班师回朝。所以，后金在占据绝对优势的情况下，主动提出和李朝议和。后金要与李朝约定为兄弟之国，劝李朝与明朝断交，还保证如果明朝不满意，后金就帮着李朝打明朝。

李朝方面坚决不与明朝断交，但邀请后金一起发誓，以后大家互不侵扰，谁要违约，必遭天谴。但如果这样的话，阿敏回国没法交代。于是经过一番谈判，双方最终确定约为兄弟，李朝跟后金的国书中停用明朝年号，遣王子到后金为人质，双方开互市贸易。

不过，一向心高气傲的阿敏看到汉城王宫怦然心动，心想这要是巧取豪夺，当个李朝王也不错，因此存心破坏谈判，想要占据李朝自立为王，甚至纵兵抢劫汉城。但阿敏不敢跟皇太极撕破脸，在皇太极的急召之下，阿敏还是满怀遗憾离开。之后李朝花重金赎回王子，改向后金纳岁币。李朝王室对阿敏这种人恨之入骨，于是继续奉明为正朔，尊大明为宗主。

后来皇太极称帝，改国号为清，毛文龙也去世好多年了。皇太极为了一箭双雕，亲自带兵征讨李朝，歼灭皮岛明军。李朝依然毫无还手之力，只能接受城下之盟。送王子为人质，奉清为正朔，称臣纳贡，四年朝贡一次，不修筑防御工事，建清朝皇帝功德碑和迎接清朝使臣专用的迎恩门。

从此，李朝和明朝再无关系。

这对于李朝来说，那是奇耻大辱。作为中华文明圈的一员，李朝的夷夏之防观念很强。对中原王朝称臣不丢人，但对"胡人"称臣，那实在是难以接受。因此，对清称臣的李朝在国书上用清朝年号，但在内部仍然称清朝为胡虏，正式纪年用王号纪年。士大夫集团内部则继续用崇祯纪年，或者"后崇祯"纪年。

顺治年间，李朝配合过日本、南明反清。康熙年间，李朝配合过"三藩"和明郑集团反清。当然，以李朝的实力，事情往往还没开始就结束了。

然而，随着清朝对李朝采取怀柔政策，王子也不用当人质了，李朝对清朝的态度也逐渐转变。康熙派兵北伐沙俄收复雅克萨的战争，还征调过李朝的火枪手。之所以我们的历史不怎么提这段逸事，是因为李朝支援的火枪手仅有一百多人。

从康熙朝后期开始，李朝士大夫阶层逐渐放弃了对清朝的鄙视和抵触。这个感觉有点像清朝后期对欧洲的态度，你再瞧不起蛮夷，也得承认蛮夷比你强。当年的李朝还不至于自欺欺人到认为自己无敌。

那怎么办？李朝人也提出了"师夷长技以制夷"。这个学派被称为北学派，跟传统的北伐派形成了对立。北学派因为比较务实，所以也被称为实学派。随着实学派的壮大，在清朝康乾盛世时期，李朝国力上升了一段时期。但随着清朝的嘉道中衰，李朝国力也因为统治者内部的内斗而衰落。

由于李朝国王在这一时期很多无嗣，李朝外戚开始掌权。这要是在英国，就是无所谓的事。但在中华文化圈，只要外戚掌权，那就是乱政。好不容易李朝哲宗有个不错的王世子，但这位世子殿下离奇暴毙，哲宗死后无嗣，李朝王室选了近支王族过继给世子，然后继位。这位新的李朝王，就是高宗。而高宗的亲爹，就是兴宣大院君。

由于在中国的朝贡体系之下，李朝国王的地位相当于中国的郡王，享受亲王待遇，毕竟明成祖赐给李朝王九章冕服。但这属于破格赏赐，正常情况下，李朝王的正式规格应该是七章冕服。因此，李朝王总以永乐年冕服为样本，因为这套最为荣耀。

既然国王是王，那其他王族就不能封王。所以李朝的大君，相当于亲王。君，就相当于郡王。

李朝高宗大王的亲爹兴宣大院君，就是大君爵位。这位大院君文化程度很高，因此对外戚掌权的现状非常不满。于是，大院君打算搞一场李朝版尊王攘夷。

所谓尊王，就是加强李朝的君主集权。所谓攘夷，就是驱逐鞑虏。不过这时候的驱逐鞑虏，不针对清朝，而是针对日本、欧洲列强。

总之，大院君希望恢复到李朝旧时的状态，在清朝的领导下过好自己的好日子。万一混壮了，那就连清朝也不放在眼里了。

虽说那都是光绪年间了，但是在甲午战争前，李朝仍觉得清朝算世界列强之一。因此学习大清的洋务运动，也是李朝的目标之一。

可问题是到了光绪年间，李朝还想加强中央集权，这就是倒行逆施了。事实上，大院君在民族主义的气氛中虽然貌似有个民族英雄的形象，但其实这哥们也确实干了不少倒行逆施的事，比如多征税、发行大面额钱币、大修景福宫、统一思想、大兴文字狱、盲目排外等。说白了，他就是在搞独裁，针对的就是李朝外戚。因此，大院君和儿媳妇闵妃矛盾尖锐。跟儿媳妇矛盾尖锐，那就等于跟儿子矛盾尖锐。双方在势均力敌的斗争后，终于表面上各退一步，大院君归政，高宗亲政。但实际上，幕后操纵高宗的就是闵妃。

也就是说，大院君的高压独裁政策，开始出现了松动。闵妃集团积极推行李朝版洋务运动，全面复制清朝的洋务政策。比如仿照总理衙门设立外交机构统理衙门，仿照清朝神机营设立别技军，请日本人担任教官。

但在实施的时候，闵妃集团排斥异己，任人唯亲，趁机大发国财。

李朝人也很奇怪，同样是被压榨，他们被大院君压榨压出了优越感，但被闵妃压榨就觉得受不了。为什么呢？因为他们觉得只要学习西方，哪怕是学习二手的西方，都算"朝奸"。

闵妃集团赚来的钱可以在祭山的时候，舍得做上千万两清朝库平银的预算，但对于李朝的旧式军队，军饷都舍不得发。不发就不发吧，大家都不发也就忍了，可问题是闵妃集团培养的别技军却军饷充足、装备精良。

大院君趁机推波助澜，煽动李朝民族情绪，终于导致旧军造反，闵妃集团跑路，大院君再度执政。

为什么装备精良的别技军挡不住旧军呢？主要是因为别技军只有几百人，实在没有战斗力。

这，就是所谓的壬午兵变。

闵妃出逃后，一方面联系日本求助，另一方面联系清朝求助。李朝发生兵变，清朝于情于理都应该来干涉。由于大院君反日，叛军还杀了日本人，所以日军也要来干涉。

清朝两广总督张树声和直隶总督李鸿章联名向朝廷推荐吴长庆带庆字营淮军入朝，而当时吴长庆手下有两个大将，一个是洋务能臣马建忠，另一个就是资深落榜生袁世凯。

这个组合很有意思，大家可以把吴长庆理解为刘备，其主要特点就是对部下宽仁。这样的人带兵的优势就是大军凝聚力强，缺点则一定是军纪败坏。各级军官士兵都知道，吴大帅护短，犯点事求求情就好。

马建忠相当于吴长庆的诸葛亮，是吴长庆手下第一智囊。而袁世凯就算是吴长庆的赵云，非常能打，且军纪严明。也正是袁世凯加盟庆字营之后，庆字营才军纪肃然，吴长庆称袁世凯为能将。

吴长庆带三千庆字营士兵入朝之后，马建忠就察觉到了日本人的野心。于是吴长庆接受马建忠和袁世凯的建议，马不停蹄地迅速进军，先一步进驻汉城，稳定局势。

虽然这场平乱在我们的近代史上常被津津乐道，但其实这个时候，马建忠的判断出现了重大失误。他发现壬午兵变的幕后黑手是大院君，这没错。但他认为逮捕大院君就解决了问题，那就错了。

虽然在这件事上，闵妃先对清廷表示效忠，但实际上，大院君愿意在清廷的领导下搞内部独裁，而闵妃首鼠两端，四面拉拢列强。

本来吴长庆也没打算就这么逮捕大院君，因为清军到了之后，大院君表现得十分恭顺。可是日本人来了之后，大院君没看清形势。日本希望李朝乱，清朝希望李朝稳。而是稳是乱，都在大院君的掌握之中，他自己也没看清形势，因而认为李朝乱，他才有机会。

马建忠先去见了大院君，又邀请大院君拜访吴长庆。大院君的中国话可能说得不怎么样，但写汉字没问题，而且他的文化水平还不低。于是大院君和吴长庆不断通信，在交涉过程中，吴长庆见大院君不怎么听话，于是落笔的文字就严厉了些。

大院君关键时刻搜文，问吴长庆是不是要搞"云梦之游"，意思是问吴长庆是不是想学刘邦抓韩信的手段。这下炸了，袁世凯当机立断，先抓大院君，后抓大院君的长子，其间进军平乱，强力镇压叛军，迎闵妃回宫，平定了李朝之乱，粉碎了日本浑水摸鱼的计划。

袁世凯行事果断，带兵有方，不仅被吴长庆表彰，也被朝廷看重。后来中法战争爆发，朝廷调三营庆字营回国，继续驻扎在李朝的庆字营三营分别是袁世凯、张光前、吴兆有所带领的。

我们回忆下中国历史，中法战争期间，慈禧太后借口恭亲王胡指挥，导致中法战争失利，罢免了恭亲王，重用了醇亲王。

这醇亲王就是光绪帝的亲爹，这段历史就是甲申易枢。

甲申易枢传到李朝，闵妃吓坏了。这得揣测一下啊，老佛爷废了恭亲王，重用醇亲王什么意思？如今高宗大王的亲爹大院君还在保定关着，难不成要被释放了？另外，大院君的亲信也花尽了大院君的财产去贿赂醇亲王、庆亲王等当红王公贵族，想让他们求情放了大院君，甚至还派人去北京都察院击鼓鸣冤。闵妃愈加相信，清廷早晚会放了大院君回国执政。因此她也开始寻找其他大腿抱，比如日本，再比如俄国。与此同时，闵妃还是进行了最后的努力，派人贿赂实权派李鸿章，求他别放了大院君。

李鸿章收钱归收钱，但是他也倾向于释放大院君。为什么呢？因为李鸿章在天津审问大院君的时候，两人聊天聊得很愉快。

大院君对李鸿章坦言，清朝对李朝的政策不好，太宽松了。李朝人是需要管的，所以要效仿元朝对高丽的政策，废李朝国号，改为清朝征东行省，派大臣监国。大院君还代表李朝人民表示，这个政策会让全李朝人民高兴得手舞足蹈。

不知道李朝君臣会不会举着慈禧的画像高喊慈母。

但实际上，慈禧不太想放了大院君，因为她希望利用大院君敲打敲打醇亲王，别觉得儿子当了皇帝就了不起。然而身在李朝的袁世凯却敏锐地发现，李朝人就爱高喊民族主义的独裁者。大院君除了不够胖之外，哪都符合李朝人心目中宇宙大帝的形象，因此也建议释放大院君。

最终，袁世凯力劝李鸿章，李鸿章力劝慈禧，才换来被囚禁三年的大院君回国。不过有一点，不能随随便便放，得让李朝大王遣使来求天朝放人。

李朝高宗不希望大院君回国，但老佛爷发话了，全李朝谁敢不听？所以高宗不得不上折子恳求释放大院君，袁世凯奉命亲自护送大院君回国。

袁世凯带大院君坐北洋水师的船在仁川登陆，李朝百姓夹道欢迎，气氛热烈。能有个可以跪下的对象，不幸福吗？然而李朝王族、百官竟然无一人来迎接。袁世凯大怒，这儿子不孝啊。这不仅是大院君面子的问题，也是袁世凯面子的问题，更是清朝面子的问题。于是袁世凯派人通知李朝高宗，必须亲自迎接大院君。

高宗没办法，只好派官员来迎接，因为袁世凯派来通知高宗的人，是带着枪的。大院君到了汉城之后，高宗亲自到城门迎接，但父子相见，高宗一句话都没说。

自从大院君回国，不断出现其亲信被暗杀、明杀的事。大院君甚至被高宗圈禁了起来。对于高宗来说，这个爹死了多好。

同样，大院君也觉得自己快死了，于是请求袁世凯再来逮捕自己。他宁愿去保定坐牢吃驴肉火烧，也好过在李朝坐牢吃辣白菜。

当然，大院君也是以退为进，他的真正想法与袁世凯不谋而合，那就是废除高宗另立新君。

与此同时，闵妃找到了新的靠山，她秘密投靠沙俄，甚至跪求俄国派军舰驻扎仁川，声称愿意臣服俄国，不想再当清朝藩属。于是，李朝和俄国缔结密约。为什么是密约？因为从北洋水师成军到甲午战争之前，俄国并不敢跟清朝发生正面冲突。

这个事让李朝的一些官员非常愤怒。男儿膝下有黄金，宁跪大清不跪俄。于是，所谓"事大党"的官员，秘密找到袁世凯揭发了闵妃和俄国的阴谋。

袁世凯多精啊，他一方面想办法拿到了密约的原稿，一方面用电报传消息给李鸿章。

李鸿章一方面派海军给袁世凯壮胆，一方面质问俄国密约的事。俄国当然不认账，袁世凯则擅自行动，召集李朝中枢的文武百官大加斥责，并称将有七十二营清军赶赴李朝问罪。李朝君臣吓坏了，高宗只好派人去找俄国索回密约文稿。这下俄国也不好看了，依然坚持没有所谓的密约。在李鸿章的外交斡旋下，俄国外交部声明：俄国绝无与李朝的密约，如有，则当作废纸。

从此，李朝和俄国的眉来眼去就被袁世凯掐断了。直到李朝后来被日本吞并，也没有再和俄国勾三搭四。

事情到了这一步，慈禧决定见好就收。俄国说没有，那就没有，非要说人有，那是不给俄国面子。另外，国际社会对袁世凯的做法也有非议，认为袁世凯一个"通商大臣"，强力干涉李朝内政是不合适的。因此，密约事件被袁世凯搅黄了就算了，朝廷也没坚持对李朝进行废立。但从此，袁世凯就成了李朝的"太上皇"，以至于今天只要韩剧涉及袁世凯，准不是什么好的形象。

其实袁世凯也没怎么欺压李朝，反而帮助李朝搞洋务运动，甚至帮助李朝练兵。

但对于这么一个"太上皇",在日本留过学的所谓进步青年们是恨之入骨。在近代日本留学能学什么？主要就是民族主义、军国主义等激进思想。于是这些所谓的李朝进步青年，认为清朝是李朝的侵略者，因此积极宣传脱离和清朝的宗藩关系。

力量不够怎么办？问得好，可以找日本帮忙。

近代李朝、中国的留日学生普遍都有这种引虎驱狼的观念，而这种观念不光为将来甲午战争埋下伏笔，更是让袁世凯又有了机会威震李朝，并且跟日本结下一辈子的梁子。

梦回天朝

这故事说起来，还得往前多追溯一下。日本在上古时代非常落后，没有文化，更没历史学。所以日本大化改新之前的历史，基本都是传说。

还有一点要多说一句，史学是一套严谨的学术体系，不是把今天发生的事记下来就是史学，那叫写日记。

在明治维新前后，日本人的观念普遍发生了天翻地覆的变化，他们进入了接近疯狂的极端状态。比如日本著名的武士吉田松阴经过对上古历史的"研究"，楞说李朝半岛自古以来就是日本控制的一部分，你说病成这样可怎么办。

在吉田松阴的理论里，日本强大了，要先取虾夷（即北海道），然后取琉球，接着取李朝，最后控制中国，与印度为邻。

注意，过去日本人把清朝和中国是分开来看的，目的就是分化中国，再各个击破。我之前也讲过多次了，像什么"崖山之后无中华"之类的言论，都是日本人宣传的。

咱不知道跟印度当邻居有什么好处，反正吉田松阴的疯子理论，竟然在第二次世界大战时被日本实践。结局当然是惨淡的，不过也是险些成功的。毕竟当时很多印度军人对日本人的好感大大超过对英国人的，甚至不惜"起义"配合日军在缅甸的行动。要不然，中国也不至于自己家问题没解决，还要调精锐的中国远征军入缅作战。

在日本明治维新后，取虾夷很顺利，然后改虾夷为北海道。甚至，日本还越过虾夷实际控制了半个库页岛。取琉球受挫，但琉球国在向清称臣的同时，也向日本屈服，这事也算差不多了。

那么接下来，日本的激进派就想跟李朝聊聊了，至少要把李朝变成日本和清朝共同支配的国家。这就是当时盛极一时的"征韩论"。

然而，李朝王室实在不爱搭理日本，两国的官方交往经常因为礼法的原因而断绝。因为李朝像当初看不起清朝那样看不起日本，觉得日本人没文化还自大。

比如乾隆年间，日本江户幕府第十一代大将军德川家齐继位的时候，就因为李朝道贺使节定位的问题而和对方闹不愉快，两国因此断交很久。虽然后来李朝和日本也有交往，但是官方交往依然经常闹矛盾。李朝人总得孜孜不倦地教育日本人：天下只有清朝皇帝是皇帝，其他的都是王。日本往来国书，不能写天皇，要写日本王。

日本的亲王、郡王也很郁闷：本王招谁惹谁了，我们难道也要跟着降级？

还有，李朝人还不断教育日本人：普天之下，只有清朝能在国号上用"大"字，唤作"大清"，而日本王国就是日本王国，不是什么大日本帝国。

另外，只有清朝皇帝的国书才能写"敕""诏"等字样，日本人是没上过学吗？乱用违禁字。

大院君掌权时代，这样一个盲目排外的独裁者，对日本更无语，基本懒得跟日本这样不懂规矩的"文盲"国家交流。

日本也很郁闷，如果日本跟李朝平等交往，那岂不是比清朝矮了一辈？凭什么只有清朝算天朝？

总之，在朝日双方的外交摩擦下，日本想到自己被美国用黑船教做事，于是也有样学样，派出"云扬号""第二丁卯号""春日丸号"三艘小型炮舰去李朝江华岛教李朝做事。

可问题是当时的日本军人不是人，他们打下江华岛，竟然屠杀手无寸铁的岛民。这就是"云扬号事件"。今天日、韩两国对"云扬号事件"的总结完全不同，韩国认为这是有预谋的侵略行为，日本则坚称这是偶然事件，"云扬号"等舰船不过是去江华岛补充淡水，而李朝人不懂国际法，侮辱了他们的国旗，日本人才被迫还击。

要我说的话，日本这次行动准备充分、弹药充足，无缘无故去江华岛补充淡水，显然不合情理。出了这样的恶性事件，李朝会怎么想？李朝人中的精英阶层曾赴日留学，他们竟然觉得日本真厉害，等我们厉害了，我们也去这样欺负人。这个心态也是无敌了。

在当时诸多李朝留日学生中，最具有代表性的一个就是金玉均。这哥们受"云扬号事件"影响，决心救国。怎么救呢？那还用问？革命啊。先推翻清朝对李朝的居高临下，再推翻李朝王朝，最后建立一个亲日的新政府，跟着日本走上欺负人的道路。

可是，谁见过哪个独裁国家对盟友好？我是没见过。这不重要，反正金玉均认为，跟着日本混，吃喝不用问。干脆在李朝复制明治维新模式，也搞尊王攘夷，以君主立宪的方式走向军国主义，再欺负比自己弱的国家。不过，上哪儿找比李朝弱的国家？当时整个亚洲都没有。这也不重要，持这种思想的人会觉得自己天下无敌，所以他们被称为"开化党"。

这种思想肯定会遭到朝中很多势力的反对，因为大部分李朝官员认为还是跟着清朝混比较好。二十多年来，清朝走完了西方走了上百年的发展道路，军事实力亚洲第一，工业水平亚洲第一，不跟这样的老大混，去跟日本混，这不是疯了吗？持这种观点的李朝人，就是所谓的"事大党"。当然，可能李朝人也不把英属印度、奥斯曼帝国算作亚洲国家。

因此，金玉均的党羽要完成自己的理想，首先要干掉两拨敌人，一拨是朝中正得势的"事大党"，另一拨就是以袁世凯为代表的清朝三营淮军。

其实老袁在三营庆字营中并不是军衔最高的，虽然庆字营三营的"营长"都是总兵，但张光前、吴兆有挂提督衔。论资历，张光前排名靠前，按理说张光前说了算。但张光前、吴兆有不怎么管事，老袁没事就去指导李朝的改革，所以金玉均等人更恨袁世凯。

金玉均等人的诉求和打算吞并李朝的日本一拍即合。在日本驻朝公使竹添进一郎的支持下，金玉均作出了如下计划：

在李朝第一个邮政局开业的典礼晚宴上，"开化党"诛杀"事大党"官员，挟持高宗大王以令诸侯。而三营庆字营，就由日军搞定。然后，李朝废除和清朝的朝贡关系，进入军国主义状态。

当然，这只是金玉均的计划。按照竹添进一郎的计划，日本从此就能成为李朝的宗主国，下一步就是吞并李朝，让李朝成为日本领土。

其实，这些激进的李朝人也想过请来袁世凯、张光前、吴兆有三位大神参加宴会，席间动手弄死他仁，这样日本人搞定庆字营也会容易很多。但是，也有人提出了更实际的问题：这三位大神来，不可能自己蹬自行车来吧？他们肯定会大讲排场，带着各自的亲兵卫队做好安保工作。如果请这三位来赴宴，别说杀了这三位了，就是想杀个上菜的服务员也难以做到。

因此，在最终的计划中，激进派并没有邀请这三位大神参与宴会，而是邀请了低级别的商务官员。

计划停当，李朝的第一个邮政局顺利开业，晚宴如期进行。满朝文武在觥筹交错中盛赞李朝发展真美好，邮政局大楼的水平都赶上西方了，这真是闵妃、高宗两口子领导有方。大家表示李朝发展非常好，对闵妃夫妇很支持，觉得李朝威武，未来李朝有希望了。

这个时候，"开化党"开始在王宫附近放火。闵妃的侄子闵泳翊奉命查看火情，"开化党"很激进地挥刀砍向闵泳翊。不明真相的闵泳翊撒腿就跑，一路跑回晚宴现场。这帮喊打喊杀的"开化党"拎着刀居然没追上。

晚宴现场的文武百官看到惊魂甫定的闵泳翊，经过缜密判断，一致认为目前唯有马上跑路才好，想好了就得马上落实，谁跑得快谁最威武，如此才能有希望。

然后就尴尬了，"事大党"的神仙们一哄而散，"开化党"谋划多日也没有成功消灭这些大臣。

那怎么办？没关系，金玉均等人还有"B 计划"。他们马上冲进王宫，打算劫持高宗，并以高宗的名义请日军来帮忙，将"事大党"和清朝驻军悉数消灭。

这项计划很成功，金玉均挟持了高宗，引来了日军进驻王宫，诱骗"事大党"部分高官进宫护驾，然后杀死了他们。最终，金玉均宣布李朝独立，脱离和清朝的宗藩关系。

那些没死的"事大党"赶紧跑路，眼下最安全的地方就是清朝的军营，所以这些人都跑进庆字营三营，求老大庇护。

庆字营三位总兵，其实对这个事是有分歧的。眼下清朝正处于多事之秋，自从中法战争以来，清朝其实减弱了对李朝的控制，过去有六营庆字营，现在只有三营一千五百多人。李朝隔三岔五内乱，一内乱就得帮他们平乱，李朝还不报销军费，有点不值当。因此，张光前、吴兆有打算看看热闹。这两位是淮军老人了，而且都是平民出身，都做到一品大员了，真不想在李朝混日子，他们还是想有机会能衣锦还乡。

按说前辈都这么说了，一般人也就听前辈的话了，但袁世凯不是那样的人。他当时只有二十六岁，如果一个二十六岁的年轻人跟五六十岁的前辈一样会和稀泥，那也算是白活了。

吴兆有打算带兵巡视巡视，看看再说。张光前更稳，给高宗写信要求入宫护卫。高宗当时被金玉均控制，况且王宫已被日军占领，于是在给张光前的回信中，拒绝了张光前的提议。

这个时候，张光前、吴兆有的工作就完成了。下面他们可以从容地给李鸿章发电报，请上级批示。

这就是独裁体制的通病，办事的人遇事都不拿主意，等上级批示。因为不等批示就干活，自己背锅了怎么办？因此，我们总能看到这些顶戴花翎的家伙面对洪水不着急，反正淹不死自己，先请示上级要不要救灾。面对瘟疫不着急，反正毒不到自己，先请示上级要不要采取措施。面对军情不着急，反正自己能跑路，先请示上级要不要还手。面对冬天不着急，反正自己不冷，先请示上级要不要穿秋裤。

他们自我安慰说这叫成熟、识大体，但二十六岁的袁世凯，还没有退化到这个地步。朝廷为什么抽调三营庆字营回国？那是因为国内情况紧急。中法战争之后清朝的主要压力来自哪里？很明显，是日本。在这之前，清朝和日本已经因为琉球问题进入非常不愉快的状态。这些问题看上去是日本在针对琉球和李朝，其实不就是在针对大清吗？所以，金玉均的政变在袁世凯看来非常危险，如果任其发展，清朝不仅会丢掉面子，还会丢掉在李朝的利益，更会丢掉本国的利益。这要是请示上级，非耽误大事不可。

这里要说一句，当时请示上级会用什么方式呢？肯定是拍电报。从汉城到天津的北洋大臣衙门，将信息拍电报过去需要多久呢？没准。当时李朝往清朝修的电报线老出问题，所以因为电报总到不了而耽误事的情况也经常发生。

因此，袁世凯决定带兵行动，强行进驻李朝王宫镇压金玉均集团，但张光前和吴兆有还是犹豫：道理是这个道理，不过这事太大，牵扯到三个国家，岂能三个总兵一商量就干了？

袁世凯表示无妨，假如朝廷真的怪罪，他一人承担。

有人背锅，这事就好办了。这三营一千五百名装备精良的庆字营，突然出击还是很有威力的。而且李朝新训练的左右两营新军是袁世凯一手带出来的，只要袁世凯一句话，他们就能拼命向前。

于是，在袁世凯的带领下，由张光前和吴兆有配合着，庆字营和李朝新军开始行动了。行动也得有个理由，袁世凯便让"事大党"的官员代表李朝乞王师平叛。那就好办了，袁世凯宣布，应李朝要求，出兵拯救高宗。这个时候，金玉均在干什么？

据说是在改革，但改革的内容多半是那些没用的。比如国王称帝，殿下改陛下，王谕改敕书等。但日本人可不缺心眼，驻朝公使竹添进一郎密切关注清军的动向。张光前派人通知竹添进一郎，说李朝内乱，李朝宗主国的堂堂王师要去平叛，你什么意见？

竹添进一郎汗都下来了。跟清军拼了？这不合适，因为此时的日军给清军提鞋都不配。表示支持清朝？那将来可怎么再勾结李朝搞事情？竹添进一郎实在没辙了，就没回复。不回复那就好办了，反正清朝方面的外交礼节算是做到了。

随着袁世凯的进军，金玉均吓坏了，赶紧去通知他的主子竹添进一郎，怎么日本军队还没来？不对啊，不光没来，竹添进一郎正收拾东西要走。

金玉均跪求竹添进一郎不要走，凡事好商量，他愿意高息借日本三百万元，并把李朝未来的军事、财政大权交给日本。

这事要是成了，那么李朝就相当于后来的伪满洲国。这就是李朝所谓爱国志士的所作所为，但凡是靠着独裁外援爱国的，哪个不是铁杆卖国贼？

竹添进一郎见这诱惑太大了，想走都拔不动腿。清军有什么了不起？况且这三营庆字营都不算是淮军的王牌军，不走了！

不走很简单，袁世凯可不会善罢甘休。

甲申之变

一般说到李朝的甲申政变，我们能看到的资料基本都在讲袁世凯如何英勇。

我来讲述这段历史，更愿意站在一个不同的角度去解读，以免大家对袁世凯有代入感。

其实这个事，看起来都是李朝人金玉均搞事情。事实上，他之所以敢这么搞，用今天的网络语言来说，是因为他有"干爹"撑腰。

金玉均的"干爹"，就是当时的日本驻朝公使竹添进一郎。按当时的地位来讲，袁世凯根本不会把竹添进一郎当盘菜看，但竹添进一郎可是将袁世凯视为眼中钉。

为什么？是因为日本和清朝在李朝的利益冲突？还是因为袁世凯是日本"征韩论"的阻碍？

都不是。

这其实是一场文人之间的较量，是竹添进一郎对袁世凯的挑战，也是对自己命运的挑战。

其实当时日本负责外交的伊藤博文并不支持日本卷入这场政变，完全是竹添进一郎临时起意，非要干票大的不可。

竹添进一郎和袁世凯一样，都是文人出身。老袁虽然总被塑造成一个武夫的形象，但之前的文章我也讲了，老袁是个不折不扣的文人。他没学过什么骑射、演阵、兵书策略，所以也从没打算考武举。无论是跟着袁保龄还是吴长庆，袁世凯都有名师督导学业。只不过袁世凯没通过科举考试，被旧时代所抛弃。

竹添进一郎也差不多，他的儒学水平甚至有可能要超过袁世凯。比起袁世凯的老师们在清朝的学术地位，竹添进一郎的老师木下犀潭在日本的地位也毫不逊色。

单说学术地位的话，木下犀潭相当于当时清朝的徐桐、翁同龢之类的角色，虽然官没那么大。

这位木下犀潭在中国知名度不高，但这个人也不简单。他专攻朱熹、王阳明的学问，精通唐、明、清三朝律法。他的弟子不是汉学家就是教育家，当官的也不少。

竹添进一郎跟着他学习，基本等于上了高等学府，毕业包分配那种。而且，竹添进一郎的成绩非常好，被誉为木下犀潭座下三才子之一。

竹添进一郎本来没什么政治理想，他想当他老师那种人，于是毕业后也开办私塾，甚至还开了分店。

后来明治维新，日本教育改革，私塾就歇了。竹添进一郎瞬间失业，只好出去找工作。好在他学历高，搭上了日本驻华公使森有礼的线，仗着汉学精通，成了日本驻华的外交人员。因为工作努力，且能力确实高，后来就裹脚布改帽子——高升了，担任日本驻朝公使。

这多好，比开私塾强吧？用中国话讲，这叫塞翁失马，焉知非福。既然当了外交官，竹添进一郎就决定做一行爱一行。担任李朝外交官如果不能控制李朝，这对得起日本的军国主义吗？

问题就在这了，日本想要搞事情，起首一般都是打着帮助人家的旗号。帮你搞军事，那就逐渐控制了你的军队；帮你搞经济，那就逐渐掌握了你的经济命脉；帮你搞政治，那就等于掌握了你这个国家的政权。

可倒霉就倒霉在，袁世凯比竹添进一郎帮忙早，竹添进一郎根本插不上手。那怎么办？只能勾结金玉均这样的激进派，从而坐收渔翁之利。

即便伊藤博文告诉竹添进一郎搞不成，并命令他回国，但他看到金玉均愿意把李朝的军政外交大权都交给日本后，还是对这个不世之功动心了。干就完了，考虑那么多干什么！

这事干了之后呢，袁世凯力排众议，决定动武。清朝三营军队协同，外加袁世凯亲自训练的李朝左右两营新军，开始部署在汉城的行动。

到现在，我分析完了三方势力的态度：袁世凯决定打，竹添进一郎决定打，金玉均决定打。

但是，这么大的事在李朝的首都发生，不能这三方拍脑袋决定就把事办了，是不是得问问人家高宗的意见？

熟悉李朝史的朋友准知道，高宗肯定没意见，因为就算有意见也没什么分量。能说上话的，就是李朝的实际统治者，也就是高宗的媳妇闵妃。

金玉均杀害的李朝官员，基本都是闵妃的人。而且金玉均还打算请出闵妃的死对头大院君来当幌子，以证明自己的合法性。于是，闵妃派出心腹秘密联络清军，还坚决要求搬家，搬去不好防卫的昌德宫，给清军营救制造便利条件。

金玉均没明白什么意思，一方面同意了高宗夫妇搬家，另一方面杀光了高宗身边的近侍，然后就是打开军火库，给自己人换上枪。

结果军火库的门一打开，金玉均才发现过去李朝王室太有钱了，不光买枪，还和游戏中一样，充值买了皮肤。这枪一把把金光灿灿、花里胡哨的，看着就有排面。再一琢磨，不对啊，这又不是玩游戏，谁家买枪还买皮肤？仔细一看才明白，这哪是皮肤啊？原来是枪都生锈了。

这也很正常，李朝自从宣布跟着清朝搞洋务以来，买点枪炮就是为了搞搞面子工程，亮亮相，让老百姓觉得厉害，也就这样了。这是独裁体制的通病，别说是当年的李朝了，就算是吊打亚洲的日本，也有这个毛病。只不过在邻居们的衬托下，日本的这个毛病在第二次世界大战期间才暴露。

比如日本斥巨资，非要造世界上最大的战列舰"大和号"。只要不打仗，这玩意就是打嘴炮的利器。满载七万多吨的排水量，主炮是三座三联装四百六十毫米／四十五倍口径，主炮防盾厚六百五十毫米，全船装甲重量二万一千二百六十六吨。

问题是这破玩意就是个面子工程，虽然不能吓唬美国，但刺激本国人还是没问题的。不过，要真打起来就废了。在第二次世界大战中，无论日本海军多吃紧，"大和号"都不参战。后来日本能打的海军都废了，日本本着跟美国拼了的原则，才让"大和号"出动。这神船从开打到沉没，一共就开了三炮，还什么也没打中。

在这之前呢？要是哪个日本人敢说"大和号"不是世界第一，妥妥会被看成收了美元的日奸。

金玉均倒也务实，先擦枪吧。正所谓临阵磨枪，纯属瞎忙。这边枪还没擦好呢，袁世凯、张光前、吴兆有已经完成了兵力部署并开始合围，战斗正式打响了。

李朝"开化党"的叛军不堪一击，有点战斗力的还就是日军。当时的日军跟后来的日军也没法比，最多是淮军的水平，装备还不如淮军。

再看李朝叛军，不仅不能打，还临阵投降，愿意接受袁世凯的调遣。

金玉均看打赢够呛，就决定劫持高宗先逃到仁川的日本领事馆。竹添进一郎眼看日军顶不住，汗都下来了。这娄子是他捅的，回国他是要背锅的。不听老板的话私自行动，事办成了还好，办砸了就得切腹自尽。好在竹添进一郎是文士不是武士，不用切腹，但有可能被斩首。

关键时刻，这个事倒也简单了，打是打不过袁世凯了，那只有及时止损。金玉均止损能达到的最好效果就是活着，竹添进一郎止损的最好效果就是把"锅"

甩出去，把公家的损失弥补上。

于是，金玉均提出追随竹添进一郎去日本，只要能活着，其他事以后再说。而竹添进一郎则当机立断，放火烧了日本驻汉城公使馆，然后跑路到仁川，从仁川回国。

在此期间，袁世凯占领汉城，夺回高宗夫妇，平息了叛乱。

前前后后，金玉均这场政变仅维持了三天，被后来的李朝人称为"三日天下"。

事后就有意思了，李朝"事大党"官员再度围绕在高宗和闵妃的周围重掌大权，当然对清朝感恩戴德，四处立碑歌颂清朝的再造之恩。对金玉均等人的评价，就算按照当时的价值观客观陈述都没好词。大家琢磨吧，勾结外国挟持君父，斩杀无罪官员和宫廷内侍，这不是穷凶极恶的匪徒是什么？

李朝老百姓也恨，这家伙竟然勾结日本搞政变，那是救国还是卖国？日本是那义务劳动的高尚国家吗？

所以，金玉均在李朝基本上算是完蛋了，谁提起他不得不由衷地"赞扬"一声：呸！

后来金玉均到了日本，觉得他对"干爹"们这么虔诚，怎么着得被重视一下吧？但是他想得太美了，别说李朝人想弄死他了，日本高层也想弄死他。

为什么呢？因为竹添进一郎回国就各种甩锅，说金玉均等人不行，闹这么一出事，激起了民愤，连公使馆都被烧了。这都是金玉均的错，李朝人的错，李朝王的错。

那伊藤博文是何等人物！他这样的人不出去坑人就算对社会做贡献了，竹添进一郎想坑他那不是痴人说梦吗？不过，伊藤博文还是懂得竹添进一郎的良苦用心，于是选择相信竹添进一郎的话，马上对李朝展开外交攻势——要求赔钱。

问题来了，日本驻朝公使馆明明是竹添进一郎烧的，李朝不认账不就完了？假如日本步步紧逼，还能请清朝来撑腰，断没有吃这亏的道理。

但是，上一节我讲过，金玉均挟持高宗后，以高宗的名义请竹添进一郎带日军进驻王宫。据说，竹添进一郎还有高宗亲手写的条子。这事就大了，等于这场政变成了高宗挑起的了。这要是让袁世凯知道，那弄不好又要重提废立之事。

即便到今天，到底有没有高宗亲笔所写的手谕还有争议，但当时李朝不想引起清朝的误会，因而接受了日本方面的全部条件，自认烧了日本公使馆，并道歉、赔偿。这就是《汉城条约》的主要内容。

接着，日本方面由伊藤博文到天津会见当时清朝实际负责外交事务的李鸿章，谈甲申政变的善后问题。日本人认为自己是受害者，公使馆都让李朝人烧了，心塞啊。为什么会有这种事？应该是在李朝的外国驻军引起了李朝人不必要的误会，所以不如中、日两国都撤兵，让李朝自己维持自己的治安吧。

其实李鸿章本来可以不搭理日本人，但当时是中法战争的关键时候，李鸿章不想节外生枝，于是答应中、日两国同时撤兵。未来如果需要进兵李朝，需要中、日两国互相通知，事办完就走，不能常驻李朝。这就是《天津会议专条》的主要内容。

这也是李鸿章和伊藤博文的第一次交锋，可以说是李鸿章完全落于下风。李鸿章无奈地签了字，伊藤博文唱着歌回了国。但其实，虽然天时地利都不在李鸿章这里，但李鸿章还是留了后手。

既然是这样的结果，那么金玉均对于日本来说就毫无价值了，那还搭理他干什么？

金玉均不服啊，为什么虔诚的"干儿子"，总会被"干爹"摆一道呢？是啊，你被摆了还得歌颂呢。不过金玉均的心眼比较活，他觉得此处不留儿，自有留儿处。

于是，金玉均这位"爱国志士"决定换"干爹"，以后跟着清朝混，也当个"事大党"。后来，天怒人怨的金玉均在上海会见李鸿章的养子李经方的时候，被李朝工人洪钟宇刺杀，洪钟宇回国后马上升官发财。

我们回过头来再看袁世凯。在《天津会议专条》签署后，中、日两国要撤军，但李鸿章让袁世凯以通商大臣的身份，继续在李朝当"太上王"。这就是李鸿章的后手，他坚信没有人能比袁世凯更胜任这份工作。

都撤兵了，留袁世凯有什么用？当然有用。别忘了，李朝的新军是袁世凯带出来的，可都听袁世凯的。这就意味着，高宗也得听袁世凯的。

袁世凯年轻气盛，还是个策划过废黜高宗的危险人物，所以高宗非常痛恨袁世凯。那怎么办呢？老办法，贿赂清朝的相关官员，请求清朝撤换袁世凯。张爱玲的爷爷张佩纶也对袁世凯的盛气凌人感到不满，怕他影响中朝关系，也请求换个温顺的人过去。甚至袁世凯的老师张謇也觉得袁世凯这个学渣留在李朝早晚会生事，不如换个稳重的人去。

他们哪懂得李鸿章的心思？说破了大天去，他也舍不得撤换袁世凯，所以袁世凯前前后后在李朝待了十二年。

那么，袁世凯为什么会结束他在李朝的生涯？甲午战争时，守在前线的如果依然是袁世凯，结局会不会有所改变呢？

回　国

袁世凯在李朝到底待得怎么样？这其实像个谜。有人认为老袁其实不想待在李朝，只不过朝廷实在找不到能替代他的人。也有的"神剧"，把袁世凯回国演绎成受到了莫大的委屈。

其实，老袁在李朝非常爽，那感觉比在国内当个巡抚、总督强多了。老袁在李朝娶了媳妇生了娃，当了老大成大拿，那是爽得不得了。

可就在袁世凯风光得意的时候，"上帝"在李朝找了个接班人。

这一回，整个东亚的历史走向直接改变了，而卷入其中的袁世凯，人生当然也发生了改变。

这故事相当有意思。话说李朝有位大儒叫崔济愚，道号水云先生。跟我们上次说的日本大儒木下犀潭不一样，这位水云先生还不是一般的大儒，他是儒学世家出身，这样的身份在李朝属于上流人物。

但是，当时李朝的社会比当时的清朝和日本都落后。水云先生虽然是世家子弟，但他是小老婆生的，所以不能参加科举，只能永远当个庶人。然而，水云先生学问极好，这就有了矛盾。那些学渣还能参加科举并当官，他一个学霸却没资格参加考试，这不是科举的错吗？

于是，水云先生对政府有着刻骨的仇恨。

有那么几年，水云先生发现在西方文化、价值观的不断渗透下，很多李朝人心生不满情绪。

大家都是东方的李朝人，怎么能认为西方文化是对的呢？那不能够，只有民族的才是世界的。在民族的明显不行的情况下，水云先生说了，儒、释、道三家都跟不上节奏了，东方会有新的学问出现，来干掉西方学问。

所以在某一年的某一天，上帝突然造访水云先生，选他当了接班人，并赐给他不死药和咒语，让他代上帝济世救民，建立地上天国。

当然，这些都是水云先生编的。有时候也难说这位上帝到底是不是东方人说的老天爷。所以，还有另外一种版本，说水云先生遇到了一个金刚山和尚，这大师赐给了水云先生一本《乙卯天书》。天书嘛，那自然别人都看不懂，但水云先生能看懂。他看完之后顿悟，成就大道。

于是，水云先生成立天道教，强调人人生来平等，还号召教民一起侍奉天主。水云先生说这天道教，就是地球上唯一能和天主教抗衡的宗教。而他的学问，就是能和西方文明抗衡的东学。

可惜，水云先生这一套并不为李朝朝廷所容。在李朝朝廷看来，天道教就是个邪教，要是不弄死他们，那以后高宗大王的"王"字要倒过来写。

水云先生也可能预感到自己要歇菜了，所以传位给自己家亲戚崔时亨，崔时亨继位后道号海月神师。后来，水云先生果然被李朝逮捕斩首，天道教进入海月神师时代。

崔时亨当教主，主要的活动就是想要给水云先生平反。并且在崔时亨时代，这位东学领袖还是接受了一些新思想的。他觉得号召教众侍奉天主太扯了，便号召要像对待天主那样对待所有人。后来天道教第三代孙秉熙时代，直接接受了民本思想，宣传民就是天。

还是说回崔教主时代，崔时亨赶上了甲申政变。"三日天下"之后，李朝宣布解除对天主教的禁令，不再将其视为邪教。这下崔时亨不干了。凭什么？我们天道教和天主教并驾齐驱，为什么解除对天主教的禁令而不解除对我们天道教的禁令？高宗大王简直是个"朝奸"啊。

但在实际上，经过甲申政变的李朝王室内忧外患，即便事情解决了，还有个袁世凯当"太上王"，所以李朝政府其实已经顾不上对付天道教了。也因此，天道教在这个阶段发展很快，甚至还发动了起义。

这次起义还不是教主领导的，它其实可以说是一种历史必然下的偶然事件。天道教早晚会起义，这是历史必然。但天道教绝对没有预谋在那样的时机下，因为那样的事而起义，所以这个事还是个偶然事件。甚至在起义发生后，崔教主还对起义的教众不满，视之为"朝奸"。

要说清这个事，我们还得简单地了解一下李朝王国的行政结构。

李朝国没有省的概念，全国设汉城、四都、八道为第一行政单位，在此之下再设一级行政单位就够用了。但是这第二级行政单位很乱，根据职能、人口、经济的不同，有的叫府，有的叫牧，有的叫县，有的叫郡，有的叫都护府，等等。几乎所有的中国古代行政单位名词，在李朝都能找到。

这件事发生在全罗道的古阜郡，郡守叫赵秉甲。老赵对下横征暴敛，对上坑蒙拐骗。

据说，老赵这人经常买市场上最劣质的大米，哪怕不能吃也没关系。这倒不是他简朴，而是他要把这些垃圾当优质大米存入国库。这以次充好，又让他赚了大笔的银子。

因此，当时也发生过农民找赵长官去论理的事件。赵长官肯定没理吧，赵长官肯定是个臭流氓吧，那么臭流氓理屈词穷会怎样？当然是使用暴力。敢和赵长官讲理，很自然就会被上刑，然后被关起来。

后来，这事就惹恼了古阜郡的一位老英雄。老英雄名叫全彰赫，是当地的私塾先生，这一肚子"四书五经"基本决定了赵长官讲理肯定是讲不过老英雄的。所以，赵长官打他也打得最狠，一顿就把这位老英雄活活打死了。

对于赵长官来说，寻衅滋事的老头，打死也就打死了。但这老英雄可不是那么好惹的，他儿子是李朝赫赫有名的全琫准，那可是天道教在古阜郡的扛把子。而且在声望上，全琫准一点也不输给教主崔时亨。在当时李朝的江湖上，提起天道教的大人物，那是"北（孙）秉熙南（全）琫准"。一句话，全琫准也算是天道教的三号人物。

全琫准见赵长官如此可恶，于是召集弟兄，干脆反了。而且，这一反就成功占领了古阜郡。全琫准也算是儒学世家子弟，是个十二岁能写诗的人物。他发表了《白山檄文》，提出"济世安民，逐灭倭夷，尽灭权贵"的口号。这口号不见得先进，但也算是说到了农民的心坎里。很快，全老大就吸引了大量农民加入，并且数次挫败官军，控制了南李朝三个道。

李朝当局肯定蔫了，这怎么办？问问"太上王"袁世凯吧。老袁这个时候有点不怕事大，提出让高宗上书天朝，乞王师镇压。高宗从善如流，一面乞王师来朝，一面跟全琫准议和。

这一议和，出大事了，谁知道这一议和就成功了。天朝王师能白跑一趟？日本能白跑一趟？所以，袁世凯又敏锐地察觉到有问题，于是紧急联系李鸿章告急。

紧急求助

趁着天道教起义，清军和日军根据《天津会议专条》之规定，相互知会对方共同、对等地往李朝派兵。大家各忙各的，清军的任务是镇压，日军的任务是保护侨民、使馆。

可问题是，清军其实是想来亮个相就走，日军实际上是想来镇压。

这些事，在清朝的官员中，可能只有身在前线的袁世凯洞若观火。但作为通商大臣，袁世凯即便当时是李朝的"太上王"，手里也没兵，不可能再像上次那样私自行动。所以袁世凯把情况报告给上司李鸿章，希望李鸿章别不当个事，日本人来者不善。

这种事当然不好去打扰忙着过生日的慈禧，那可是大事啊，代表清朝的脸面，代表一盘大棋。这个时候如果麻烦老太太做主重视李朝问题，那是给老太太添恶心，朝中那些最懂"大局"的大臣们定然会说李鸿章是别有用心、危言耸听。

那要是麻烦光绪皇帝重视这个事呢？另一拨懂"大局"的大臣得说李鸿章搞事情，夸大日本就是为了养寇自重，企图加强淮军实力罢了。

所以这件事就明摆着肯定没有高层关心了，更没有高层会懂这件事的严重性。那些喉舌官员除了歌颂和骂街，也干不了别的。因此，为了遏制事态的恶化，李鸿章能做的就是继续往李朝增派淮军，还得偷偷进行。

下面就是我们熟悉的中国史的内容了，淮军将领叶志超、聂士成等都是这时候明着进驻李朝的，而马玉昆、左宝贵等人是暗着进入李朝的。

这件事是袁世凯支持的，但很快，袁世凯就敏锐地察觉到事情正在起变化。眼下的日军还是当年被他打得尸横遍野的日军吗？不是了。那么眼下这些淮军比起当年的庆字营怎么样？叶志超跟张光前比怎么样？难说。

这些都不重要，重要的是袁世凯觉得这次危险，于是发电报给李鸿章，请求海陆协同进驻李朝。不是有威名赫赫的北洋水师吗？得先掌握制海权，遏制日本的增兵。

袁世凯的建议对不对呢？当然对，不过有个前提，那是在技术层面讲对。如果在政治层面上，他的建议就不对了。

为什么呢？天大的事，都不能耽误慈禧老太太过生日。但这次救援李朝又不得不去，因此呢，李鸿章希望赶紧去赶紧回，别耽搁，别惹事。

很快，李鸿章接到了好消息，高宗大王和全琫准谈妥了，双方签了《全州和约》，全琫准的起义结束。那么，清军就可以退兵了。根据《天津会议专条》，总理衙门也得通知日本，双方一起撤军。日本方面则答复清廷：撤军也不是不行，咱干脆都留下专业人士，一起帮助李朝改革怎么样？

总理衙门回复：按照条约退兵，不可停留。

日军便开始试探性地不断逼近汉城，甚至攻占了李朝王宫，推翻了闵妃集团的统治，请那个号称最恨日本的大院君当傀儡，又扶植了金弘集伪政府。伪政府宣布跟清朝没了关系，日军也开始有意切割清军之间的布防。再多说一句，想当初在李朝喊爱国口号喊得最响亮的，就是这大院君。他说了算那会儿，在李朝到处写标语，内容相当火爆，大家感受下："洋夷侵犯，非战则和，主和卖国，戒我万年子孙！"

可就是这么一个爱国领袖，被袁世凯抓走后，在保定决定卖国给大清。如今他最恨的日本人请他当"朝奸"，他也欣然接受。凡这种货色，都是高度相似的。

说回李朝局势，因为大家都是业内人士，袁世凯一看就知道了日军的目的。于是他再度电告李鸿章，希望北洋水师控制仁川，并往牙山一带增兵，要不然牙山的聂士成、叶志超部就要被包围了。

李鸿章也不好办。如果增兵，那么日本一定会按照条约同步增兵。那怎么办呢？李鸿章雇用了英国的运兵船，在北洋水师"济远号"的护送下增援牙山。另外，又调淮军在辽东集结，先头部队马玉昆、卫汝贵部进驻平壤。

后边的故事大家也都知道，日本突袭"高升号"，发动了丰岛海战，结果就引发了甲午战争。

甲午战争就不多说了。简单地说，清朝陆军方面一战丢成欢，再战丢平壤，三战就丢了半个辽东。

袁世凯作为非战斗人员，合理合法地跟随败军退到辽东。甲午战争完事之后，战将基本都有罪，而袁世凯是通商大臣，并没有跟着倒霉。回国后的袁世凯再也不是一方诸侯了，改任浙江温处道道台。

战后的大清亟待解决的问题就是淮军闲了这么多年，阅兵还行，真打起来不堪一击。那怎么办？赶紧编练新军是第一要务。

当时的淮军中有个德国教官叫君士坦丁·冯·汉纳根，看名字就知道这位大佬是德国人，而且名字里有个"冯"字，说明这哥们祖上准是贵族。汉纳根曾是德国陆军上尉，参加过丰岛海战、黄海海战，还在丁汝昌被大炮炸趴下之后，协助丁汝昌指挥"定远号"作战。两场海战虽然都败了，但他倒是没有退缩，两次都差点死在战场上。因此，这个外国人也算是为清朝九死一生，深受朝廷信任。甲午战争后，丁汝昌罪孽深重，而汉纳根则混上了双眼花翎，赐提督衔，妥妥的一品大员。

战后兵怎么练？汉纳根上书朝廷，提出了他的看法。淮军的问题不是装备不行，而是体制和训练都还是旧时代的模式。用练绿营兵的方式练出来的兵，换上全自动步枪也还是绿营兵，该没战斗力还是没战斗力。因此，汉纳根建议清廷仿照德军的训练模式，重新编练一支近代化陆军。另外，清朝海军不要分什么南洋、北洋，真打起来都没法协同作战。清朝只需要编练一支水师，而且千万别再用中国人为将，再请个专业的外国海军专业人士当提督，方能保证战斗力。

朝廷一琢磨，汉纳根说得对，于是就请汉纳根与胡燏棻一起开始了小站练兵。

但是，这里边有个问题。洋人来当清朝的官，管重要的事到底行不行？你要说行，有例可循。比如赫德管海关就管得很好，换中国人来大概率是腐败得一塌糊涂。但你要说行吧，老太太也不同意，举个反例，还是赫德。赫德多轴啊，只认规矩不认人，任何权贵也别想在海关衙门坏了规矩。

其实在独裁体制下，坏规矩的还都是统治阶层。老百姓羡慕的那些人，往往都是可以自由地坏规矩的人。老太太为了修园子，那是巧立名目，想尽了办法，但是从海关就是提不出钱来，坏不成这个规矩。

赫德把海关衙门管得好，其实还有个重要的原因，那就是老太太不能罢免他。赫德不惧老太太，自然不会为了老太太坏规矩。

那话说回来了，假如都不许老太太坏规矩，这衙门管得好有什么用？军队能打有什么用？清朝立国两百多年，真正用军队跟外国打仗才几回？

那就没什么可说的了，无论是当年的海军教头琅威理，还是陆军教头汉纳根，都不可能真的在清朝为将为帅。其实如果不是万不得已，清朝也几乎不用非亲贵的中国人为将为帅。假如用了，那就看看年羹尧、岳钟琪的下场吧。

因此，小站练兵开始不久，慈禧就物色自己人接手这个任务。满洲亲贵实在没有拿得出手的。你要说比享受，这些大爷绝对专业；要说练兵，那还是算了吧。那没办法了，现在不是人才太多挑人的时候，而是能有个可用的人就不错的时候。因此在李鸿章和荣禄的推荐下，老太太知道了袁世凯在李朝的这十多年，就练出来俩技能，一是能通商，二是江湖传言的颇为知兵。

这个时候有个袁世凯能顶上也行。于是老太太卸磨杀驴，赶走了汉纳根，让袁世凯接管了小站新军。

当然，新军也不是袁世凯一个人在练。老太太一共挑出来五个练兵人才，另外四个哪个履历拿出来都比袁世凯出彩得多。袁世凯有两个硬伤，让他成了"练兵五侠"中最弱一个。第一是没打过大仗，毕竟在那个时候检验一个清军将领是否合格的硬指标就是被外国人打败过，或者打败过太平军或捻军。第二就是袁世凯没在国内练过兵，在李朝练的那仨瓜俩枣也未见得多好用。但是，袁世凯后台硬啊。有李鸿章推荐，那就意味着他专业没问题；有荣禄推荐，那就说明老袁的忠心没问题。

从此，袁世凯也算是步入了人生的新阶段。袁世凯是怎么脱颖而出的呢？到底是他努力多一点，还是运气多一点？

小站练兵

在晚清，军户已经是只混饭不干活的状态了。八里桥一战之后，能打的八旗兵全军覆没，剩下的就是只会吃饭的了。同样，江南大营和江北大营告破后，混饭吃的绿营也全完了。朝廷能依靠的，就是招募来专业混饭的团练部队。这些人吃饱之后，觉得没必要把命丢在李朝，于是在甲午一战之后，团练模式也破产了。

这道题就超纲了，因为自古以来的练兵方略都不管用了，也因此，袁世凯才脱颖而出。他是比较早掌握新式军队训练法的中国人。但有一点，这里说的新式军队，只不过是相比过去的八旗、绿营、团练而言的，横向比较起来，并不是真的有多新。

袁世凯练兵，其实还是在古代中国军旅文化的基础上，吸纳了德、日的模式，而且还是借鉴日本的更多。

其实在过去，袁世凯就懂得了带兵的精髓。在庆军任职的时候，吴长庆就发现袁世凯赏罚分明，是块带兵的料。吴长庆过去带兵，那是非常江湖。既然是乡亲们跟着自己混饭吃，那就有饭大家吃。但有人犯错呢？吴长庆碍于情面，往往会网开一面。这样的结果就是吴长庆在军中虽然是主帅，却没有威信。大家有个普遍的心理，这吴大帅好说话，所以吴大帅吩咐的事，打折完成也没事，甚至不完成，讲讲情面也没事。

袁世凯是个曹操式的人物，见到不守规矩的，管他是谁，一律军法处置。因此，袁世凯说话，底下的人不敢不听，因为袁世凯来真的。

这就是人性，柿子拣软的捏。比如一个人欠了很多人钱，先还谁的？肯定不会先还好说话的。

这也就是治军讲究纪律严明的真谛。

到了光绪二十一年（1895年），袁世凯接手胡燏棻和汉纳根编练的定武军时，首先要做的就是用旧的治军原则，培养一支好好混饭吃的军队。什么叫好好混饭吃呢？那就是混那点工资不是目的，大家得有梦想。

上司跟下属聊梦想，那多数是在画饼。作为一个善于带兵的名将，袁世凯带出来的军队能不能打先放一边，最起码听话，而听话的根本原因是离开这里再也不能踏踏实实混饭吃，何况袁大帅这里还有梦想。

而定武军，也在袁世凯的手里改了番号，叫新建陆军。

仅仅是军容整肃，不足以骗朝廷的经费。既然是新军，得新出花样来，要不然仅仅是换换武器，跟淮军有什么区别？因此，袁世凯从军制上入手，仿照德国和日本现成的经验，细化兵种。

作为一支新建陆军，绝对不能仅仅区分骑兵和步兵，一定要有更新的面貌。于是，在袁世凯的细化下，新建陆军虽然只有七千余人，却分为警卫军、步兵、马军、炮军、工兵、辎重兵、医疗兵等职能，袁世凯甚至还要设立军医院和军校。

这个玩法在当时新鲜极了，但袁世凯也不是独苗。聂士成当时负责编练的武毅军，那是全套的德式装备、德式制度、德式训练、德国教官，而袁世凯的部队，更多还是采用日式的训练方式。

除了这两位之外，政治感觉极其敏锐的张之洞当然不会不凑这个热闹。老张代理两江总督的时候也按照西式制度训练了一支两千多人的自强军。甲午战争后，刘坤一回两江，顺理成章地接手了自强军。刘坤一接手没多久后去世了，这支自强军也就分给了袁世凯统理。

再后来，清廷把北方卫戍京畿的部队统一指挥，成立了武卫军，袁世凯的新建陆军就改番号为武卫右军。在整个武卫军前、后、左、右、中五支军队中，只有袁世凯的右军和聂士成的前军是新式军队，其余军队采取的还是过去湘军、淮军的治军方式。这么一对比，袁世凯和聂士成就脱颖而出了。袁世凯文人出身，所以今天也有文字版的军法、纪律、训练等资料传世。聂士成练兵，虽然大体上和袁世凯差不多，但细节上还是比较模糊。

总的来说，袁世凯的部队更像一支常备驻军，聂士成的部队更讲究机动性。当时还没有军衔制，聂士成是直隶提督，袁世凯是直隶按察使，还是聂士成级别高。但据说在军容、操练水平和守规矩程度上，袁世凯的军队还是略高一筹。

那到底谁能打？不知道。清末的两场硬仗——甲午战争和八国联军侵华战争，都是聂士成上的，袁世凯则避开了这两场战争。

但在清末的军事舞台上，能不能打不重要，重要的是谁活到最后。谁活到最后，谁就是军事家。想当初那多隆阿和鲍超都是团练时代的传奇，没活那么久，就没人尊他们一声军事家。包括北洋海军将领，最终成为一代传奇的还是活得最久的萨镇冰。

袁世凯和聂士成也是如此，本为一时瑜亮，然而聂士成在抵御外敌的时候，被八国联军和义和团"联手"绞杀，那未来就只能属于袁世凯。

事实上，比起在李朝的风光无限，袁世凯更爱在天津小站练兵的工作。他最拿手的就是练兵，在天津练兵时朝廷那是铆足劲给经费，比在李朝训练李朝新军爽多了。但是，天下并没有十全十美的事。在李朝的时候，袁世凯一个人说了算，但在天津，就不得不考虑各方政治势力。这非常考验人的政治智慧，随时要准备精准站队，否则真是死都不知道怎么死的。

也就是在天津练兵的这段时间，过去那个果敢无畏的袁世凯经历了几次生死考验，成了一个人精。或者他不想成为这种人，又或者他很讨厌这种人，但晚清的政局只给他两个选项：要么变成自己最讨厌的那种人，要么死。

因此，袁世凯在很多时候都像极了曹操。他们可以是治世能臣，也可以是乱世枭雄。但历史留给曹操和袁世凯的，压根不是治世。

那么摆在袁世凯面前的第一道选择题来了：变法与否？而这也是袁世凯真正开始成长的第一课。

袁世凯有没有出卖维新派？

实际上从编练新军开始，后甲午时代的清廷为了延续自己的形象，总是给人一种积极求变的态度。所以那些政治投机者都把变法挂在嘴边，以迎合朝廷变法的最高指示。

但是，即便是守旧派的军机大臣翁同龢都嚷嚷着要变法的时候，一向求新的张之洞、荣禄并没有积极表态。那这里边准有文章。袁世凯本意上绝对是支持变法的，他对现有模式深恶痛绝，就跟曹操痛恨东汉腐败的制度一样。他们都认为只有上边改规矩、守规矩，他们的工作才好开展，要不日子没法过。官越大，消耗在本职工作上的精力就越少。

因此，当康有为创办强学会而鼓吹变法的时候，袁世凯积极响应，出钱出力。强学会是什么？其实说白了，这种组织很像现代社会的政党。只不过在传统社会，"党"的意思跟现在不一样。"党"字在过去不是个好词，那时候讲究的就是君子不党。

这帮人凑一块，就叫强学会，后来被朝廷取缔，其成员被称为康党。从这个角度来讲，袁世凯也曾经是康党，不过最初成为康党还是很时髦的。强学会除了会员众多之外，当时的名人也有不少参加的，比如张之洞就是名誉会员。李鸿藻和翁同龢这样在当时学术界巅峰的人物，也对强学会赞许有加。外国人李提摩太也加入了强学会。

一时间，类似强学会的这种组织如雨后春笋一般纷纷出现，最早接触洋务的那些省份都有。

强学会这么强，袁世凯发现朝廷大员们都参与或者表扬，那加入强学会应该算政治正确。但还有个别的问题是袁世凯当时不明白的。在清朝的体制下，这么强的组织应该只能掌握在朝廷的手里，要么被招安，要么被取缔，没有其他出路。

在那些顶级的政治人物中，李鸿藻和翁同龢是口头支持，张之洞则是为其提供资助之后被冠名强学会成员的。而看似失势的带着钱来要求入会的李鸿章，却被强学会拒之门外。事实上，在这些顶级政治人物中，慈禧太后最信任的，还是李鸿章。

强学会不给李鸿章面子，那李鸿章也就不必给强学会面子了。李鸿章儿子的亲家是御史杨崇伊。杨崇伊刚当上广西监察道御史，做的第一件事就是弹劾强学会。

按说这么多大佬夸过强学会，初出茅庐的杨崇伊弹劾有什么用。可是呢，还真有用。慈禧也没喊打喊杀，只是以光绪帝的名义下旨，指导了下强学会的工作。改强学会为直隶官书局，工作是给外国书籍加字幕。

这事让康有为很郁闷，这哪是指导工作？这分明是让就地解散。张之洞也敏锐地察觉到了这一点，断了上海强学会的资金。没了金主，那还玩什么啊！强学会就此玩完。

这回袁世凯学乖了，老老实实地做好自己的本职工作，不再参与变法或者反对变法的任何活动。但这事并不算完，因为很快，所谓的戊戌变法就成了帝后夺权大战。既然是权力巅峰的夺权大战，争夺兵权自然是重中之重。袁世凯作为王牌军的司令，自然又处在权力旋涡当中，第二道选择题也就来了，他必须得选边站。

争夺兵权是个技术活，那不是给幼儿园小朋友发糖，多给一个，小朋友就死心塌地了。比如说光绪帝，对袁世凯的笼络就是加袁世凯兵部侍郎衔，吩咐他以后不用听荣禄的。

这种笼络幼儿园小朋友的方式，袁世凯并不会当真。袁世凯正职是直隶按察使，正三品，加兵部侍郎衔，算二品。这种加衔在清朝可谓满大街都是，并不特殊。而且军职官员加提督衔的也比比皆是，人家都是一品了，比侍郎衔的含金量大得多。再一个，光绪帝让袁世凯不听荣禄的，袁世凯就能不听荣禄的吗？

要是行的话，光绪帝不用说这话，直接把荣禄免职就行了。那光绪帝的意思就很明显了：朕动不了荣禄，你老袁来试试。

夺兵权其实是门大学问，光绪帝这种夺法一点用都没有。因为袁世凯的武卫右军能存在，得靠朝廷的资金注入，那么谁掌握朝廷的财权，袁世凯就只能听谁的。

光绪帝的夺权失败，表面上看是因为没有兵，其实从根源上看是因为没有钱。哪怕是帝党核心人物翁同龢任户部尚书，也因为户部的满汉分治，使之无法独霸财权。

袁世凯一琢磨，这不能胡来。荣禄虽然不能把皇上怎么样，但人家是朝中第一权臣，办他一个小小的臬台还真不是什么难事。那怎么办？就当什么都没发生。咱老袁是个赳赳武夫，不懂这么多机宜，还是老老实实做好本职工作。

身处帝制体制之下，并不是什么都不做就能明哲保身的。在大多数情况下，明哲保身比踩着别人往上爬更难。比如说这场帝后大战的高潮部分，聪明人那得是李鸿章，人去欧洲考察，其实就是明哲保身。袁世凯差远了，当然他也没机会去外国考察，又不想请病假，更舍不得辞官。升了官还没离开北京的袁世凯，遇到谭嗣同找上门来了。

谭嗣同说了，皇帝有密诏，让老袁杀荣禄，兵围颐和园。接下来就是我们非常熟悉的袁世凯出卖维新派的故事。

其实这个事还真不能按照传统逻辑去理解。袁世凯谈不上出卖维新派，因为自从强学会解散，袁世凯就不是维新派成员了。大家都不是一个组织里的同志，谈不上谁出卖谁。而且，维新派与袁世凯也没有合作关系，双方就更谈不上谁出卖谁了。

然而此事的细节至今依然存疑，后来袁世凯自己也不愿意谈及这段往事，所以目前看上去，这件事还有扑朔迷离之处。

但是，有些实际情况还是非常清晰的。光绪帝并没有下密诏给袁世凯，劝袁世凯造反是康有为的主意，谭嗣同去实施的。也就是说，谭嗣同就带了一张嘴，愣说是奉皇上密旨，让袁世凯造反。这不是扯吗？只要是正常人，都不会凭别人的一句话就造反的。回头出了事谭嗣同再不认账，袁世凯不就说不清楚了？别说这种事了，就算是抓大臣、炮轰外国使节、镇压老百姓，执行这些命令的将军也都得向上司要正式的文件，没有派人口头传话办这么大的事的。

按规矩，袁世凯应该立刻拘捕谭嗣同。这种事历史上也有，比如雍正朝有个叫曾静的书生，带了一张嘴就去劝岳钟琪造反，岳钟琪就把曾静交给雍正帝处理了。

可是袁世凯人在北京，不在自己的军营，没法拘捕谭嗣同。而且这事吧，还有那么几分真。因为光绪皇帝还真刚召见完袁世凯，还给袁世凯封官许愿。要说光绪皇帝有密诏，也是有可能的。

但是，密诏在哪呢？不见密诏，袁世凯是不会行动的。哪怕只看过《三国演义》，也知道董国舅要杀曹操，也得在拿到汉献帝的衣带诏之后。也有文学作品或者影视剧安排了这样的情节，说谭嗣同当时带着刀或者枪去威胁袁世凯，袁世凯这才答应合作，事后就出卖了谭嗣同。这就更扯了，谁见过劫匪绑架人质后，再释放人质，然后找人质家属要钱的吗？

总之，这个事就是谭嗣同凭借自己的游说能力，去劝袁世凯举兵谋反。袁世凯说得也很实在，这不是个小事，单凭自己身边的这几个随从，没法干这大事。皇上如果真有需要，那就等袁世凯回到天津，皇上可以趁阅兵之际，亲自来到军营下令，这样杀荣禄就像杀条狗那么简单。

对吧，见不到皇帝，哪能随便干这事？

然后谭嗣同走了，袁世凯没有马上举报。假如皇帝真的有明诏让袁世凯举兵勤王，袁世凯能不能干这事呢？那还真没准。这事要是成了，那在清朝袁世凯就是一人之下万人之上。可这事有难度，袁世凯所谓的王牌军，哪有什么把握全歼聂士成部和荣禄部？更别提京城周围还有宋庆部和董福祥部，京城内部还有比较废的八旗兵和神机营。袁世凯的右军又不是八国联军，哪有那本事一举成功？再加上当时武卫军枪弹分离，想造反那可难了，得先端了荣禄的军火库。那我们就不需要管袁世凯到底是因为听到了政变的消息，还是自己经过深思熟虑才报告荣禄的了。总之，袁世凯认为把这事如实汇报给上司荣禄是应该且必要的。自己能当这个直隶按察使去练兵，怎么说也有荣禄保举的原因。

于是，袁世凯把自己的所见所闻报告给了荣禄。荣禄报告给了慈禧，慈禧气得"爆炸"后囚禁了光绪帝。而光绪帝真的不知道宫外发生了这么多奇怪的事，他就认为是袁世凯诬陷他，因为他确实没有下过什么密诏。

这个误会，直接影响了清朝后来的走向。

戊戌政变后，袁世凯逃过了一劫。他也不需要站队了，直接成了后党成员。那以后袁世凯是否就可以再也不用站队，死心塌地当个后党成员就行了？想得美。不过，经过此事，袁世凯显然得到了巨大的成长，更懂得了如何站队。也因此，在接下来的历史事件中，袁世凯在面对新的选择题时，完成了教科书式的"完美站队"。

治世能臣

戊戌政变后，慈禧并没有像传说中那样在守旧的路上逆风奔跑。因为慈禧从来也不是什么守旧派，从咸丰十年（1860年）算起，慈禧也一直是个洋务派。她是吃过洋务运动红利的人，不可能想着恢复到古代社会。

也因此，洋务依然是政治正确，是帝国发展的方向。在后甲午时代，随着老一辈洋务大臣的凋零，袁世凯得算是洋务先锋了。在戊戌政变之后，袁世凯还是朝廷所信任的重点培养对象。

其实在那个时候，随着国民思想的解放，人们讨论的是怎么改变，而不是变不变的问题。但在怎么变的问题上，即便菜市口"戊戌六君子"的血迹未干，也没有人劝慈禧变回古代社会。

像张之洞这种精得跟猴一样的人，这个时候抱着自己那本至少在一百年后都不落伍的大作《劝学篇》，维持着自己的政治正确。像刚毅、徐桐这样的神人，则会强调另一种求变思路，比如废帝。

这个时候的袁世凯学乖了，坚决不参与这事，紧跟着荣禄，肯定不吃亏。然而当时的社会非常动荡，几样动荡的事纠缠在一起，就出了问题。

义和团运动爆发后，慈禧一心利用义和团去对付外国人，她想"以寇制寇"打死谁都对她有好处。

道理是这个道理，这招用了上千年，屡试不爽。慈禧的误判就在于，"以寇制寇"，政策的大前提是两个"寇"得实力相当。比如《水浒传》中，朝廷"以寇制寇"。由于田虎和梁山好汉的实力不在一个层级上，所以梁山灭田虎之后实力大增，更加难以挟制。但梁山好汉大战势均力敌的方腊之后，双方两败俱伤，朝廷就乐开了花，想杀宋江就杀宋江，想杀卢俊义就杀卢俊义。

朝中的政治斗争也一样，职业皇帝一定是扶植两个实力差不多的权臣相斗，才能制衡双方。比如张廷玉斗鄂尔泰，左宗棠斗李鸿章。不能让赶大车的大爷斗军机首辅，这就太扯了。你看曹魏皇帝曹髦带着一群"物业人员"去斗司马昭，不就连自己都搭进去了。

但是在集权体制下，有个通病是解决不了的。慈禧希望义和团能和洋人势均力敌，底下人一定会说义和团能和洋人势均力敌。事实是什么不重要，主子爱听什么最重要。比如亲自考察义和团的刚毅、赵舒翘，他们一看就知道，这样斗肯定没戏。

但是，刚毅是个忠臣，忠臣忍心让太后失望伤心吗？绝对不忍心。所以，刚毅向慈禧汇报：义和团神功无敌，刀枪不入。

这就造成了慈禧对义和团的误判，认为义和团能和洋人的军队有得一拼。于是，义和团就壮大了，在清政府那里成了合法团体。可奇怪就奇怪在这里，原本发源于山东的义和团，竟然在山东风平浪静。这是为什么？让我们把目光投向晚清的山东，看看这里之前发生了什么不为人知的故事。

晚清的山东，接连出现了"神"一样的巡抚。山东巡抚上头没有总督，所以集一省的军政大权于一身，绝对是封疆大吏。当年翁同龢有位得意弟子李秉衡担任山东巡抚时，就曾有"神操作"。他在甲午战争期间下令，山东驻军不得参与淮军与日军的战斗，搞得威海卫陆战是北洋水师的陆战队来打的，其结局自然是惨烈的。北洋水师惨败之后，李秉衡虽然救援不及时，但是上书弹劾李鸿章卖国，那绝对当仁不让。

那能说李秉衡就是投降派吗？还真不是。李秉衡只不过跟大多数官僚一样，认为政治斗争大于一切，抗日远没有坑死政敌李鸿章重要。后来的巨野教案导致德国强租胶州湾，李秉衡脾气上来，竟然要发兵跟德国拼了。

就这个态度，搞得总理衙门外交压力很大，但是朝廷又喜欢李秉衡的二杆子气质，于是为了安抚德国，罢免了李秉衡，升之为四川总督。德国人也不缺心眼，在外交压力下，李秉衡没去成四川。

接替李秉衡的就是另一个"神人"张汝梅。张汝梅到了山东，赶上鲁西北闹义和拳，鲁西南闹大刀会。当时的菏泽知府叫毓贤，简直是个"神中神"。毓贤是个典型的酷吏，他的为官之道跟汉代郅都、宁成、王温舒之流并无二致，他们都认为杀人能解决问题，如果杀一个不能解决问题，那就多杀几个。

而正是这个杀人如麻的毓贤，发现张汝梅在调查义和团事件后，奏报朝廷说义和团是良好团体，从不滋事。假如这样，张汝梅的工作就好做了，也不用"剿匪"了，那这巡抚当着多舒服。

为了迎合上司，毓贤一改过去的杀伐果断，上奏张汝梅，建议把这些民间团体改为由官府掌握。张汝梅大喜，就按照毓贤的思路去招抚义和团。一时间，义和团在山东壮大，开始涌入直隶。

朝廷觉得张汝梅脑子有问题，罢免了张汝梅，升杀伐果断的毓贤为山东巡抚，希望他"剿匪"。

毓贤当了巡抚，定下了"民可用，团应抚，匪必剿"的主张。在跟朝廷沟通后，朝廷也默许了毓贤的主张。正赶上德国强租胶州湾后又有驻军，朝廷很不爽，就想营造一个山东特别乱，千万别留在山东的气氛。

于是，义和团在山东蓬勃发展，教案频发。德国人也不是吓大的，所以就通知清廷，既然山东巡抚们都搞不定义和团，那么他们就增兵来搞。

这个时候，美帝的阴谋来了。美国驻华公使康格劝清廷别让德国增兵，这是破坏地区稳定。清廷不如自己镇压义和团，趁机在山东多驻军来遏制德国的野心，并且强烈建议让天津的武卫军前来镇压。

于是，聂士成、袁世凯奉命到山东演习，并对国际社会声称要镇压义和团运动。

随后，慈禧让袁世凯任山东巡抚，调毓贤为山西巡抚。

那么，袁世凯在山东怎么清除义和团呢？袁世凯取缔义和团是有步骤的。

第一，袁世凯加大宣传，到处张贴告示，说义和团是邪教。当时学术界有位权威人士叫劳乃宣，他写的《义和拳教门源流考》，说义和团起源于白莲教。于是，袁世凯大量刊印发行这本书，试图搞臭义和团。清朝百姓普遍没有自己的判断力，要是别人都说义和团是白莲教，那义和团就是白莲教。

第二，袁世凯把责任落实到村一级，村长要签保证书，村里不能出义和团组织。已经有义和团拳场或组织的村庄，要坚决对这些拳场或组织予以取缔。

第三，在交通要道设卡，不许各村拳民串联。以说服教育为主，以武力弹压为辅。

这样一来，山东表面上和谐了。为什么是表面上和谐？我举个不太恰当的例子，这就好比令狐冲受伤后身体内有六道真气不能压制，后来被不戒和尚给压住了，但这只是维持了一个表面上的和谐，并不是化解了这六道真气，所以早晚还会爆发。

袁世凯有意无意地在鲁西北放开了一条路,让拳民们可以自由涌向直隶。这回好了,山东彻底消停了。至于河北、山西、京津怎么办,反正不关袁巡抚的事。

"己亥建储"事件后,老太后跟洋人闹翻了,朝廷便改变了对义和团的态度,改"剿"为抚。袁世凯不需要站队是否要镇压义和团,因为他的辖区没有义和团。这次的尴尬局面就留给聂士成了,他接到的正式命令是镇压义和团,但对他进行掣肘,不许他镇压义和团的,就是他的上司。这道题太难了,选择什么都是错。

抱上庆亲王的粗腿

义和团运动在光绪二十六年(1900年)到达高潮,这年5月,英、俄、日、美、法、德、意、奥等国军队拼凑成八国联军,杀往北京。清军和义和团战败。

慈禧作为最长清朝人志气的老太太,先是宣战,然后默默跑路,这些喊口号的家伙从上到下集体翻车。两江总督刘坤一、湖广总督张之洞、两广总督李鸿章、闽浙总督许应骙、山东巡抚袁世凯组成地方督抚联盟,派出上海道余联沅代表东南各省,同各国驻上海领事商定《东南保护约款》。该条约规定上海租界由各国共同"保护",长江及苏杭内地归各省督抚"保护",谁也不许越界。各国水手不得登岸,兵船不得驶入长江等处,不得靠近炮台,不得靠近军火企业,否则各国如果出现什么损失,中国不赔偿。

如此,保证了东南各省的平静和秩序。

之前讲张之洞的时候,也说过东南互保的问题。这回既然牵扯到了袁世凯,我们就来说说到底什么人才有资格玩东南互保。

其实当时陕西巡抚端方、四川总督奎俊也是支持东南互保的,但人家东南督抚谈判的时候没带他俩。如果想要加入东南互保,要满足三个条件。

第一,他们都是新式官员。东南互保的首脑人物,除了袁世凯和许应骙之外,都曾是洋务运动的首脑人物。而袁世凯也是深通洋务,许应骙除了湘军系统的身份外,还曾任职于总理衙门,也属于新式官员。

第二,他们都是汉族。像端方、奎俊这样的满人再先进都不带。因为东南互保毕竟还有个后备方案,万一慈禧和光绪被杀,那么东南将成立共和国,推李鸿章为大总统。留着满人没法安排这些后续事件，徒增内讧，所以不如不带。

第三，他们都是后党。姿态要表明清楚，这点很重要。东南互保是老成谋国，并非叛乱。张之洞、李鸿章不用说，那是慈禧绝对的亲信。许应骙和袁世凯都是戊戌政变中或者戊戌政变后被光绪视为眼中钉的人物，自然不得不做后党。刘坤一是后曾国藩时代的湘军代表人物，不管怎么说，湘军系是在太后的支持下发的家，因此他们还是跟慈禧的关系更近。

这里就不得不单独说说袁世凯了，他是怎么稀里糊涂成为后党的，我们上节讲了。那么他是怎么通过慈禧的审查的呢？其实也简单，袁世凯怎么说都是淮军出身，在各路团练武装中，慈禧最信任的就是淮军系。再加上戊戌政变后，袁世凯紧跟着荣禄的脚步，因此慈禧对袁世凯的忠诚还是放心的，要不也不会让他当山东巡抚。而这次东南互保事件，说明李鸿章、张之洞是信得过袁世凯的。

太后回銮之后，李鸿章、荣禄、刘坤一、许应骙相继去世，加上张之洞年迈，袁世凯毫无争议地成了太后所倚重的大臣。再说了，慈禧心里有数：干充门面的事，张之洞足够了；真要干点正经事，李鸿章死后，再无人比得上袁世凯。

于是，北洋大臣的接力棒，从曾国藩手里传到李鸿章手里，从李鸿章手里传到荣禄手里，又从荣禄手里传到了袁世凯手里。袁世凯升直隶总督、北洋大臣，成了朝廷的柱石之臣。

在这道重要的选择题中，袁世凯得了满分，是东南互保的最大受益人。

当"义和团"成为历史名词之后，慈禧回到北京盘点了下自己手里的牌。很悲剧啊，武卫军的王牌军前军几乎全军覆没，聂士成喋血天津八里台。董福祥的后军战前最英勇无畏，也最痛恨洋人。战后，列强坚决要处决掉董福祥。在李鸿章的斡旋下，后军改组，董福祥被革职，留了一命。左军损失相对小一些，还有一万来人，但是考虑到当时沙俄违约吞并了东三省，于是宋庆奉命带左军前往山海关驻防。中军本身也没什么战斗力，主要就是搞后勤，管军火，压根指望不上。

慈禧能用的国防力量，也只有袁世凯齐装满员的右军以及右军先锋队了。于是，慈禧授意袁世凯改革全国兵制。袁世凯在右军的基础上，创立北洋常备军。北洋常备军当时只有两镇兵力，每镇一万二千五百人。这就是北洋第一镇和第二镇。这个兵制是仿照日军创立的，一镇兵力就相当于日军的一个师团。

刘坤一死后，他手下的自强军被划给袁世凯，扩编为北洋第三镇和第四镇。

后又扩军编练第五镇。再往后，袁世凯整编京城八旗部队，改为北洋第一镇。原第一镇改第二镇，第二镇改第四镇，第四镇改第六镇，第三镇、第五镇不变。这六镇兵力，就是中国近代史上赫赫有名的北洋六镇。

在袁世凯的策划中，清朝要以北洋六镇为模板，在全国编练三十六镇陆军，这样就足够用的了。全国统一番号和兵制，进一步则统一制式武器。

这北洋六镇中，除了第一镇还有点八旗兵的影子，其他的基本上已经是全面近代化的军队了。但由于这么练兵花费太大，所以到清朝覆灭，全国也没完成三十六镇新军的指标。标准化的军队，也就只有十四镇。后来这些新军成了清朝的掘墓人，这是后话。

此时的袁世凯练兵还真不是为了毁大清，毕竟在宪政改革的春风中，袁世凯还是想成为治世之能臣的。袁世凯是清末新政最积极的支持者，无论是废科举、搞宪政、推新官制，还是办实业、搞外交、办教育，袁世凯都走在最前边。袁世凯甚至在天津开始试行地方自治。即便是袁世凯并不熟悉的海军领域，他也积极支持海军重建。

可问题是清朝还没完成宪政改革，所以在朝的这些官油子恨疯了袁世凯。没有袁世凯的时候，大家凑一块一起蒙太后的日子多么幸福，现在来了个干啥啥行的袁世凯，不弄死他不显得朝中这些爷们无能吗？

而且，在李鸿章和荣禄死后，袁世凯在朝中并没有靠山。他也没有多显赫的家族出身，家里出过的最大的官就是他自己。所以在"官二代"中，岑春煊看他最不爽；在科甲官员当中，瞿鸿禨看他最不爽；在满洲贵族中，基本上人人看他不爽。洋务官员虽然不至于看他不爽，但是洋务官员都得在地方上办事，朝中哪有洋务派的高官呢？袁世凯自己当时就算洋务派最大的官了。

没靠山，日子怎么过？事怎么办？命怎么保？

在思考了这几个哲学问题后，袁世凯不管有多少人反对他，就记住了一点——紧紧抱住庆亲王奕劻的大腿。一来庆亲王大腿够粗；二来庆亲王平易近人，好交往。袁世凯也是命好，赶上了这样一个平易近人的老王爷。

庆亲王跟"满洲五虎"之类的人物不一样，他不在乎袁世凯祖上出没出过军机大臣，不在乎袁世凯是不是旗人，不在乎袁世凯是不是进士，也不在乎袁世凯有什么政治理想，更不在乎朝中有多少人反对袁世凯。他就喜欢袁世凯这个人，和袁世凯每次来探望他时带来的钱。

有这么一个大佬撑腰,袁世凯有恃无恐。户部尚书铁良和袁世凯起直接冲突之后,庆亲王的儿子镇国公载泽都站出来为袁世凯撑腰,并弹劾铁良阻碍宪政。

有庆亲王撑腰,一般人也不敢动袁世凯,但是,有这么一个不怕事大的主经过缜密分析判断,要办了袁世凯,那就得先办了庆亲王。这位大神为何有如此底气?他的自信就是有太后撑腰。

这位大神就是岑春煊。那么,岑春煊到底何德何能,敢和庆亲王掰腕子呢?

反袁联盟成立

要说起袁世凯重量级的宿敌,岑春煊算是第一个。比起那些看袁世凯不爽的达官贵人,岑春煊具备孜孜不倦的态度和不整死袁世凯誓不罢休的精神。

那么岑春煊何以不惧怕有庆亲王撑腰的袁世凯,甚至连庆亲王都想扳倒呢?本节我们就来聊一聊这位袁世凯的超级宿敌的前世今生。

岑春煊是标准的"官二代",他爹岑毓英是壮族同胞中官衔最高的一位,在地方上当过总督,在京城当过兵部尚书。兵部尚书的儿子在京城那当然是一霸。岑春煊就这样,与劳子乔、瑞澄并列,被称为"京城三恶少"。

指望他好好学习肯定没戏,但人家有兵部尚书的爹,所以岑春煊二十五岁就以恩荫入仕。三十八岁时,任广东布政使,从二品。

当时的两广总督是谭钟麟,老谭七十多岁了,据说是个反对洋务和戊戌变法的因循守旧的老顽固。

但这事得两说,老谭当年跟着左宗棠办理军务后勤,说他反洋务,他也未必真反。康有为的戊戌变法本身就不靠谱,反对康有为的变法,也难说是什么错。岑春煊不服管,他一个布政使敢越过巡抚跟总督对着干,这样的大神在宫斗剧中都活不过一集。

但是,岑春煊有后台。别误会,此时的岑春煊不靠爹,慈禧也不知道他是个什么人物,但是光绪看好他。岑春煊虽然考试不怎样,但他当时是强学会成员,与其说他支持维新变法,不如说他支持光绪皇帝夺权。岑春煊其实是仗着皇帝这个后台才敢跟谭钟麟叫板的。或者说,他甚至是代表维新派来跟反对派叫板的。

假如光是愣，哪怕有光绪撑腰，岑春煊也闹不起来。岑春煊也有自己独到的手段。

岑春煊厉害就厉害在善于罗织罪名，这要放武则天时代，就没来俊臣什么事了。

清朝的官，基本没有清官。这不，虎门同知王存善成了岑春煊的猎物。王存善是个藏书家，又善于理财，还管理广州的税务，因此一查准是个贪污犯。岑春煊罢了王存善的官，并顺藤摸瓜，查到了谭钟麟头上。

这一下谭钟麟火了，两人撕破脸对骂，互相上折子弹劾对方。

当时维新派势头正盛，于是这派人士纷纷指责谭钟麟。光绪帝指定了湖南巡抚陈宝箴来弹劾谭钟麟。但是老谭也不是吃素的，双方就这么杠上了。但自清朝开国以来，布政使跟总督这样叫板的事，还真就这么一次。

岑春煊虽然是维新派，但是在任广东布政使期间，除了弹劾老谭之外，干的活都是洋务派的活。也因此，在戊戌政变之后，虽然维新派都跟着光绪帝倒霉了，但岑春煊却在荣禄的照顾下，调任甘肃布政使。

八国联军要打北京，消息灵通的岑春煊带了两千人就杀向北京"勤王"。但是这个"勤王"有水分，岑春煊并没有参加北京保卫战，而是坐等慈禧西逃，他再前来护驾。岑春煊原本想玩票大的，干脆帮助光绪帝夺权算了，但是慈禧见面就封他陕西巡抚，岑春煊便积极转身成了后党。

岑春煊随后任山西巡抚，拉拢传教士，和洋人搞好关系，一改毓贤任巡抚期间的缺心眼政策，大搞洋务运动，也在一定程度上阻止了八国联军西进。

后来岑春煊任封疆大吏，在"剿匪"和洋务方面颇有建树。另外，他当布政使的时候都敢大战总督，在他成了总督之后，他手下的官那是成批成批地被他弹劾掉。也因此，岑春煊绰号"官屠"，他与烧钱大王"钱屠"张之洞、杀伐果断的"人屠"袁世凯并列为"清末三屠"。

当清廷宣布要搞宪政的时候，袁世凯积极推进新政的发展。岑春煊发现了商机，他出钱创立了晚清最大的立宪派团体预备立宪公会，由他的亲信郑孝胥充当会长，其幕僚也多次联系海外维新派。显然，岑春煊想成为宪政的主导人物。

要完成这一步，就必须打倒袁世凯。要打倒袁世凯，就必须打倒庆亲王。岑春煊的底气就在于他向慈禧展示过，无论是办洋务还是办军务，他都不输于袁世凯。首先，军务方面，岑春煊自认比袁世凯高出一筹。不黑不吹，袁世凯带兵那么多年，打过仗吗？最多带了几百人在李朝意思了一下，抓过几个闹事的义和团成员。而岑春煊那可是实打实地在四川、广西等多地镇压过起义，在山西仿建过武卫军，在多省办过洋务，在上海成立过预备立宪公会，绝对是慈禧需要的人才。其次，在太后最危难的时候，岑春煊表现了自己的忠诚，坚决支持太后，效忠太后。而那时候袁世凯在干什么？在玩东南互保。这么一对比，高下立判。再次，岑春煊因为是个"官屠"，所以又有不结党的耿直形象。当然，说好听点是耿直，说难听点就是个酷吏。

因此，岑春煊横竖都觉得自己比袁世凯更适合慈禧，也觉得自己就应该取代袁世凯。什么四川总督、两广总督，他都看不上，岑春煊就想当直隶总督。

虽说岑春煊不结党，但是也看跟谁。岑春煊不结交别人，但结交了军机大臣瞿鸿禨。

瞿鸿禨是个什么样的人？这个人的形象很模糊。如果你觉得岑春煊是好人，那就会觉得瞿鸿禨也不错。如果你觉得袁世凯是好人，那就会觉得瞿鸿禨不怎么样。

但事实上，好人坏人无法一刀切地分开。大部分情况下，瞿鸿禨是那种历史上非常常见的普通士大夫，但他处在一个传统社会瓦解的时代，所以又在时代的衬托下显得不那么普通。

想当初，瞿鸿禨是个努力学习的好学生，二十二岁就中了进士，让多少人羡慕、嫉妒、恨。作为普通人家的孩子，他没有那么多社会资源，中了进士也是在翰林院、詹事府混混日子，做做编修、庶吉士。但因为考核成绩优秀，在光绪元年（1875年）的大考中得过第一，开始正式步入仕途，从侍讲学士做到各省学政。

当然，大考第一也不代表他有什么独到的政治见解。在曾国藩一章中我也讲过，那时候的大考还是以写小楷为主，只能说瞿鸿禨是个优秀的人肉打印机。

由于没有背景，瞿鸿禨当官不太敢投机，这点他跟和珅不一样。他规规矩矩、勤勤恳恳，唯一的依靠就是"圣人"。他做事常常想起"圣人"的教诲，所以对自己比较严苛。

或许，他这样的官想要发迹，最实际的榜样就是张之洞。人家老张文章写得好，又会投机，总能在关键时刻赚得盆满钵满。

瞿鸿禨写文章也不差，不就是投机吗？多大点事。于是在甲午战争期间，久经战阵的武将们都没辙的时候，瞿鸿禨不揣冒昧，给光绪帝出主意。

熟悉清史的朋友可能都听说过瞿鸿禨献计献策的故事，但朝廷腐败求和，所以拒绝了瞿鸿禨的提案。

这种说法很传统了，总之只要不是掀桌子跟人拼了，就都是坏人。瞿鸿禨是主战派，准是好人。

问题是，要是掀桌子就能成事，李逵早就杀向东京夺了宋徽宗的皇位了。瞿鸿禨主战的核心思想是：招募沿海渔民、疍户，组成水师跟洋鬼子拼了。

但凡遇到这种提案，我都特别想问问出主意的人：你自己怎么不去？

人家渔民招谁惹谁了？你们北洋水师都不行，还让他们划着渔船拼军舰？还有这疍户，那是明清时期地位最低的一类人，他们不被允许住在大陆，只能住在船上，在海上漂，就这还得缴税。虽说雍正时期消除了贱籍，但他们依然是最底层人民。这个国家的两个王朝都不拿他们当人看，也就收税和打仗时想起他们来了。还好，光绪帝还没抽风，没采纳这个建议，否则这就是一场人道灾难的闹剧。

后来清廷发现，打也打不过，躲也没处躲，瞿鸿禨又建议在陕西建陪都，该建议依然不被采纳。辽东陷落后，瞿鸿禨建议让刘坤一练兵，这话还用他说？

总之，整个甲午战争，瞿鸿禨没少忙活，但没人搭理他。

瞿鸿禨纳闷啊，凭什么张之洞的建议再不靠谱也会被表扬，自己说话怎么没人搭理呢？这不是废话吗？人家老张是奉旨说话，瞿鸿禨哪怕跟张之洞说一样的话，也不会有什么波澜。

于是，瞿鸿禨积极转变方向，不再提主战派建议，而是改骂街了。这好操作，像什么叶志超之类的家伙肯定完犊子了，那就再多踏上几只脚，让他们永远不能翻身。

虽然瞿鸿禨献计，把淮军相关将领判死刑，再让他们花钱买命的计策没被采纳，但是瞿鸿禨还是升了礼部侍郎。

后来赶上八国联军打来，慈禧想起瞿鸿禨当年就建议在陕西建陪都的事了，跑路前升了瞿鸿禨为都察院左都御史、工部尚书。等老太太跑到西安，又升瞿鸿禨为军机大臣，让他参与政务。

也就是说，其实是慈禧刚到西安，手下实在没有正常人可用了，瞿鸿禨这才坐着火箭上升。该商量正经事了，慈禧总不能再和刚毅等人商量吧。而此时的瞿鸿禨，突然享受了上头对他言听计从的待遇，变得有些迷失。比如，瞿鸿禨建议议和，慈禧很满意。在西安的慈禧最烦的就是那些还要跟洋人拼命的刚毅之流。再比如，瞿鸿禨建议科举加上经济特科，慈禧又很满意。

等慈禧回到北京，瞿鸿禨就成了中枢要员，还在新政中当了中国历史上第一位外交部部长。老太太一高兴，给他赐穿黄马褂，加太子太保。

都到这个位置上了，瞿鸿禨是想干点实事的。他毕竟是读书人出身，有时候还是能记起"圣人"的话的。他不像岑春煊那样是想在新政中投机，而是敢于直言官办企业、学校的种种问题，建议放给民间自办。在宪政大潮中，瞿鸿禨不见得真的明白这一切是怎么回事，但他提出了一个底线，就是忠君、尊孔、尚公、尚武、尚实。

慈禧再度对瞿鸿禨感到很满意，升他为协办大学士，参与新官制改革。也就是在这个时候，瞿鸿禨和岑春煊"一见倾心"。随着岑春煊当了邮传部尚书，这两位交往更密切了。

他俩其实不是一类人，一个学霸，一个学渣，他俩能"牵手"，主要还是因为他们都是"耿直"的人。咱别管真耿直假耿直，反正他俩对下属都很严苛，做事也都不糊弄。因此他们看不上袁世凯那是非常顺理成章。再看庆亲王这种干啥啥不行，吃啥啥不剩，贪得无厌、没有原则的官员，最起码瞿鸿禨是非常厌恶他的。而且这庆亲王也不是什么皇帝特别亲支近派的人物，比人家醇亲王、恭亲王、端郡王在血缘上离皇帝远得多，他家找当皇帝的祖宗得找到乾隆才行。所以，瞿鸿禨、岑春煊并不觉得庆亲王是个不可战胜的角色。

也正因为如此，瞿鸿禨和岑春煊站到了一起，开始密谋"倒庆"。假如"倒庆"成功，那么袁世凯也将不值一提，顺手就能捏死了。

那么，瞿鸿禨和岑春煊在"倒庆"活动中到底犯了什么错误，才会反被"庆倒"呢？

丁未政潮

岑春煊和瞿鸿禨是两个世界的人，但他们为了同一个目标走在了一起。

其实瞿鸿禨这样的人，一般情况下看不上这些"二代"，尤其是考不上功名的"二代"。

而在清末政治角逐的决赛圈，除了他之外，岑春煊、袁世凯、庆亲王奕劻都不是进士。瞿鸿禨之所以要和岑春煊联手，最重要的一点就是岑春煊表面看是个愣货，其实是个善于罗织罪名的高人。另外，岑春煊不是个笑里藏刀的人。他的"刀"从来不藏，跟个刀客一样走哪儿都扛着。瞿鸿禨对下虽然严苛，但对跟自己平级以及比自己职位高的人，可就不是如此了。所以，打出岑春煊这张牌，既能办事，又能帮自己吸引火力。

庆亲王和袁世凯最烦的就是岑春煊，恨屋及乌才对瞿鸿禨恼了。岑春煊从不掩饰要跟庆亲王作对的意图。岑春煊任两广总督以来，当然比当广东布政使时厉害，他火力全开地干掉了一批庆亲王系统的官员，哪怕是逃出境外的，岑春煊都能逼迫外国人把人引渡回来。就这手段，慈禧不得不服，庆亲王不得不恨。

庆亲王和袁世凯一寻思，两广地区再让岑春煊折腾下去，就彻底成了岑春煊的势力范围。于是庆亲王上奏，说岑春煊这么大本事，留在广州屈才了，云南起了动乱，应该让岑春煊任云贵总督，全力镇压。

岑春煊当然不去，他称病辞职，跑上海观望去了。随着满洲贵族挤对得袁世凯不得不离开北京去天津，岑春煊的"病"突然好了，并去北京面见慈禧。

恰逢新官制改革，在瞿鸿禨的帮助下，岑春煊任邮传部尚书，这可是个重要职位。然而岑春煊还没上任，就先弹劾自己将来的下属侍郎朱宝奎贪污。这朱宝奎是穷苦出身，十三岁就被选为留美幼童出国学习，跟詹天佑是同一期的学生。他在耶鲁大学毕业后，受盛宣怀赏识，因而成为淮军体系的一员。即便是后李鸿章时代，这些人才也是袁世凯笼络的对象。

因此，岑春煊拿出当年对付谭钟麟的手段，从朱宝奎入手，进而打击袁世凯，再进一步就能打击庆亲王了。在那个时代，正所谓"一进官场深似海，从此节操是路人"。如果贪污是死罪的话，那应该把清朝的官全部枪毙，可能有个别是冤枉的，但隔一个枪毙一个，那剩下的大都是漏网之鱼。要说朱宝奎贪污，那是一查一个准。岑春煊在跟慈禧的奏折中表明了自己不跟这种贪污分子共事的决心。

新官制改革后，庆亲王、袁世凯系统的人其实是最大受益集团。因此，岑春煊这次打击朱宝奎，证据什么的不重要。为了平衡势力，慈禧罢免了朱宝奎。

后来朱宝奎也看透了这个破体制，再也没有涉足官场，而是成了一个实业家、慈善家。

岑春煊初战告捷，但也使自己置身于庆亲王和袁世凯的攻击范围之中。那两位又不傻，这哪里是打击朱宝奎？分明是要搞个大事情。

但是，慈禧显然不想把这件事扩大化。打击朱宝奎已经是清朝廉政表演的精彩桥段了，对外就说在清朝的清官队伍中，不小心混进来一个朱宝奎，而且他已经在朝廷的体制优势下暴露了。现在清除了这条蛀虫，清朝的天又是大青天了。

这样搞，岑春煊肯定不过瘾。要论贪腐，在清朝的历史上，庆亲王如果认第二，那除了和珅，没人敢认第一。岑春煊接着查，小贪腐都不问了，就得找到一个重量级的大新闻出来。

新官制改革时，清廷为了加强对东北的统治，改东北三个将军辖区为省。这次重要改组的操办人员，就是当时庆亲王的儿子农工商部尚书载振及巡警部尚书徐世昌。载振肯定代表庆亲王，徐世昌当然代表袁世凯。

东三省成立，有大量的肥差出现。那庆亲王和袁世凯肯定会先紧着自己人安排。但北洋系统中的自己人太多了，安排谁，不安排谁，那就看各位北洋系统的官员谁更会来事了。

北洋系统中，有那么一位李鸿章的贴身侍从出身的人物，叫段芝贵。段芝贵是淮军系统的重点培养对象，被保送到北洋武备学堂学习，后来还出国留学日本士官学校。但是，他回国后没遇到什么好机会，没几年便赶上了甲午战争和李鸿章失势，他就只能跟着袁世凯。袁世凯在当山东巡抚之前也混得一般，后来在天津试行警务的时候，段芝贵担任了天津南段警察局总办。他不爽啊，作为淮军的老人，他混得最次。徐世昌都尚书了，他还只是个局长。

于是，在跟袁世凯密切沟通后，段芝贵决定走走庆亲王的门路，也想当个封疆大吏。我之前也介绍过，庆亲王那是多"平易近人"的好王爷啊，只认银子不问出身。

光绪三十三年（1907年），载振去天津公干，负责接待载振的就是段芝贵。在段芝贵的带领下，载振观看了当时的顶级艺人杨翠喜的艺术表演，他对杨老师的表演那是赞不绝口。

当时的天津卫其实正上演着一段才子佳人的故事。杨翠喜这绝代佳人，与李叔同这绝代才子正情深意重。然而这段感情，在段芝贵带来的十万大洋面前就此作古。段芝贵买断了杨翠喜的所有权，并将杨翠喜送给了载振。当时的十万大洋，折合成现在的人民币大概有一千多万元，大家就琢磨这位杨老师的身价吧。

也因此，段芝贵换来了黑龙江巡抚的职位。

这种交易在清朝并不新鲜，但这次交易出现的时机很巧妙，一下就被岑春煊捕捉到了。看情况，这事如果不闹大，估计跟弹劾朱宝奎差不多，结果最多就是将段芝贵革职。

上一节介绍过了，岑春煊和维新派关系密切。这一回，岑春煊不着急弹劾，而是让投奔自己的维新派成员汪康年在其主办的《京报》中曝光这个事。这事人尽皆知后，轮到瞿鸿禨出手了。瞿鸿禨指示其门生江苏道监察御史赵启霖弹劾载振收受段芝贵的贿赂。

这下玩大了，载振是农工商部尚书，爵位是固山贝子。弹劾他别的事还好，弹劾他这种大型腐败丑闻，这不是打朝廷的脸吗？

大家一定要知道，这种事对于清廷来说，调查案件的真相绝对不是最重要的。朝廷的第一反应就是紧急公关摆平这件事，没有第二个选项。因此，朝廷高调派出醇亲王载沣、武英殿大学士孙家鼐调查此案。这两位大神经过"严密调查"，认定庆亲王府上并没有一个叫杨翠喜的人，所以《京报》的报道和赵启霖的弹劾被定性为瞎掰。媒体瞎掰也就算了，赵启霖跟着瞎掰事就大了，于是赵启霖遭到了革职。

这消息一出，当时舆论哗然，媒体争相骂街，老百姓的情绪绝对不稳定，朝廷的紧急公关失败。

民间议论纷纷，朝廷只能将赵启霖官复原职，将段芝贵革职，让载振辞职谢罪。这一战，岑春煊、瞿鸿禨完胜。

慈禧很失望，庆亲王这一家子都是什么情况？这丢人现眼的，真让人头疼。瞿鸿禨决定趁热打铁，一举成功"倒庆"。总结经验来看，弹劾载振原本不成功，但有媒体介入，最终就成功了。同理，弹劾庆亲王应该也不会成功，但如果有媒体介入，慈禧也保不了庆亲王。

于是，瞿鸿禨玩了票更大的。他让人去联系《泰晤士报》大记者莫理循，透露了慈禧想要把庆亲王革职的消息。莫理循赶紧报道了这个大新闻，搞得全世界都知道了慈禧要废了庆亲王。这一下，慈禧被刺痛了。她清朝好歹是个独裁帝制国家，这还没立宪呢，媒体就想当太上皇？要是清朝的官员都拿媒体要挟上司，这队伍还怎么带？上司那点烂事还怎么藏？

按照《清史稿》的说法，瞿鸿禨跟太后谈事的时候，直接谈崩了。瞿鸿禨"直言忤太后旨"，场面一定是双方都不愉快了。此事一出，庆亲王一系的国史馆总纂官恽毓鼎弹劾瞿鸿禨"暗通报馆，授意言官，阴结外援"。慈禧一看，这弹劾弹到了她的心坎里，于是将瞿鸿禨革职。

瞿鸿禨被革职，岑春煊故伎重施，以辞职相威胁。这个时候，该袁世凯出手了。这也是历史上很著名的一次图片合成事件——袁世凯合成了岑春煊和梁启超的合影。恽毓鼎趁机弹劾岑春煊勾结康党，意图为戊戌政变翻案。这下刺痛了慈禧最敏感的神经，于是岑春煊被革职，这场政治斗争看上去以庆亲王和袁世凯的完胜而告终。

那么，瞿鸿禨和岑春煊到底失误在哪里？为什么大好形势就这么被逆转了？

其实这个事，是岑春煊没看清事情的本质。

岑春煊为什么能成为"官屠"？并不是因为他有多厉害。他以布政使之职位挑战总督谭钟麟，那是因为光绪皇帝想动谭钟麟。他能清洗四川官场，那是因为慈禧需要这样一个不怕得罪人的狠人来塑造朝廷的正面形象。朝廷就想让百姓知道，朝廷是好的，百姓看到的不好，都是底下的人办坏事。因此，岑春煊清洗四川官场，也是朝廷的一个姿态，这样谁能说我清朝腐败？

在庚子国变的时候，岑春煊是不是真护驾也不重要，重要的是慈禧需要塑造一个这样国难显忠良的形象，号召大家学习岑春煊。再加上庚子国变之后，慈禧也需要一个能制衡袁世凯的人，这才处处纵容岑春煊对付袁世凯系统内的小角色。而岑春煊误就误在默认了自己成功的模式是可复制的，用自己成功的经验指导后来的事。可他所谓的成功经验，全看慈禧的心情，并非想复制就能复制。

岑春煊并不明白，慈禧并不是多偏爱他，何况他也没什么了不起的大功。慈禧完全拿他当张之洞培养，但岑春煊却远不如张之洞"懂事"。

这些事，瞿鸿禨未必不知道。只不过他需要一个枪手冲锋陷阵，岑春煊正合适。瞿鸿禨误就误在"倒庆"的手法不对。庆亲王不是年羹尧，不是鳌拜，不是吴三桂,他成不了朝廷的威胁,就不适合用猛料去抹黑。当然,庆亲王本身够黑,瞿鸿禨那么做也不是什么抹黑。但是,首席军机大臣如果是超级腐败分子,那是打朝廷的脸。首席军机大臣是个这样的家伙,那军机处还有好人吗?朝廷还有好人吗?因此,利用杨翠喜案来打击庆亲王,这手段过于雷霆,其实是让慈禧难堪。假如没有莫理循那一出,慈禧未必不想换了庆亲王。瞿鸿禨还是着急了,没理解老太太的性格。慈禧是个脾气硬的主儿,瞿鸿禨利用外媒挟制她,这不是往枪口上撞吗?老太太就算日子不过了,也得办了瞿鸿禨。

另外,在慈禧不想办了庆亲王的前提下,谁再怎么折腾也没用。当年慈禧想要办了恭亲王,小小的翰林编修蔡寿祺一道奏折上去,她就办了。如今慈禧就算想办庆亲王,也得自己安排时间表。瞿鸿禨着急出手,结果满盘皆输。

这场大战,看似是庆亲王和袁世凯赢了,其实是所有人都输了。瞿鸿禨和岑春煊不用说,都被革职了,那就是输光了。可是,袁世凯在这件事上也没占便宜,他只能在天津当个总督,不能入朝主持新政。而庆亲王从此也臭了大街,虽然慈禧为了面子不仅没废了他,还给他升了铁帽子王,但他在朝里朝外都失去了号召力,顺带着让爱新觉罗家族也失去了号召力。

要说输得最惨的,那还是慈禧。朝中没有了岑春煊、瞿鸿禨、袁世凯,靠庆亲王、醇亲王等王孙贵胄是办不成事的。对于当时的清廷来说,续命的关键就是宪政。推动宪政的骨干人员大多来自预备立宪公会,而立宪公会的领袖就是岑春煊。这场风波,就是历史上赫赫有名的丁未政潮。

总之,这场丁未政潮,是清朝内部的一次非常严重的内耗,也算是耗尽了清朝的元气。对于袁世凯来说,当初意气风发地要做治世之能臣的希望破灭,清朝再无袁世凯可以主持政务的机会,而清朝的新政,自此也就放飞自我,开始了各种胡闹,以致上演了一出出匪夷所思的迷惑剧情。

那么,真正促成袁世凯心路历程改变的,又是哪些事呢?

袁世凯的危局

在丁未政潮之后,袁世凯所面临的危局,是中国近代史上总是被大家忽略的问题。随着清廷政局的变化,袁世凯的危局逐渐走向了无解的状态,这也是他心路历程发生变化的重要原因。

袁世凯自然不是那种庸庸碌碌的人，他是个有理想的人，所以在李朝时，他就算背黑锅也要越权行动，粉碎日本的阴谋。而回国之后的袁世凯，被官场洗礼得晕头转向。要怎么走下去？这对于一个不安于庸碌的官员来说，是非常难的。

比如面对维新变法、义和团运动等大事，无论他想不想掺和，都得表态站队，站错了就是死罪。秦朝以来，仅仅是做好本职工作的官员，肯定是没法生存的。而且，皇帝越伟大，臣子越危险。不信就参考汉武帝时期的丞相们，能猝死在工作岗位上就是最幸福的。

袁世凯也看多了这种事：昨天恭亲王还是朝廷的擎天白玉柱，今天可能就成了"卖国贼"；昨天皇上还号召学习康有为，今天康有为就成了通缉犯。别说只是这样的人物了，就算皇上，昨天还是一代明君，今天就被关进瀛台了。这上哪儿说理去？

尤其是袁世凯，几次被迫做选择之后，他就莫名其妙地成了光绪皇帝的死对头。因此，袁世凯别说是实现政治理想了，就算要好好活下去都难。他要解决这个危局，就必须积极推进宪政、法治。

在一个正常的社会框架下，一个人应该不惧怕另一个人，哪怕这个人是皇帝，也无法随意剥夺另一个人的生命财产。

当然，清朝肯定有人觉得这是阴谋，老百姓就该惧怕皇帝，皇帝能随意生杀予夺那是人家有本事，你有本事你也可以啊。

从袁世凯的角度来讲，如果清朝继续维持这样的体制，他早晚是死路一条。因此，他比任何立宪派大臣都迫切地希望赶紧采用宪政。

在清廷搞新政之初，像张之洞、岑春煊这样的人，首先要做的还是深化洋务运动，比如建立警察制度、编练新军等，而这一阶段的袁世凯玩得就大了，他开始在天津试行地方自治、司法独立。

随着满洲贵族和岑春煊等人玩命挤对袁世凯，老袁不得不离开北京，在天津当直隶总督。可能在这个时候，他明白了曾国藩的不容易，明白了李鸿章的不容易。自洋务运动以来，这直隶总督岂是那么容易当的？越是这样，袁世凯改变这个体制的决心就越大。这也是从他自身考虑的结果，假如不改变现状，哪天北京来个太监传个旨，自己的小命就没了。

而且，清朝这种体制，内耗太严重，干点正事特别难。可能在观感上，有人会认为一开会就吵架的制度内耗大，实际上上班不吵架的制度内耗更大。比如这军机处，进去之后有个匾，写着"一团和气"。军机大臣们一般不吵架，大家都是跪受笔录的奴才，听皇帝的话就行了。但是，清朝的官要想做得专业，那得抽出自己至少90%的精力琢磨上司和同僚。一步没算到，轻则丢官，重则丢头，这内耗不严重吗？谁要是拿出10%的精力干正事，那就是敬业的官了。

因此在清朝历史上，最聪明的官就是曹振镛。人家把这个体制吃透了，总结来总结去，发现要想官运亨通，就要秉持"多磕头少说话"的六字箴言。别张罗着做事，就不会犯错。上司让怎么干就怎么干，大不了被当成愚笨之人，哪个上司会跟愚笨之人一般见识呢？所以，曹振镛做到了首席军机大臣、大学士、上书房总师傅、太傅，而且绘像紫光阁，赐紫缰，死了谥"文正"，入祀贤良祠。整个清朝就八个"文正"，你服不服人家？毫无疑问，曹振镛活着的时候，同僚们暗中笑话他傻，曹死了之后，他也是个青史留名的傻子。但是，也只有这样庸碌的人，能在清朝混得风生水起。

这是多荒唐的一个时代，这是个逼聪明人为傻子的时代。袁世凯肯定不想当这种人，因为这种人并不好当。指望做到不要脸就能成为曹振镛？门也没有，这得有天赋，还得有后天的努力和修炼。老袁显然不是这块料，要不他早考上进士了。

时代给了他机会去改变这一切，但是随着丁未政潮的尘埃落定，袁世凯又失去了这个机会。显然，慈禧只是希望他成为另一个李鸿章，但李鸿章的时代也一去不复返了。就算袁世凯能学李鸿章当个清朝的裱糊匠，这时候的清朝也不那么好糊了。

那没办法，袁世凯能做的挣扎，也就是在丁未政潮之后，不断上奏赶紧立宪。然而，当时骂袁世凯才是朝堂上的主流做法。比如御史赵炳麟突然弹劾袁世凯，并把袁世凯比作年羹尧。

慈禧并不打算动袁世凯，毕竟慈禧还是希望袁世凯能成为第二个李鸿章的。袁世凯也懂事，主动把北洋六镇中的四镇交给陆军部直辖，自己则继续推进天津的地方自治和司法独立。到了光绪三十三年（1907年），天津自治初步完成，天津人选出了自己的议会，选出了正、副议长，并且在天津试行司法独立。袁世凯奏请以天津为蓝本，先在直隶推行，然后推广到全国，三年内完成。

只要这个事完成了，袁世凯就不怕满洲贵族们想杀他了。杀人得有理由啊，得先去法院起诉，再由法院依法定夺。袁世凯迫切地希望一道圣旨就杀人的时代一去不复返。

慈禧也没说不行，这么大的事得商量不是？于是在大小官员的弹劾中，在袁世凯顶着"曹操""刘裕"的外号时，慈禧"破格"提拔袁世凯再回北京，任军机大臣、外务部尚书。

与袁世凯一起被提拔的，还有湖广总督张之洞。实际上，慈禧也是在进一步剥离这两位手握重兵的地方总督的兵权。

然而，袁世凯的小算盘还是落空了。在宪政、地方自治、司法独立还没完成的情况下，慈禧和光绪都死了。这下出事了，慈禧也是，该死的时候不死，不该死的时候倒死了。慈禧死了，清朝的统治阶层就没有明白人了。

慈禧临死也是经过思想斗争的，想起了当年清朝续命成功的例子，那就是组建小皇帝、亲王、太后三位一体的领导架构。于是，慈禧安排了两岁的溥仪继位，又让他的亲爹醇亲王载沣为摄政王，与光绪帝的皇后隆裕太后一起执政。

这等于清朝的最高权力，完全由醇亲王家族掌控。醇亲王家族那是有祖训的，老醇亲王奕𫍽对子孙有训示："财也大，产也大，后来子孙祸也大，若问此理是若何，子孙钱多胆也大，天样大事都不怕，不丧身家不肯罢；财也小，产也小，后来子孙祸也小，若问此理是若何，子孙钱少胆也小，些微产业知自保，俭使俭用也过了。"

小醇亲王载沣成了摄政王，脑子里想着的是老醇亲王的训示，你琢磨他还能做成什么。

对于袁世凯来说，慈禧的死算是个晴天霹雳，他的危局自此无解。他跟这个摄政王素来不和，这回犯人家手里了，又要重提保命的事了。

在很多电视剧中，袁世凯手握重兵，一手遮天，真实情况其实并非如此。没了慈禧这个靠山，不光摄政王要对付他。当初维新派支持光绪帝，好不容易熬到慈禧死了，当然支持光绪帝的弟弟。而且，维新派还拉拢了肃亲王善耆，这些都是倒袁的势力。袁世凯能依靠的就是庆亲王，但庆亲王这个人利益至上，他虽然不赞同摄政王杀袁世凯，但也断不至于为了袁世凯跟皇族闹翻。

那么北洋军可以依靠吗？也很难说。北洋将领都是清朝的官，犯不上为了袁世凯反对朝廷。比如北洋军中最优秀的所谓"北洋三杰"，王士珍当着陆军部侍郎，那是清朝的忠臣，冯国璋是正黄旗蒙古副都统，还是军谘使，也是清朝的忠臣，段祺瑞是北洋第三镇统制，他倒并非清朝的忠臣。

因此，袁世凯竭力拉拢段祺瑞。关键时刻，段祺瑞就是他的保命符。

自从摄政王上位，袁世凯就请病假不去上班。摄政王要杀袁世凯，庆亲王肯定不大同意。而反对最激烈的，就是张之洞。

就在这个时候，出了个小插曲。目前尚未有证据表明此事是谁指使的，总之，北京南苑出现了个别士兵闹事。这本是件规模非常小的事情，新闻都懒得报道的那种。可就是这么一件谁都不在意的小事，驻军保定的段祺瑞未奉旨就风风火火地来平叛，在南城一阵机枪大炮，估计也是零伤亡。

摄政王明白了，这票人是给袁世凯壮胆的。摄政王有招吗？肯定没有。这时候袁世凯上奏说自己脚有毛病，想回河南老家养病。摄政王和隆裕太后商量后，解除了袁世凯军机大臣和外务部尚书的职务，准其带着荣誉退休回乡，在河南彰德府洹上村钓鱼。袁世凯离开北京前，把自己在北京的府邸送给了段祺瑞。

据传说，袁世凯就算回到了河南，也依然掌控着朝局。真的是这样吗？我们来看看袁世凯回乡钓鱼的时候写过的这两首诗。

> 身世萧然百不愁，烟蓑雨笠一渔舟。
> 钓丝终日牵红蓼，好友同盟只白鸥。
> 投饵我非关得失，吞钩鱼却有恩仇。
> 回头多少中原事，老子掀须一笑休。

这首诗虽然对仗不大工整，但也说清楚了老袁的内心所想。大体意思就是说，老子不跟你们这帮王孙贵族一般见识，老子以后只钓鱼，不搭理你们。

如果说这首诗仅仅表达了自己的不满，那么下一首就更值得玩味了。

> 百年心事总悠悠，壮志当时苦未酬。
> 野老胸中负兵甲，钓翁眼底小王侯。

> 思量天下无磐石，叹息神州变缺瓯。
> 散发天涯从此去，烟蓑雨笠一渔舟。

这首诗在当时肯定不是能发表的作品，因为这首诗的内容非常不和谐。这要是人尽皆知，估计也够得上死罪。清朝形势一片大好，袁世凯却说"神州变缺瓯"，这不是"卖国贼"是什么？尤其那句"钓翁眼底小王侯"，这就是公然藐视清朝的领导集团。所以说，这两首诗在当时就是袁世凯写给自己看的。我们有理由相信，袁世凯虽然各种不满情绪，各种壮志未酬，各种忧国忧民，但还是想就此退隐江湖。

我们印象中，好像很多人都说袁世凯回家"养病"是玩弄权术，其实牢牢掌握着北洋军，依然是大清的幕后掌舵人。这个观点是非常有问题的，他要是曹操、董卓、刘裕这样的大佬，如果宣布回家养病会怎样？那摄政王得亲自登门去请。袁世凯都混到回村钓鱼了，就是混惨了。他也没料到后来会有辛亥革命，对当时的他来说，压根想不了那么远，能活着钓鱼就算不错了。而且他都这个岁数了，总不指望可以熬死摄政王吧。

由于司法独立和宪政都没完成，他要想安安稳稳地钓鱼还没有那么简单。假如有一天来个太监传旨赐自尽，他连通知段祺瑞都来不及。所以，袁世凯还不能完全避世钓鱼，他家里有电报机，他得随时和自己的那些老熟人联系，掌握朝廷的动向。

他想当曹操，没那机会。想当诸葛亮，慈禧也没托孤给他。那他只能当司马懿，在老家好好蛰伏，能活着就好好活着。万一天下有变，他还有出山的机会。

而北洋的将领也并非对袁世凯有多忠心。如果跟着袁大帅有肉吃，那就跟着袁大帅；如果没肉吃，管你是圆大帅、方大帅还是三角大帅，谁说话都不好使。

就在老袁钓鱼的时候，辛亥革命爆发了。朝廷为什么会认为除了袁世凯，谁也搞不定这事？而袁世凯怎么就变成窃国大盗了？

窃国大盗出山记

辛亥革命的爆发是近代史上一件偶然的必然事件。说必然是因为帝制已经走到了穷途末路，革命党部署了那么久，早晚都会起事；说偶然是因为武昌起义的发生并不是革命党事先计划好的，这件事本身具有偶然性。因为辛亥革命的爆发，中国南方很快就脱离了清朝的控制。

那么，清廷为什么一定要请袁世凯出山当这个救火队员呢？是不是单纯因为北洋军不听指挥呢？其实也不是那么回事。北洋军内部从来不是铁板一块，即便是袁世凯，也不能在下野后掌握这支部队。因为北洋军虽然看上去是仿照日本军制创建的新军，但从根子上看，这支部队还是团练的底子。

在讲曾国藩的时候，我也说过团练部队的问题，那就是军队的领袖只能掌控自己下一级的军官，难以掌控更往下的军官。这也意味着，每一镇的军官其实就像唐代的藩镇，大家相互独立，互不统属，很难精诚合作。因此，朝廷派出荫昌来统领北洋军，无法让北洋军行动统一。

另外，具有团练底色的部队还有个特点，就是成立之初训练有素，具有较强的战斗力，但是时间一长便会腐化，战斗力大打折扣。因此，北洋军虽然跟革命军相比占有优势，但不是绝对优势。比如江苏战场上，张勋的部队就节节失利。

但从朝廷的角度看，革命军中有新军，有会党，有各种各样的组织，可以算作乌合之众，而北洋军每年消耗的军费在那摆着呢，绝对是装备精良。那么北洋军出马，应该会像摧枯拉朽一般。达不到这个效果，朝廷就会觉得是北洋军不听指挥。

唯一有战斗力的也就是冯国璋的部队，但冯国璋虽然攻下了汉阳，却无力控制整个武汉。

这个时候的北洋军由于迅速腐化，战斗力的退步实在令人咋舌。

这种情况下，庆亲王奕劻和内阁大臣徐世昌上奏隆裕太后，建议起用袁世凯。眼看形势危急，摄政王也不敢说不用袁世凯，于是任命袁世凯为湖广总督，让他取代荫昌为总指挥，全权负责镇压革命党。

袁世凯不满足于区区一个湖广总督，拒绝出山。最终，朝廷解散庆亲王内阁，任命袁世凯为内阁总理大臣，全权负责清朝的军国大事。

此时袁世凯手握大权，能否全面控制北洋军？其实他也不能。北洋军各个将领的意见都不统一，比如王士珍、张勋、冯国璋都倾向于维护清廷，而段祺瑞则倾向于推翻清廷。袁世凯作为各个北洋大将的老上级，也只能做到用昔日的威望以及利用北洋各将之间的矛盾来主持大局。

不过下一个问题他就不能解决了。即便袁世凯挂帅，他也没能力扑灭渐成燎原之势的革命火种。而且，即便袁世凯能镇压住革命党，袁世凯也担心会再次被清廷抛弃。

当然，革命党人也没把握一定能北上灭了清廷。于是，革命党人以极大的诚意，称呼袁世凯为"中国华盛顿"，呼吁袁世凯推翻清廷，同意共和。

终于，袁世凯选择了对他最有利的一条路，那就是联手南方，逼清帝退位。

1912年2月12日，隆裕太后以宣统帝的名义颁布退位诏书，从法律上把中国的统治权从清朝皇帝手中还给了国民。而当时能够代表中国的政府，就是南京临时政府。自此，中华民国成立。

中华民国临时大总统孙中山辞职，南京临时参议院走了选举的程序，选出袁世凯为临时大总统。为了避免袁世凯窃取革命果实，变成又一个皇帝，孙中山留下了三招来限制袁世凯。这三招分别是：定都南京，让袁世凯到南京就职，颁布《中华民国临时约法》（简称"《临时约法》"）为暂定民国宪法。

袁世凯本人对这三招非常不满。在袁世凯看来，这其实是在卸磨杀驴。

过去革命党算清朝的通缉犯，是因为袁世凯才成功洗白，从"反贼"摇身一变为国家英雄。之前革命党都称袁世凯为"中国华盛顿"，而真当袁世凯推翻了清廷，他发现情况不对了。

华盛顿是什么人？那是货真价实的美国总统，既是国家元首又是政府首脑。而袁世凯这位"中国华盛顿"上位后，发现如果遵守《临时约法》，自己这个民国总统只是个虚位元首，国家大事由总理说了算。老袁肯定不服啊，人家本来是清朝的实权总理，到民国成了虚位总统，那不是白忙活了？

袁世凯是绝对不可能放弃权力的，所以他拒绝前往南京就职，甚至宣布辞去临时大总统的职务。

南京参议院经过商讨，决定做出让步。定都南京的事先搁置，但要求袁世凯必须到南京就职。这个时候，袁世凯还必须遵守南京参议院的决议，因为在法理上，清朝皇帝把权力还给了国民，而南京临时参议院则临时代表国民行使权力。临时参议院选举袁世凯为临时大总统，这是袁世凯这个清朝总理变成民国临时大总统的法理依据。

在这种情况下，南方派出以蔡元培为首的使团迎接袁世凯南下，使团成员还对袁说明，此番南下就职，是南北化解隔阂的一种姿态，绝非定都南京，而且还表明不排除定都北京的可能。

袁的态度也很明确，他表示极愿意南下，但是现在走不开，需要准备一下，局势稳定了就走。

传统观点一般认为袁是在找借口，不愿意南下。其实不然，袁是真的走不开。当时的形势非常危急，在清朝的最后一年，俄国攻入蒙古，企图分裂中国。

满洲贵族在捐款救国的时候不积极，但在清朝摘牌之后，部分贵族倒组成了宗社党，密谋恢复大清。日本也蠢蠢欲动，打算勾结宗社党搞"满洲国"。

东三省的督抚、谘议局都坚决反对共和，坚持君主立宪。蒙古地区的王公们同样坚决支持君主立宪。陕甘地区的督抚们也不承认共和，支持君主立宪。

这些势力需要袁世凯去劝，去安抚。而且关键是，北洋军已经露出分裂的苗头了，袁世凯并不能完全掌控各个派系。比如段祺瑞，他干什么一般都不请示，特别横。

清朝改民国，原来的驻京禁卫军、满人军队肯定不服。之前我也讲过，北洋六镇中的第一镇，就是以旗人为主的军队。袁世凯怕他们闹事，调来了第三镇进京，第三镇和旗人军队屡屡有摩擦出现。

也有人说北京是袁世凯的地盘，他害怕到了南京被刺杀，这说法也不对。因为，北京从来不是袁世凯的地盘，他无论是北洋大臣还是军机大臣，在北京混得都不怎么样。袁世凯在和谈期间，就在北京被刺客扔过炸弹，卫队数人被炸死。清帝退位后，袁世凯收到的死亡恐吓信都够糊墙的了。

根据当时的形势，能勉强在北京镇场子的，也只有袁世凯，或者清朝皇帝。

如果袁世凯南下，皇帝会不会复辟？不排除有这种可能。

这些都是很现实的事，也不是说袁世凯非不去南京。就在这个时候，曹锟所率的北洋陆军第三镇第五协第九标发生了哗变，这支部队以索要军饷为名，纵兵劫掠京城，主要攻击目标就是银行、造币局。当然，一些资料显示，蔡元培的下榻地点和各国使馆也受到了威胁，可他们都没受伤。

很快，天津、保定也出现了军队哗变，抢劫活动升级。

这件事是个历史悬案，至今没有一个确切的说法来说明这事是谁指使的。

一般来说，大家会认为幕后主使是袁世凯。比如袁世凯磨磨蹭蹭一直不想去南京就职，比如兵变的北洋陆军第三镇是袁世凯直接管辖的，比如兵变时北洋军法处的官员不拦着，比如当时管着京城所有警察的赵秉钧下令警察统统离岗。

但是，袁世凯确实没有必要这么干。不就是去南京就职吗？这事还可以商量，去了也无妨，不去也没事，不至于搞这么大阵仗。把银行都抢了，将来新政府还得找外国借款度日。

况且这是兵变，军法处怎么管？赵秉钧手下那些警察怎么管？根本就管不了。

再看当时亲历这件事的相关人士的态度，蔡元培不认为是袁世凯做的，徐永昌也不认为是袁世凯做的。这两位都不是袁世凯的人，尤其是徐永昌，未来还是坚决反对袁世凯的。当时徐永昌驻守铸币局，当然，也没拦住乱兵的抢劫。唯一坚决认为此事是袁世凯所为的人，就是刘成禺，这是目前唯一的孤证。刘成禺是当时南京临时政府的参议员，也是北上使团的成员之一。他自称是听唐绍仪说的，当时唐绍仪在袁世凯家，亲眼看见曹锟推开袁世凯的门，报告兵变的事办妥了。

这个事最大的疑点就是见袁大总统为何不用通报。而且，这事不是刘成禺亲眼所见，他说他是听唐绍仪说的，而唐绍仪自己却没在公共场合说过。并且，在兵变后第三天，唐绍仪接受了英国记者莫理循的采访，提到过自己在兵变当晚并未出门。

根据当时总统府秘书许宝蘅的日记来看，兵变的消息传到总统府，袁世凯以为是禁卫军兵变了，于是马上换便装躲入地窖，并派人去安抚禁卫军，表示军饷上涨，补贴照发，剪不剪辫子随意，大家不要闹事。但后来消息传来，兵变的是第三镇，于是袁世凯大怒，声称要抄家伙亲自去平乱。许宝蘅、段芝贵、梁士诒等幕僚认为黑夜出兵，容易玉石俱焚，因此袁世凯下令让目前还听话的各个军营不得擅自行动，均驻守营地。

总的来说，袁世凯做这种事的理由和动机并不充分。那会不会是曹锟做的？曹锟敢不敢私自行动？

这个倒是有可能。北洋诸将是不希望袁世凯去南京的。道理也很简单，在前清的时候，南京方面那些革命志士是"反贼"，而他们北洋诸将都是实权派的大官。如今改朝换代，还是在北洋将领推动下完成的，各位大帅们迫切等待袁世凯的封赏。袁世凯要是去了南京，必然得提拔一些南方的革命志士，这对于北洋将领来说，是非常难以接受的。包括后来的段祺瑞也好，曹锟也好，谁掌权都不跟南方和谈，都是主张武力统一全国，坚决反对联省自治。因此，曹锟兵变阻止袁世凯南下的可能是有的。

那么曹锟敢不敢这样做？完全敢。袁世凯离开北洋军很久了，其实当时的北洋军中，有真实力的就是段祺瑞、曹锟、冯国璋。而且，冯国璋的实力也是靠曹锟支撑的。袁世凯并不具备控制他们的能力，只能是制衡一下。

从结果上看，这场兵变最大的受益人就是曹锟，抢了钱，壮大了实力，还没人敢说他。

除了曹锟之外，还一个嫌疑人，就是袁克定。主要指证袁克定是主谋的人当中，一个是当时北洋陆军第三镇的参谋杨雨辰。他在《壬子北京兵变真相》中回忆说，在南方使团到京之前，袁克定在自己的公馆邀请了姜桂题、曹锟、杨士琦、杨度秘密议事。这件事杨雨辰没参与，但事后曹锟对杨雨辰透露，袁克定说大总统如果去南京，兵权就得交给别人，所以建议搞个大动静把使团吓走，不过当时这事大家也没拿定主意。后来袁克定又单独找了曹锟，说难道清朝皇帝逊位，北洋军官也要逊位吗？后来曹锟干了这事，兵变之后袁世凯叫来曹锟发了雷霆之怒，曹锟自称第一次见袁世凯发那么大的火。因此，杨雨辰认为北京兵变的主使人是袁克定，非袁世凯。

另一个指证袁克定的人，就是袁克定的妹妹袁静雪。她在《我的父亲袁世凯》中说这事就是她大哥袁克定和曹锟密谋做的，袁世凯事前并不知道。而且袁克定在北洋军中的影响力不小，他善于交际，与各个大佬关系都不错。

还有一个指证袁克定的重量级人物就是袁克文，他在《辛丙秘苑》中记录了袁克定勾结曹锟搞兵变的内幕。

当时担任总统府秘书，后来反对袁世凯的张一麐在《五十年来国事丛谈》中指出，袁克定的初期目标就是趁着兵乱夺了紫禁城，上演一出黄袍加身的好戏，推袁世凯登基。但因为当时清室还有禁卫军保护，这个计划没能成功。

综合我个人能找到的这些资料，我主观上认为袁克定的嫌疑是最大的。他一直反对共和，一直有个皇太子梦，所以他有理由为共和制造障碍，拉拢军队大佬，为自己的皇太子之路做准备。万一袁世凯去了南京就职，肯定会提高南方革命志士担任要职的比例，这些人都不是袁克定能拉拢的对象。

在这一点上，袁克定和北洋大佬们的利益是一致的。而且，袁克定是个不怕事大的人，包括他未来操纵媒体鼓吹帝制的时候，也是毫无政治远见，他干出这事来并不奇怪。

北京兵变的后果，一方面是以黎元洪为首的革命大佬们纷纷致电，要求袁世凯不必南下，坐镇北京，另一方面是袁世凯一把好牌全废了。

北京兵变最大的受害人，莫过于袁世凯。第一，这个当时的"中国华盛顿"开始声名狼藉，很多人无所不用其极地渲染袁世凯发动兵变。第二，袁世凯当年在直隶总督、北洋大臣、外务部尚书位置上积攒的国际人望也大为贬值，一向看好袁世凯的外国外交人员，一度对袁世凯感到失望。袁世凯为了维护友邦，提出允许外国外交人员履行《辛丑条约》暂时驻军保护使馆，但又遭到国内舆论的大力批评，这"卖国贼"的帽子是甩不掉了，搞得自己里外不是人。第三就更严重了，清朝改民国，最大的危机就是财政危机。这下可好，银行被抢劫一空，导致袁世凯即将谈成的借款合约搁置。第四，袁世凯一心想要建立一个大政府的愿望落空，民众提起新政府都由衷地"赞叹"：呸！

但日子还得过啊，袁世凯不得不做出更大的让步来继续谈判借款，以维持新政府的运作。另外，关于消弭南北隔阂，既然他去不了南京，那就请孙、黄两人来北京聊聊，不也一样吗？

孙、黄好请，但有一位大佬不好请，这个人就是副总统黎元洪。黎元洪稳坐湖北，割据一方，与袁貌合神离，与孙貌离神离。在前清，袁世凯当军机大臣的时候，黎元洪只是个协统。如今黎元洪想要出个点子套路袁世凯，这两位大人物之间势必要有一次斗法。

不是长着八字胡就能当总统

黎元洪是个中国近代史上非常神奇的一个存在。以他的才干，他本不该出现在那么重要的位置上。然而历史有时候就是这么幽默，生拉硬拽地让黎元洪出现在了主角的位置上。

这是个我们都知道的故事，武昌起义爆发，首义的新军、文学社成员都是年轻人，没有重量级人物的参与。在这种情况下，辛亥革命没有号召力。于是，所谓辛亥革命首义的张振武等人，把躲在朋友家里的协统黎元洪从床底下拽了出来，并强制给他剪了辫子，奉之为军政府大都督、大元帅什么的。我老觉得张振武等人给黎大元帅贺号的时候漏了俩字，应该叫"天蓬大元帅"。

当时黎元洪差点没吓死，后来发现清朝要完了，就堂而皇之地做了大元帅。在民国初年，他与孙中山、袁世凯鼎足而三。我觉得别人出力他上位的行为，才叫窃取了革命果实。

那么，黎元洪过去当的这个协统是个什么官呢？之前我们讲过，袁世凯最初的设计是全国训练三十六镇，但是到辛亥革命时期也没完成这个计划。黎元洪这个协统，就是一个协的最高长官，相当于今天的旅长。由此可见，黎元洪在辛亥革命前并不是什么大人物，只不过革命党当时能找到的最高军事长官就是协统，黎元洪就是这么稀里糊涂上位的。

黎元洪稀里糊涂地当了大元帅之后，为了排挤同盟会系统的革命党人往湖北渗透，也利用文学会系统的骨干来对抗同盟会系统，包括抵制孙中山、黄兴等人。

在湖北，虽然名义上的大元帅是黎元洪，但真正的革命元勋是蒋翊武、张振武、孙武这三位，他们被称为"首义三武"。

蒋翊武是文学社社长，也是武昌起义军的总司令，但是起义一开始他的指挥部就被清军给端了，蒋翊武则跑路了。等革命军控制武汉后，蒋翊武再回来，也就失去了兵权。

张振武是实际全程参与武昌起义的革命军领导人之一，也是武昌起义后湖北地区的实权派，黎元洪就是他拥立的。

孙武不会写兵法，但他是共进会的创始人之一，也是间接导致武昌起义爆发的人物。他们在租界造炸弹，但不幸爆炸，引起了清军的警觉和调查，起义计划和名单落入了清军手中，这才让武昌起义提前爆发。但孙武被炸伤，等养好伤回来，革命已经结束，他也失去了兵权。

因此，在当时的湖北，张振武是个狠角色、大人物，有自己独立的军队将校团，也常常以武汉革命政府的"太上皇"自居，帮助黎元洪学习历史上各种傀儡吉祥物的心路历程。

其实说白了，黎元洪在湖北相当于秦末义帝这个角色，他是张振武扶植的，所以张振武对他并不怎么尊重。但有不少人还是尊重黎元洪的，有人尊重，黎元洪就不会甘愿当张振武的吉祥物。而且张振武等人也没放弃过找个机会搞掉黎元洪。所以，黎元洪时刻不忘翻身成为真正的大元帅。

趁着北京兵变的机会，黎元洪决定搞些小动作，只不过不知道他怎么琢磨的，竟决定拿袁世凯当冤大头。那他会怎么做呢？这就有意思了，北京兵变之后，黎元洪马上表态，坚决支持袁大总统坐镇北京，并表示国家和人民离不开袁大总统，坚决反对南京方面非让袁大总统去南京就职的决定。

也就是说，黎元洪倒向了袁世凯。这对于南京方面来说，可是个极为不妙的消息。那没辙啊，迫于舆论和实力压力，孙中山决定接受袁世凯的邀请，去北京商议大事。而作为三巨头之一的黎元洪，当然也在袁世凯的邀请之中。不过，孙中山去了，黎元洪没去。

那黎元洪想玩什么呢？他其实没有那么大的野心，他就想当个湖北王。毕竟他在湖北有一定的影响力和实力，唯一的障碍就是张振武等革命元勋。

所谓的"首义三武"中，其实也就张振武值得忌惮，另外两人形同虚设，袁世凯也看准了这点。为了拿下湖北这个割据政权，他也有意无意地接黎元洪的招，总对黎元洪表示支持，替黎元洪对张振武的跋扈表示不满。而且，张振武携带湖北军政府的款项去上海购买军火之后，回来就武装了自己的将校团。黎元洪愈发对其不满和忌惮，江湖上也有张振武要组织二次革命的传闻。

袁世凯下令，请革命元勋们进京封赏。这些元勋们到京之后，都被封为总统顾问。张振武不干了，他是全国闻名的革命元勋，仅仅是当个顾问吗？张振武不服，非要干实事，坚决不当顾问。袁世凯更绝，你不是要干实事吗？我干脆封你当蒙古屯垦使，不给经费，你自己去干事吧。

张振武一怒之下，返回了武汉，在武汉成立了蒙古屯垦办事处。

袁世凯一看，张振武果然是桀骜不驯。在此之后，袁世凯和黎元洪有了个默契，他俩都劝张振武返京。袁世凯说了，张元勋走早了，这还没到处演讲革命经验，也没来得及授勋呢。

张振武当时多少也有点膨胀，于是张振武和另外十五个革命元勋又回了北京。这回行了，北京名流们就像张振武的后援团一样，排着队请张振武吃饭。

1912年8月15日，这天请张振武吃饭的是姜桂题、段芝贵等北洋老人，吃饭的地点是当时北京档次最高的六国饭店。张振武习惯性地在席上指点江山，完事后回住所。当他的马车走到前门一带的时候，一群兵丁冲出来，包围了走在前面的赣军协统冯嗣鸿的车，要找个姓张的。一打听发现前面车上的姓冯，这群兵便围了后面张振武的车。张振武大怒，怒斥这些兵丁，问在国都谁敢抓张振武。

张振武，那绝对是人的名、树的影，到哪都是金字招牌。但是张振武没想到，这群兵抓的就是张振武。很快，张振武被押到了军法处。张振武不服，这是民国，又不是大清，民国难道还敢杀民国的革命元勋？行，军法处对张振武出示了民国副总统黎元洪的电文，上面总结了张振武这个小学老师结党营私、侵吞军费、蛊惑军队、勾结土匪、破坏共和、图谋不轨等诸多大罪。所以，黎元洪副总统只能"挥泪斩马谡"，请袁大总统将张振武正法。

张振武不信，黎胖子安敢如此？军法处也不和张振武掰扯，不信是吧，来看看这个。军法处出示了袁大总统的总统令，袁大总统在令中表示自己感到十分惋惜，没想到革命元勋犯了这么多大罪，既然有黎副总统证词，为了那些为革命而牺牲的将士们，那就按照黎副总统的意思办吧。

次日，张振武被枪决，同时被枪决的还有张振武的亲信、湖北将校团团长方维。那么问题来了，军法处出示的黎元洪的电报是真的吗？绝对是，而且电报到了北京，袁世凯反复确认过，这就是黎元洪本人的意思。那么新问题又来了，黎元洪发个电报，就是想让袁世凯替他当枪使。袁世凯当真杀了革命元勋，这袁世凯是脑子坏了吗？看过《三国演义》都知道，曹操想杀祢衡，自己怕舆论不好听，于是借刀杀人，把祢衡送到了刘表那里。刘表也不傻，不想当曹操的枪，又把祢衡送到了黄祖那里。黄祖缺心眼，替曹操和刘表杀了祢衡，落了一身骂名，还突显了曹操和刘表的大度。

黎元洪既然这么拙劣地套路袁世凯，袁世凯为什么会上当呢？别着急，张振武死后，全国舆论哗然，大家正在声讨袁世凯的时候，袁世凯在报纸上刊登了黎元洪给自己的密电，以及自己反复确认这就是黎元洪本人意思的电文。全国人民一看，原来杀害革命元勋张振武的幕后主使竟然是忠厚长者黎元洪。黎元洪"人设崩塌"，再想和袁世凯、孙中山鼎足而三是不够格了。南京方面也正式宣布和黎元洪划清界限。湖北的张振武余部，以及部分革命党人甚至准备策划诛杀黎元洪的起义。

然而蛇无头不行，"忠厚长者"黎元洪撕掉最后的伪装，在湖北大开杀戒，清除异己。如果仅仅是这样，倒也显不出袁世凯的套路深。这件事的结果看上去是黎元洪独立掌握了湖北。不过，千夫所指的黎元洪没了退路，只能跟着袁世凯一条路走到黑了。然而，袁世凯怎么能看上这个水平的人？袁世凯其实还有后招。

袁世凯发电报邀请黎元洪进京议事。黎元洪再傻都明白，北京去不得。自己离开湖北就废了，死活不去。宋教仁案之后，江西都督李烈钧发动了二次革命，旋即失败。袁世凯下令免去李烈钧江西都督的职位，任命副总统黎元洪暂代江西都督的职位。黎元洪还是死活不去江西。不去是吧？好，袁世凯派来了北洋军中几乎是最有实力的段祺瑞亲自到武汉"迎接"黎元洪。这回黎元洪不能给脸不要了吧？只能无奈地和段祺瑞交接了工作，登上了北上的列车。

到了北京的黎元洪，被袁世凯高规格接待，双方还结成了儿女亲家。然后，袁世凯就把黎元洪安排住到了瀛台。瀛台是什么地方？那是当初慈禧关光绪帝的地方。自从黎元洪住进了瀛台，袁大总统就因"国事繁忙"，把黎副总统遗忘在了角落。

其实袁世凯也不是神，想套路他也不是不行，关键得看自身水平。关键是黎元洪实在不具备这个智慧，他武夫出身，最善于干的事就是屠杀比他弱小的人。比如他在刚当上协统的时候驻扎汉阳兵工厂，因为和工人发生了冲突，就派军队镇压了工人。就干这种事，黎元洪那是一门灵。单从技能上讲，黎元洪最擅长的是修理船上的发动机，过去他就是学这个专业的。但不管怎么说，在阴人玩人这方面，他比袁世凯差太远了，套路袁世凯的结果，就是造就了黎元洪只能一辈子当傀儡的命。

人有时候在同一件事上就能活明白。比如张振武，临死前想写一封家书，但最终一字未写。事已至此，多说无益。所以张振武走得很安详，并没有喊冤骂街哭闹。在瀛台的黎元洪也是活明白了，从此他再也没想过夺权上位，哪怕后来又当了傀儡大总统，做事的原则也是维护民国的共和体制。无论是袁世凯称帝封其为武义亲王，还是溥仪复辟封其为一等公，黎元洪都力辞不受。

最终，晚年的黎元洪在商界找到了自己的位置。发发财多好，没事从什么政呢？

而在随后的国会大选中，国民党成为国会第一大党。根据《临时约法》的规定，国会第一大党的党魁将出任民国的总理。因此，宋教仁将会成为内阁总理，黎元洪这个副总统就被排除在核心权力层之外了。

黎元洪始终都不算袁世凯像样的对手，那么孙中山算袁世凯的实力派对手吗？

袁世凯的最大对手

在民国伊始，孙中山虽然在名气上与袁世凯、黎元洪鼎足而三，但孙中山的实力其实是最弱的。

黎元洪好歹还有点嫡系部队，孙中山没钱又没兵，不具备军事硬实力。可能会有朋友说同盟会，但当时同盟会内部不是死板一块，而且同盟会改组为国民党后，真正的党魁是宋教仁，并不是孙中山。所以在相当长的一段时间里，袁世凯并不把孙中山当成主要对手，甚至可以说把孙中山当作能够笼络的对象。那么这两个人怎么就站到了对立面，视彼此为最大的对手的呢？这就得从这两个人的政治平衡被打破说起。

我们看民国初年的历史，袁世凯和孙中山的关系起初还是很和谐的，但这不代表两个人就真的关系好。从孙中山的角度讲，他对袁世凯其实是很失望的。他发现袁世凯这个在晚清被称为先进代表的人，骨子里其实是个旧官僚，根本不懂什么叫"天下为公"。当初在清朝时，袁世凯担心自己被皇族一道旨意就给杀了，于是玩命推广法治。而当他成为大总统后，法治是什么他就给忘了，居然也一道手令就杀了张振武。这样的人能当好大总统吗？肯定不能。

而从袁世凯的角度讲，孙中山是个让他寝食难安的人。因为在那个时代，孙中山代表着正确。反对孙中山的主张，怕是找不到合适的理由。比如孙中山主张的《临时约法》，袁世凯虽然觉得不好，但不敢明着反对，毕竟反对《临时约法》就意味着私欲重。孙中山宣传天下为公，宣传民权，哪一样都算革命成功了，而反对成功的革命就属于倒行逆施。

那既然这样，孙中山和袁世凯为什么还能保持表面和谐呢？一方面，双方都还很克制，没有做出太触及对方底线的事。另一方面，双方都实力不足。孙中山如果要反袁，首先需要的是钱。袁世凯要调动北洋军，也需要钱。而北京刚逢兵变，清廷留下的那点家底都被曹锟抢了，袁世凯的北洋政府也缺钱。

于是，在一片祥和的气氛中，袁世凯和孙中山都在积极找钱。而在花钱方面，袁世凯显然就多了许多小动作。袁世凯把仅有的钱，用在分化同盟会上。

而袁世凯还有一个别人不具备的优势，前清那会儿袁世凯就负责清朝的洋务、外交、新政，老跟洋人打交道。当初清朝的那些老朋友，也都是袁世凯的老朋友。因此，袁世凯开始积极运作，找各国银行借钱。袁世凯只要有了钱，就有了翻脸的资本。

孙中山也不着急，因为根据《临时约法》的规定，如果袁世凯与各国银行签订借款合同，必须通过参议院，而参议院多为国民党人。在国民党的抵制下，袁世凯一直也没借到钱。如果不通过参议院，袁世凯个人没有东西可以抵押。

打破两人表面和谐的一大诱因来自大洋彼岸的美国。1913年3月，美国第一个博士总统威尔逊在大选中胜出。威尔逊上台后，强烈反对上一任总统塔夫脱的美元外交政策。这个美元外交，说白了就是给东亚、拉美提供大量借款。当然，这个借款不是白给的，得附加各种条件，可以攫取大量利益。上述地区如果遇到本国面临革命的状况，就会愿意舍弃一些利益来借钱。理论上这是可行的，可以说塔夫脱是下了一盘大棋，但是，实际上这就是趁火打劫。威尔逊认为这是不道德的。当然，还有一个问题，万一借钱的政府被推翻了，或者经济崩溃了，这钱就等于打水漂了。所以，威尔逊政府废止了美元外交政策，纳税人的钱不能由着总统使劲糟践，这最起码算一种政策修复。

在这个前提下，对于当初袁世凯和各国银行谈借款的内容，威尔逊就认为这是一种对中国的侵略，违背门户开放政策中的各国在华平等工商业权利等相关政策，所以让美国退出了谈判，不再提供借款。而其他各国，则陷入观望之中。

3月20日，中国发生了宋教仁案。宋教仁是当时民国政府首脑，他死了属于国际性大事件。孙中山决定号召革命推翻袁世凯，既然大家都没钱，就看谁的影响力大。可就在这个时候，袁世凯利用美国退出银行团谈判，压低了利率，再跟剩余各国组成的银行团谈判。银行团也不知道哪来的消息，听说如果袁世凯跟银行团谈不成，就单独向美国借款。于是，这场借款谈判就这样谈成了。

袁世凯以民国政府的名义和英、法、德、日、俄五国银行团签订借款合约，借款总额为2500万英镑，借款年息5厘，借款总期限47年；而此债券会以9折向外出售，并扣除 6% 作为佣金，预计净收入 2100 万英镑。此次借款指定用途为扣除偿还到期的庚子赔款和各种外债，另外也用于政府遣散各省多余军队，以及抵充政府行政运转费用。此外，结余 760 万英镑。借款到期后归还本息应为 6789 万英镑。此次借款用中国盐税、海关税及直隶、山东、河南、江苏四省所指定的中央政府税项作为担保，盐区的盐纳税到账后，要由中国人经理和外国人经理一起协商，会同签字后才可放款。

而在这次谈判的条款上，有一条就是地方政府无权单独向外国银行借款。这就意味着，国民党掌握的省份是无法从外国借到钱的。国民党人江西都督李烈钧、广东都督胡汉民、安徽都督柏文蔚在孙中山的号召下发动二次革命，起兵反袁。但在财力的巨大差距下，袁世凯成功镇压了二次革命。从此之后，共和的道路被扭转，袁世凯开始加速变得肆无忌惮了。

把"临时"去掉

袁世凯武装镇压了二次革命，宣布孙中山等发动二次革命的仁人志士为通缉犯。除掉了这样一个大对手，袁世凯决定是时候把自己"临时大总统"头衔上的"临时"二字去掉了。

那要怎么操作呢？还是得通过国会选举。为了制衡国民党，袁世凯发动交通系的大佬梁士诒组建了公民党，要与国民党、进步党一较高下，因为很快就要进行总统大选了，他这个临时大总统能不能成为正式大总统，得看选举结果。

原来参众两院一共是 870 个议员。经过二次革命这么一折腾，国民党的不少席位算是废了。就算补进来一个公民党，国会参众两院的议员也就只有 703 人。

那么，袁世凯能不能通过正当程序当选正式大总统呢？看上去态势并不明朗，但机会还是有的。可是这个事吧，袁世凯自己没有信心，或者说他在指责国民党玩暴民政治的时候，内心忽然觉得暴民政治靠谱。

袁世凯做的第一步，就是搞暴民政治。

这其实是一步臭棋，人家选举还没开始，袁世凯组织的自称是请愿团的暴民团便包围了国会，号称选不出他们满意的大总统，谁都不许走。这下有趣了。什么叫民意？什么叫暴徒？这并不难分辨。比如袁世凯的请愿团，假如他们代表民意,就应该把诉求告诉自己的议员,走正当程序来表达自己的诉求。如果想扩大影响力,也可以走上街头,让自己的诉求影响更多人。但这个请愿团一不走程序,二不上街宣传,其实就是暴民团,不能代表民意。

暴民团围攻国会,这个事说不过去。为什么呢?因为袁世凯如果不相信国会,可以骂街,可以上街,甚至可以造反;如果袁世凯相信国会,就应该等待国会的选举结果出来,要是对结果有异议,再去大法院起诉。可如果包围了国会,就出现个悖论:暴民团是相信国会还是不相信国会?直接拥立袁世凯登基不好吗?为什么要逼迫国会选袁世凯呢?

其实这就证明了当时的国会选举还有公信力,国会的合法性是存在的。袁世凯真要搞什么动作,只能逼迫国会,但不能绕过国会。袁世凯弄一帮暴民这么一干,那就坏了规矩,实在令人不齿。

袁世凯脸都不要了,导致很多议员也翻脸了,之前想选袁世凯的也不选了。703人投票,袁世凯得票471张。根据当时的法律,第一轮投票,票数超过527票才能当选。显然,袁世凯票数不够,选举进入第二轮。由于在外有暴民团的威胁,议员们进行了一系列无声抗议。比如一些议员投票给梅兰芳都不投给袁世凯。经过统计,老袁得票497张,不足527张,依然不能担任大总统。根据当时的法律,投票进入第三轮。

这一轮投票,候选人只有前两轮中得票最多的前两位。而且,本轮得票多的那位只要票数过半,就能正式当选。也就是说,第三轮投票的候选人是袁世凯和黎元洪,谁票数超过351张,谁就能当选。

议员们从上午8点投到晚上10点,终于,第三轮投票答案揭晓,袁世凯得票500张,超过了351张,可以合法担任正式大总统。

如此,袁世凯用了十分下作的手段,把自己这个临时大总统变成了大总统。这事办得十分恶劣,因此袁世凯的大总统就职演说就显得十分重要,袁世凯希望通过这次演说,来挽回自己日渐狼藉的声誉。

就职演说

1913年10月10日,民国第一位民选的正式大总统袁世凯就职,并发表了中国历史上第一次正式的大总统就职演说。

其实搁过去,元首的就职演说也不少。新皇登基,总有诏书颁布天下(包括附属国),这诏书就算是皇帝的就职演说。甚至在上古时代,《尚书》中的某些篇章,也可算作上古圣君的就职演说,比如《尧典》的部分内容。

然而,古代皇帝的登基诏书一般有个共同特点,那就是说胡话。只不过那些胡话说了两千多年,人们居然信了。他们最典型的一个共性,就是非要说自己的合法性受之于天。秦朝的传国玉玺上就刻着"受命于天,既寿永昌"。这个意思后来就传下去了,到了明朝,皇帝们的正式诏书中就给自己固定了一个称呼,叫"奉天承运皇帝"。

一直到了清帝退位的时候,那位不满三岁的"奉天承运皇帝"宣统帝的诏书才学会了说人话,承认了国家的主体不是皇帝,而是整个国家的人民。所以到了老袁就职演说的时候,他至少得会说人话。一不能自称受命于天,二不能说自己的大位继承自祖宗。也因此,老袁自称是五大族推举的。这话虽然有水分,但比起"奉天承运皇帝"来说,好歹也算个进步。

另外,对于帝制改共和,袁世凯说这种方式四千年前就在华夏有雏形了,比如尧、舜、禹时代的禅让制。

接下来,老袁在演讲时提到了"泰西之儒",简称"西儒"。这很奇怪啊,西就是西,儒就是儒,"西儒"怎么讲?过去的中原人提到西方,也就是指西域,撑死到西亚。后来人们知道了还有更西的欧洲存在,明末就有了一个新词叫"泰西"。泰,在古文中的意思简单地讲就是比"太"还"太","泰西"就是比当时已知的西方还西方的地方,特指欧洲。而"泰西之儒",就是洋务运动之后,真的到了欧洲这么一溜达,发现了问题,从而在清末掀起了一场西化风暴的清人官僚知识分子。

从洋务运动开始,传统士大夫开始去泰西,接触泰西,忽然发现了一个问题——原来儒家的大同并不是空言和想象。他们发现"天下为公"极像议会制,国家不能是皇帝一个人说了算。"选贤与能"很像欧洲的选举制,不能任人唯亲。"矜、寡、孤、独、废疾者皆有所养"很像欧洲的福利制度……别的也不说了,总之当时的古儒派对西方知识分子、文化制度绝无恶感,甚至感到亲切,于是古儒派称西方的知识分子为"泰西之儒"。也就是因为这个原因,清末才会有西化风暴。

因此,老袁在发表就职演说时,也会拿西儒说事,讲法律和道德的关系。老袁说出了一个很现实的国民性问题:国民经过两千多年的法家专制,都擅长当被驯化的顺民,而无视法律。这也正常,古代社会的法律没谱啊。同样一条法律,酷吏和循吏的掌握尺度完全不同,甚至可以说是南辕北辙。所以国民们习惯性自我驯化,而不是相信法律。

造成这个问题的根源,也是因为古代社会的法律靠不住。而且律法也无威信,最后还是官老爷们说了算。这也是老袁在当直隶总督时就强调司法独立的原因,因为律法可以当所有人共同遵守的准绳,而官老爷不能。

老袁也不回避顺民社会的道德是有问题的,毕竟上来就吹嘘民国是最强、最好、最伟大的没有任何意义。不正视问题,就解决不了问题。老袁说恪守法律,道德日高。他这个结论未必对,但这种不回避问题的精神还是很令人钦佩的,最起码在中国的历史上是很少见的。历史上常见的操作一般都不是解决问题,而是解决发现问题的人。比如前边讲和珅的时候,我写过尹壮图案。乾隆只承认乾隆盛世,尹壮图跟他讲官员贪污的问题,乾隆马上翻脸。《中庸》上说,知耻近乎勇。但要是不知耻,就不仅仅是不勇的问题了,那就是无耻。

话说到这里,其实也能看出来,老袁的稿子并不是自己写的。因为无论西儒论也好,顺民论也罢,都并不是老袁真正认同的。老袁真正认同的,是杨度宣扬的金铁主义。金铁主义指的是在君主立宪的框架下,发展军事和经济。

其实我们看过去皇帝们的诏书,一般很少有提当下有什么问题的。大致上,即便是在非常苦难的岁月,皇帝的诏书也是有基本公式的。在最惨烈的岁月,他们也会轻描淡写地说虽然有一些问题,但总的来说成绩还是很大。多强调成绩,少说问题。即便成绩有水分,也会被重点提及。作为一个新兴国家的总统,老袁必须聊聊这个新的国家面临的问题,并且得说说怎么解决问题。

中华民国最首要的问题,是中国人最不想提到的问题——穷!

老袁认真分析了国民穷困的原因,一句都没提国民不努力的问题。在这个世界上,还有比中国人更努力的吗?老袁认为,国民的穷困,在于实业的不发达。实业的不发达,原因有二:第一是因为教育落后,第二是因为缺少资本。

其实老袁这话说得对,在民国初年,中国还不存在西方意义上的所谓资产阶级。没有资产阶级，就缺少商业资本。缺少商业资本，工商业就不发达。工商业不发达，国民赚钱渠道少且单一，自然会穷。

另外，清末新政在教育改革这块仅仅是起了个头，还没贯彻，清朝就倒台了。

缺少资本和教育落后这两项，造成了国民的贫困。那么老袁打算怎么解决这两个问题呢？

老袁认为，再穷不能穷教育。教育改革的首要是教育方式的西化，注意是方式，不是内容西化。

内容方面，除了科学、理化等的引入之外，教育的大宗旨就是推行文明。所谓文明教育其实是西方的说法，就是教育学生真、善、美，学会怎么去爱，不是怎么去恨。要按我们上古时代的说法，就是学仁。一个人不爱身边具体的，却口口声声说要爱一些远在天边虚无缥缈的概念，这样的人是不存仁念的，自然也是不文明的。

以后的古代教育就是不文明教育。比如说郭巨埋儿，这样的人居然是社会典型，这不是标准的野蛮落后吗？

另外，老袁对传统教育中的空言非常厌恶。老袁认为，什么时候国民能不空言而务实，那才是教育的成功。

至于实业规划，老袁首先肯定民国的自然条件很好。这大好河山，不应该穷。事实上即便是在古代，只要君王不胡来，国人也不穷。

老袁认为，中国地大物博，缺的是资金。要解决资金问题，就要开放接纳外国资本的进入，由外国资本带动本国实业。说白了，外国有钱有技术，民国有人有市场，能合作就不要对抗。

老袁在演说中强调，外国资本和文明的引入是文明世界的大势所趋。世界文明发展到了极致，国界都会消除，这就是孔子所言的大同。所以，盲目排外不可有，更不能以违背国际公约为荣。

而且，老袁再度重申，中华民国政府继承自清政府和中华民国临时政府，所以之前清政府与民国临时政府同外国缔结的国际条约继续有效。这也就意味着，清朝拥有的一切，中华民国合法继承。而俄国当时策动的外蒙古独立是非法的。

在这部分演讲中，老袁主要体现了他的职业性。或者说，他想传递一种自己是专业总统的观感。老袁说得对不对放一边，最起码他这个态度是职业的。毕竟他提出了具象化的问题，给出了具体的解决方案，这个态度是对的。

老袁的演讲如果只看到这里，基本上还是可以的。事实上，后来的北洋政府在施政方针上，也比较注意这两点。那个时代，教师阶层都是高收入阶层。比如总被欠薪的鲁迅，一年也能领到一千元上下的银圆。这还仅仅是工资，不算他的稿费收入。鲁迅在北京买套四合院，也仅仅花了三千五百元。

但是在工商业这方面，民国初年的民族资本发展环境并不好。虽然说那时并没有朝廷与民争利的企业出现，但是北洋时期的赋税很重，这是制约民族资本发展的最大原因。而且自晚清以来，外国出口到中国的商品税率极低，这也不利于民族资本的发展。

如果民国照着刚建立时的发展趋势好好发展下去，别瞎折腾，不见得赶不上当时风头正劲的日本。因为当时日本的发展陷入了一个死循环，军国主义与民族主义抬头，明治维新以来的民主化不仅没有深化，反而要收紧。日本放着好好的日子不过，对扩张产生了浓厚的兴趣。

说实话，民国超越日本并不是什么神话。然而，老袁没有闲着，他也在折腾。而他的折腾，能从他演讲稿的最后一部分看出端倪。老袁演讲的第三部分，是教导百姓要有"忠、信、笃、敬"四大原则。这就是扯淡，这应该是百姓对官员的要求，不能反过来成为总统对百姓的要求，不然民国和清朝还有什么区别？

最后，老袁除了勉励大家文明进步、遵纪守法之外，略微说了下民国军队的性质。民国的军队不是某个军阀的，也不是为了与外国争雄，而是为了保护人民。

总的来说，袁大总统的就职演说跟古代皇帝的登基诏书比，那是进步了，也可以说从来都没那么进步过。进步之处首先在于提出不存在什么受命于天的君主，强调国家元首来自选举。你别管真的假的还是半真半假，最起码老袁还尊重程序。其次是老袁并不回避国家有问题，并根据问题说了自己的应对政策。

但是，这篇就职演说也说明了一些问题，这些问题与老袁就任后的执政策略有着惊人的关联性。比如，老袁对民主宪政共和的认识是比较模糊的，甚至可以说非常陈旧，认为所谓的总统选举只是一种谦虚的说辞，而并不认为国家权力属于国民，所以他也并不认可选举。他认为自己的底线就是大权独揽后，不做个暴君。可他不知道的是，只要一个人大权独揽且不受有效监督，那他百分百是个暴君。他的认识，也来自传统社会的习惯性虚伪。什么叫习惯性虚伪呢？我们以清朝为例，清朝没有宰相，但是，我们看到清朝的官员往往称大学士为宰相，比如李鸿章在位的时候，他的官称多为"傅相"。李鸿章明明不是宰相，人们却恭维他为宰相，显得皇帝仿佛没那么独裁，这就是习惯性虚伪。

还有，一个人当官的前提是中举。中举的原因是这个人努力读书，又足够聪明，会玩文字游戏，还要有一定的运气。但中举之后的人，会习惯性地不说自己是考上的，而说自己是乡亲们推举的孝廉。都知道不是，还这么说，这就是习惯性虚伪。也因此，明明是在省里考试，却要称为乡试，这也是习惯性虚伪。

因此，老袁也认为，自称是选举的大总统，就跟举人自称孝廉一样，就是客气客气。他内心不相信仁，更不相信共和宪政民主。能当个不太残暴的暴君，就算他对得起天地良心了。老袁还是希望国民各安其命。

正是因为这样的思想基础，再加上当时崛起的军国主义，或者叫纳粹的思潮一起，正统儒家刚一抬头，就又被法家给打压下去了。老袁的彻底改变，也按部就班，逐步操作。

肆无忌惮

故事要从民国初年的政体说起。当时民国在一定程度上实行三权分立，行政权归内阁，司法权归大理院，立法权归国会。总统是国家元首，但真正的行政大权在以内阁总理为首的内阁中。

国会议员主要来自清末新政时各省谘议局选举的议员，国家宪法为《中华民国临时约法》。

1913年10月10日，袁世凯当选为大总统。有了正式的大总统，就得有正式的宪法。于是，国会在《临时约法》的基础上，增加了若干细化条款，形成了《天坛宪法草案》。

这套制度基本复制了当时的法国模式（不是今天的法国模式）。

由于二次革命的关系，国民党不再是国会第一大党，故而国民党员不能再担任内阁总理。于是，由统一党、共和党、民主党合并而形成的进步党成了国会第一大党，进步党成员、财政总长熊希龄担任内阁总理。

这里边有个事得说明白了，按说新的国家诞生，得先有宪法，后有总统。没有正式宪法，怎么会有正式总统？

袁世凯着急了，百般拉拢进步党，这才先有了大总统选举。选完之后，袁大总统跟国会商量，能不能在《天坛宪法草案》中给大总统多一点权力？

国会议员们的答案很一致：这事甭商量，不可能。

你琢磨吧，这还没给加权力，袁世凯都敢让暴民在国会大选时闹事。就这样的人，怎么可能给他加权力？

熊希龄也组织了当时赫赫有名的人才内阁，每个内阁大臣基本都是当时的顶尖人才。比如外交总长孙宝琦，在前清就是外交官，还当过末代山东巡抚；内务总长朱启钤，那是著名的建筑家；教育总长汪大燮也是当时的风云人物，因不主张大学搞中医教育，伤了很多人的心，也饱受争议；交通总长周自齐不仅在前清当过驻外公使，还是清华大学创始人之一；清末状元张謇担任农林、工商双料总长；陆军总长段祺瑞自不用说；海军总长刘冠雄也不错；司法总长梁启超也是一代名流。

袁世凯要想增加自己的权力，就要不断在国会做出陈述，得讲出道理来，然后由议员们投票评估。但就是袁世凯在选举时多此一举，搞暴民团闹事，导致议员们对他十分反感，不仅不能同意，甚至都拒绝了袁世凯再做陈述的要求。

袁世凯做好自己的本职工作不就完了？他不，他就羡慕皇帝那种大权独揽的感觉。

是，老袁就像祥林嫂一样各种碎碎念，找各省的都督絮絮叨叨说这些事。祥林嫂絮絮叨叨没有用，袁大总统絮絮叨叨也没用。即便各省都督都说大总统说得对，那也没什么用。各省都督都是临时的地方官员，即便按照当时框架发展下去，各省的正式长官也无资格干预立法。

到了这一步，老袁终于开始研究程序了。能不能拿枪指挥国会的人做事？不能，得要个脸面啊。大总统演讲都说了，民国的军队就是保护国民的，要是说国会议员是国民的敌人，那就忒扯了。

于是，袁大总统想到了一个能帮自己的高人，此人就是孙中山。二次革命这个事，被袁世凯定性为一场没道理的叛乱。于是，袁世凯经过"调查"，拿到了二次革命中江西都督李烈钧和国民党籍国会议员的密电，这终于让袁世凯抓住了把柄，并以此为借口，解散了国民党。

国民党被解散了，那么国民党籍的议员也就失去了议员资格。昔日的国会第一大党被解散，导致国会议员人数不足，国会不能正常工作。袁世凯则组织中央政治会议来代替国会的职能。

到了1914年初，综合了副总统黎元洪和内阁总理熊希龄的意见，袁大总统彻底解散了国会，熊希龄辞职，外交总长孙宝琦暂代总理之位。

老袁这就是胡来了，没了国会制约，袁世凯在1914年5月颁布了《中华民国约法》，改内阁制为总统制，规定了大总统总揽外交、宣战、缔约、官员任命、宣布紧急状态、宣布紧急处分的权力。国民的公权被剥夺，未来选出的新国会没有立法权，仅有起草权。而仅仅是这可怜的起草权，也由国会和大总统共享。

这样搞的话，等于民国的政治退回到清朝颁布《钦定宪法大纲》的状态，纯属开历史倒车。

国会和内阁都没了，内阁总理孙宝琦也就下台了。从此，民国再无总理一职，出现了国务卿。国务卿和新成立的政事堂，仅仅是大总统行政的咨询机构，并无实权。民国首任国务卿就是徐世昌。

到了1914年底，袁大总统又颁布了《修正大总统选举法》，规定总统任期十年，可以连选连任。

至此，民国的中央政治，基本退回到前清的状态。老袁可能琢磨着，从此就能像童话故事里写的那样，幸福快乐地生活下去。

但是，别忘了他还有个好对手，那就是逃亡到日本成为民国通缉犯的孙中山。

袁世凯与"二十一条"

孙中山到了日本，第一件事就是重组政党。袁世凯忙着解散国会的时候，孙中山也创建了中华革命党。口号很简单，就是反对袁世凯独裁，实现民权、民生两大主义。

此时的孙中山也得到了日本的支持。那么问题就来了，日本政府为什么要支持一个流亡的孙中山？为什么不去支持已经掌握大权的袁世凯呢？

因为日本尝试过，袁世凯没那么好对付。

对于当时的日本来讲，其虽然对中国充满了野心，但最迫切希望得到的，就是张之洞首创的汉阳铁厂。汉阳铁厂改组后属于汉冶萍公司，这对于资源匮乏的日本来说诱惑力极大。也因此，日本人决定接触一下老袁。

1915年，当时中国的外交部部长是世界知名的外交家陆征祥，他刚从瑞士公使的职位上被调回。

民国初年的时候，虽然老袁大权在握，但他还不是领导一切的大皇帝。外交这个事，讲道理的话，日本要先跟陆征祥聊。

民国初年的官员有基本的职业操守，绝不是总统说什么是什么。尤其是外交官，他们有自己的工作准则。

日本国驻华公使日置益深知这一点，所以他不能找陆征祥聊，或者说他不能找外交部的任何一个官员聊。于是他绕过外交部，直接拜会老袁。

这次所谓拜会，其实就是威胁。老袁内忧外患，能不能掀桌子骂街？显然不能，因为打不过。

那能不能答应呢？显然也不能，因为这个"二十一条"忒苛刻，比如要求北洋政府聘用日本人担任政治、军事和财政等顾问。中国警察由中、日合办或聘用多数日本顾问。中国向日本采购一定数量的军械器材或在日华合办的军械厂聘用日本技师，并向日本采购材料。部分铁路建造权利交与日本。承认日本在中国各地医院、寺院、学校的土地所有权，并承认日本的"布教权"。

这要是答应了，老袁还是没权力。这不就等于老袁白跟国会较劲，让日本人坐收渔利？这下老袁进退维谷，答应不答应都是问题。要不让外交部去骂日本？那不管用啊。

老袁特别绝，既然事来了，就不能怕。当时老袁唯一的救命稻草就是美国。这没什么可说的，从晚清到民国，中国能在夹缝中求生存，并且在八国联军占领北京后都没被肢解的重要客观原因，就是美国主导的门户开放政策。门户开放政策要求列强在华利益应该均等，不能出现过分强势的一方。

因此，老袁一面稳住日置益，一面寻求国际帮助。日本单方面跟老袁聊这种条款，很明显违背门户开放政策。于是，老袁在没有拒绝日置益的前提下，通过媒体把"二十一条"公之于众。当然，老袁主要是想让欧美列强看到这些。

日本大意了，在毫无准备的情况下就被英、美、法三国驻日外交官找上门了。说说吧，这怎么个意思？

日本外相加藤高明顿时不高明了，这么隐蔽的事情，怎么人尽皆知了？加藤高明很幼稚地宣布，这都是谣传，日本只承认部分经济条款，最多承认要拿到部分在东北和内蒙古的特权。

糊弄走三国外交官后，加藤高明指望这事就这么过去了，没想到美国外交官格思类又来了。格思类说根据他得到的消息，加藤高明应该有所隐瞒，大家开诚布公，别扯犊子。加藤高明没辙了，他也得罪不起美国，只好承认还有两部分内容忘了说了，一方面是日本要控制汉冶萍公司，一方面是要求中国不要把沿海岛屿租给别国。

加藤高明琢磨着这回差不多了吧，谁知道没过几天，格思类又来了。加藤高明实在是不想看到这个讨厌的美国人，但是不管他讨厌或者不讨厌，格思类都板着个臭脸来了。加藤高明在格思类面前那是真不高明了，被人逼得只好承认还有上面提到的那些苛刻条件。

那格思类就得问问日本是什么意思了，加藤高明实在没辙，只好说那些苛刻条款只是日本根据自己美好的愿望，向中国政府提出的建议，并非要求。简单地说，就是日本在跟中国说着玩呢。

这个事发展到这一步，日本就不干了。原本是想去欺负人，结果被欺负了。那就得找老袁好好聊聊了，只要老袁真的答应这些，美国佬管得着吗？就美国当时那实力，还想当世界警察？

于是，日本加紧了对华外交攻势。老袁这么不规矩的人，突然变得特别规矩。谈判是吧？大总统不管这个业务，有事找陆征祥、曹汝霖聊。

日本发现老袁这个人不讲究啊，这要是能跟陆征祥聊，还用直接找老袁吗？陆征祥那是好惹的？没辙，据说力量就是外交，眼下中国和日本的力量差距，远远大于甲午年间清朝与日本的力量差距。日本决定和陆征祥玩点狠的。

1915年2月2日，两国代表开始了第一轮密谈。密谈过程不重要了，简单地说，那时候要是有直播，陆征祥准会现场直播。最后结果是，一开完会陆征祥就向媒体披露谈判内容，而日本扬言要动手开战。

这就很明显了，哪怕是两个人斗嘴，先动手的也一定是理屈的一方。

谈不过怎么办？日本国的军舰也到渤海了，军队也到山东、辽东了，撤侨行动也开始了，那感觉就是要马上动手了。

然而就在这个危急时刻，老袁的靠山英、美外交官都来了，他们带来了残酷的信息。眼下世界大战正在紧要关头，英、美没法来主持这个公道。英国驻华公使朱尔典建议，不行就先答应下来，以后再说。美国驻华公使芮恩施说的更是废话：建议不要和日本起正面冲突。

1915年5月8日，老袁召集内阁官员们开会，最终决定接受部分条款，去掉那些严重损害主权的苛刻条款，签订了《中日民四条约》。

比起条件不能忍的"二十一条"，老袁还是通过外交手段，在绝对的力量弱势下，争回了大部分权利。

与此相比，占据绝对力量优势的日本国，可谓一把好牌打得稀烂，其外相加藤高明因为处理这起外交事件一点也不高明而被迫下野。

老袁也对这件事深以为耻，并没有说这是一盘大棋，并勉励国人"埋头十年，与日本抬头相见"。

虽然日本国利用"二十一条"控制中国的计划落空，却对当时的中国产生了更深远的影响。而这个影响，又促成了老袁的末日。

洪宪帝制始末

《中日民四条约》签订后，国内外的专家学者都对中华民国失望到了极点。虽说日本要与中国签订"二十一条"的计划失败，但是如此严重的民族危机，还是史无前例的。

很多人会认为，中华民国不如清朝。比如这"二十一条"的谈判，清朝皇帝绝对不会接受私下与外国公使谈判。首先，远的不说，就说第二次鸦片战争以后，清朝一次次都让人打成那样了，跟洋人谈判的也无非是直隶总督、五口通商大臣、总理衙门、外务部，好处就是这些负责谈判的机构谁也做不了主，可以用踢皮球的方式跟洋人虚与委蛇。现在可好，日本公使直接找上了大总统，这上哪儿说理去？万一大总统没节操，直接答应了日本怎么办？

其次，中华民国成立以来，人民群众期盼的改变都成了敏感词，大总统的选举也成了一场闹剧，这还不如皇帝万世一系，不争不抢，图个清静。

再次，清朝皇帝如果想搞宪政的话，一道圣旨放之四海而皆准，而大总统的命令估计过不了长江。清廷搞宪政，皇帝的抵触情绪没那么大，毕竟皇帝不死不换。大总统可不行，下台就一无所有。所以大总统对宪政的抵触情绪绝对高于皇帝。

因此，民国初年怪象丛生，国家一盘散沙，边疆人心思变。当时哈佛校长查尔斯和国内精英杨度、严复等人都认为应该恢复君主制度。这是美国包藏祸心，还是杨度等人因循守旧？

显然并不是这样，这些人也不是反对共和，而是反对假共和。自从袁世凯的《中华民国约法》颁布后，民国的假共和基本上不再掩饰了。而他们拥护的君主制也不是传统的君主专制，而是君主立宪制。

比如杨度，他想的就很现实。国家有个不用选的虚君，袁世凯派来一群暴民操纵大总统选举的丑陋一幕就不会再出现，这样也少了一道宪政阻力吧？另外，只要虚君立宪的政体确立，还用去争着搞总统制还是内阁制吗？肯定不用了，自然是名正言顺的议会内阁制。

正因为如此，杨度、严复这些精英中的精英，开始为更改国体的舆论造势，并于1915年成立筹安会，在给袁世凯留足面子的前提下，说共和不适合中国。其实他们想说的是，袁世凯的这种假共和不适合中国。

袁世凯一旦登基称帝，那么受益最大的就是袁世凯的长子袁克定，所以他最积极地鼓吹帝制，还买通了日资报纸《顺天时报》，鼓吹日本支持袁世凯称帝。

而各省的军官，也纷纷致电袁世凯，支持改君主制国体，其中就包括关外的军阀张作霖，云南的唐继尧、蔡锷。

当然也有反对的声音，比如梁启超这个昔日的保皇派分子，如今则成了反对君主制的急先锋。他写了一篇《异哉所谓国体问题者》，强烈反对改国体。这里呢，我们也不应该以先进不先进的眼光看待梁启超。梁启超反对改国体的原因更现实，更值得我们思考。

梁启超说，从晚清到民国，国家一直在追求宪政，却求而不得。原因是在国体吗？是君主制、内阁制、总统制的问题吗？显然不是。英、法、美的国体分别是君主制、内阁制、总统制，但根子上人家都实现了宪政，跟国体没关系。中国宪政之所以不成，根本原因在于从元首到地方官的各级官员都想凌驾于法律之上，逃避法律约束。这个问题不解决，哪种国体都不能让中国实现真宪政。问题的关键还在于三权分立，而不是国体之争。

然后问题又来了，支持袁世凯称帝的，除了袁克定之外，都不是他的老熟人，而反对袁世凯称帝的除了梁启超这个学术派分子之外，其他的竟然都是袁世凯曾经的铁杆亲信。比如北洋二号人物段祺瑞是不赞成袁世凯称帝的，另一位北洋大将冯国璋也是不同意袁世凯称帝的。冯国璋还专门去了趟北京，问询袁世凯是否准备称帝。面对这位昔日爱将，袁世凯矢口否认，拒不承认自己想称帝的事情。

曹锟、张勋这些北洋巨头，也都不赞成袁世凯称帝，甚至袁世凯的另一个儿子袁克文也不赞成，袁世凯最信任的智囊严修、张一麐也公开反对袁世凯称帝，而袁世凯自己却没细琢磨这里面的玄机。

为什么外人还在支持袁世凯，而袁世凯的北洋旧部却不支持袁世凯呢？这里边的道理其实很简单，如果袁世凯登基称帝，谁的利益将受到损失呢？想明白这个问题，是厘清"洪宪帝制"问题的关键。

这里一定要清楚，袁世凯称帝，受损失最大的是北洋将领，是袁世凯带出来的亲信，是当时中国最有实力的那些人。

为什么会这样呢？这帮人从小站练兵开始就跟着袁世凯，他们目睹了袁世凯怎样从一个三品臬台变成了大总统，并且还参与其中。北洋集团不是水泊梁山，里面大多数人的受教育程度相对不低，他们的思想绝对不是帮会式的。在他们眼中，袁世凯的成功是北洋集团共同努力的结果，不是袁老大自己多英明神武。

也就是说，北洋集团中很少有"跟着大哥有肉吃"这种观念，尤其是那些高层将领如段祺瑞、冯国璋、徐世昌之类，他们会觉得袁总统下台后，就该轮到他们了。既然有人说袁世凯是"中国华盛顿"，下面的将领都开始盘算谁是杰斐逊，谁是富兰克林了。

这就是袁世凯没有意识到的一个严重问题，看上去社会各界普遍赞同袁世凯称帝的时候，和他最亲近的那些人却不同意。此时的袁世凯听不进任何反对意见，在缺少社会调查的前提下，开始着手准备称帝了。

当时被誉为"小总统"的梁士诒考虑到了新的问题，就是国体的改变，得有合法性。他提议让议员们在参议院就国体问题投票，从而决定是否改成君主制。袁世凯恍然大悟，这么大的事不能由一道大总统令就决定。于是，梁士诒组织了参议院的投票，结果喜人，全票通过民国的国体改为君主立宪制。

投票结果百分百赞成通过，百分百是糊弄人的。之前民国选大总统的时候，就出现了暴民包围参议院的丑陋一幕。这次投票就更假、更丑恶了，因为流氓没有包围参议院，而是进入了参议院，给赞成改君主立宪制投一票之后，回家吃饭。

这么大的事，就这么愉快地决定了。

接着就是请愿团不断跪求袁世凯登基，袁世凯则一次次"谦让"。最后，在1915年的12月12日，袁世凯打着"弘扬宪法"的旗号，"勉为其难"地宣布决定次年登基，国号定为"中华帝国"，年号也定为"洪宪"。

注意，袁世凯做了改国号和年号的决定，但并没有具体实施。

那么接下来该干什么了？讲道理的话，应该是颁布新宪法，好让全国各族人民知道袁世凯究竟想建立一个什么样的国家。

但是，袁世凯自从清帝退位以来，就没认真考虑过这个大问题，而都是围绕"我"考虑小问题。所以在敲定国号与年号这俩并不重要的事情后，袁世凯接下来就开始研究改国歌、国旗，设计不伦不类的龙袍，搞什么祭天大典，给国内名人册封爵位了。

总之，袁世凯在决定称帝之后，一件正事都没干，干的全是这些有的没的，件件毫无现实意义。

那么，还会有谁支持这样的帝制？凡是支持的，也无非是给自己找个投机的道路罢了。

这就是洪宪帝制失败的最根本原因。至于坊间认为蔡锷逃回云南才导致洪宪帝制失败，那基本上是《三国演义》的思路。蔡锷没那么大本事打败北洋军，云南一省的兵力也不足以掀翻北洋集团。

实际上，蔡锷、唐继尧、张作霖支持袁世凯称帝的时候，也是各有各的心思。张作霖支持袁世凯是想把兵力扩张到关内，唐继尧支持袁世凯是想挤走蔡锷独霸云南。

蔡锷的情况就比较特殊，早期他是同盟会成员，后来同盟会几经变迁，活活混成了非法组织。蔡锷就像断了线的风筝，只好依附于袁世凯。

袁世凯为了加强中央集权，于是把地方上很多非北洋系的将领招入北京，一方面笼络，一方面监视。蔡锷也是被招入北京的将领之一，此后唐继尧开心地独霸云南。

真正发挥作用的是梁启超。他先把蔡锷的家小送回云南，又托关系把蔡锷送回云南。前清的时候，犯了杀头大罪的梁启超都能从容地逃到日本，所以把蔡锷从北京弄到云南这点事，对梁启超来说难度并不大。

蔡锷回到云南后，以他的威望，自然成为滇军领袖。靠鸦片贸易养兵的唐继尧马上见风转舵，以云南都督的身份宣布反袁，蔡锷顺理成章地成了滇军总司令。除了这两位之外，云南还来了一位不速之客，此人就是中华革命党成员，前江西都督李烈钧。李烈钧来云南就是为了策反唐继尧的，这三位目的一致后，李烈钧当了滇军的副司令。这次滇军的起兵，就叫护国战争。

这场战争的规模，比二次革命差远了。按说仅仅滇军一路，难以撼动北洋军。袁世凯见滇军起兵，于是派曹锟为总司令，统兵十余万北洋军南下，以马继曾、张敬尧、龙觐光三将兵分三路围攻云南。

结果北洋军各级将领都出工不出力，张敬尧的五万大军在四川被蔡锷打败，贵州都督刘显世马上响应反袁，梁启超趁机策动广西都督陆荣廷反袁。陆荣廷早就对袁世凯扶植广东都督龙济光（龙觐光之兄）来打压他在两广的势力而不满，于是这次陆荣廷招来了袁世凯的老对头岑春煊，起兵反袁。

陆荣廷的桂军北上湖南，一举击败了马继曾的三万大军，让袁世凯意识到自己大难临头了。原本张敬尧和马继曾带领的就是北洋军的主力，这两路都败了，还能指望龙觐光那万把人逆转全盘？

袁世凯倒也没糊涂到底，他想，既然称帝是众望所归，为什么遭到那么多反对呢？而且，北洋军战败只有一种可能，那就是各位将领不出力。

能不能再调精兵南下呢？这倒是可以。但是接到袁世凯命令的旧部，无一例外的第一反应就是要钱。袁世凯觉得这个套路很熟悉，当年在前清的时候，北洋军就这么干过。现在还这么干，袁世凯就知道自己成了孤家寡人。

于是他开始重新审视当初的"众望所归"，马上就发现袁克定制造的《顺天时报》系伪造。日本不仅不会支持袁世凯称帝，而且要给袁世凯下绊子。凭什么李烈钧能策反唐继尧？就凭一张嘴吗？那必须从日本带来真金白银才行。

日本内阁总理大臣大隈重信认为，日本要实现在华利益最大化，必须得除掉袁世凯。

到了这一步，是南军继续北上，还是北军接着南下呢？有个人站了出来，影响了局势。这个人，就是冯国璋。

冯国璋联系了李纯、汤芗铭等五省都督，以强大的北洋军做后盾，分别给南北双方下了最后通牒。冯国璋等人要求南军停止一切军事行动，服从民国中央政府，保护交战区人民安全；要求袁世凯必须退位，向全国人民谢罪，取消帝制，惩办祸首。

袁世凯非常听话，马上取消帝制，自我检讨。但是南军不依不饶，非让袁世凯从大总统位置上辞职才可以。

袁世凯还想再挣扎一下，于是改总统制为内阁制，让段祺瑞组阁，自己当个虚位元首。但冯国璋通电袁世凯，希望他赶紧下台。就连袁世凯极力笼络的广东都督龙济光，也以独立威胁袁世凯退位。云、贵、两广、浙、陕、川、湘各省纷纷宣布脱离北洋政府，遥尊黎元洪为大总统。

袁世凯在内忧外患下，于1916年6月6日去世，临死前还在念叨"他误我"，却没人知道"他"是谁。

袁世凯去世后，副总统黎元洪顺位成了大总统。黎元洪恢复了《临时约法》，让中华民国从大倒退中，往前进了一步。

不过，能够在二次革命中取得胜利的袁世凯，为何会在护国战争中一败涂地呢？

袁世凯的谢幕

民国初年的各地军队，基本上都来自清末新军。那个年月跟古代不同了，一个士兵从入伍到能有战斗力，需要时间。一支军队能形成战斗力，更需要时间。揭竿而起的事基本不存在了。即便在秦末，揭竿而起的军队面对章邯的正规军也只能一败涂地。

清末新政中，清廷以北洋六镇为样板，计划在全国训练三十六镇新军。然而，到清朝灭亡前夕，全国只练成正式军队十镇，另有刚成军的暂编军七镇，其中广东的暂编第二十六镇新军因为参与了黄花岗起义，被取消番号。所以，清末练成了十六镇新军。其中属于袁世凯北洋军系统的，除了固有的北洋六镇外，还有驻扎沈阳的第二十镇和驻扎吉林的第二十三镇。

也就是说，十六镇新军中，北洋军占了一半。当然了，这只是账面上的数据，实际在资源上，北洋军肯定比其他军队占据得更多。

清末计划是训练三十六镇新军，这才成了十六镇，另外二十镇因为不够"镇"的标准，被称为混成协。

这二十个混成协，有三个属于北洋系统，有六个还没开始就结束了。

也就是说，清末各省练兵的成果中，三十支军队里北洋系统占了超过三分之一，而其他各军都各自为伍，不存在像北洋军这样的军事集团。在新军推翻清朝成立中华民国后，北洋系统的老大袁世凯当大总统是顺理成章的。

民国之后，各省虽然号称裁军，但其实都在扩充军队。总的来说，北洋军的实力依然是具有压倒性优势的。

那么在护国战争中，面对仅仅是云南一省的起义，最多算上广西的桂军，北洋军为什么不能取胜呢？蔡锷一个在近代并无太大名气和资本的民国新贵，如何能打败袁世凯呢？

这事要细分析的话，双方实力的对比，可不是纸面上的差距那么大。

前文曾经分析了北洋军内部的离心离德，袁世凯手下实力最强的三巨头段祺瑞、冯国璋、张勋作壁上观，袁世凯能用的只有曹锟。

曹锟指挥三路人马进攻云南。中路是回族将领马继曾，进攻湖南；西路是北洋老人张敬尧率领的主力，经过四川攻打云南；东路是哈尼族将领龙觐光，取道两广攻打云南。三路大军，有十万之众。

而护国军满打满算，能打的也就三万来人，也兵分三路。三路指挥官分别为蔡锷、唐继尧、李烈钧。从这个人员配置上，我们就能看出一点问题。护国军的背后，也有孙中山的力量。李烈钧是二次革命时的江西都督，同盟会的老人。

再看北洋军这边，马继曾虽然被袁世凯重用，但他的内心还是倾向共和的。在辛亥革命时，北洋大佬冯国璋、张勋、曹锟、王士珍都是君宪派，而马继曾站的是段祺瑞的共和派。

张敬尧可以说是北洋老人了，袁世凯小站练兵的时候，张敬尧就来参军。但是，如果按照北洋北部的派系划分，张敬尧属于段祺瑞的皖系。

最神的就是龙觐光，他不属于北洋系统。他一个云南人，是纳更土司的儿子。清朝时，龙觐光与袁世凯没什么交集，无非是民国后龙觐光依附于袁世凯。

这还不算什么，最神的是龙觐光的任务是带一万来人取道两广进攻云南。时任广东都督的是龙觐光的亲弟弟龙济光。

这就有意思了，两位龙将军是同父异母的亲兄弟。由于龙觐光是庶出，所以兄弟二人不和，正如袁术和袁绍兄弟一般。但这两人的关系比袁术和袁绍还要差，属于不共戴天、你死我活的关系。

龙济光虽然支持袁世凯，但龙觐光往广东这么一溜达，注定不会顺利。

能排出这样的阵容，也侧面说明了袁世凯无人可用。野路子出身的张敬尧，在四川不是科班出身的蔡锷的对手。马继曾到了湖南，被新加入战团的桂军打败。

龙觐光的部队到了广西，也被陆荣廷全部缴械，龙觐光宣布支持护国军。

而在战争的前沿，原本支持袁世凯的贵州护军使（贵州实际最高长官）刘显世在贵州军、政两界的压力下，不得不宣布支持护国军，并派兵入川支援蔡锷。

那么袁世凯还能不能增兵平叛？

显然不太能。除了后来所谓直系、皖系的军队指挥不动外，我们再来看看北洋系统的另外两部。奉系首领张作霖坚决支持袁世凯称帝，那么袁世凯能不能调动张作霖入关平叛？答案是不可以。

因为在"二十一条"事件中，袁世凯彻彻底底地得罪了日本。日本政府不方便出面，于是让大仓喜八郎以商人的身份，资助了肃亲王善耆的宗社党近一百万日元。当时的日元很值钱，跟今天的日元不可同日而语。

宗社党有了钱，在辽宁组织了勤王军。此时张作霖的主要任务是镇压勤王军，不可轻动。

而西北的冯玉祥，不用我多说了吧。

冯玉祥带兵增援张敬尧，一度扭转四川战局，让蔡锷接连败退。但是，不知道是不是冯玉祥不习惯奉命行事还是怎么着，他即便打赢了，也暗中联络四川督军陈宧和对手蔡锷。他一边领了袁世凯册封的三等男爵爵位，一边策动反袁。

这个事，我们姑且认为冯玉祥是深明大义。这对于袁世凯来说，并不是全部。

在广东，陈炯明也组织了共和军反袁。再加上陆荣廷和李烈钧的威胁，龙济光岌岌可危。不过，看在袁世凯封他为郡王的分上，龙济光还可以坚持坚持。

即便这样，指望护国军杀向北京擒下国贼也不现实。简单地说，就是南方护国军有能力自保而已。

可就在这个时候，真正给袁世凯致命一击的，正是他一手缔造的北洋军。直隶巡按使朱家宝上奏，发现江苏都督冯国璋秘密联络长江巡阅使张勋、江西将军李纯、山东将军靳云鹏、浙江将军朱瑞反对袁世凯称帝的电报，史称"五将军密电"。

这回袁世凯知道大势已去了。这五位将领是当时北洋军的中坚力量，他们作壁上观也就罢了，还密谋反对，这帝制肯定玩不下去了。袁世凯不得不通电全国，于1916年3月22日宣布取消帝制。筹备了一百零二天的洪宪帝制就此作古。

袁世凯颁布了《撤销帝制令》，狡辩说自己最反对帝制，有的人（不点名说杨度）非说帝制比共和好，还拿墨西哥和葡萄牙的例子吓唬他，再加上各地纷纷上推戴书，自己出于爱国，不得不筹划帝制。

这段话呢，简单说就是恶心，土匪都不如。他自己想称帝，还赖别人。杨度在清朝就与袁世凯相交，之前杨度说的话他怎么一句都不听？不过，袁世凯在最后还是说了，这事都怪他自己，不怪别人。

袁世凯这一宣布取消帝制，有的人就尴尬了。前线的四川督军陈宧没法和冯玉祥、蔡锷周旋，宣布四川脱离袁世凯的统治。最尴尬的还是广东的郡王龙济光，皇上都没了，他这个郡王还玩什么啊？于是龙济光也宣布反袁。

这事袁世凯理屈。大家琢磨：如果这事成了，袁世凯是皇帝；如果这事不成，袁世凯是大总统。哪有这好事？于是护国军各方要求袁世凯必须下台。

袁世凯自然不想下台，但是冯国璋两次致电袁世凯，要求袁世凯下台。袁世凯扛不住自己人的压力，又不想太难看，于是改内阁制，召回段祺瑞组阁，自己当个虚位总统。

袁世凯一放权，昔日那些誓死效忠袁世凯的大佬就纷纷不客气了。事实证明，那些靠强力统治的大佬们，有一个说一个，在位期间仿佛民心所向，众人拜服，一旦出事，孙子才会跟他一起陪葬。

护国军只认黎元洪，不认袁世凯。北洋系统的陕西督军陈树藩、湖南的伪一等侯汤芗铭也宣布反袁。

五月，病重的袁世凯表示可以退位，但是得让反对自己的人拿出一个方案来，怎么善后？

这招绝了，毕竟反袁各部的想法不统一，甚至护国军内部的善后意见也不统一。所以，大家没能拿出方案。没有方案，袁世凯就只能继续当大总统。

但是，袁世凯的身体却熬不住了。

袁世凯去世前，曾写下"为日本去一大敌，看中国再造共和"的话。袁世凯在遗嘱中，也说自己不享受国葬，由袁家人自己办理丧礼。

袁世凯去世两天后，由于天气炎热，其尸体不仅开始腐臭，而且还臃肿了起来。家中所有的衣服都穿不上，袁克定与黎元洪、徐世昌、段祺瑞商量后，拿出袁世凯生前做的最肥大的龙袍，为他穿上下葬。

黎元洪为了表个姿态，还是肯定了袁世凯对中华民国创建所做的贡献，还是让国务院拨款五十多万银圆，为袁世凯举办了盛大的国葬，全国下半旗，鸣炮一百零八响。

按照袁世凯的遗愿，他被葬在河南安阳的洹河北岸。除了北洋政府的拨款外，徐世昌、段祺瑞、王士珍等小站练兵时就跟着袁世凯的北洋老人还是凑了二十五万银圆，为袁世凯修建了占地一百四十亩的墓。这几位都是反对袁世凯称帝的，但私下他们又是靠着袁世凯发迹的，所以这份恩情他们还是没有忘记。

这座大墓修了两年，花了七十多万银圆，建成后大总统都是徐世昌了。

起初袁克定想称这座大墓为袁陵，徐世昌认为袁世凯从未正式登基称帝，叫袁陵未免太离谱，但为了照顾袁家的面子，定名为袁林。

据说，当时也有人反对，说圣人之墓地才叫林，比如孔林、关林、孟林等。袁世凯不配和圣人并列，因而也不能叫袁林。

其实也不用那么较真，古代大家族的墓地都叫林，无所谓是不是圣人，只不过那三位圣人的林太有名了而已。

袁世凯死后，中华民国恢复《临时约法》，废除袁世凯非法担任正式大总统以来所有的法令，并按照《临时约法》的精神，因临时大总统袁世凯未到换届时身故，由副总统黎元洪自动升任临时大总统。

而支持袁世凯称帝的所谓"十三太保"，也有了迥然不同的结局。比如"六君子"中的杨度，据传袁世凯死前说是杨度误了他。这个传说是真实的可能性很大，因为杨度在袁世凯称帝这事上表现出了狂热且反常的积极性。袁世凯的《撤销帝制令》也多指向是杨度的言论影响了他，而杨度在袁世凯死后，仿佛是回应一样给袁世凯写了挽联：

> 共和误中国，中国误共和？千载而还，再评此狱；
> 君宪负明公，明公负君宪？九原可作，三复斯言。

这是对袁世凯的回应，也是对世人的回应。杨度想表达的就是共和不适合中国，但不代表共和不好。对于洪宪帝制，杨度认为不是这事不对，而是袁世凯的操作不对。换言之，如果袁世凯颁布一部靠谱的君宪政体下的宪法，并不见得会失败。不过经此一事，杨度算是明白了，中国人经历了秦制两千年的洗礼，玩不了君宪。也因此，杨度之后只支持共和，甚至反对帝制。作为当时通缉名单的第一名，杨度逃亡租界而出家，1918 年与同样逃亡的孙毓筠一起获特赦。

严复和刘师培作为当时的著名学者，并未被通缉。

李燮和和胡瑛不仅无罪，还莫名其妙有功，因此不被问责。

"七凶"中的梁士诒、朱启钤、周自齐被通缉而逃亡，其呼风唤雨的交通系从此衰落。1918 年，此三人获特赦。

另外四人，只能另找山头投靠。段芝贵、袁乃宽投奔了段祺瑞，无罪。张镇芳、雷震春又站错了队，投靠了张勋，后无一例外地参与了张勋搞的宣统复辟活动。失败后，三人都被逮捕判刑。张镇芳作为袁世凯的表弟，大概是因为这层关系，有了保外就医的机会，在 1920 年获特赦。雷震春被判了无期徒刑，1918 年因病获特赦，1919 年病逝。

袁世凯，一个旧时代的人物，终究还是在私欲和权力的双重夹击下，被钉在了历史的耻辱柱上。

至此，"西山十戾"全部讲完。

历史说的是故事，品的是人情，学的都是教训。清朝这十位大人物的人生轨迹，又何尝不是在为后世敲响警钟呢？